Holger Rudloff · Produktionsästhetik und Produktionsdidaktik

Holger Rudloff

Produktionsästhetik und Produktionsdidaktik

*Kunsttheoretische Voraussetzungen
literarischer Produktion*

Westdeutscher Verlag

CIP-Titelaufnahme der Deutschen Bibliothek

Rudloff, Holger:
Produktionsästhetik und Produktionsdidaktik:
kunsttheoretische Voraussetzungen literarischer
Produktion / Holger Rudloff. – Opladen: Westdt.
Verl., 1990
  ISBN 3-531-12178-2

Der Westdeutsche Verlag ist ein Unternehmen der Verlagsgruppe Bertelsmann International.

Alle Rechte vorbehalten
© 1991 Westdeutscher Verlag GmbH, Opladen

Das Werk einschließlich aller seiner Teile ist urheberrechtlich geschützt. Jede Verwertung außerhalb der engen Grenzen des Urheberrechtsgesetzes ist ohne Zustimmung des Verlags unzulässig und strafbar. Das gilt insbesondere für Ver-vielfältigungen, Übersetzungen, Mikroverfilmungen und die Einspeicherung und Verarbeitung in elektronischen Systemen.

Umschlaggestaltung: Horst Dieter Bürkle, Darmstadt
Druck und buchbinderische Verarbeitung: Weihert-Druck, Darmstadt
Printed in Germany

ISBN 3-531-12178-2

"Das aber glauben alle Dichter: daß wer im Grase oder an einsamen Gehängen liegend die Ohren spitze, etwas von den Dingen erfahre, die zwischen Himmel und Erde sind."

(Friedrich Nietzsche)

Inhalt

Einleitung 9

1. **Zur Rekonstruktion eines antiken produktions-
   ästhetischen Konflikts** 16
   1.1 Literarische Produktion und Enthusiasmus
       (Platon) 18
   1.2 Literarische Produktion und poiesis
       (Aristoteles) 24

2. **Zur Rekonstruktion eines produktionsästhetischen
   Konflikts im frühen 18. Jahrhundert** 37
   2.1 Literarische Produktion auch für "Anfänger"
       (Gottsched) 38
   2.2 Literarische Produktion und geistiges Adels-
       bewußtsein (Sturm und Drang) 43

3. **Literarische Produktion als Verdeckung von
   Arbeit I (Kant)** 55
   3.1 Geniales Produzieren und ästhetische Erfahrung 55
   3.2 Zum Verhältnis von Kunst und Arbeit 63
   3.3 Kriterien genialen Produzierens 69
   3.4 Die Verdeckung literarischer Produktion
       durch den ästhetischen Schein 80

4. **Literarische Produktion als Verdeckung von
   Arbeit II (Schiller)** 89
   4.1 Zur kulturtheoretischen Begründung genialen
       Produzierens 89
   4.2 Zum Spannungsverhältnis zwischen literarischer
       Produktion und Rezeption 96
   4.3 Zum Objekt-Status des literarischen Rezipienten 104
   4.4 Zur ästhetischen Erziehung 119
   4.5 Exkurs: Literarische Produktion und Kindheitsidee 125

5. **Literarische Produktion als besondere Form
   menschlicher Produktion** 136
   5.1 Literatur als "Produkt menschlicher Tätigkeit"
       (Hegel) 136
   5.2 Literarische Produktion als "Handwerker-Ernst"
       (Nietzsche) 146

5.3 Literarische Produktion als Verfügbarkeit über
Kunstmittel (Avantgardistische Intentionen) 154
5.4 Literarische Produktion als literarische Technik
(Brecht)... 163

6. **Literarische Produktion und Literaturpädagogik
der Jahrhundertwende**.. 175
6.1 Zur Lebensphilosophie Wilhelm Diltheys 177
6.2 Literarische Produktion und Erlebnis
(Kunsterziehungsbewegung) 187
6.3 Literarische Produktion zwischen Erlebnis und Arbeit
(Jensen / Lamszus) 206
6.4 Zum Bezug der Literaturpädagogik auf avantgardistische
Intentionen literarischer Produktion 217
6.5 Exkurs: Literarische Produktion und Volksbildung 223

7. **Literarische Produktion und Literaturdidaktik in der
Gegenwart** 236
7.1 Zum Verhältnis von Kontinuität und Diskontinuität der
Erlebnispädagogik 237
7.2 Literarische Produktion und mechanisches Nachgestalten 255
7.3 Literarische Produktion und Kreativität 261

Zusammenfassung und Ausblick 278

Literaturverzeichnis 282

Einleitung

Im Jahre 1906 erschien eine stark autobiographisch geprägte Erzählung eines deutschsprachigen Romanciers. "Die Verwirrungen des Zöglings Törleß", von denen Robert Musil zu berichten weiß, scheinen kein historischer Sonderfall zu sein. Auch heute, mehr als ein dreiviertel Jahrhundert nach der ersten Drucklegung, stellen die "Verwirrungen" des Törleß ungelöste Fragen, die weit mehr sind als fragwürdige Konflikte und Krisen eines jungen Zöglings. Der fiktive Held wendet sich mit dem Problem der imaginären Zahlen in der Mathematik hilfesuchend an seinen Lehrer. Die Antwort fällt zunächst lakonisch aus:
"Lieber Freund, du mußt einfach glauben; wenn du einmal zehnmal soviel Mathematik können wirst als jetzt, so wirst du verstehen, aber jetzt, so wirst du verstehen, aber einstweilen: glauben! Es geht nicht anders, lieber Törleß, die Mathematik ist eine ganze Welt für sich, und man muß reichlich lange in ihr gelebt haben, um alles zu fühlen, was in ihr notwendig ist."
Schließlich sucht der Lehrer "nach einem letzten, überzeugenden Argument". Es liegt, wie der Erzähler anmerkt, in einem "Renomierband Kant". Hören wir einmal hin, was da von Kant zu lernen sei:
"'Sehen Sie dieses Buch, das ist Philosophie, es enthält die Bestimmungsstücke unseres Handelns. Und wenn Sie dem auf den Grund fühlen könnten, so würden Sie auf lauter solche Denknotwendigkeiten stoßen, die eben alles bestimmen, ohne daß sie selbst so ohne weiteres einzusehen wären. Es ist ganz ähnlich wie mit dem in der Mathematik. Und dennoch handeln wir fortwährend danach: Da heben Sie gleich den Beweis dafür, wie wichtig solche Dinge sind. Aber', lächelte er, als er sah, daß Törleß richtig das Buch aufschlug und darinnen blätterte: 'lassen Sie es doch jetzt noch. Ich wollte Ihnen nur ein Beispiel geben, an das Sie sich später einmal erinnern können; vorläufig dürfte es wohl noch zu schwer für Sie sein.'"
Von der Philosophie der Aufklärung, so legt der literarische Text nahe, bleibt für einen Schüler des frühen 20. Jahrhunderts nur noch die Fassade einer aufgebauschten Autorität übrig. Ein Perspektivenwechsel des Erzählers auf die Innenwelt seiner Figur verdeutlicht das:
"Nun war vor Törleß der Name Kant nie anders als gelegentlich und mit einer Miene ausgesprochen worden, wie der eines unheimlichen Heiligen. Und Törleß konnte gar nichts anderes denken, als daß von Kant die Probleme der Philosophie endgültig gelöst seien und diese seither eine zwecklose Beschäftigung bleibe, wie er ja auch glaubte, daß es sich nach Schiller und Goethe nicht mehr lohne zu dichten."
Betrachten wir abschließend, welche Konsequenzen Törleß aus seinen Entmutigungen zieht:
"Törleß holte aus seiner Lade alle seine poetischen Versuche hervor, die er dort verwahrt hatte. Er setzte sich mit ihnen zum Ofen und blieb ganz allein und ungesehen hinter dem mächtigen Schirme. Ein Heft nach dem anderen

blätterte er durch, dann zerriß er es ganz langsam in lauter kleine Stücke und warf diese einzeln, immer wieder die feine Rührung des Abschieds verkostend, ins Feuer."[1]

Immerhin befindet sich der fiktive Held in einer guten Gesellschaft der literarischen Tradition. Heinrich von Kleist, Jakob Michael Reinhold Lenz, Franz Kafka - um nur einige wenige zu nennen - verbrennen ihre Schriften selbst oder bestimmen sie fürs Feuer. Es bleibt nur zu vermuten, wieviele Menschen besagtes Los teilten und teilen. Für sie hält der Volksmund die Redensart vom "verkannten Genie" bereit. Dem entspricht gleichzeitig ein Allerweltsglaube an das "wahre Genie", an eine Sonderpersönlichkeit, die über angeborene originelle Fähigkeiten verfüge.

Ist aber die Produktion literarischer Texte notwendigerweise an ein Genie gebunden? Ist ein produktiver Umgang mit Literatur nur elitär vorstellbar bzw. praktizierbar? Oder beruht die exklusive Praxis literarischer Produktion auf einer Einschüchterung der Vielen, wie sie uns der Ausschnitt aus Musils Erzählung exemplarisch vorführt? Eine vorläufige Antwort auf diese Fragestellungen liefert ein Blick auf die Erzählhaltung des ausgewählten literarischen Textes. Nicht zufällig ist bei den Schriften Kants nur noch von einem "Renomierband" die Rede. Die Sympathie des Erzählers liegt eindeutig bei der Wißbegierde - und beim Scheitern - des jungen Schülers. Hinter dem Namen Kant verbirgt sich offensichtlich mehr als mit der Miene "eines unheimlichen Heiligen" ausgesprochen werden kann. Es ist also sicher nicht das letzte Wort, "daß es sich nach Schiller und Goethe nicht mehr lohne zu dichten".

Der positiven Tradition des fragenden Törleß verpflichtet, untersucht die vorliegende Arbeit das Problem der Exklusivität literarischer Produktion. Sie fragt gleichzeitig, ob er recht hatte, seine "poetischen Versuche" eingeschüchtert dem Feuer zu übergeben. Sind in den Werken anerkannter Schriftsteller nicht gerade Bezugspunkte erkennbar, die es erlauben, Schreiben als eine verallgemeinerbare Fähigkeit des Menschen zu bestimmen?

Will man den Versuch unternehmen, eine Geschichte genialen Produzierens auch nur für die beiden letzten Jahrhunderte zu schreiben, so sieht man sich selbst einer gewaltigen Einschüchterung ausgesetzt. Ein gerade erschienener Überblick über die Geschichte des Genie-Gedankens kommt zu dem Ergebnis, daß man es hier mit einem "Feld" zu tun hat, "das kein einzelner Mensch mehr ganz zu überblicken vermag".[2] Auch unsere Untersuchung beansprucht nicht, das zu leisten. Sie versteht sich ebensowenig als eine neue Geschichtsschreibung des Genie-Gedankens. Unser Erkenntnisinteresse ist an einer doppelten Fragestellung orientiert: Wie haben sich im historischen Prozeß Vorstellungen durchgesetzt, das Herstellen von Literatur nur Auserlesenen

---

1   Robert Musil, Die Verwirrungen des Zöglings Törleß. 359. - 378. Tausend Hamburg 1979. Alle Zitate S. 77 - 79.
2   J. Schmidt, Die Geschichte des Genie-Gedankens in der deutschen Literatur, Philosophie und Politik 1750 - 1945, Bd. 1. Von der Aufklärung bis zum Idealismus. Darmstadt 1985, S. XV.

vorzubehalten? Welche Ansätze sind auf der anderen Seite erkennbar, Bedingungen der Möglichkeit einer *allgemeinen* literarischen Produktivität vorzustellen? Daß es sich bei der zweiten Frage erst einmal um eine Vorstellung handelt (handeln muß), macht den utopischen Charakter des Problems deutlich. Dennoch handelt es sich um eine konkrete Utopie. Sie gewinnt in dem Maße an Aussagekraft, wie es möglich sein sollte, literarische Produktion als eine besondere Form gesellschaftlicher Produktion zu verstehen. Wenn Literatur als Arbeit aufgefaßt werden kann, dann ist zu fragen, ob sie nicht auch *ansatzweise erlernbar* ist. Unter Erlernbarkeit fassen wir dabei keinesfalls einseitig die kognitiv-intellektuelle Aneignung von Kunstkenntnissen, auch wenn damit ein wichtiger Teilbereich angesprochen ist. Zum Lernen gehört ebenfalls die Entwicklung der sinnlich-phantastischen und mimetischen Vermögen.

Insofern verstehen sich unsere Ausführungen als Beitrag zu einer Produktionsästhetik *und* einer Produktionsdidaktik. Das Stichwort "Produktionsdidaktik" lädt zu Mißverständnissen ein. Wir beabsichtigen nicht, Schülern die Lehre von der Dichtkunst praktisch zu vermitteln. Zu wehren haben wir uns bereits einleitend gegen den so oft erhobenen Vorwurf, es werde Theorie betrieben, ohne die "Praxisrelevanz" der Theorie zu erproben. Dem Vorwurf liegt ein falsch gestelltes Problem der Vermittlung von Theorie und Praxis zugrunde. Didaktik (hier: Produktionsdidaktik) erfüllt ihren praktischen Sinn nicht in einer kurzschlüssigen Ausformulierung und Anwendung von Unterrichtsbeispielen mit Rezeptcharakter. Vielmehr liegt der Praxisanteil der vorliegenden produktionsdidaktischen Überlegungen darin, unterrichtliches Handelns theoriegeleitet zu ermöglichen. Zielrichtungen und Handlungsvoraussetzungen stellen sich in der Unterrichtspraxis niemals von selbst ein. Deshalb geht die vorliegende Darstellung gegenüber einem voreiligen Praxiszugriff gleichsam um eine Stufe weiter zurück. Oder - besser formuliert - sie geht ihm voraus. Sie diskutiert literaturpädagogische Probleme auf dem Hintergrund kunsttheoretischer Voraussetzungen. Natürlich sind damit die Rahmenbedingungen des Schreibens in der Schule nicht hinreichend geklärt. Um dem auch nur einigermaßen vollständig gerecht zu werden, wäre darüber hinaus nach der Vielzahl von psychologischen, lerntheoretischen oder sozialen Voraussetzungen zu forschen. Aber auch diese Rahmenbedingungen würde man m.E. erst dann theoretisch in Angriff nehmen könnnen, wenn zunächst einmal relative Klarheit darüber besteht, *ob* literarische Produktion überhaupt ansatzweise erlernbar ist. Sollte sich nämlich als ein Ergebnis unserer Untersuchungen herausstellen, daß die historisch vorliegenden Begründungen ausschließlich genialen Produzierens in sich schlüssig sind, dann wäre jeder Versuch einer Verallgemeinerung des literarischen Schreibens von Anfang an zum Scheitern verurteilt.

Methodisch beschränken wir uns auf die Einschätzung von zusammenfassenden und horizontbildenden Darstellungen, in denen der Gegensatz geniales / allgemeines literarisches Produzieren besonders erkennbar ist. Wenn wir sagen, der Gegensatz sei hier *erkennbar*, so heißt das nicht, er sei unmittelbar gegeben.

Ganz im Gegenteil. Erkenntnisgeleitetes Interesse kann sich nur vermittelt durchsetzen, indem es die Kategorien konstruiert, mit denen ein Problem erforscht werden kann. Das erfordert eine *ausführliche* Begründungsarbeit. Über resultathafte Versicherungen hinaus können so bestimmte Fragen erst einmal präzise gestellt werden. Im Verlauf unserer Ausführung wird sich das immer wieder zeigen.

Eine Produktionsästhetik bzw. -didaktik, die danach fragt, ob das Schreiben allgemein verfügbar oder exklusiv ist, sieht sich einem antiken Konflikt gegenübergestellt, der bis in die Gegenwart hinein nichts an Bedeutung verloren hat. Gemeint ist die Enthusiasmus-Lehre Platons und die "Poetik" des Aristoteles. In *Teil 1* der Arbeit kommt es zu einer Darstellung dieser beiden grundsätzlichen Positionen. Faßt man die hier auftretenden oppositionellen Bestimmungen als eine Gedankenfigur, so setzen sie einen aktuellen Diskurs über die mögliche Erlernbarkeit literarischen Produzierens in Gang. Besondere Bedeutung kommt dabei der Kategorie der "poiesis" zu. Sie verweist auf den *Arbeits*charakter künstlerischen Tuns. Wenn Kunstproduktion als eine - wenn auch besondere - Form menschlicher Arbeit vorgestellt wird, dann verliert die Versicherung enthusiastischer Herkunft des Dichtens an Legitimationskraft. Ja, es eröffnet sich die utopische Perspektive, Schreiben als eine allgemeine Fähigkeit denkbar zu machen.

Teil 2 knüpft direkt an diese Zielvorstellung an und übersetzt sie in den Erfahrungshorizont der aufkommenden bürgerlichen Gesellschaft des frühen 18. Jahrhunderts. Hier kann es nicht um eine exakte Rekonstruktion der vielschichtigen Entwicklungslinien gehen. Vielmehr führt der erkennbare Gegensatz zwischen Regelpoetik (Gottsched) und Genieästhetik (Sturm und Drang) auf höherer Stufenleiter das Problem der Erlernbarkeit literarischen Produzierens vor. Während Gottsched seine "Poetik" in der Absicht formuliert, auch "Anfängern" den Zugang zum Dichten zu ebnen, grenzt sich der Sturm und Drang strikt von der Masse der scheinbar Nicht-Begabten ("Pöbel", Goethe) ab. Aber stellen nicht beide, sowohl das Konzept bürgerlich-literarischer Öffentlichkeit als auch das Postulat unmittelbar subjektiven Schaffens, erst die Vorbedingungen in Aussicht, Subjektivität im Schreibprozeß in der Gegenwart zwanglos zu rekonstruieren?

Eine erste Antwort darauf liegt in der "Kritik der Urteilskraft" (Kant) vor. *Teil 3* widmet sich eingehend den hier entworfenen Bestimmungen über das Verhältnis von Kunst und Arbeit. An dieser Stelle soll untersucht werden, ob die vorgenommene Dichotomisierung von künstlerischer und handwerklicher Arbeit tragfähig ist, den literarischen Produktionsprozeß als einen Handlungstypus zu begreifen, der nur dem Genie eigen sei. Während Kant das Problem transzendentalphilosophisch abhandelt, übersetzt es Schiller in einen gesellschaftlichen Reflexionszusammenhang. In *Teil 4* fragen wir dementsprechend, welchen sozialen Auftrag das Genie zu erfüllen hat. Warum kann literarische Produktion nur dann dem humanistischen Anspruch genügen, wenn sie sich von der Masse der Nicht-Produzenten absondert? Warum spitzt sich für Schiller das Problem dahingehend zu, daß er der Wirkung des ästhetischen Scheins absolute Präferenz gegenüber einem Einblick in die Bedingungen des Hergestelltseins von Dichtung einräumt? In welcher Absicht untersucht er in seinen theoretischen Schriften so eingehend das Verhältnis zwischen Werksetzungsprozeß und ästhetischer Wirkung? - Sowohl Kants als auch Schillers Schriften besitzen den nicht zu unterschätzenden Vorteil, den Schaffensprozeß selbst zu analysieren. Als frühe Auseinandersetzungen mit produktionsästhetischen Bestimmungen der bürgerlichen Gesellschaft tragen sie noch die Brüche und Geburtswehen ihrer Entstehung aus. Vergewissert man sich, daß die aufgeworfenen Fragen der Autonomieästhetik die nächsten zwei Jahrhunderte beschäftigen werden, so spricht einiges dafür, die hier noch unverstellt auftretenden Widersprüche dezidiert zu diskutieren. Anhand ausgewählter Beispiele der Literaturgeschichtsschreibung (von Korff bis Adorno) soll dann untersucht werden, in welchem Maß die Überlieferung die produktionsästhetisch ausgewiesenen Brüche zukittet. Wenn einer Redensart Brechts zufolge die Widersprüche die Hoffnungen sind, so stellen die möglichen Widersprüche genialen Produzierens die Bedingungen bereit, allgemeines literarisches Produzieren utopisch zum Vor-Schein kommen zu lassen.

Hegels Ästhetik (*Teil 5.1*) stellt einen wichtigen Einschnitt in der Entwicklung einer verallgemeinerbaren Schreibkompetenz das. Natürlich begreift auch er den Grund literarischen Produzierens in einer angenommenen Sonderpersönlichkeit. Es wäre geradezu falsch zu behaupten, die "Vorlesungen über die Ästhetik" wollten vom Genie Abschied nehmen. Aber gegen den Strich gelesen nimmt die Utopie verallgemeinerbaren Produzierens neue Konturen an. Wenn Hegel das ästhetische Material als eine "tabula rasa" begreift, auf die der Künstler sein Genie konzentriere, so gesteht er damit ein, daß die Formen und Stile nicht länger das originäre Produkt einer originellen Intuition sein können. Auf der anderen Seite unterstreicht er direkt die Befähigung des Subjekts, Kunst sachgerecht analysieren zu können. Sein Begriff des "Kenners" hebt die begriffliche und sinnliche Erkenntnis in den Stand mündiger Urteilsbildung über das Schöne. Es wird sich zeigen, warum Hegel auf der Basis seiner erkenntnistheoretischen Hierarchisierung der Schritt verschlossen bleibt, auch den Produzenten der Kunst wissenschaftliche Erkenntnis zuzugestehen. Aber es wird sich auch zeigen, inwiefern er der Moderne (bes. Brecht, vgl. *Teil 5.4*) das Tor zur Verfügung über die literarische Tradition aufstößt. - Einen vorläufigen Endpunkt setzen die Ausführungen des späten Nietzsche (*Teil 5.2*) hinter den Gedanken des esoterischen Schreibens. Nietzsche führt die Privilegien des literarischen Schreibens auf soziale "Glücksumstände" und auf handwerkliche Übungen zurück. Seine Projektionen werden erst in der künstlerischen Avantgarde des frühen 20. Jahrhunderts wieder thematisiert. Auch wenn man sich hier nicht direkt auf Nietzsche beruft, so sind doch wesentliche Gemeinsamkeiten nicht von der Hand zu weisen (*Teil 5.3*).

Im Gesamtwerk Friedrich Nietzsches spiegeln sich allerdings auch die historischen Widersprüche wider, die es gerade nicht erlauben, geniales Produzieren als ein abgeschlossenes Kapitel der kulturellen Entwicklung zu begreifen. In der Gründerzeit beschwört Wilhelm Dilthey in Anlehnung an Nietzsches Ideal des Übermenschen erneut die Idee genialen Schaffens - und Genießens - herauf. Dichtung sei nur durch ein "kongeniales" Verstehen zugänglich. Diltheys Bezug auf Unmittelbarkeit und Natürlichkeit stellt zentral alle gewonnenen Einsichten über das Beziehungsgeflecht von künstlerischer zu handwerklicher Arbeit in Frage. Es wird zu problematisieren sein, in welchem Ausmaß Diltheys Verstehenslehre hinter die Errungenschaften der bürgerlichen Aufklärung zurückfällt (*Teil 6.1*).

Der Rekurs auf Dilthey ist deshalb von einer kaum zu unterschätzenden Bedeutung, da seine Erkenntnistheorie die pädagogischen Bemühungen des 20. Jahrhunderts nachhaltig beeinflussen wird. Das betrifft besonders die Vorstellungen vom Schreiben in der Schule. Diltheys Erlebnisbegriff gibt der Reformpädagogik der Jahrhundertwende wesentliche Bezugspunkte an die Hand. Auch hier geht man von der Hypothese aus, die Fähigkeiten zum Verstehen und Herstellen von Literatur seien unmittelbar in einem Subjekt vorhanden. Die schöpferischen Kräfte des Kindes scheinen mit der Natur des Künstlers vergleichbar zu sein. Nun sind diese Beziehungen weit komplexer entfaltet worden als es hier zu erkennen ist. Sie lassen sich genauer in der Zivilisationskritik der reformpädagogischen Bemühungen analysieren (*Teil 6.2*). Ist es aber richtig, die frühen Phasen der pädagogischen Reformbewegung eindimensional auf Dilthey zurückzuführen? Betrachtet man nämlich die Reformpädagogik unter dem Aspekt einer Phaseneinteilung, so stellt sich heraus, daß es schon bald nach den Anfängen zu gewissen Gegenströmungen kommt, die die literarischen Versuche des Kindes in eine direkte Verbindung zu einem *Arbeits*begriff stellen. Deutlich ist das bei Jensen und Lamszus (*Teil 6.3*) zu erkennen. In welchem Umfang sagen sie sich von den Vorstellungen unmittelbaren Produzierens los? Welche methodischen Hinweise liefern sie, einzelne Schritte literarischen Produzierens in pädagogische Prozesse zu überführen?

Die aktuelle Geschichtsschreibung der Reformpädagogik führt den Gedanken vom "Kind als Künstler" auf Einzelmotive zurück, die im Sturm und Drang und der Romantik geschichtlich vorbereitet sind. Besonders H. Nohl stellt die folgenreiche These auf, die reformpädagogische Bewegung sein nur "gegen die Aufklärung" denkbar. Unmittelbarkeit und Natürlichkeit würden durch die als fremd und zersetzend begriffenen Ergebnisse der Aufklärung zerstört. Eine Förderung der produktiven kindlichen Sprachkräfte sei nur dann möglich, wenn man sich von der Aufklärung lossage. Wir werden uns bei der Kritik an Nohls pädagogischer Geschichtsschreibung auf die produktiondidaktischen Konsequenzen beschränken. Aber auch in dieser Beschränkung ist ein weiteres Kapitel der "Dialektik der Aufklärung" aufgeschlagen. Es wird sich zeigen, in welchem Ausmaße Nohls eingestandener Irrationalismus die positiven Errungenschaft des reformpädagogischen Literaturunterrichts in ein regressives Fahrwasser leitet. In gleichem Zusammenhang ist allerdings auch zu bedenken, an welchen Vorstellungen zur Volksbildung die Refompädagogik objektiv anknüpft. Ein Exkurs (vgl. *Teil 6.5*) soll diese Tradition erhellen.

Will man die reformpädagogischen Bemühungen historisch begreifen, so bietet sich auch ein Vergleich mit den zeitgenössischen *Kunst*richtungen an. Das Thema Kinheit gewinnt schließlich auch für die künstlerische Avantgarde des frühen 20. Jahrhunderts eine eminente Bedeutung. Insbesondere Tretjakov fromuliert eine Utopie literarischer Produktivität, die sich in weiten Zügen mit den Bildungsvorstellungen der Reformer deckt. Es ist nicht ausgeschlossen anzunehmen, daß der Bezug der Reformpädagogik auf kulturelle Entwicklungen ihrer Gegenwart die Frage nach dem historischen Wahrheitsgehalt der frühen Schreibbewegung erst sinnvoll stellen kann (vgl. *Teil 6.4*).

Auch die aktuellen schreibdidaktischen Pberlegungen knüpfen an Tretjakov an. Es wird im abschließenden Kapitel (*Teil 7*) zu untersuchen sein, unter welchen Gesichtspunkten man hier die utopische Zielvorstellung allgemeiner literarischer Produktivität aufgreift. In welchem Ausmaße kommt es dabei zu einer kritischen Sicht der pädagogischen und kulturtheoretischen Voraussetzungen? Wie reflektiert die aktuelle Schreibdidaktik ihr Verhältnis zu Diltheys Erlebnisbegriff? Welchen Stellenwert räumt man auf der anderen Seite einer Erkenntnis literarischer Strukturen im Schreibprozeß ein?

Besondere Bedeutung kommt in diesem Zusammenhang dem Begriff "Kreativität" zu. Denn unter dem Gesichtspunkt einer historisch argumentierenden Produktionsästhetik bzw. -didaktik liegen hier Bestimmungen vor, die den Begriff des "Genies" ablösen. Sie lenken den Blick erneut auf allgemein verfügbare literarische Kompetenzen. Bezieht sich der Kreativitätsboom der letzten Jahre auf ein spontanes Schreiben, das lediglich flexibel auf die Umwelt reagiert und damit die Verhältnisse selbst aus den Augen verliert, oder eröffnet der kreative Prozeß auch Möglichkeiten, die Erfahrungen literarisch zu strukturieren?

Die vorliegende Arbeit wurde 1987 als Habilitations-Schrift an der Universität zu Köln angenommen. Für Hinweise und Kritik, die weit über den Rahmen der dargestellten Ausführungen hinausgehen, ist der Verfasser besonders den Professoren Gert Kleinschmidt (Köln), Winfried Pielow (Münster) und Gert Sautermeister (Bremen) dankbar verpflichtet. Der Dank gilt ebenso Dorothea Hündgen-Rick, Irene Nobis und Peter Sukopp.

1. Zur Rekonstruktion eines antiken produktionsästhetischen Konflikts

Gotterfüllt und von Sinnen, durch den Musenanruf inspiriert, voll von göttlicher Macht und Besessenheit, so stellt Platon die Quelle literarischer Produktion vor. Schon der Begriff Produktion scheint an der platonischen Vorstellung vorbeizuzielen, da sie gerade jede Art erklärbaren und geregelten Verfahrens verwirft. Heilige Gottbesessenheit macht die Dichter zu Enthusiasten. In einem Zustand des Außer-sich-Seins, in einer Art musischer Trunkenheit vollbringen sie ihr Werk. Der Schöpfungsprozeß entzieht sich ihrer bewußten Einsicht und Kontrolle, denn sie wissen nicht, was sie tun.

Der platonischen Enthusiasmuslehre steht in und seit der Antike die Aristotelische Poetik gegenüber. Dichtung sei weder ein Werk der Götter noch visionäre Leihgabe. Aristoteles stellt u.a. die Frage, ob Dichter nicht auch Sinne und Verstand anzuwenden hätten, ob ihre Werde nicht auch mit lehr- und lernbaren Techniken korrespondieren.

Die dichotomische Gegenüberstellung von Inspiration *hier* und Gesichtspunkten poetischer Technik *da* hat - berücksichtigt man die Aussagen verschiedener Einzelwissenschaften - bis auf den heutigen Tag an Aktualität wenig eingebüßt. Für den Literaturwissenschaftler Max Kommerell stehen mit Platon und Aristoteles "die beiden großen Lehrmeister" gegenüber, denen die Auseinandersetzung zwischen "Absicht und Einsicht" und "Gottbesessenheit des Dichters zu danken sei". Die Aufarbeitung dieses Dualismus blieb in der Folge "keinem Theoretiker erspart".[1] Und für den Kunsthistoriker Ernst Kris existiert dieser Dualismus, den "die Ästhetiker seit Plato immer wieder festgestellt haben", in einer "Beziehung zu Trance und Traum" einerseits, andererseits in "enger Beziehung zu rigoroser, kontrollierter Rationalität".[2]

Helmut Kuhn verdeutlicht die Aktualität der platonischen Lehre:
"Das Wunderbare der dichterischen Vision, in der konventionell religiösen Sprache durch den Musenanruf zum Ausdruck gebracht, wurde durch Plato für die Folgezeit (man könnte hinzufügen: bis zum heutigen Tag) philosophisch legitimiert."[3]

Ebenso stellt Olof Gigon in seiner Einleitung zur Aristotelischen Poetik fest, "bis auf den heutigen Tag gilt Dichtung als zu allererst aus dem Überschwang und dem mächtigen Drängen der Innerlichkeit geboren."[4] Er hält jedoch gleichzeitig dagegen, Dichtung habe sich bestimmten regelbegleitenden Konzessionen zu unterwerfen:

---

1 M. Kommerell, Lessing und Aristoteles. Untersuchung über die Theorie der Tragödie. 2. Aufl. Frankfurt/M. 1957, S. 247.
2 E. Kris, Ästhetische Mehrdeutigkeit. In: M. Curtius (Hg.), Seminar: Theorien der künstlerischen Produktivität. Frankfurt/M. 1976, S. 92 - 116; Zitat: S. 105.
3 H. Kuhn, Artikel: Dichtung und Dichter. In: W.-H. Friedrich / W. Killy (Hg.), Das Fischer Lexikon. Literatur II, 1. Teil, 103. - 107. Tausend Frankfurt/M. 1979, S. 115 - 151; Zitat: S. 148.
4 O. Gigon, Einleitung. In: Aristoteles, Poetik. Übersetzung, Einleitung und Anmerkungen v. O. Gigon, Stuttgart 1981, S. 3.

"Ohne formulierbare Regeln, also ohne ein gewisses Maß an dichterischer Technik kommt keine Dichtung aus, auch diejenige nicht, die dies nicht wahrhaben will und diese Seite ihres Tuns am liebsten völlig im dunkeln ließe."[5]
So kommt auch Gigon zu dem Ergebnis, der Streit zwischen imaginärer Einbildungskraft und einem Verwiesensein auf bestimmte literarische Techniken erfreue sich höchster Aktualität:
"Daß der Kampf je entschieden worden wäre, kann man nicht sagen, Er ist auch heute nicht entschieden."[6]
Die Kontroverse Platon / Aristoteles liefert die theoretische Grundlage, mit deren Hilfe literarische Produktion als enthusiastische Inspiration oder als Möglichkeit der Anwendung literarischer Techniken begriffen werden kann. Sinnvoll scheint diese dichotomische Scheidung zu sein, wenn man sie nicht als eine zeitlose Wesenheit (ontologische Struktur) ausdrückt, sondern als eine literarisch-gesellschaftlich gültige. Ein Stehenbleiben beim scheinbar Tatsächlichen der Kontroverse suggeriert hingegen, das Tatsächliche müsse wohl auch natürlich sein. Es zielt auf das Postulat angeblich "ewiger" Naturgesetze literarischer Produktion, in denen sich überzeitliche Strukturen durchsetzen. Das Hervorbringen von Dichtung findet aber in einem geschichtlich entwickelten Erfahrungshorizont statt. Dieser läßt sich rekonstruieren. Die geschichtliche Rekonstruktion betrifft Entstehung, Überlieferung und Aktualität. Der Erfahrungshorizont der Kontroverse Platon / Aristoteles ist der der griechischen Polis. Allein auf diesem Hintergrund lassen sich die philosophischen Bestimmungen und ihre historische Funktion begreifen. So ist der Gegensatz von Inspiration / Regeleinsicht nicht durch Angabe seiner Merkmale a priori zu definieren.
Eine derartige Rekonstruktion geschichtlichen Erfahrungshorizonts macht Willi Oelmüller zur Grundlage seiner Diskurstheorie über Kunst und Schönes:
"Einen Erfahrungshorizont der Kunst und des Schönen kann man nicht geschichtsfrei aus Kompetenzen, Bedürfnissen und Interessen *des* Menschen entwickeln. Man kann ihn von den in einem bestimmten Raum-Zeit-Kontext vorgegebenen sozialen Institutionen und 'Weltanschauungen' sowie von den dort vorgegebenen Kunstwerken und Erfahrungsmöglichkeiten von Kunst und Schönem aus rekonstruieren."[7]
Auf dem Hintergrund des Wandels des Erfahrungshorizonts von der Antike bis zur Gegenwart läßt sich die Frage nach Kontinuität bzw. Diskontinuität literarischer Produktion skizzieren, wenn auch geschichtsphilosophisch nicht letztendlich klären. Es kann jedoch nicht Aufgabe vorliegender Arbeit sein, die Überlieferung der antiken Texte und der angesprochenen Kontroverse durch zwei

---

5 Ebd.
6 Ebd., S. 21.
7 W. Oelmüller, Zu einem Diskurs über Kunst und Schönes im Spannungsfeld Kunst / Schönes und Geschichte. In: Ders. / R. Dölle-Oelmüller / N. Rath (Hg.), Diskurs: Kunst und Schönes. Philosophische Arbeitsbücher Bd. 5. Paderborn, München, Wien, Zürich 1982, S. 11 - 62; Zitat: S. 27.

Jahrtausende zu verfolgen. Vielmehr geht es im Sinne Oelmüllers um das kritische Anknüpfen der Zeitgenossenschaft an den antiken Erfahrungshorizont: "Was hier gemeinsam ist und was nicht, müssen wir von der jeweiligen Lebenswelt aus in einem Diskurs kritisch prüfen."[8]
Die Gegenwartsbezogenheit eines bestimmten Themas, auf die Oelmüllers Diskurstheorie hinweist, ist keinesfalls mit der Gegenwart a priori selbst gegeben, sie ist interessegeleitet. Erkenntnis und Interesse lassen sich nicht auseinanderdividieren. Das erkenntnisgeleitete Interesse drückt sich in der jeweiligen Filtrierung der Fragestellungen aus. Gadamer macht grundsätzlich geltend:
"Bei den Geisteswissenschaften ist vielmehr das Forschungsinteresse, das sich der Überlieferung zuwendet, durch die jeweilige Gegenwart und ihre Interessen in besonderer Weise motiviert. Erst durch die Motivation der Fragestellung konstituiert sich überhaupt Thema und Gegenstand der Forschung."[9]

1.1 Literarische Produktion und Enthusiasmus (Platon)

Auf dem Hintergrund dieser Problemstellung gehen wir zunächst auf Platon ein. Anders als Aristoteles hat Platon keine systematische, in sich geschlossene Schrift über die Dichtkunst geliefert. Innerhalb seines Werkes finden sich an verschiedenen Stellen Abhandlungen über ihre Entstehung, ihren Wirklichkeitsbezug und ihre Wirkung. Während die Dialoge "Ion" und "Phaidros" sowie die "Apologie" hauptsächlich über die Entstehung der Poesie Auskunft geben, ist im "Staat" neben ihrer ontologischen Bestimmung ausdrücklich von ihrer Wirkung die Rede. Platon fragt also sowohl nach dem Ursprung der Dichtung, als auch nach ihrer gesellschaftlichen Funktion. Am deutlichsten stellt der Dialog Ion das dichterische Schaffen dar:
"Denn alle rechten Dichter alter Sagen sprechen nicht durch Kunst, sondern als Begeisterte und Besessene alle diese schönen Gedichte, und ebenso die rechten Liederdichter, und so wenig die, welche vom tanzenden Wahnsinn befallen sind, mit vernünftigem Bewußtsein tanzen, so dichten auch die Liederdichter nicht bei vernünftigem Bewußtsein diese schönen Lieder, sondern wenn sie von Harmonie und Rhythmus erfüllt sind, dann werden sie den Bacchen ähnlich, und begeistert, wie diese aus den Strömen Milch und Honig nur wenn sie begeistert sind schöpfen, wenn aber ihres Bewußtseins mächtig, dann nicht, so bewirkt auch der Liederdichter Seele dieses, wie sie auch selbst sagen. Es sagen uns nämlich die Dichter, daß sie aus honigströmenden Quellen aus gewissen Gärten und Hainen der Musen pflückend diese Gesänge uns bringen, wie die Bienen, auch selbst so umherfliegend. Und

---
8   Ebd., S. 28.
9   H.-G. Gadamer, Wahrheit und Methode. Grundzüge einer philosophischen Hermeneutik. 4. Aufl. Tübingen 1975, S. 269.

wahr reden sie. Denn ein leichtes Wesen ist ein Dichter und geflügelt und heilig, und nicht eher vermögend zu dichten, bis er begeistert worden ist und bewußtlos und die Vernunft nicht mehr in ihm wohnt. Denn solange er diesen Besitz noch festhält, ist jeder Mensch unfähig zu dichten oder Orakel zu sprechen. (...) Nämlich nicht durch Kunst bringen sie dieses hervor, sondern durch göttliche Kraft" (Ion 553e - 534c).[10]

Dieses ausführliche Zitat gibt hinreichend Auskunft über die Auffassung von der enthusiastischen Herkunft der Dichtung. Auffällig ist zunächst die starre Polarisierung von "Kunst" und "göttlicher Kraft". Entgegen dem heute üblichen Sprachgebrauch verbindet sich mit dem Terminus "Kunst" ein auf Regeln und Anwendungswissen (techne) beruhendes zweckrationales, produktorientiertes Verfahren: handwerkliches Tun.[11] Diese Tätigkeitsweise rationaler Planmäßigkeit und bewußter Kontrolle schließt Platon für die Dichter aus.[12] Dichterisches Schaffen basiere demgegenüber auf einem "Wahnsinn", der jenseits der Vernunft liege (Ekstase) und verdanke seine Kraft einem Erfülltsein durch den Gott (Enthusiasmus). Der Dichter bringe kein einfaches Menschenwerk hervor, er führe seinen schöpferischen Akt auf die Sphäre des Göttlichen zurück:

"Denn an ihm scheint ganz vorzüglich der Gott uns dieses gezeigt zu haben, damit wir ja nicht zweifeln, daß diese schönen Gedichte nicht Menschliches sind und von Menschen, sondern Göttliches und von Göttern, die Dichter aber nichts sind als Sprecher der Götter, besessen jeder von dem, der ihn eben besitzt" (Ion 534e).

Die Enthusiasmuslehre Platon spricht sich also nicht nur gegen regelgeleitete und handwerkliche Bezüge aus. Sie wendet sich generell gegen jede Verbindung der dichterischen Tätigkeit mit spezifisch *menschlichen* Qualitäten. Der Dichter verfüge weder über ein selbstbewußtes technisches Können noch über ein besonders ausgebildetes Talent, er selbst stellt nur das *Medium*, den Mittler einer Aussage dar, die nicht die seine ist. Als "Sprecher der Götter", deren Dolmetscher und Diener, reduziert sich sein Beitrag an der Dichtung auf die Botmäßigkeit eines Erfüllungsgehilfen. So überläßt sich, wie Zilsel betont, der

---

10 Platon, Ion. In: Platon, Sämtliche Werke, Bd. 1. In der Übersetzung von Friedrich Schleiermacher mit der Stephanus-Numerierung hg. v. W.F. Otto, E. Grassi, G. Plamböck. 136.-140. Tausend Hamburg 1976. - Zitiert wird in der Folge im Text oben nach der Stephanus-Numerierung.
11 Der Ansatz einer etymologischen Rekonstruktion der Begriffe "Kunst" und "techne" erfolgt weiter unten in Zusammenhang mit der "Poetik" des Aristoteles. Er liefert gewissermaßen den Schlüssel für die Gegenüberstellung der Auffassungen über die Dichtkunst von Platon und Aristoteles. Bereits an dieser Stelle kann deutlich werden, daß Platon spezifischen Regeln zur Herstellung von Dichtung zutiefst mißtraut, daß er dichterisches Werk und handwerkliches Gebrauchswerk sorgsam trennt.
12 Vgl. hier auch die Ausführungen über die Dichtung als Gottesgabe im Dialog Phaidros: "Wer aber ohne diesen Wahnsinn der Musen in den Vorhallen der Dichtkunst sich einfindet, meinend, er könne durch Kunst allein genug ein Dichter werden, ein solcher ist selbst ungeweiht und auch seine, des Verständigen, Dichtung wird von der des Wahnsinnigen verdunkelt" (Phaidros 245a).

platonische Dialog "keinem Kultus der Dichterpersönlichkeit".[13] Ganz im Gegenteil. Das Subjekt künstlerischen Schaffens tritt völlig zurück hinter seine funktionalen Pflichten, Ausführungsorgan göttlicher Absicht zu sein. Von einer Verklärung des Dichters zu einer Ausnahmepersönlichkeit mit genialischen Attributen kann bei Platon keine Rede sein. Denn der Dichter verdankt das Werk *göttlicher* Inspiration. Im ursprünglichen Sinne ist es also *nicht sein* Werk, sondern das eines Gottes. Werk und hervorbringender Künstler gehören unterschiedlichen Dimensionen an. Diese Trennung von Werk und Person kommt in der Kunstverehrung der Antike zum Ausdruck. Verehrt wird das *Werk* und die in ihm verkörperten Gehalte, während die Persönlichkeit des Künstlers demgegenüber zurücktritt.[14]

Die moderne Vorstellung vom Dichter als Genie beruft sich in ihrer Konzeption maßgeblich auf Platons Enthusiasmuslehre.[15] In der Antike allerdings kann sich kein Geniebegriff ausbilden, da das Werk den eindeutigen Primat gegenüber dem Hervorbringenden besitzt. Als Sprachrohr des Göttlichen wirkt der Dichter als bloßes *Objekt*, das die Möglichkeiten subjektiver Verfügung über Formen und Inhalte einem Höheren geopfert hat.[16] Der moderne Geniebegriff kehrt dieses Verhältnis von Subjekt / Objekt um. Das Genie sei spielend über das ästhetische Material erhaben und zwinge diesem seine subjektive Ordnung auf. Im schöpferischen Prozeß bilde der Dichter keine vorgegebene Welt ab, sondern schaffe eine originäre Wirklichkeit und neue Sinngebung. Diese Vorstellung vom souveränen Schöpfungsakt eines Subjekts wird bis in die Gegenwart hinein als eine Vision begriffen. So führt H. Kuhn aus:

"Die *dichterische Vision* ist in der Unerklärbarkeit ihres Zustandekommens etwas Wunderbares, eine Eingebung."[17]

Wird nach wie vor für literarische Produktion ein Musenruf in Anspruch genommen, so darf nicht vergessen werden, daß Platons Lehre gerade auf die Subjektlosigkeit des Dichters im Zustand enthusiastischer Besessenheit hinweist. Als Abbild des Göttlichen sind im Werk alle Spuren subjektiver Schöpfung getilgt. Das Objekt absorbiert bedingungslos die artistische Freiheit des künstlerischen Subjekts. Demgegenüber rückt eine Theorie literarischer Produktion, die heutzutage dichterische Vision mit Wunderbarem und Eingebung identifiziert, die *subjektiven* Potenzen der Werkschöpfung ins Zentrum.

---

13 E. Zilsel, Die Entstehung des Geniebegriffs. Ein Beitrag zur Ideengeschichte der Antike und des Frühkapitalismus. Tübingen 1926, S. 14.
14 Vgl. A. Hauser, Sozialgeschichte der Kunst und Literatur. 14. -19. Tausend München 1969, S. 119.
15 Zilsels Arbeit über die "Entstehung des Geniebegriffs" (a. a. O., S. 95) stellt heraus, daß der platonischen Enthusiasmuslehre die entscheidende Bedeutung bei der Neukonzeption des Geniebegriffes in der bürgerlichen Gesellschaft zukommt. Die Lehre vom Genie als produktiver Urinstanz der Dichtung taucht in modifizierter Form in der Renaissance und in der ästhetischen Theoriebildung seit dem 18. Jh. immer wieder auf. Die nächsten Kapitel werden sich damit kritisch auseinandersetzen.
16 Zilsel spricht von einer unüberbrückbaren "Kluft zwischen Werk und Dichter" (a. a. O., S. 15); und Hausers "Sozialgeschichte der Kunst und Literatur", die sich im Abschnitt über die Enthusiasmuslehre Platons ganz Zilsels Ausführungen verpflichtet weiß, insistiert ebenso auf den "Abstand zwischen ihm (dem Dichter, H.R.) und seinem Werk" (a. a. O., S. 100).
17 H. Kuhn, Artikel: Dichtung und Dichter. A. a. O., S. 140 f.

Wie ist die Enthusiasmuslehre Platons historisch zu verstehen? Das ausführliche Zitat oben aus dem Dialog Ion setzt die Begeisterten in enge Verbindung mit tanzendem Wahnsinn. Das Dichten und das Sprechen von Orakeln gelten als analoge Tätigkeiten. Ebenso wie der Prophet und Orakelkünder bringt auch der Dichter sein Werk nicht durch kognitive Fähigkeiten, sondern durch göttliche Inspiration und Stimmen hervor. Der englische Historiker George Thomson macht eben diesen Zusammenhang anhand eines etymologischen Vergleiches deutlich:
"Für die alten Griechen lag die Verbindung zwischen Prophetie (mantiké) und Wahnsinn (mania) schon in den Worten selbst. Ihnen war der magische Ursprung von Poesie und Prophetie selbstverständlich, denn die Merkmale beider Künste erinnerten sie an die orgiastischen Tänze, die in ihren Dionysoskulten noch gepflegt wurden."[18]
In der Ekstase des mimetischen Tanzes liegt der Ursprung des Enthusiasmus. Dieser kulturgeschichtliche Zusammenhang von Ekstase und Enthusiasmus beherrscht ebenso das dichterische *Selbst*verständnis. Die inhaltlichen Bestimmungen über das Wesen des enthusiastischen Schaffens werden im Dialog Ion so angeordnet, daß sie zugleich Selbstaussagen des Rhapsoden Ion sind.[19] Eine andere Bestimmung als die göttlicher Schickung kann auch er dem Schaffen der Dichter nicht zuweisen.[20]
Anders verhält es sich jedoch mit seinem Wissen um die *Wirkung* der Dichtung. Der Vortragende weiß, wie er das Gemüt seiner Zuhörer ansprechen kann. Trägt er Klägliches vor, so füllen sich ihm die Augen mit Tränen, und er beobachtet gleiche Gefühlsregungen im Kreis der Zuhörer (vgl. Ion 535c). Platon legt daraufhin dem Rhapsoden das Geständnis in den Mund, sein Vermögen, kathartisch auf das Publikum zu wirken, sei mit dem strategischen Blick auf seine Geldeinnahmen verbunden. Hinter der Versicherung göttlicher Inspiration verberge sich profanes Geldinteresse.
Die Annahme enthusiastischer Herkunft der Dichtung erscheint so in einem neuen Licht. Gottbesessenheit kann nicht mehr als Totalkompetenz des dichterischen Hervorbringens gelten, wenn von einer Anpassung des Dichters ans Publikum die Rede ist. Diesen von Platon betonten Widerspruch des dichterischen Enthusiasmus hebt besonders Gadamer in seinem vielbeachteten Aufsatz "Plato und die Dichter" hervor. Bei der Anerkennung göttlichen Wahnsinns und der Besessenheit sei durchgängig ein "ironisch-kritischer Grundton"[21]

---

18 G. Thomson, Frühgeschichte Griechenlands und der Ägäis. Berlin 1960, S. 395.
19 Vgl. H. Flashar, Der Dialog Ion als Zeugnis Platonischer Philosophie. Berlin 1958, S. 61 ff.
20 Im Werk Platons ist wiederholt von Selbstaussagen der Dichter über ihr eigenes Tun die Rede. In der Apologie prüft der fragende Sokrates die Weisheit der Politiker, Dichter und Handwerker. Die Dichter haben den subjektiven Anspruch, das Wahre zu verkünden. Eine Deutung ihrer Werke gelingt allerdings den Rezipienten weit besser als ihnen selbst. Dichter sind nicht imstande, ihr Hervorbringen nach Prinzipien zu begründen, die regulativ der Vernunft unterworfen sind. Gleich Wahrsagern und Orakelkündern leitet sie der Enthusiasmus und nicht die Weisheit: "Denn auch diese sagen viel Schönes, wissen aber nichts von dem, was sie sagen" (Apologie, 22c).
21 H.-G. Gadamer, Plato und die Dichter. Frankfurt/M. 1934, S. 8.

vorherrschend. Platons Ironie richte sich auf die Unfähigkeit der Dichter, über ihr Tun und über ihre Wahrheit Rechenschaft ablegen zu können. Da sie weder wissen, *wie* noch *ob* sie die Wahrheit sagen, ist die Legitimation des Enthusiasmus durch die philosophische Prüfung am Logos geschwunden.

Platons Dichterkritik läßt sich erst auf dem Hintergrund des 10. Buches der "Politeia" verstehen. Auch wenn in dieser Schrift nicht ausdrücklich vom Enthusiasmus die Rede ist, so lassen sich jedoch wesentliche Motive der Gedankenführung darauf zurückführen.[22] Homer und seine Dichtkunst werden abgewiesen mit dem Argument, keine bessere Lebensführung - weder in Oikos noch Polis - befördert zu haben (Politeia 599d).[23] Zur Erziehung des Menschengeschlechts und seiner verschiedenen Künste (der Staatskunst, Kriegskunst u.a.) hat sie - verglichen z.B. mit der Leistung eines Solon - nichts beigetragen. Nach dem Schnittmuster der Dichtkunst des Homer ließe sich keine Lebensweise ableiten, die als vorbildliche gelten könne.

Neben der pädagogischen Nutzlosigkeit führt Platon die Schädlichkeit der Dichtung mit zwei Argumenten vor: Sie sei unmoralisch und steigere darüber hinaus Begierden und Leidenschaften. Da sie gleichzeitig über gute wie schlechte Taten berichte, sei sie ethisch indifferent und zu moralisch positiven Wertungen unfähig. Im praktischen Leben hingegen komme es auf die Tugend der Besonnenheit an, auf eine vernünftige und ruhige Gemütsverfassung. Allein diese sei eines Mannes würdig, der Dichtung und ihren Affekten zu folgen hingegen sei kindisch und "weibisch" (605d).

Platon untermauert seine Ablehnung der verführerischen Dichtkunst mit seiner ontologischen Erkenntnistheorie.[24] Er unterscheidet drei Ebenen: Wesens-, Werk- und Nachbilder (597a - 598d). Das Wesensbild ist die ursprünglich göttliche Idee. Das Werkbild ist die Herstellung und Nachbildung des in der Ideenwelt bereits Vorgegebenen. Während die Vernunfterkenntnis die Ideen zugänglich macht, formt der Handwerker auf zweiter Stufe nach der bereits feststehenden Idee sein Werk. Dichter und Maler hingegen stehen auf der dritten Stufe. Sie haben nicht mehr die Idee selber im Auge, sondern richten sich nach den bereits empirisch vorhandenen Werken und Handlungen. Dichtkunst und Malerei werden demzufolge als Nachahmungen von Nachgeahmtem definiert. Von den ontologischen Grundvoraussetzungen der Idee haben sich die Dichter weit entfernt, sie stehen unter den Handwerkern und verfertigen nur noch täuschende Schein- und Schattenbilder. Dreifach von der Wahrheit abgerückt, orientiert sich der Dichter bloß an den jeweiligen Erscheinungen, an ihren Sinneswahrnehmungen, ohne sie an der ursprünglichen Idee zu messen.

---

22 Vgl. ebd., S. 9 ff.; H. Flashar, Der Dialog Ion ..., a. a. O., S. 106 ff.
23 Platon, Politeia. In: Platon, Sämtliche Werke, Bd. 3. A. a. O. Auch bei der Politeia wird in der Folge im Text oben nach der Stephanus-Numerierung zitiert.
24 Eine ausführliche Darstellung dieser Theorie würde den Rahmen vorliegender Arbeit sprengen. Es kann hier lediglich eine knappe Skizzierung geliefert werden. Zur ausführlichen Interpretation vgl. A. Koller, Die Mimesis in der Antike. Nachahmung, Ausdruck. Bern 1954; M. Fuhrmann, Einführung in die antike Dichtungstheorie. Darmstadt 1973; E. Grassi, Die Theorie des Schönen in der Antike. Neuausgabe. Köln 1980.

Allein diese gibt aber Auskunft über Wahrheit und Tugend, über mustergültige Lebensführung. Die Nachahmung eines Ist-Zustandes von Erscheinungsformen handelnder Menschen kann keinen Maßstab vernünftiger Praxis bereitstellen. Die Kernfrage Platons in der Dichterkritik lautet demgemäß: "Das Seiende nachzubilden, wie es sich verhält, oder das Erscheinende, wie es erscheint, als eine Nachbildnerei der Erscheinungen oder der Wahrheit?" (598b).
Aus dieser Frage läßt sich ableiten, welche Dichtung vor Platons Kritik bestehen kann, welche als verwerflich anzusehen ist. Die Selektion orientiert sich an der grundsätzlichen Unterscheidung zwischen Ethos und Empirie. Der Darstellung würdig sind Handlungen, in denen das wahre Ethos leuchtet: Loblieder auf die Gerechtigkeit und den Gemeinsinn im Staat, Hymnen auf Götter und Helden, die einzig dem "Guten" (= dem Seienden, "wie es sich verhält") verpflichtet sind.[25] Alle Darstellungen, die diesem vorbildlichen Ethos zuwiderlaufen, fallen unter das platonische Verdikt, sie beziehen sich auf die empirischen Erscheinungen der Dinge und verkommen zu "Gaukelei" und "Schattenspiel" (598d).
"Wollen wir also feststellen, daß vom Homeros an alle Dichter nur Nachbildner von Schattenbildern der Tugend seien und der anderen Dinge, worüber sie dichten, die Wahrheit aber gar nicht berühren (...)" (600e).
Offensichtlich sieht Platon in der historischen Wirklichkeit seiner Zeit kein Bild der Tugend: der vernunftungebundene Enthusiasmus bedroht das an Wahrheit gebundene Ethos der Polis. Diesen springenden Punkt in Platons Dichterkritik, der die Poliskrise andeutet, rückt auch Gadamer ins Zentrum: "Es war Platos sokratische Einsicht, daß ein verbindendes staatliches Ethos, das der Dichtung ihre rechte Wirkung und Deutung sichern konnte, nicht mehr da war, seitdem die Sophistik den Geist der Erziehung bestimmte."[26]
Es geht Platon keineswegs um den "alten Streit (...) zwischen der Philosophie und der Dichtkunst" (607b). Im Zeitalter der Poliskrise scheint ihm alles verbannenswert, was vernunftgeleiteten Handlungen zuwiderläuft, so der selbstvergessene Enthusiasmus und die mimetisch einfühlende Erlebnisweise der Dichtung. Seine Kritik "stellt der ästhetischen Selbstvergessenheit und dem alten Zauber der Dichtung keinen neuen Zaubergesang entgegen, sondern den Gegenzauber des philosophisierenden Fragens".[27] Auf diesem Hintergrund ist es alles andere als ein Lob, wenn Platon den enthusiastischen Dichtern Gottbegeisterung bescheinigt. Göttlich ist einzig die ursprüngliche Idee, die philosophierend zu erkennen ist. Der Dichter hat sich in seinem Enthusiasmus so weit von ihr entfernt, daß seine Nachahmung des bereits Nachgeahmten nur noch zu einem Trugbild taugt. Zu einer an Vernunft gebundenen Erklärung seiner Bil-

---

25 Zu bedenken ist hier freilich, daß auch diese affirmative Dichtung der ontologischen Bestimmung nach nur Darstellung (Mimesis) des Ethos ist und nicht dieses selbst. Vgl. dazu H.-G. Gadamer, Plato und die Dichtung. A. a. O., S. 28 ff.
26 Ebd., S. 15.
27 Ebd., S. 29.

der ist er ja gerade nicht imstande. Platons Ironie demaskiert also den Anspruch der Dichter auf ihre Göttlichkeit, denn sie halten in ihrem falschen Bewußtsein noch die vorgebrachte Fälschung des Göttlichen für das Original.
Beruft sich eine Theorie literarischer Produktion auf Platons Enthusiasmuslehre, so steht sie vor einem folgenschweren Dilemma. Will sie die göttliche Inspiration als Kern Platons Aussagen über schöpferische Subjektivität herausdestillieren, zahlt sie dafür den Preis, den pejorativ bestimmten Charakter des Enthusiasmus zu verschweigen. Platon verwirft den Enthusiasmus als Quelle dichterischen Schaffens unter ethischem Gesichtspunkt.
Aufrechterhalten läßt sich allerdings eine abstrakte *Gedankenfigur*, die, bewußt losgelöst von Platons Philosophie, literarisches Schöpfertum auf Enthusiasmus gründet, um es von erklärbarer und geregelter Nachahmung als Prinzip der Kunst abzusondern. Dieser Gegenpol liegt historisch mit der Poetik des Aristoteles vor.

1.2 Literarische Produktion und poiesis (Aristoteles)

Die Poetik des Aristoteles versteht sich als eine Lehre von der Dichtkunst. Umfangreiche Teile der Schrift sind verloren gegangen, so daß sie nur noch als Torso vorliegt. Der überlieferte Text ist übersichtlich angeordnet: In den ersten fünf Kapiteln werden einleitend poetische Darstellungsmittel und -arten abgehandelt. Als Darstellungsobjekte definiert die Poetik die handelnden Menschen; ursächliche Begründung erfährt die Dichtkunst im Nachahmungstrieb des Menschen. Kapitel 6 - 22 wenden ihre Aufmerksamkeit der Tragödie, Kapitel 23 - 24 der epischen Dichtung zu. Die abschließenden Kapitel 25 und 26 gehen Fragen an, die beide Gattungen im Vergleich betreffen.
Der folgenden Untersuchung geht es nicht um eine Problematisierung der Tragödien-, Epos- und Komödientheorien. Die fast unübersehbare Flut der Sekundärliteratur zur Poetik des Aristoteles gibt hinreichend darüber Auskunft. Unser Erkenntnisinteresse gilt Fragen über die *Entstehung* und *Funktion* der Werke. Welche Auskunft erteilt Aristoteles - im Gegensatz zu Platon - über die Bedingungen zur Herstellung eines dichterischen Werkes? Welchen allgemeinen Zweck verfolgt die Dichtkunst?
Berücksichtigt man die bis heute gängige Vorstellung, das Dichten sei nicht jedermanns Sache, es erfordere vielmehr eine bestimmte Persönlichkeit, und erinnert man sich an Platons Enthusiasmus, so mag es überraschen, daß die Bedeutung unserer Worte Poesie und Poetik auf dem altgriechischen Terminus *poeisis* gründet, der soviel abdeckt wie "Arbeit" oder "Herstellen". Abgeleitet vom Verb poieien, das "schaffen" oder "bilden" bedeutet, drückt sich hier die Herstellungsweise des Homo faber (im Gegensatz zum homo sapiens) aus. Ziel der poiesis ist die Materialisierung der Tätigkeit zu einem Werk (ergon). Zur Herstellung eines Werkes bedarf es bestimmter Kenntnisse und Erfahrungen,

die sich in technischen Regeln akkumuliert haben. Sie bestimmen die Strategien des Arbeitsprozesses, um ein Werk hervorzubringen. Der Begriff der poiesis deckt weit mehr ab als nur den Teil von Arbeit, der sein Ergebnis in der Herstellung eines dichterischen Werkes hat. Poiesis bezieht sich auf das Herstellen *überhaupt*, sei es eines Tisches, Hauses oder einen Hafens. Legt man diesen allgemeinen Begriff werkorientierten Herstellens zugrunde, so herrscht gegenwärtig kein Zweifel, daß er potentiell allen Menschen zuerkannt wird. Ist damit aber das Dichten eine Arbeit inter pares? Auf den ersten Blick hat es mit der Arbeit des Tischlers, der als Werk den Tisch und mit dem Zimmermann, der als Werk das Haus hervorbringt, vieles gemeinsam. Es erscheint als eine Art handwerklicher Tätigkeit, die mittels festgelegter Regeln ein Werk hervorbringt. Besitzt es darüber hinaus aber eine ureigene Spezifik? Oder ist es deckungsgleich mit jeder anderen Tätigkeit des Hervorbringens in *ein* Kontinuum einzutragen?

Man wird die Fragestellungen erst dann angehen können, wenn man den Begriff der poiesis vom Begriff der praxis unterscheidet.[28] Aristoteles hat diese Unterscheidung in der Nikomachischen Ethik vorgenommen. Poiesis deckt hier den Bereich handwerklichen Herstellens (Hervorbringens) ab, während sich praxis auf das kommunikative Handeln bezieht. Grundsätzlich heißt es dazu: "Was sich so und anders verhalten kann, ist teils Gegenstand des Hervorbringens (poieton), teils Gegenstand des Handelns (prakton). Handeln (praxis) und Hervorbringen (poiesis) sind voneinander verschieden (...). Demnach ist auch das mit Vernunft verbundene handelnde Verhalten von dem mit Vernunft verbundenen hervorbringenden Verhalten verschieden. Darum ist auch keines im anderen enthalten. Denn weder ist ein Handeln Hervorbringen, noch ein Hervorbringen Handeln" (Eth. Nik., 6. Buch, 1140 a 1 - a 7; Zusätze H. R.).[29]

Nach Aristoteles schließen sich Handeln und Hervorbringen gegenseitig aus. Ihnen gemeinsam ist eine Vernunfthaltung, die sich aufspaltet in das "mit Vernunft verbundene handelnde Verhalten" und das "mit Vernunft verbundene hervorbringende Verhalten". Das auf Hervorbringen abzielende Verhalten impliziert ein Produktionswissen, griechisch techne (lateinisch ars). Im umfassenden Sinn des Wortes ist es "zunächst ein Wissen und Können jeder Art".[30] Es bezeichnet eine Vielzahl von besonderen vernunftgeleiteten Fertigkeiten:

---

28 Damit geht die Untersuchung über die vorherrschende Aristoteles-Forschung im engeren Sinn hinaus. Ernesto Grassi führt dazu aus: "Die meisten Kommentatoren der 'Poetik' stellen keine Erwägungen darüber an, in welchem Sinn Aristoteles Praxis von Poiesis abhebt." (Ders., Die Theorie des Schönen in der Antike. A. a. O., S. 166). Grassi bringt hier implizit zum Ausdruck, daß Fragen der poetischen Gattungen und ihre immanenten Strukturprobleme paradigmatisch das literaturwissenschaftliche Interesse beherrschen. Produktionsästhetischen Gesichtspunkten wird demgegenüber nur ein untergeordnetes Augenmerk geschenkt.
29 Aristoteles, Die Nikomachische Ethik. Übersetzt und herausgegeben von Olof Gigon. 3. Aufl. München 1978. Auch hier wird nach der einschlägigen Numerierung oben im Text zitiert.
30 W. Schadewaldt, Natur - Technik - Kunst. Drei Beiträge zum Selbstverständnis der Technik in unserer Zeit. Göttingen / Berlin / Frankfurt/M. 1960, S. 24.

"Und so sprechen wir nicht nur von Tonkunst, Dichtkunst, Malkunst, sondern auch von Schmiedekunst, Webekunst, Waidmannskunst, Baukunst mit vollem Recht."[31]

Im Gegensatz zum modernen Kunstbegriff sind Kunst *und* Handwerk gleichermaßen an technische Fertigkeiten gebunden. Ihr Bedeutungsradius läßt sich bestimmen als "Inbegriff für alle Fertigkeiten des Menschen, werksetzend und gestaltend wirksam zu werden".[32] Hier ist noch zu erkennen, daß "Kunst von 'Können' abgeleitet"[33] wird. Durch die Vollkommenheit der sachgerechten Anwendung technischen Wissens entsteht ein Werk, das sich auf einen dienlichen Zweck bezieht.

Von dieser utilitaristischen Zielorientierung setzt sich die praxis entschieden ab. Kommunikatives Handeln trägt seine Bestimmungen in sich selbst: "Das Hervorbringen hat ein Ziel außerhalb seiner selbst, das Handeln nicht. Denn das gute Handeln ist selbst ein Ziel" (1140 b 4 - 7). Das Unterscheidungskriterium der Aristotelischen Typisierung ist das zwischen endlicher und unendlicher Teleologie. Der Poiesisstratege unterwirft sein Tun einer Endlichkeit, dem produzierten Werk. Sein Ziel ist mit dem Werk erreicht. Seine Art des Wissens, die techne, materialisiert sich in einer außerhalb seiner selbst liegenden (ablösbaren) Sache und wird zum Gegenstand anderer unmittelbar interessierender Zwecke. Anders bei der praxis, beim Handeln. Die Subjektivität des Handelnden verflüchtigt sich gerade nicht in einer Endlichkeit und ablösbaren Sache. Das Handeln ist "selbst ein Ziel" und nicht Ziel eines anderen. Es ist sich selber Zweck und nicht zweckunterworfen. Handeln setzt ein ständiges Am-Werk-Sein (energia) voraus. Da einzelne Handlungen endlich sind, kann sich das Ziel der praxis niemals *direkt* einlösen. Es verwirklicht sich, wie J. Ritter präzise definiert, "im tätigen Lebensvollzug":

"Praxis des Menschen ist so die tätige Lebensführung des Menschen, sofern sie sich von der aller übrigen Lebewesen unterscheidet, so daß die Frage nach dem höchsten menschlichen Gut den konkreten Sinn hat, den Stand menschlicher Praxis zu bestimmen, in welchem der Mensch als Mensch zur lebendig tätigen Verwirklichung seines menschlichen Seins und seiner Möglichkeiten im eigenen Können und Wirken zu kommen vermag."[34]

Die Frage nach dem höchsten Gut, nach dem "guten Handeln", ist nicht durch das Herstellen von guten Werken oder Taten beantwortbar. Diese können sich zwar von Fall zu Fall als solche erweisen, sie sagen aber noch nichts über den sonstigen Lebensvollzug des Handelnden aus. Die Handlungsweise, der Modus, in dem sich sein Tun abspielt, läßt sich nicht wie ein Werk abspalten. Er erweist sich als *ständige* Herausforderung an praktische Kommunikation

---

31 Ebd.
32 H. Blumenberg, "Nachahmung der Natur". Zur Vorgeschichte der Idee des schöpferischen Menschen. In: Studium Generale 5/1957, S. 266 - 283; Zitat: S. 266.
33 H. Kuhn, Artikel: Ästhetik. In: W. - H. Friedrich / W. Killy (Hg.), Das Fischer Lexikon. Literatur II, 1. Teil, a. a. O., S. 48 - 58; Zitat: S. 52.
34 J. Ritter, Metaphysik und Politik. Studien zu Aristoteles und Hegel. Frankfurt/M. 1977, S. 59.

und erschöpft sich nicht in pragmatisch orientierter Zwecksetzung. Gleichwohl ist auch das Handeln in gewisser Weise zweckorientiert, da es sich nicht ethisch indifferent verhält. Es konstituiert sich in einer universalen Zielorientierung, die angegeben wird als "das gute Handeln" (enpraxis).
Welches Wissen entspricht dieser Perspektive? Der Poiesisstratege bedient sich des notwendigen und sachgerechten technischen Wissens, der techne. Die der Praxis korrespondierende rationale Verhaltensweise ist die Besonnenheit (phronesis). Der Besonnene (phronimos) besitzt ein "Für-sich-Wissen"[35], das sich interaktiv in Permanenz neu einzulösen hat. Er richtet sein Augenmerk nicht auf partikulare Nützlichkeit, sondern scheint, wie Aristoteles ausführt, "das für ihn Gute und Zuträgliche recht überlegen zu können, nicht das Gute im einzelnen, etwa was für die Gesundheit oder die Kraft gut ist, sondern was das gute Leben im ganzen angeht" (Eth. Nik., 6. Buch, 1140 a 25 - 28).
Der universale Bezug des Handelnden richtet sich auf die höchste Vollkommenheit, die höchste dem Menschen (in der Polis) mögliche Lebensform.
Fassen wir die generellen Unterschiede von poiesis und praxis zusammen, so spielt der Begriff der Vollkommenheit eine zentrale Rolle. Die Vollkommenheit des Künstlers ist die technische Vollkommenheit seiner Kunst. Seine Subjektivität braucht nicht thematisiert zu werden. In der praxis dagegen bezieht sich die Vollkommenheit nicht auf einzelne Werke, sondern auf die anzustrebende Vollkommenheit der handelnden Person. Poiesis schafft ein Werk; praxis ist ein Am-Werk-Sein, ein, wie Ritter definiert, "tätiger Lebensvollzug".
Mit der terminologischen Differenzbestimmung der Begriffe poiesis und praxis ist es möglich, den besonderen Stellenwert der *Dicht*kunst innerhalb der Vielzahl der antiken Künste anzugeben. Er besteht im Verhältnis zur praxis. Künstlerische poiesis bezieht sich auf die nachahmende Darstellung (mimesis) handelnder Menschen in der praxis. Aristoteles deutet das einleitend im zweiten Kapitel an: "Der nachahmende gestaltende Künstler stellt handelnde Menschen dar" (1448 a).[36] Der handelnde Mensch befindet sich, wie es die Nikomachische Ethik anführt, in einem nicht endenden Prozeß, der seine durchgängige Zielorientierung im Streben auf das "gute Handeln" definiert. Der Dichter hingegen schafft ein endliches Werk, das handelnde Menschen *darstellt*. Mit Abschluß des Werkes sind die Handlungen festgelegt, also endlich. Es können nicht die praktischen Handlungen selbst sein, die das Wesen der dichterischen poiesis ausmachen, sondern lediglich deren *Abbildungen* im Werk. Die Endlichkeit des Herstellens verdeutlicht, daß die Werke der Dichtkunst nicht praxis sein können. Im Unterschied zu anderen Künsten arbeiten sie sich aber an der praxis ab, sie sind nachahmende praxis: mimesis der praxis.

---

35 Vgl. hier grunds. H.-G. Gadamer, Wahrheit und Methode. A. a. O., S. 299.
36 Aristoteles, Poetik. Griechisch und deutsch. Aus dem Griechischen. Übersetzung v. W. Schönherr. Leipzig 1979. Auch hier wird nach der einschlägigen Numerierung oben im Text zitiert.

Hinsichtlich des tätigen Lebensprozesses ist der poetischen mimesis nur eine hypothetische Funktion zu attestieren. Sie kann Vorbereitung, Motivation zur praxis sein; sie bedarf aber des zusätzlichen Transfers in den realen Lebenszusammenhang handelnder Menschen. In der Kunst geht es um die Abbildung von Dingen und Sachverhalten der Wirklichkeit, während die Wirklichkeit nach eigenen Gesetzen ihren Lauf nimmt.
Poiesis, um es zu wiederholen, ist nicht praxis. Auffällig ist jedoch, daß die "Poetik" das Werk nicht unabhängig von der praxis reflektiert, da sie die Bedingungen der Wirkung hervorhebt. Einmal fixiert ist das Werk in seiner Produktion unwiderruflich abgeschlossen; durch seine Aufführung jedoch werden die dargestellten Handlungen re-aktiviert und treten durch die Rezeption in einen praktischen Lebenszusammenhang. Das Werk selber (die Produktion) ist nicht praxis, sondern mimesis der praxis. Und da mimesis der Wahrscheinlichkeit, Nachvollziehbarkeit und dem Genuß auf seiten der Rezeptienten konstitutiv verpflichtet ist, tritt sie in einen Bezug zur praxis. Die mimetischen Handlungen der Rezipienten lösen das poetische Werk aus seiner Endlichkeit heraus und überführen es in eine praxis.
F. Tomberg hat diesen Sachverhalt wiederholt zur Grundlage seiner Aristoteles-Forschungen gemacht.[37] Er unterstreicht, daß das Kunstwerk im aristotelischen Sinne dem Bereich der Möglichkeit angehört. Erst durch die Rezeption wird es als Wirklichkeit realisiert. Schöpferische Phantasie bezieht sich sowohl auf das Herstellen als auch auf die sinnliche Wahrnehmung des Werkes. Tomberg verweist auf den schöpferischen Charakter der Rezeption, indem er den Mimesis-Begriff einem philologischen Exkurs unterzieht:
"Wir übersetzen mimesis gemeinhin mit Nachahmung. Und wir verstehen darunter so etwas wie Abbild eines in der Wirklichkeit oder in der Phantasie vorgegebenen Gegenstandes. Abbild heißt griechisch aber mimema. Aristoteles dagegen schreibt hier dem Werk mimesis, also mehr die Tätigkeit des Abbildens zu."[38]
Die Tätigkeit des Rezipienten wird in der Poetik wiederholt direkt thematisiert: Freude an der formalen Komposition, Lust am Lernen und Erkennen der Wirklichkeit etc. Die Identifikation der abgebildeten Darstellungen mit der subjektiven Lebenspraxis vollendet den Prozeß der Kunst. Das Kunstwerk als mimesis der praxis wird durch den Vollzug der Rezeption mimesis *für* eine praxis, für die Selbsterfahrung des in eine Societät eingebundenen Menschen.[39]
Rezeptive Leistungen besitzen einen produktiven Charakter, da sie über die Auseinandersetzung mit Ideengehalt und ästhetischer Gestaltung des Kunstwerks die eigene Person und die soziale Wirklichkeit thematisieren. Es handelt

---

37 F. Tomberg, Nachahmung als Prinzip der Kunst. Phil. Diss. Berlin 1963; ders., Mimesis der Praxis und abstrakte Kunst. Ein Versuch über die Mimesistheorie. Neuwied u. Berlin 1968.
38 F. Tomberg, Nachahmung als Prinzip der Kunst. A. a. O., S. 58.
39 "Darstellungswerke zeigen Lebens- und Erfolgsmöglichkeiten des Menschen, die Weinen und Lachen, Betroffenheit und Freude auslösen, weil sie erfahren haben, was der Mensch sein kann und was ihm widerfahren kann." (W. Oelmüller, Zu einem Diskurs über Kunst und Schönes ..., a. a. O., S. 42.).

sich dabei nicht um eine Adaption im Sinne unmittelbar gegebener Evidenz, denn der Betrachter übersetzt die im Werk vorhandene Möglichkeit in einen wirklichen Zusammenhang:
"Es genügt also nicht, ein Kunstwerk bloß anzusehen, sondern es bedarf einer besonderen poiesis auch auf seiten des Betrachters, eben der ästhetischen Imagination."[40]
So läßt sich nicht nur die Tätigkeit des Künstlers, sondern auch die des Betrachters als eine besondere Art der poiesis auffassen. Diesen Sachverhalt verdeutlicht das folgende Schema:

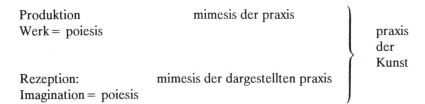

Auffällig ist nicht nur die unabdingbare Verbindung von Produktion und Rezeption zur praxis der Kunst. Erkenntnistheoretisch ist dieser Zusammenhang schon hinreichend damit beschrieben, daß es grundsätzlich kein Objekt ohne erkennendes Subjekt gibt (bzw. nicht thematisiert zu werden braucht). Auffällig ist, daß *sowohl* literarische Produktion *als auch* literarische Rezeption mit dem Terminus *poiesis* belegt werden.
Auf diesem Hintergrund erscheint es fragwürdig, den Begriff der poiesis einseitig entweder für literarische Produktion oder für literarische Rezeption in Anspruch zu nehmen. Thematisiert man ausschließlich die "poiesis des aufnehmenden Subjekts" (Jauß)[41], so wird man zwar der Tatsache gerecht, daß der Rezipient zum Mitschöpfer des Werkes wird. Man bringt sich aber gleichzeitig um die Möglichkeit, die Bedingungen zu problematisieren, unter denen eine Auflösung der starren Rollenverteilung von Produzent / Rezipient *denkbar* wäre. Denn die Festlegung der produktiven Seite der ästhetischen Erfahrung auf den Bereich der Rezeption schränkt unter der Hand poietisches Können als herstellendes Tun ein. Werksetzende Kompetenzen bleiben einer angenommenen Künstlerpersönlichkeit vorbehalten, während die Masse der Rezipienten von vorne herein auf eine ideelle *Re*produktion des literarischen Ideengehalts verwiesen ist.
Von nicht zu unterschätzender Bedeutung ist, daß Aristoteles keinesfalls bei einer Einschätzung der Wirkung und Funktion der dichterischen poiesis stehenbleibt. Er unterzieht gerade das Hervorbringen der Dichtkunst, die poiesis als mimesis der praxis, einer theoretischen Reflexion. Dabei kommt es zu

---

40 F. Tomberg, Mimesis der Praxis ... A. a. O., S. 20.
41 Vgl. H. R. Jauß, Ästhetische Erfahrung und literarische Hermeneutik. Bd. 1: Versuche im Feld der ästhetischen Erfahrung. München 1977, bes. S. 77 ff.

Bestimmungen literarischen Produzierens, die potentiell der genannten Rollenverteilung von Produzent / Rezipient entgegenstehen. Neben der Imagination scheint auch das Herstellen von Werken der Dichtkunst zu den entwickelbaren Fähigkeiten des Menschen zu gehören.

Das 4. Kapitel der Poetik untersucht anthropologische Voraussetzungen des Dichtens. Zur menschlichen Natur gehören zwei Bestimmungen: 1. ein angeborener Nachahmungstrieb, und 2. die Lust, ihn zu aktivieren.

"Dem Menschen ist von Kindheit an der Nachahmungstrieb angeboren; er unterscheidet sich von allen anderen lebenden Wesen dadurch, daß er am meisten Lust und Geschick zur Nachahmung hat; seine ersten Fähigkeiten erwirbt der Mensch durch Nachahmung. Ferner ist die Freude an der Kunst der Nachahmung allen Menschen eigen." (1448 b)

Mimetische Anlage und Tätigkeit unterscheiden den Menschen positiv von allen anderen Lebewesen. Die anthropologische Bestimmung der mimesis betrifft Produktion und Rezeption gleichermaßen. Produktiver Nachahmungstrieb und die rezeptive Freude an Nachahmungen kommen jedermann unterschiedslos zu. Diese Freude verbindet Aristoteles mit einer allgemeinen Lust am Lernen. Sie ist die "höchste Lust" (ebd.) des Menschen, auch wenn die Lernenden dabei unterschiedlich erfolgreich sind. Entscheidend ist aber, "daß das Lernen nicht nur für den Philosophen höchste Lust ist, sondern genauso für alle anderen Menschen" (ebd.). Der Mensch als mimetisches Wesen verfügt über eine "Lernmimesis" (Koller).[42] Wenn die mimesis in die Triebstruktur des Menschen gelegt wird, so liegt die Schlußfolgerung nahe, daß die Bedingungen künstlerischen Hervorbringens anthropologisch angelegt und durch Lernmimesis *ausbildbar* sind.

Wirft man an dieser Stelle heuristisch einen Blick auf die Gegenwart, so sind auch hier wiederholt anthropologisch ausgewiesene Theorien literarischer Produktivität anzutreffen. Sowohl die künstlerische Avantgarde an der Wende zum 20. Jahrhundert, als auch höchst aktuelle Ansätze einer Bewegung "freien" Schreibens propagieren eine allgemeine Fähigkeit literarischer Produktivität. Auch wenn man sich hier nicht auf Aristoteles beruft, so scheint doch mit dem antiken Denker eine Tradition angebbar, die ästhetisches Produzieren auf anthropologischer Basis für jedermann in Aussicht stellt.[43]

Diese Aussicht kann allerdings nur jeweils *historisch* begründet werden. Darüber legt bereits die "Poetik" selbst Zeugnis ab. Denn Aristoteles verbindet seine Vorstellung von einem angeborenen Nachahmungstrieb mit einer Geschichtsschreibung der Dichtkunst. Im historischen Prozeß habe sich die Dichtkunst aus Stegreifversuchen und Improvisationen (vgl. 1448 b) bis zu ihrem höchst möglichen Punkt entwickelt. Er sei mit der Tragödie und Komödie erreicht. Erst die Rekonstruktion dieser Entwicklung kann einen Schlüssel da-

---

42 Vgl. A. Koller, Die Mimesis in der Antike. A. a. O., S. 57, bzw. S. 108 ff.
43 Vgl. dazu weiter unten Kap. 5, 6 und 7.

für liefern, wie Aristoteles die angeborenen poetischen Fähigkeiten zu einer sachgerechten Anwendung technischen Wissens in Beziehung setzt. Im Stadium der Stegreifversuche und der Improvisation vereint die mündlich-poetische Kommunikation den Vortragenden und seine Zuhörer zu einem sich wechselseitig ergänzenden Kollektiv. Vortrag und lebendiger Mitvollzug der Rezipienten sind nahezu identisch, da sich der Vortragende improvisierend auf die unmittelbaren Rezeptionsgewohnheiten und Reaktionen einstellt. Für dieses dialogische Verhältnis hat die moderne Rezeptionsforschung den Terminus der "ursprünglichen Kommunikationssituation"[44] eingeführt. Er bezieht sich grundsätzlich auf einen Gesellschaftsstand, in dem Werke und Erzählungen vornehmlich mündlich tradiert werden. Der wiederholte Vortrag garantiert den Bestand der Dichtung. die Adäquatheit des Werkes kann durch die Rezipienten überprüft werden, sie fungieren "in der mündlich-poetischen Kommunikation als unmittelbare Ko-Autoren und Kritiker".[45] Der literarische Produzent, sei es der Rhapsode oder Dichter, erhält durch seinen Vortrag eine direkte Antwort aus dem Kreis der Rezipienten.[46] Von einer wechselseitigen Korrespondenz zwischen Produzent und Rezipient kann dann gesprochen werden, wenn beide durch einen gemeinsamen Erfahrungshorizont geprägt sind. Zwischen Produzent und Rezipient, zwischen Werk und Publikum, tritt keine vermittelnde Instanz. Weder Literaturkritik noch eine nach anerkannten ästhetischen Normen wertende Literaturwissenschaft treten in den geschlossenen Kreis von Mitteilung und Empfänger. So kann für die ursprüngliche Kommunikationssituation eine allgemein vorhandene literarische Kompetenz angenommen werden. Sie bildet sich durch Teilnahme am öffentlichen literarischen Vortrag aus:
"Es gab noch keine Spezialisten und 'Kenner', die eine besondere literarische Kompetenz für sich beanspruchten; 'literarischen Sinn' besaß jeder Angehörige des rezipierenden Kollektivs."[47]
Bezeichnenderweise erwähnt man erst von jenem Zeitpunkt an die Namen der Komödiendichter, in dem "die Komödie gewisse feste Formen angenommen hatte" (1449 b). Erst die normative Verbindlichkeit gewisser fester Formen

---

44 M. Naumann / D. Schlenstedt / K. Barck u.a., Gesellschaft -Literatur - Lesen. Literaturrezeption in theoretischer Sicht. 2. Aufl. Berlin u. Weimar 1975, S. 182.
45 Ebd., S. 185.
46 Im Bereich der Volkspoesie herrscht bis in die Gegenwart hinein das kollektive Schaffen von Erzähler und Zuhörer. Thomson liefert empirische Belege dieser Verschmelzung von literarischer Produktion und Rezeption aus den Dörfern Irlands. (G. Thomson, Frühgeschichte Griechenlands ..., a. a. O., S. 391 ff.) Das Verhältnis besteht ebenso bei der mündlichen Überlieferung von Märchen. Max Lüthi benutzt hier den Terminus "Märchenbiologie". Die sog. ursprüngliche Kommunikationssituation trifft für die Tradierung von Märchen nach wie vor zu, auch wenn natürlich ein anderer gesellschaftlicher Gesamtzusammenhang zu berücksichtigen ist. Entscheidend für die Relation Produktion / Rezeption ist die von Lüthi als auch von der dort zitierten Literatur angeführte These, Variation und Erweiterung der Erzählung gehorchen den Erwartungen und der direkten Einflußnahme des Publikums. (Vgl. M. Lüthi, Märchen. 6. Aufl. Stuttgart 1976, S. 89 ff.) - Ihren variablen Charakter büßt die Volksdichtung allerdings dann ein, wenn an die Stelle eines lebendigen Erzählers technische Medien als Überlieferungsträger auftreten.
47 Naumann / Schlenstedt / Barck u.a., Gesellschaft - Literatur - Lesen ..., a. a. O., S. 183.

führt Produktionsanweisungen ein, die sich nicht mehr unmittelbar aus der ursprünglichen Kommunikationssituation ergeben. Die sophokleisch-euripideische Tragödie bringt die Gattung auf ihren Begriff, eine Modifikation ihrer Prinzipien ist weder möglich noch notwendig.
"Die Tragödie gewann nach und nach dadurch an Umfang und Bedeutung, daß man ihre Eigentümlichkeit weiterentwickelte. Sie machte viele Veränderungen durch und schloß dann ihre Entwicklung ab, weil sie die ihr eigentümliche, naturgemäße Gestalt gewonnen hatte" (1449 a).
Mit dem Abschluß des zielgerichteten Prozesses zur "naturgemäßen Gestalt" der beiden dramatischen Gattungen (die Tragödie entwickelt sich aus dem Heldenepos, die Komödie aus dem Spottgedicht) liegen die akkumulierten Erfahrungen der Dichtkunst offen und verfügbar zutage.
Halten wir also fest, daß Aristoteles die Entwicklung des ästhetischen Materials als *abgeschlossen* begreift. In dieser historischen Situation wird es möglich, die theoretische Erkenntnis der gattungsspezifischen Gesetzmäßigkeiten in ein erlernbares poetisches Regelsystem zu überführen. Einer Formulierung Fuhrmanns zufolge kann die Beschreibung des poetischen Gegenstandes und die Ableitung von bestimmten Regeln zu seiner Herstellung als "identisch" angesehen werden:
"Schließlich macht die Geschichtskonstruktion des 4. Kapitels verständlich, daß die aristotelische Poetik bald mehr der Analyse von Tatsächlichem, bald mehr der Formulierung verbindlicher Regeln zuneigt; da Aristoteles den Höhepunkt der Entwicklung als absolute Größe nimmt, sind diese beiden Betrachtungsweisen im Grunde miteinander identisch."[48]
Mit der Erkenntnis bzw. Formulierung eines Regelsystems ist das Stadium der Improvisation der literarischen Produktion überschritten. Die Adäquatheit des Werkes kann *nicht* mehr *unmittelbar* überprüft werden. Es deutet sich die Auflösung der oben beschriebenen ursprünglichen Kommunikationssituation in

---

48 M. Fuhrmann, Einführung in die antike Dichtungstheorie. A. a. O., S. 13. Die von Fuhrmann aufgezeigte Identität der Analyse des Tatsächlichen mit der Formulierung verbindlicher Regeln ist innerhalb der gegenwärtigen Aristoteles-Rezeption nicht unumstritten. Stellvertretend für viele argumentiert J. Schillemeit, Formvollendung stehe in keinem Bezug zu möglicher Regelformulierung oder zur Erlernbarkeit literarischen Schaffens. Der Methode nach abstrahiert die "Poetik" aus "der Gesamtheit der vorliegenden Tragödien das Wesen der Tragödie selbst, dieses verstanden als die Form, auf welche die Entwicklung der Tragödie von ihren ersten, noch rohen Anfängen her zustrebte. An dieser Form mißt sich die Masse der vorhandenen Werke. Sie zielt also in erster Linie auf Erkenntnis und gewinnt damit zugleich die Möglichkeit eines in der Sache gegründeten Urteils. Sie will also weder Unterricht im Dichten erteilen noch die Regeln, nach denen die Dichter sich zu richten hätten, zusammenstellen." (J. Schillemeit, Artikel: Poetik. In: W. -H. Friedrich / W. Killy (Hg.), Das Fischer Lexikon. Literatur II, 2. Teil. A. a. O., S. 422 - 442; Zitat: S. 425.) Mit der einseitigen Insistenz auf Erkenntnis- und Urteilsfähigkeit werden die rezeptiven Fähigkeiten gegenüber den produktiven totalisiert. Produktive Fähigkeiten als Potentialität können auf der Basis dieser Interpretation der aristotelischen Poetik nicht ersichtlich werden. - Wenn argumentiert wird, die Poetik "will" weder unterrichten noch regulative Produktionsprinzipien zusammenstellen, so unterstellt das eine subjektive Intention des Aristoteles. Diese gerät zur Werkaussage an sich. Selbst wenn eine solche Intention bestanden hätte, so bleibt dennoch die Frage nach der objektiven Funktion unbeantwortet. Wenn durch die Methode der Abstraktion das Wesen einer Gattung bestimmt wird, also das Muster einer literarischen Form, dann kann dieses - unabhängig von der subjektiven Intention des Abstrahierenden - Kriterien formaler Nachgestaltung an die Hand liefern.

dem Maße an, wie eine besondere literarische Kompetenz (privilegierte Kennerschaft) zur Formerkenntnis notwendig wird. Diese Auflösung reflektiert Aristoteles im Bereich der literarischen Produktion äußerst ambivalent. Auf der einen Seite wehrt er rationale Gesichtspunkte der Komposition ab und verweist auf besondere charakterologische Dispositionen, die einen Dichter auszeichnen. So ist der "ernste Dichter" der Tragödie verpflichtet, während sich der "mehr leichtfertig veranlagte" der Komödie zuwendet (1448 b). Der charakterologisch definierte Dualismus, ein "Relikt platonischen Denkens"[49], verweist latent auf den Enthusiasmus. Auf der anderen Seite unterstreicht Aristoteles gerade in den nächsten Kapiteln die Notwendigkeit kompositorischer Gesetzmäßigkeit. Der systematisierbaren Erfahrung der Dichtkunst verdankt es der Dichter, eine adäquate sprachliche Form, richtige Charakterzeichnung und einen gelungenen Handlungsaufbau zu erarbeiten. Daß künstlerisches Schaffen gerade herstellende Vernunfthaltung, *plan*bare Arbeit ist, hebt der erneute Vergleich mit der Malerei hervor:
"Wenn ein Maler ohne klaren Plan bloß die schönsten Farben auftrüge, so würde er nicht dieselbe wohlgefällige Wirkung hervorbringen, wie wenn er ein Bild - sei's auch bloß mit Kreide - zeichnete" (1450 b).
Während in den einzelnen Kapiteln der Poetik die Bedingungen der dichterischen poiesis in die Analyse des Tatsächlichen eingebettet sind, enthält das 17. Kapitel ausdrücklich Arbeitsregeln für den Tragödiendichter. Hier wird entgegen allen möglichen Vorbehalten besonders deutlich, daß es sich keinesfalls um eine rationalistische Adaption von Techniken oder um Rezeptologie handelt. Regeln und Arbeitstechniken eröffnen einen erheblichen Spielraum für die schöpferische Phantasie des Hervorbringenden. Das zeigt sich u.a. bei der literarischen Technik des Beobachtens. Der Dichter habe sich die Konflikte der handelnden Figuren so vorzustellen, als sei er selbst von ihnen wie ein "Augenzeuge" (1455 a) betroffen. Genaues Beobachten scheint um so eher möglich, wenn zunächst einmal ein Handlungsgerüst entworfen wird. Auf diesem Hintergrund lassen sich die einzelnen Episoden sinnvoll ausarbeiten:
"Wenn die Vorarbeiten abgeschlossen sind, mag der Dichter seinen Gestalten die passenden Namen geben, dann erst die Episoden hinzufügen. Dabei muß er darauf sehen, daß solche Zutaten innerlich mit der Fabel verwandt sind" (ebd.).
Es sind grundsätzlich die unterschiedlichen Darstellungsweisen von Epos und Tragödie zu beachten. Die Handlung der Tragödie muß hinsichtlich des beschränkten Raumes (Bühne) und der beschränkten Zeit ("möglichst innerhalb eines Sonnenumlaufs", 1449 b) realisierbar sein. Der Epiker unterliegt dieser Beschränkung nicht. Hinsichtlich der Odyssee zeigt Aristoteles, daß sie zwar einen kurzen Handlungskern enthalte, der jedoch eine intensive Ausdehnung der einzelnen Episoden gestattet.

---

49 M. Fuhrmann, Einführung in die antike Dichtungstheorie. A. a. O., S. 12.

Aber auch diese Arbeitsanweisungen sind nur bedingt im Sinne einer möglichen Verallgemeinerbarkeit interpretierbar. Denn sie stehen in einem Zusammenhang mit Aussagen über besondere Begabungen:
"Zur Dichtkunst gehören geniale oder temperamentvolle Naturen. Der geniale Mensch vermag es leicht, sich in alle möglichen Situationen zu versetzen, der temperamentvolle läßt sich unschwer in Ekstase bringen" (1455 a).[50]
Während sich der erste Typus durch "Formgewandtheit und Wandlungsfähigkeit" auszeichnet, zollt Aristoteles mit dem zweiten "der platonischen Enthusiasmus-Lehre einen bescheidenen Tribut".[51] Die dem ersten Typus zuerkannte Flexibilität in Einfühlung und Identifikation bildet das Spektrum seiner mimetischen Erfahrungen. Die Subjekterfahrung kommt allerdings ohne Bezug auf das historisch überlieferte kompositorische Material nicht aus. Das Stadium der Improvisation und des Hervorbringens von Kunst aus dem Stegreif ist durch die in sich geschlossene Regel der Gattung überholt. Die Komposition setzt Theorie und Wissen voraus.

Mit der Definition des durch die Gattungsspezifik festgelegten Ziels kann dieses - wie bei jeder Art von poiesis - durch wiederholte Übung angestrebt werden. Durch die Erfahrung der Tätigkeit erweitert und vertieft sich das notwendige Fachwissen.[52] Im Unterschied zu mechanischer Reproduktion kann das Werk der Kunst aber nur dann Vollkommenheit beanspruchen, wenn es sich mit wissenschaftlicher Erkenntnis verbindet. Hiermit ist jene Weisheit gemeint, die Einsicht in Gründe und Ursachen liefert, ein "Abwägen und Planen", ein "Prüfen und Entwerfen":

"Aristoteles hat diese geistige Spontaneität der Kunst und ihrer Weisheit dadurch hervorgehoben, daß er ihren Gegenstand das Schwierige und das Ganze nennt; sie bewährt sich in der Erkenntnis der Ursachen und Gründe; sie muß die Zweckzusammenhänge des Werkes wissen und sich auf die Erkenntnis der Gründe und Hintergründe des Werkmaterials in seinem Naturzusammenhang einlassen. Nicht die Regel, sondern diese vernünftige Einsicht ist für sie konstitutiv."[53]

Weisheit und Besonnenheit abbildend darzustellen (mimesis der praxis) läßt sich ebensowenig regulativ bestimmen wie der Lebensvollzug (praxis) selbst. Auch Georg Lukács spürt diesen Zusammenhang auf, wenn er in der Poetik des Aristoteles nur bestimmte Bauformen, "nur bestimmte Proportionen" sieht,

---

50 Die Gegenüberstellung: genial / temperamentvoll übersetzt O. Gigon mit "große Begabung oder große Leidenschaft" (a. a. O., S. 48); Fuhrmann führt "talentiert" und "besessen" an (a. a. O., S. 37). Aufschlußreich ist die oben benutzte Zitation gerade hinsichtlich des Adjektivs genial. Nicht die "geniale", sondern die "temperamentvolle" Natur wird mit Ekstase verbunden, so daß der Bezug von Genie (genial) und Enthusiasmus gerade nicht herleitbar ist.
51 M. Fuhrmann, Einführung in die antike Dichtungstheorie. A. a. O., S. 37. Vgl. ebenso S. 72 ff. - E. Zilsel verweist auf eine weitere Naturanlage, die Aristoteles den Dichtern ebenso wie den Philosophen und Politikern zuschreibt: die Melancholie. (Ders., Die Entstehung des Geniebegriffs. A. a. O., S. 91).
52 Vgl. K. Ülmer, Wahrheit, Kunst und Natur bei Aristoteles. Ein Beitrag zur Aufklärung der metaphysischen Herkunft der modernen Technik. Tübingen 1953, S. 157.
53 J. Ritter, Metaphysik und Politik. A. a. O., S. 80.

"die bloß ihrem allgemeinen Umkreis nach reguliert werden können". Die Regulation, "die konkrete Ausgestaltung (muß) jedoch - in diesem Rahmen - dem individuellen Künstler überlassen werden".[54]
Erst die mimetischen Erfahrungen bringen das Werk abwägend und planend mit Hilfe der systematisierbaren Einsicht ins Werkmaterial schöpferisch hervor. Mimetische Erfahrungen unterscheiden sich als genuin subjektive qualitativ vom Wissen über ein Regelsystem. Die mimesis ist der Motor des besonderen Arbeitsprozesses, über den sich Triebstruktur, Bewußtsein und Erfahrungen der Außenwelt miteinander verbinden. Sie organisiert den Lebenszusammenhang der Menschen im künstlerischen Abbild auf originäre Weise. Der poetischen mimesis hatte Aristoteles geraten, gleich einem "Augenzeugen" zu verfahren. Hiermit kann nicht gemeint sein, die mimesis beziehe sich auf eine bloße Nachahmung der Wirklichkeit.[55] Im 9. Kapitel heißt es ja ausdrücklich, es sei "nicht die Aufgabe des Dichters (...), bloß das Geschehene darzustellen", vielmehr, "was gemäß der inneren Wahrscheinlichkeit oder Notwendigkeit möglich wäre und hätte geschehen können" (1451 a). Die Spannung von Wirklichkeit und Möglichkeit ist das Betätigungsfeld der Phantasie. Sie organisiert sich durch subjektive Imagination, schöpft aber ebenso aus den geronnenen Erfahrungen der Formenlehre und der Technik. Kunstproduktion läßt sich dementsprechend als Dialektik von Lernbarkeit und subjektiver Kompetenz verstehen.
Es darf nicht übersehen werden, daß die in Aussicht gestellte Lernbarkeit der künstlerischen poiesis an besondere Begabungen und Talente delegiert ist. Auf dem Hintergrund der Spezifik der künstlerischen poiesis als mimesis der praxis erscheint das unmittelbar einsichtig. Weder die praxis des sittlichen Lebensvollzugs - noch deren mimesis - läßt sich als Endlichkeit bestimmen. So entscheidet sich die aristotelische Lehre zwar für die Erlernbarkeit von Regeln und Techniken, ihr Vollzug unterliegt jedoch analogen Bedingungen wie die praxis selbst: Weisheit und Besonnenheit sind ständig auf die Probe gestellt und lassen sich eben nicht normativ fixieren.
Zusammenfassend läßt sich festhalten, daß mit der Poetik des Aristoteles und ihrem Verweis auf den Arbeitscharakter dichterischen Tuns eine Position angebbar ist, die der Enthusiasmus-Lehre Platons prinzipiell gegenübersteht. Zwar fällt die Anwendung technischer Regeln in den Zuständigkeitsbereich bestimmter Begabungen, die auf anthropologischer Ebene geltend gemachten Bestimmungen literarischer Produktion legen es jedoch nahe, daß Dichtung einem authentisch menschlichen Sinne erlernbar ist. Dem platonischen Denken bleibt diese Alternative versperrt. Ausdrücklich weist Platon die Benutzung von Techniken als Verstandespoesie zurück. Da die Dichter und Maler seiner Ideenlehre zufolge nur ein Abbild des Abbildes der Idee zu liefern imstande sind,

---

54 G. Lukács, Die Eigenart des Ästhetischen. 1. Halbband. Neuwied u. Berlin 1963, S. 307.
55 Diese Qualität der poetischen mimesis, über eine bloße Nachahmung der Wirklichkeit hinauszugehen, arbeitet besonders F. Tomberg heraus. Vgl., ders., Mimesis der Praxis ..., a. a. O.

degradiert er sie *unter* die Handwerker. Aristoteles "entmythologisiert" die Dichtung, indem er sie gleichberechtigt der menschlichen poiesis zuordnet. Diese Emanzipation trifft über die binnenpoetische Fragestellung hinaus Platons Ideenlehre empfindlich. Das Kunstwerk bildet nicht auf dritter Stufe göttliche Ideen ab, sondern es verweist auf die Wirklichkeit, die praxis handelnder Menschen. Die Entbindung von göttlichen Ideen setzt sowohl das literarische Abbild als auch das dichterische Hervorbringen frei. Beides erscheint in einem Handlungs- und Arbeitszusammenhang authentisch menschlichen Sinns.

Wenn künstlerische poiesis in einem gewissen Umfang erlernbar ist, dann läßt sich die Utopie formulieren, sie potentiell *allen* Menschen zuzuerkennen. Im weiteren Verlauf der vorliegenden Arbeit soll nach Bedingungen im historischen Prozeß gefragt werden, die dieser Utopie entgegenstehen. Oder - positiv formuliert - es sollen Entwürfe geprüft werden, die diese Utopie unter anderen Vorzeichen reaktualisieren könnten. Innerhalb dieser produktionsästhetischen Perspektive geht es nur bedingt um eine Darstellung der Wirkungsgeschichte der antiken Dichtungstheorien.[56] Vielmehr eröffnet die als Gedankenfigur fixierbare Gegenüberstellung poietischen Könnens mit enthusiastischer Schöpfung einen Zugang, rationale Bestimmungen künstlerischer Tätigkeit von irrationalen Versicherungen abzuheben. Im Deutschland des 18. Jahrhunderts stellt sich ein produktionsästhetischer Konflikt, in dem gleichfalls eine schroffe Gegenüberstellung erlernbarer Vermögen und dichterischer Inspiration erkennbar ist. Welche *besonderen* Ansatzpunkte zur Utopie einer Verallgemeinerbarkeit literarischer Produktion lassen sich hier ausmachen?

---

56 Vgl. hingegen exemplarisch die Ausführungen Fuhrmanns, die aristotelische Poetik hinsichtlich ihrer konkreten Auswirkungen auf die Neuzeit (italienische Spätrenaissance, französische Klassik, deutsche Dichtungstheorien) darzustellen. (Ders., Einführung in die antike Dichtungstheorie. A. a. O., S. 185 ff.).

2. Zur Rekonstruktion eines produktionsästhetischen Konflikts im frühen 18. Jahrhundert

Die Frage nach den Voraussetzungen literarischen Schaffens beschäftigt in der Neuzeit die Renaissance, die Barockpoetik und die Aufklärung. Am Ende des 17. Jahrhunderts soll in Frankreich die "Querelle des anciens et des modernes" darüber befinden, ob die moderne Zeitgenossenschaft die philosophischen und dichterischen Errungenschaften der Antike in den Schatten stellen könne. Mit den Fixpunkten Erlernbarkeit und Begabung, ingenium und studium, werden die Bedingungen des schöpferischen Menschen thematisiert. Aber ebenso wie bei J. C. Scaliger, dem Kunstschriftsteller des italienischen Cinquecento, oder beim englischen Barockpoeten Sir Philip Sidney werden diese Bedingungen - ein Jahrhundert später - an eine Instanz gebunden, die schon im Vorfeld das Privileg literarischen Produzierens für sich beansprucht: an das Genie.

Der Gegensatz zwischen Genie und Gelehrsamkeit beherrscht richtungsweisend die englische Genietheorie des frühen 18. Jahrhunderts. In dieser Tradition setzt auch in Deutschland der Sturm und Drang eindeutig auf eine Sonderbegabung genialer Individuen. Die erste Poetik in deutscher Sprache, Martin Opitz "Buch von der Deutschen Poeterey" (1624), stellt hingegen gewisse Bezüge zu einer Erlernbarkeit des dichterischen Hervorbringens her. Johann Christoph Gottscheds "Versuch einer critischen Dichtkunst" (1729) verfolgt ebenso die Möglichkeit, das Dichten in einen Zusammenhang mit verallgemeinerungsfähigen Vermögen zu stellen. Lessing und der späte Herder verfechten in der Folge nachhaltig diese Perspektive.

Opitz erklärt in der Vorrede seiner Schrift, er glaube "keines weges (...) man könne iemanden durch gewisse regeln vnd gesetze zu einem Poeten machen."[1] Aber er formuliert im 4. Kapitel recht eindeutig, daß er es für eine "verlorene arbeit halte", es wolle jemand dichten, der "in den griechischen vnd Lateinischen büchern nicht wol durchtrieben ist/vnd von jhnen den rechten grieff erlernet hat".[2] So schwankt Opitz Poeterey zwischen der Annahme einer natürlichen Begabung und der Möglichkeit, Dichtung durch Übung schrittweise zu erlernen. Am "Beschluß" seiner Schrift drückt er das unter direktem Verweis auf die antiken Dichtungstheorien aus. Hier heißt es in Anspielung auf die platonischen Dialoge Ion und Phaidros, es bedürfe sowohl der "natürliche(n) regung", "welche Plato einen Göttlichen furor nennt", als auch des Studiums und der Übung, "auß den Griechischen vnd Latainischen Poeten etwas zue vbersetzen". Opitz führt auf eigentümliche Weise göttlich-enthusiastische Herkunft der Dichtung und das Verwiesensein auf Regeln, die der Autorität der aristotelischen Tragödientheorie folgen, zusammen. Nur so scheint er dem angegebenen Ziel der Dichtkunst gerecht werden zu können, nämlich "zum vnter-

---

1   Martin Opitz, Buch von der Deutschen Poeterey (1624). Hg. v. C. Sommer. Stuttgart 1974, S. 11.
2   Ebd., S. 23.

scheide des aberwitzes oder blödigkeit"[3] zu bestehen. Diese allgemeine Zielvorstellung des frühen Barock übersetzt Gottsched ein Jahrhundert später in die Sprache der deutschen Aufklärung.

2.1 Literarische Produktion auch für "Anfänger" (Gottsched)

Von Bedeutung für unseren Zusammenhang sind die produktionsästhetischen Konsequenzen. Gottscheds Vorstellungen der Tragödie und Komödie, die vor allem an antiken und französischen Vorbildern orientiert sind, brauchen uns nur insofern zu interessieren, wie sie einen Beitrag zur Utopie der Verallgemeinerbarkeit literarischen Produzierens liefern. Hatte die französische Klassik die platonische Lehre vom Enthusiasmus durch Regelverbindlichkeit erheblich reduziert, so bestimmt der deutsche Aufklärer literarisches Hervorbringen auf dem Status vernünftig deduzierbarer Normen. Als Reminiszenz an übersinnliche Eigenschaften des Dichters bleiben lediglich Witz, Scharfsinnigkeit und Einbildungskraft bestehen.[4] Gottsched erklärt im Anschluß an Aristoteles, Kunst sei Nachahmung der Natur. Die Unterschiede der Künste ergeben sich aus der spezifischen Art und Weise der Nachahmungen. Erinnert man sich an die im 17. Kapitel der aristotelischen Poetik vorgenommenen "Arbeitsregeln" für Dichter, so wird klar, daß die "Critische Dichtkunst" in dieser Tradition auf den Aufbau eines Handlungsschemas zurückgreift. Gleichfalls unterstützt durch den von Aristoteles anthropologisch geführten Gedankengang, der Nachahmungstrieb sei dem Menschen angeboren und durch Lernmimesis ausbildbar, trägt Gottsched sein Konzept literarischer Produktion vor: "Zu allererst wähle man sich einen lehrreichen moralischen Satz, der in dem ganzen Gedichte zum Grunde liegen soll, nach Beschaffenheit der Absichten, die man sich zu erlangen, vorgenommen. Hierzu ersinne man sich eine ganz allgemeine Begebenheit, worin eine Handlung vorkömmt, daran dieser erwählte Lehrsatz sehr augenscheinlich in die Sinne fällt."[5]
Die Vorstellung des poetischen Schaffensvorgangs ist wiederholt als "berühmtberüchtigtes Rezept"[6] oder als "berüchtigt gewordene(r) Rezeptsatz"[7] hingestellt worden. Man kritisiert daran, er lasse der Subjektivität und Phantasie keinen gebührenden Raum. Von Lessings Abrechnung bis zur Gegenwart beklagt man die Dominanz der kalten Verstandeskraft über die Einbildungskraft der

---

3 Ebd., S. 68.
4 Vgl. dazu ausführlich: A. Baeumler, Das Irrationalitätsproblem in der Ästhetik und Logik des 18. Jahrhunderts bis zur Kritik der Urteilskraft. Reprograf. Nachdr. d. 2., durchges. u. um e. Nachw. erw. Aufl. 1967. Darmstadt 1981, bes. S. 146 ff.
5 Johann Christoph Gottsched, Versuch einer critischen Dichtkunst. Unveränd. reprogr. Nachdruck . 4., verm. Aufl. Leipzig 1751. Darmstadt 1982; Zitat: S. 161.
6 Kindlers Literatur Lexikon. Bd. VII. Zürich 1972, S. 469.
7 Ch. Siegrist, Poetik und Ästhetik von Gottsched bis Baumgarten. In: R. Grimminger (Hg.), Hansers Sozialgeschichte der deutschen Literatur, Bd. 3. Deutsche Aufklärung bis zur Französischen Revolution 1680 - 1789. München / Wien 1980, S. 280 - 303; Zitat: S. 287.

Dichter.[8] Dabei bleibt weitgehend undiskutiert, welchen - wenn auch aufgrund der starren Regelvorschrift als vorläufig einzuschätzenden -Beitrag dieser Satz zu der utopischen Vorstellung verallgemeinerbaren Produzierens der Dichtkunst bereitstellt. Gottsched äußert sich in der "Vorrede zur dritten Auflage" seines Buches (1742) zu dieser Möglichkeit eindeutig. Er hebt hervor, daß durch Regelvorschrift der Gattungen jedermann in die Lage versetzt sein könne, ein literarisches Werk hervorzubringen. Sein Augenmerk gilt hier nicht nur den bereits anerkannten Werken, sondern darüber hinaus dem poetischen Schaffensvorgang im Dienste literaturkritischen Räsonnements und Formen öffentlicher Argumentation. Nur so läßt sich dann sein Bekenntnis verstehen, den Prozeß des Schreibens der rationalen Erkenntnis unterzuordnen. Der Vorzug seines Versuches bestehe darin, daß "Anfänger in den Stand gesetzt werden", die Dichtkunst "auf untadeliche Art zu verfertigen".[9] In diesem Zusammenhang bedeuten zwar die erkennbaren und erlernbaren Regeln nicht alles, sie scheinen jedoch unentbehrlich zu sein. An Aristoteles (und Horaz) geschult, sieht Gottsched in der Handlung den wichtigsten Bestandteil eines Werkes. Und so dient auch die Wahl des "lehrreichen moralischen Satz(es)" zur Veranschaulichung, ja, man könnte sagen, zur ersten Anleitung des Schaffensvorgangs. Stellt auf der einen Seite die *formale* Regelvorschrift der Gattungen wichtige Bedingungen einer Verallgemeinerbarkeit literarischen Produzierens in Aussicht, so unterstreicht der auszuformulierende *Inhalt* diesen Anspruch entscheidend. Denn das aufklärerische Selbstverständnis weist die Moral - im Unterschied zu bloß subjektiven Urteilen - als allgemeine menschliche Naturanlage aus. Folgt also ein Schreibender den vernünftig deduzierbaren Normen, und hält er die ebenfalls dem Vernunftsprinzip zugewiesenen Kriterien der Nachahmung ein, so kann er auf die genannte "untadeliche Art" die Dichtkunst betreiben.

Da auch die dem Menschen eigentümliche Urteilskraft im sinnlichen Erkenntnisbereich (der gute Geschmack) auf der vernünftigen Natur gründet, stehe jedermann die mögliche Teilnahme am kritischen Räsonnement *und* an der Herstellung von Literatur offen. Gilt der gute Geschmack als ein angeborenes Vermögen, so kann auf dieser Basis literarische Kompetenz ausgebildet und geübt werden. Gegen die feudalen Vorrechte des Standes und der Geburt setzt Gottsched auf eine verallgemeinerungsfähige ästhetische Erfahrung und Bildung. Er überträgt offenbar die von Aristoteles behauptete "Lernmimesis" (Koller) auf seine Zeitgenossenschaft, wenn er für sich - und damit für seine Leser - den Anspruch erhebt, von Dichtern und Theoretikern der Dichtkunst etwas *lernen* zu können:

"Ich trage also auch bey dieser neuen Auflage kein Bedenken, zu gestehen, daß ich alle meine kritischen Regeln und Beurtheilungen, alter und neuer Gedichte,

---

8 Zum zeitgenössischen Streit vgl. zusammenfassend die Einschätzung von Bodmer, Breitinger, Meier und Baumgarten. Ebd., S. 292 ff.
9 J. Ch. Gottsched, Versuch einer critischen Dichtkunst. Vorrede zur dritten Auflage, von 1742. A. a. O., S. XX.

nicht aus meinem Gehirne ersonnen; sondern von den größten Meistern und Kennern der Dichtkunst erlernet habe."[10]

Die Tradition der "größten Meister" und "Kenner" reicht dabei von Aristoteles bis zu Voltaire. Sie steht für die Möglichkeit, Literaturkritik und poetischen Schaffensvorgang von subjektivistischen Projektionen abzusetzen. Sachkompetenz ist eben nicht subjektiv "ersonnen", ihre Erlernbarkeit an entsprechenden literarischen Vorbildern emanzipiert das private zu einem öffentlichen und mündigen Urteil.

Halten wir an dieser Stelle in bezug auf unsere späteren Überlegungen zum Problem verallgemeinerbarer literarischer Kompetenz fest, daß Gottsched den Begriff eines "Kenner(s) der Dichtkunst" unmißverständlich für den Bereich literarischer Rezeption *und* Produktion in Anspruch nimmt. In beiden Fällen gilt Kennerschaft als erlernbar. Literatur als Angelegenheit von allgemeinem, öffentlichem Interesse entzieht sich der strikten Aufspaltung in privilegierte literarische Produzenten und in Rezipienten, denen es offenbar an den Voraussetzungen zum Schreiben mangelt. Das normativ festgelegte inhaltliche und formale Bezugssystem der Literatur erlaubt es, die Trennung zwischen Produzent und Rezipient als vorläufig und auswechselbar zu bestimmen.

Diese Möglichkeit wird keinesfalls außer Kraft gesetzt, wenn Gottsched den Begriff des "Kenner(s)" durch den des "Kunstrichter(s)"[11] oder den des "Kunstverständige(n)"[12] ersetzt. Auf den ersten Blick könnte man das annehmen, denn es sind die "Kunstverständige(n)", die "dasjenige, was der gemeine Mann nach der sinnlichen Empfindung liebet, nach richtigen Grundregeln für gut und schön erkennen". Und: "Ohne solche Meister geht der gute Geschmack bald wieder verlohren (...)."[13] Aber das Urteil des Kunstrichters bleibt nicht abgehoben für sich als eine Art ungreifbare Instanz bestehen; es muß sich der Kontrolle der öffentlichen Diskussion unterwerfen. An seinem Urteil orientiert sich diskursiv das kritische öffentliche Räsonnement. Über das gleichsam vorauseilende Denken des Kunstrichters führt Jürgen Habermas treffend aus: "(...) seine Expertise gilt auf Widerruf; in ihr organisiert sich das Laienurteil, ohne jedoch durch Spezialisierung etwas anderes zu werden als das Urteil eines Privatmannes unter allen übrigen Privatleuten."[14]

Nach den hier vorgelegten Vorstellungen entfalten literarische Texte ihre Funktion, indem sie für die zum Publikum versammelten Privatleute den Anlaß eines Räsonnements bilden. Die Form der geselligen Auseinandersetzung vermittelt die je besonderen Interessen zu allgemeinen. Sie ist durchgängig an die Vorstellung einer universellen Durchsetzung humaner zwischenmenschlicher Verhältnisse gebunden. Das gemeinsame Interesse an gegenseitiger Aufklärung

---

10 J. Ch. Gottsched, Versuch einer critischen Dichtkunst. Vorrede zur zweyten Auflage, von 1737. A. a. O., S. XXVII.
11 Ebd.
12 Ebd., S. 95.
13 Ebd.
14 J. Habermas, Strukturwandel der Öffentlichkeit. Untersuchungen zu einer Kategorie der bürgerlichen Gesellschaft. 5. Aufl. Neuwied u. Berlin 1971, S. 58.

richtet sich aber nicht nur auf ein kritisches Gespräch über Literatur und ihre lebenspraktischen Bezüge. Wie bereits deutlich werden konnte, faßt Gottsched nicht nur die Rezipientenseite des moralisch urteilenden Publikums ins Auge. Bezieht sich die literarische Kennerschaft grundsätzlich auf die erlernbaren Regeln der Gestaltung, so trifft das ebenso auf die (poetischen) Ergebnisse des der Zeitgenossenschaft vorauseilenden Kunstrichters *und* Dichters zu. Der literarische Schöpfungsprozeß bleibt so lange einsichtig und erlernbar, wie er sich der öffentlichen Kritik unterzieht. Dieses produktionsästhetisch zentrale Ergebnis unserer Untersuchungen hebt für die gegenwärtige literaturwissenschaftliche Diskussion besonders J. Schulte-Sasse hervor. Nach seinem Dafürhalten liegt der springende Punkt Gottscheds Konzept in der Idee, "auch den poetischen Schaffensvorgang an das kritische öffentliche Räsonnement" rückzubinden. Und er zieht daraus die folgende entscheidende Konsequenz:
"Eine Genieästhetik wäre mithin für Gottsched unvorstellbar; denn der Geniebegriff meint ja nichts anderes, als daß das Genie die letzte und höchste Instanz ist, vor der sich alle Poesie zu verantworten hat. Das Genie ist in Öffentlichkeit, wie die Aufklärung sie verstand, nicht integrierbar; es steht ihr als Ausnahmeerscheinung *gegenüber*."[15]
Die hiermit vorgenommenen Standortbestimmungen erlauben es, Gottscheds Vorschlag, bei der Herstellung von Literatur von einem allgemeinen Lehrsatz auszugehen, nicht mehr einseitig als "berühmt-berüchtigtes Rezept" hinzustellen. Zwar engen Gottscheds formale und inhaltliche Vorschriften in der Tat die schöpferische Kraft des Dichters entschieden ein, auf der anderen Seite stellen sie jedoch über diese Borniertheit hinaus den utopischen Gedankengang verallgemeinerbaren Produzierens als *denkbar* vor. Denn über die vorgenommenen Bestimmungen *hinaus* eröffnen sie die vorstellbare Perspektive eines flexiblen Austauschs der Rollen Produzent / Rezipient.
Es darf jedoch nicht übersehen werden, daß bereits für Gottsched hinsichtlich der Beziehung Text / Rezipient das Bestreben feststellbar ist, die Begrifflichkeit des Lehrsatzes sinnlich aufzulösen. In der literarischen Präsentation wirken, wie Schulte-Sasse betont, die Verhaltensweisen und Handlungen fiktiver Helden auch weitgehend ohne rationale Kontrolle:
"Die Vorstellung, Kunst sei ein geeignetes Medium, gesellschaftlich relevante Einstellungen und Verhaltensweisen ihren Rezipienten auf eine diesen unbewußte Art *einzuspielen*, gehört ganz wesentlich mit zum Begriff aufklärerischer Öffentlichkeit, die sich nach dem Willen ihrer Protagonisten eben nicht nur im kritisch-rationalen Räsonnement der zum Publikum versammelten Privatleute,

---

15 J. Schulte-Sasse, Das Konzept bürgerlich-literarischer Öffentlichkeit und die historischen Gründe seines Zerfalls. In: Ch. Bürger / P. Bürger / J. Schulte-Sasse (Hg.), Aufklärung und literarische Öffentlichkeit. Frankfurt/M. 1980, S. 83 - 115; Zitate: S. 94.

sondern auch in einem Prozeß unbewußter Einstellungsvermittlung durch öffentliches Geschichtenerzählen konstituieren soll."[16]
Literaturaneignung erfolgt also neben der in Aussicht gestellten begrifflichen Faßbarkeit der Gestaltung durch ein mimetisches Handeln, das sich auf vorhandene oder anzustrebende Verhaltensweisen bezieht. Darüber hinaus ist es jedoch nicht grundsätzlich auszuschließen, daß auch die Vorstellung, Verhaltensweisen auf "unbewußte Art einzuspielen", die Rollenverteilung Produzent / Rezipient auflösen könnte. Denn auch unter Verzicht auf eine bewußte Inanspruchnahme literarischer Regeln oder formalästhetischer Gesichtspunkte kann sich ein gemeinsames Interesse an gegenseitiger Aufklärung bekunden. Es handelt sich dann um mündliche Erzählungen oder um schriftliche Fixierungen von Subjekterfahrungen. Im heutigen Sprachgebrauch wäre hier der Begriff von Verständigungstexten angebracht.
Diese Möglichkeit einer öffentlichen Verhandlung über Erzählungen oder Aufzeichnungen hat Onno Frels ausführlich am Beispiel des Begriffs literarischer Öffentlichkeit beim späten Herder dargestellt.[17] Die Reflektion über Subjekterfahrungen und Erlebnisse, von "Denkwürdigkeiten" oder "Memoires" dient der Selbstaufklärung der Schreibenden und macht ihr vergangenes Leben dem gemeinsamen Räsonnement zugänglich. Herders Interesse an einer lebenspraktisch folgenreichen Wirkung der Literatur besitzt Priorität gegenüber den Ansprüchen auf ästhetisch gesteigerte Formgebung. Mit dem Postulat einer egalitären Beteiligung an literarischer Öffentlichkeit sind Probleme benannt, die die Gesellschaft in ihrer weiteren Entwicklung nicht einzulösen vermochte.
Deutlichsten Ausdruck findet das in der Poetik des Sturm und Drang, die in ihrer radikalen Hinwendung zum Subjekt der Utopie verallgemeinerbaren Produzierens gegenübersteht. Diesen produktionsästhetischen Gegenpol, der den deutlichsten Bruch mit Regelvorschriften angibt, wollen wir im nächsten Abschnitt fixieren. Dabei sehen wir von einer Darstellung der verschiedenen Dichtungstheorien ab, die sich literaturhistorisch zwischen den angebbaren Paradigmen vernunftabgeleiteter Regeln und der Absage an Regelvorschriften entwickeln.[18]

---

16 Ebd., S. 92.
17 Vgl. O. Frels, Literatur und Öffentlichkeit bei Herder. In: Ch. Bürger / P. Bürger / J. Schulte-Sasse (Hg.), Zur Dichotomisierung von hoher und niederer Literatur. Frankfurt/M. 1982, S. 208 - 231.
18 Vgl. dazu zusammenfassend H. Wiegmann, Geschichte der Poetik. Ein Abriß. Stuttgart 1977, S. 56 - 87; J. Schmidt, Die Geschichte des Genie-Gedankens in der deutschen Literatur, Philosophie und Politik 1750 - 1945, Bd. 1, Von der Aufklärung bis zum Idealismus. Darmstadt 1985, S. 47 -120.

2.2 Literarische Produktion und geistiges Adelsbewußtsein (Sturm und Drang)

Der Geniekult im Sturm und Drang, darin stimmen die sonst so unterschiedlichen Ansätze der geistesgeschichtlichen[19] als auch sozialhistorischen Literaturgeschichtsschreibung[20] überein, ist ohne den Kontext der englischen Genietheorie (Addison, Gerard, Young, Shaftesbury u.a.) nicht vorstellbar. Als unbestrittenes Ergebnis liegt der Tatbestand vor, daß der Sturm und Drang auf ein starkes inneres Leben des Dichters als *die* wesentliche Voraussetzung seiner Tätigkeit setzt. Nicht vernunftgeformt, sondern unmittelbar kraftvoll und urwüchsig aus der Fülle des Herzens soll sich literarische Produktivität entfalten können. Kein Sinnbild kommt dem so nahe wie die antike Gestalt des Prometheus. Da Shaftesbury das Prometheus-Symbol in die produktionsästhetische Selbstreflexion des Sturm und Drang eingeführt hat, liegt es nahe, auf diese Quelle zurückzugehen.

Nichts kennzeichnet den Geniebegriff Shaftesburys deutlicher als die Einsicht von H. Wolf, es verbinde sich mit ihm eine "Weltanschauung".[21] Die schöpferische Persönlichkeit stellt nicht nur auf einzelnen Gebieten das Schöne her, vielmehr verkörpere sie einheitlich Sittlichkeit und Schönheit als Ganzes in sich. Im Genie spiegele sich die Totalität von Geist und Natur. Einzig die Harmonie des Kosmos sei mit seinen Werken vergleichbar. Das kosmisch schöpferische Prinzip der Welt feiert im Genie seine Reinkarnation. Denn die geniale Natur wiederhole auf ihre Art die erste Schöpfung. Sie vollbringe eine zweite Schöpfung, ganz wie Prometheus im Schatten Jupiters wirkte: "Such a Poet is indeed a second maker: a just Prometheus, under Jove."[22]

Nach der griechischen Sage ist es Prometheus, der die Menschen aus Lehm erschuf und vom Himmel das Feuer stahl. Der Feuerraub ermöglicht Handwerk und Künste, er symbolisiert den Glauben an Wissenschaft und Zukunft. Als Kämpfer gegen die Herrschaft der Götter wird Prometheus zum Inbegriff des selbstbewußten Rebellen, der als Helfer der Menschheit gegen die bestehende Macht aufsteht.

Shaftesburys Vergleich des Künstlers mit dem griechischen Halbgott, der Menschen schafft und belebt, gipfelt in der Annahme einer analogen Gemüts- und Naturkraft. Allein derjenige könne stimmig und ausgewogen ein Kunstwerk schaffen, der, Prometheus gleich, ein sittlich veredeltes Inneres habe. So wird

---

19 Vgl. z.B. K. A. Korff, Geist der Goethezeit, 1. Teil. Leipzig 1930, S. 102 ff.
20 R. Grimminger, Aufklärung, Absolutismus und bürgerliche Individuen. Über den notwendigen Zusammenhang von Literatur, Gesellschaft und Staat in der Geschichte des 18. Jahrhunderts. In: Ders. (Hg.), Hansers Sozialgeschichte der deutschen Literatur, Bd. 3. A. a. O., S. 15 - 99, S. 53 ff.
21 H. Wolf, Versuch einer Geschichte des Geniebegriffs in der deutschen Ästhetik des 18. Jahrhunderts, 1. Bd., Von Gottsched bis auf Lessing. Heidelberg 1923, S. 16.
22 Anthony Earl of Shaftesbury, Characteristicks of Men, Manners, Opinions, Times. In: Ders., Standard Edition. Sämtliche Werke, ausgewählte Briefe und nachgelassene Schriften. In englischer Sprache mit paralleler deutscher Übersetzung. Herausgegeben, übersetzt und kommentiert von G. Hemmerich u. W. Benda. Stuttgart / Bad Cannstatt 1981; Zitat: S. 110.

dem Künstler die Bezeichnung "Moral Artist"[23] beigelegt. Diese sittliche Bedeutung macht das aus, was mit Wolf als "Weltanschauung" des Künstlers bezeichnet wurde. Der moralisch und ästhetisch vollkommene Mensch -und nur er - trägt ein "Ganzes" in sich selbst und aktiviert es, um Kunstwerke zu schaffen. In ihm waltet, wie es in terminologischer Präzisierung heißt, "the inward form".[24] Mit diesem Begriff ist aber nicht nur die geistige Qualität ausgedrückt, die die innere Natur des Künstlers ausmache; er deckt zugleich die Kraft des Kunstwerks ab, überhaupt als Schönheit zu wirken. Wenn also die Schönheit des Kunstwerks als Projektion der inneren Natur des Künstlers gedeutet wird, so ist es nur noch ein Schritt, die Gemütslage des Künstlers als schön zu bezeichnen. Shaftesburys ganze Ansicht vom Menschenbild des Künstlers läßt sich in dieser formelartigen Begriffsbildung zusammenfassen. Sie begründet das Gentleman-Ideal des "Virtuoso".

In deutlichem Gegensatz zum schöpferischen Künstler, der wie eine - schöne - Naturkraft wirkt, steht bei Shaftesbury der nachahmende Künstler. Von seinen Werken heißt es, sie seien bloß als Nachbildung der äußeren Erscheinung der Dinge anzusehen:

"There is this essential difference however between the Artists of each kind; that they who design merely after Bodys, and form the graces of this sort, can never, with all their Accuracy, or Correctness of Design, be able to reform themselves, or grow a jot more shapely in their Persons."[25]

Gerade dieses Zitat wirft ein bezeichnendes Licht auf die sich programmatisch abzeichnende Einschätzung handwerklicher Kunst. Sie könne zwar zu einer Sorgfalt oder Richtigkeit ("Accuracy", "Correctness") bei der Behandlung des Materials imstande sein, ihr fehle aber die Verbindung zur Persönlichkeitsbildung und zu tugendhaftem Verhalten. Um es klar herauszustellen: Die Realität der Gegenstände, Nachahmung und künstlerische Technik, geraten in unversöhnlichen Gegensatz zur Idealität des Denkens. Handwerkliche Bezüge müssen negiert werden, da sie einer Zweckrationalität gehorchen, die einem sittlichen Auf-der-Stelle-Treten gleichkomme. In der idealistischen Ästhetik Deutschlands wird dieser Sachverhalt einen entscheidenden Raum in der theoretischen Selbstreflexion künstlerischer Produktion einnehmen.[26]

Bei Shaftesbury erfolgt die Abgrenzung gegenüber den handwerklichen Künstlern mit einem Argument, das bereits Aristoteles für die mimesis der praxis geltend gemacht hatte: der Künstler ahme handelnde Menschen nach. Diese besondere Tätigkeit verliert jedoch in der Folge jeden Bezug zur poiesis-Tradition. Denn einzig dem "Virtuoso" sei es gegeben, handelnde Menschen adäquat zu beobachten und darzustellen:

---

23 Ebd.
24 Ebd.
25 Anthony Earl of Shaftesbury, Characteristicks ..., a. a. O., S. 108.
26 Das läßt sich besonders anhand der Konzeptionen von Kant und Schiller aufzeigen. Vgl. dazu dezidiert die beiden nächsten Kapitel.

"But for those Artists who copy from another Life, who study the Graces and Perfections of *Minds*, and are real Masters of those Rules which constitute this latter Sciece, 'tis impossible they shou'd fail of being themselves improv'd, and amended in their *better Part*."[27]

Der Vergleich des Dichters mit Prometheus erhält an dieser Stelle seine eigentliche Bedeutung. Wie Prometheus gottähnlich Menschen schaffen und beleben kann, so wird der Künstler zum Schöpfer fiktiver Figuren, deren Schicksale nur er bestimmt und überschaut. Beide formen ein Ganzes, deren Gesetzmäßigkeit ihrem Willen gehorcht. Das schöne Ganze als Produkt des Künstlers wiederholt, wie bereits oben herausgestellt wurde, das Schöne der ersten Schöpfung.[28] Dabei ist künstlerische Produktion durchaus Regeln unterworfen. Als "Master of those Rules" darf sich der Künstler offenbar nicht einfach seinen Einfällen überlassen, sondern muß dieselben ausbilden. Damit ist der wesentliche produktionsästhetische Konflikt benannt: Auf der einen Seite steht das Verwiesensein auf Regeln und handwerkliche Wurzeln, auf der anderen Seite finden wir die postulierte Virtuosität eines Halbgottes. Kant wird diesen Konflikt in der "Kritik der Urteilskraft" aufgreifen und in Zusammenhang mit der im 18. Jahrhundert in Deutschland geführten Kontroverse um das hervorbringende ästhetische Vermögen diskutieren.

Von einer *Ausbildung* der schöpferischen Fähigkeiten ist im Sturm und Drang nur bedingt die Rede. Scheinbar mühelos, in gesteigerter Empfindungsfähigkeit, setze sich das Genie über die überlieferten Muster (des antiken und französischen Theaters) hinweg und entfalte die Harmonie seiner Natur. Gegen die Vorschrift der einseitig mit Zwang identifizierten poetischen Regeln pocht es auf die revolutionäre Entfaltung der literarischen Produktivkräfte. Ist Prometheus für die Aufklärung der "Licht- und Feuerbringer", so spiegelt für den Sturm und Drang "gerade die Gewaltsamkeit der Entwendung des Feuers die kaum noch evolutionäre als vielmehr revolutionäre Phase der Entwicklung".[29] Das Genie wird in Anlehnung an den antiken Halbgott zum originären Schöpfer, der die Fesseln von Gesetz und Regel zersprengt. Ohne an dieser Stelle die programmatischen Entwürfe der Sturm und Drang Dichter (Herder, Schiller, Goethe, Stolberg, Lavater u.a.) dezidiert nachzuzeichnen, kann als das Entscheidende herausgestellt werden, daß sie gleich Shaftesbury im Künstler einen gottähnlichen Schöpfer feiern.[30]

---

27 Ebd.
28 Schiller, Humboldt, Goethe, Moritz und Kant werden den Begriff des in sich ruhenden Ganzen in den Mittelpunkt ihrer Positionsbestimmungen des Kunstwerks rücken. Der harmonischen Darstellung des in sich geschlossenen Organismus kommen dabei rezeptive als auch produktive Funktionen zu. Vgl. dazu Kap. 4.
29 G. Sauder, Geniekult im Sturm und Drang. In: R. Grimminger (Hg.), Hansers Sozialgeschichte der deutschen Literatur, Bd. 3. A. a. O., S. 327 - 340; Zitat: S. 332.
30 Vgl. in diesem Zusammenhang die materialreiche Untersuchung von O. Walzel, Das Prometheussymbol von Shaftesbury zu Goethe. Leipzig und Berlin 1910. - Auch wenn man die Interpretation von Prometheus aus Vorkämpfer einer metaphysischen Freiheit nicht teilt, liefert die genannte Studie hinreichend Belege für den Einfluß Shaftesburys auf das 18. Jhd. in Deutschland.

Unter historischem Gesichtspunkt ist die postulierte Analogie der göttlichen und menschlichen Schaffenskraft immer wieder als konkreter Ausdruck der deutschen Misere gedeutet worden. Der äußere Zwang der feudalen Zustände soll durch die Erhöhung des Inneren des bürgerlichen Subjekts kompensiert werden. Dagegen steht eine Interpretation, die im Genie bzw. im Prometheus das erstarkte Selbstbewußtsein des aufsteigenden Bürgertums und des autonomen Intellektuellen sieht.[31] Berücksichtigt man darüber hinaus die mit dem Prometheus-Symbol verbundene Außenseiterposition des Künstlers *als Genie*, so wird klar, daß sich der Protest der Sturm und Drang - Dichtung sowohl gegen feudale Zwänge als auch gegen das aufkommende bürgerliche Prinzip der Zweckrationalität richtet. In diesem Spannungsfeld können die schematischen Zuordnungen bürgerlich / nicht-bürgerlich bzw. feudal / anti-feudal aufgelöst und in einen anderen Zusammenhang überführt werden. Unter produktionsästhetischem Gesichtspunkt ist der Kampf des Sturm und Drang gegen die Regel sowohl als Kampf gegen die "feudale Regelpoetik"[32] als auch als Kampf gegen die Regelpoetik der Aufklärung (Voltaire)[33] gedeutet worden. Wenn an dieser Stelle das Problem bewußt offen gelassen wird, ob sich in der Regelpoetik eher ein bürgerliches oder eher ein feudales Prinzip widerspiegelt, so deshalb, um dafür zu plädieren, die Frage anders zu stellen. Gefragt werden soll nicht nur nach dem ästhetischen Material, sondern nach den Bedingungen seiner Betätigung. Ganz einfach formuliert: Wer ist befugt, das Material aufzugreifen, zu modifizieren oder zu revolutionieren? Auf diesem Hintergrund geht es nicht nur um die *abstrakte* Freisetzung von Subjektivität überhaupt, sondern darum, wie sich das als genial behauptete Wahrnehmungs- und Schaffensvermögen zu *den* Subjekten verhält, die offenbar nicht über derartige Vermögen verfügen.

Bei Shaftesbury erfolgt die Proklamation des Prometheusdichters unter Anlehnung an die antike Enthusiasmus-Lehre. In seinem "Letter concerning Enthusiasm" heißt es:

"No Poet (...) can do any thing great in his own way, without the Imagination or Supposition of *a Devine Presence*, which may raise him to some degree of this Passion we are speaking of."[34]

Menschliche Einbildungskraft reicht nicht aus, Bilder und Ideen dichterisch umzusetzen, sie bedarf zusätzlich göttlicher Schöpfungskraft:

"Something there will be of Extravagance and Fury, when the Ideas or Images receiv'd are too big for the narrow human Vessel to contain. So that *Inspiration* may be justly call'd *Devine* Enthusiasm."[35]

---

31 Th. Metscher, "Prometheus". Zum Verhältnis von bürgerlicher Literatur und materieller Produktion. In: B. Lutz (Hg.), Deutsches Bürgertum und literarische Intelligenz 1750 - 1800. A. a. O., S. 385 - 454.
32 Vgl. L. Winkler, Kulturwarenproduktion. Aufsätze zur Literatur- und Sprachsoziologie. Frankfurt/M. 1973, S. 46.
33 Vgl. P. Bürger, Zur Kritik der idealistischen Ästhetik. Frankfurt/M. 1983, S. 104 f.
34 Anthony Earl of Shaftesbury, A Letter Concerning Enthusiasm. In: Standard Edition. A. a. O., S. 306 - 375; Zitat: S. 370.
35 Ebd., S. 372.

Hier tritt jene folgenreiche Auslegung der Lehre Platons auf, die bereits im vorigen Kapitel angedeutet wurde. Shaftesbury verkehrt Platons Ironie an der göttlichen Besessenheit und die Kritik am Kultus der Dichterpersönlichkeit ins gerade Gegenteil. Er läßt diese Einwände fallen, um Inspiration als Quelle der Dichtkunst für die bare Münze auszugeben. Die Umkehrung ist nun kein rein ideengeschichtliches Problem. Denn sie legitimiert das Genie in der sozialen Hierarchie und legt fest, wer einzig befugt sei, die Dichtkunst zu praktizieren. In einer verräterischen Passage setzt Shaftesbury den göttlichen Enthusiasmus ("Devine Enthusiasm") mit einem "noble Enthusiasm"[36] gleich. Der "noble Enthusiasm" komme Helden, Staatsmännern, Dichtern, Rednern und Philosophen zu. Eine deutsche Übersetzung, die "noble" mit "edel"[37] angibt, trifft die Intention des englischen Verfassers nur vorläufig. "Noble" wäre hier präziser mit "adelig" zu übersetzen. Das bezeichnet dann einen geistigen Adel, der den enthusiastischen Dichtern zukomme.

Fragt man nach den Ursachen, die den einzelnen ins Recht setzen, seine Inspirationen genial zu nennen, so ist man neben der Irrationalität des Enthusiasmus auf die Irrationalität der *Selektion* des geistigen Adels verwiesen. Als Legitimationsgrundlage, zu den auserlesenen Genies zu gehören, dient die Abgrenzung von den sozial Unterprivilegierten. Der "Pöbel" treibe ordinäre Scherze, während der wahre Künstler über echten Witz und Einfall verfüge: "The Vulgar, indeed, may swallow any sordid Jest, any mere Drollery of Buffoonery; but it must be a finer and truer Wit that takes with the Men of Sense and Breeding."[38]

Fassen wir die Bedeutung zusammen, die der platonische Enthusiasmus für die produktionsästhetische Selbstreflexion Shaftesburys spielt, so zeichnen sich entscheidende Rahmenbedingungen genialen Produzierens ab. Einzig das schöpferische Genie, der Prometheus-Künstler, sei aufgrund moralischen und geistigen Adels zu künstlerischer Produktion berufen. Seine innere Natur spiegle sich unverkennbar in der Form des Kunstwerks ("the inward form") wider. Im Gegensatz dazu stehen die der handwerklichen Tradition verpflichteten nachahmenden Künstler und der nur zu derben Späßen aufgelegte "Pöbel". Will man die Frage entscheiden, ob diese Auffassung vom Genie eher bürgerliche oder feudale Merkmale trage, so nimmt die Berufung auf den geistigen Adel und den "noble Enthusiasm" eher aristokratische Züge an.[39] Die Verbindung dieser aristokratischen Manier mit Subjektivismus und Irrationalismus ist offensichtlich.

Im England des 18. Jahrhunderts findet Shaftesbury nur wenig Resonanz. Der große Einfluß, den er als Autorität für den Sturm und Drang in Deutschland gewinnen konnte, liegt Arnold Hauser zufolge in der irrationalen Erhöhung des

---

36 Ebd.
37 Vgl. dazu die deutsche Übersetzung in der "Standard Edition". A. a. O., S. 373.
38 Ebd., S. 318.
39 Weiterführend läßt sich diese These besonders bei Kant und Schiller diskutieren. (Vgl. dazu die beiden nächsten Kapitel).

künstlerischen Subjekts und in der "Übertragung der Idee der aristokratischen Auslese vom Bluthaften auf das Geistige und Seelische".[40] In der scheinbar grenzenlosen inneren Freiheit des sich als Genie fühlenden Künstlers sieht auch Hauser eine deutliche Reminiszens an aristokratische Verhaltensvorbilder. Er stützt seine These ab, indem er wesentliche Positionen Shaftesburys so zusammenfaßt:
"Die Idee, daß das Leben ein Kunstwerk sei, an dem man, von einem unfehlbaren Instinkt (moral sense) geleitet, arbeitet, so wie der Künstler von seinem Genie geleitet seine Werke schafft, war eine aristokratische Vorstellung, die von der deutschen Intelligenz nur deshalb so begeistert aufgenommen wurde, weil sie durchaus mißverständlich war und ihr Aristokratismus als geistiges Adelsbewußtsein interpretiert werden konnte."[41]
Zum geistigen Adelsbewußtsein erhebt sich das künstlerische Lebensgefühl besonders durch die Abkehr von regelgeleiteter literarischer Produktion. War das produktionsästhetische Denken der Frühaufklärung durch die Annahme definierbarer und erklärbarer Regeln geprägt, so leitet der Sturm und Drang durch seine Negation regelgeleiteten Tuns und seine Postulierung göttlicher Eingebung und unberechenbarer Intuition einen Prozeß ein, der Aufklärung durch Mystik ersetzt. Gegen den Triumph des Augenblicks der Inspiration erblaßt der Glanz der Dauer erlernbarer Produktionsregeln der Frühaufklärung.
In der Überbetonung des genialischen und subjektiven Moments entwickelt sich ein künstlerischer Subjektivismus, der treffend als "Originalitätssucht"[42] bezeichnet werden kann. Neben dem geistigen Hochgefühl, zur auserwählten geistigen und künstlerischen Elite zu gehören, folgt diese "Sucht" gleichzeitig den Gesetzmäßigkeiten des aufkommenden literarischen Markts. Um die Aufmerksamkeit des Publikums und der potentiellen Käufer auf sich zu ziehen, wird sie "zur Selbstreklame der miteinander konkurrierenden Literaten".[43]
Werke, die den Erwartungshorizont durchbrechen und als unverwechselbare Gütezeichen eines bestimmten Schöpfers gelten, bauen eine Verehrergemeinde auf, die neben Anerkennung und Steigerung des künstlerischen Selbstbewußtseins zur ökonomischen Unabhängigkeit beitragen. Der Konkurrenzkampf der Schriftsteller ist keinesfalls auf ein Gerangel um Marktanteile zu reduzieren. Zwar spielt der aufkommende Warencharakter der Literatur eine nicht zu unterschätzende Rolle, er wirkt sich jedoch in seiner strukturellen Konsequenz primär auf die aufkommenden Werke der Massenliteratur aus. Hier kann von einer Ausrichtung des Schreibens auf die Bedürfnisse des Publikums und damit auf eine entsprechende Ertragsrate ausgegangen werden. Den Verfassern der sog. hohen Literatur geht es jedoch, wie Hauser betont, um jenes "geistige

---

40 A. Hauser, Sozialgeschichte der Kunst und Literatur. 14.-18. Tausend München 1969, S. 634.
41 Ebd., S. 635.
42 Ebd., S. 637.
43 Ebd. - Im Gegensatz dazu verweist Sauder (Geniekult im Sturm und Drang. A. a. O., S. 337 f.) auf die Solidarität der Autorenelite. Daß das nur auf den ersten Blick ein Widerspruch zu sein braucht, soll anhand der grundsätzlichen Problematik der Konstitution schriftstellerischen Selbstbewußtseins gezeigt werden. (Vgl. dazu Kap. 4).

Adelsbewußtsein". Im Mittelpunkt des Konkurrenzkampfs der Stürmer und Dränger steht, wie auch Haferkorn betont, das "Prestige"[44], als Originalgenie anerkannt zu werden.[45] Das kann natürlich nur funktionieren, wenn Arbeitsweise und Arbeitsbedingungen als von allen äußeren Einflüssen unabhängige Größen gelten. Da die Marktabhängigkeit u.a. als eine Variable aufzufassen ist, die dirigistisch in den literarischen Produktionsprozeß einzugreifen vermag, *muß* es zur Rechtfertigung des Genies gehören, sich davon frei zu verhalten. Als Gegenpol dazu baut das Genie die Aura der Sonderbegabung und höhergeleiteten Inspiration als *natur*rechtlich gewollte Größe auf. Das heißt m.a.W., das Genie kann nur dann seinen universellen Anspruch auf schöpferische Produktivität behaupten, wenn es gegenüber anderen Regulativen (literarische Regeln, Markt) am Ursprung der göttlichen Inspiration, der unabsehbaren Stimmung und der subjektiven Intuition festhält. Es muß nach außen die Rolle eines ästhetisch erfahrenen Dramaturgen beherrschen, der die Geheimnisse des Schönen in Allianz mit einem Gott oder Halbgott in sich trägt.[46]
Die Berufung auf die Natur kommt besonders in Goethes Rede "Zum Shakespeares-Tag" zum Ausdruck. Da Goethes Rede für den Sturm und Drang einen "Manifestcharakter"[47] besitzt, kann auf sie exemplarisch Bezug genommen werden. Shakespeare, so deklamiert Goethe, "wetteiferte mit dem Prometheus, bildete ihm Zug vor Zug seine Menschen nach, nur in kolossalischer Größe; (...) und dann belebte er sie alle mit dem Hauch seines Geistes, er redet aus allen, und man erkennt ihre Verwandtschaft."[48] Wenn das Genie Shakespeare literarische Werke schafft, dann folgt er keinem anderen Leitfaden als seiner Natur. Geniebegriff und Naturbegriff gehören untrennbar zusammen. Befreit von den "lästige(n) Fesseln unsrer Einbildungskraft"[49], die Einheit von Ort, Zeit und Handlung einhalten zu müssen, kehrt das Genie zur Natur zurück und schafft natürliche literarische Figuren: "Natur! Natur! nichts so Natur als Shakespeares Menschen."[50] Sowohl im Naturbegriff, der den fiktiven literarischen Figuren unterlegt wird, als auch im Geniebegriff wird eine Parallele zum antiken Enthusiasmus ersichtlich. Goethe erklärt, "daß aus Shakespearen die

---

44 H. J. Haferkorn, Zur Entstehung der bürgerlich-literarischen Intelligenz und des Schriftstellers in Deutschland zwischen 1750 - 1800. In: B. Lutz (Hg.), Deutsches Bürgertum und literarische Intelligenz ..., a. a. O., S. 113 - 275; Zitat: S. 140.
45 Die Konsequenzen dieses Anerkennens für das Verhältnis von Autor und Leser sollen unter produktionsästhetischem Aspekt am Beispiel der theoretischen Schriften Schillers aufgezeigt werden. (Vgl. dazu Kap. 4).
46 Literarische Produktion und Christentum können so in ein enges Verhältnis zueinander treten. Für Johann Kaspar Lavater beispielsweise hat das Genie an der "Offenbarung" teil; es findet seine höchste Verkörperung in Christus selbst. Hinsichtlich der Entwicklung der produktionsästhetischen Reflexion ist hiermit eine Sonderstellung erreicht, der keine exemplarische Geltung zukommt. Die Position macht jedoch deutlich, zu welch weitgespannten Interpretationen man greift, um literarische Produktion ins Licht des Unnennbaren zu stellen.
47 G. Sauder, Geniekult im Sturm und Drang. A. a. O., S. 334.
48 J. W. Goethe, Zum Shakespeares-Tag. In: Goethe Werke, Hamburger Ausgabe in 14 Bänden, Bd. 12. Hamburg 1963, S. 224 - 227; Zitat: S. 227.
49 Ebd., S. 225.
50 Ebd., S. 226.

Natur weissagt"[51]. Orakel und Weissagung der Alten haben sich zu Aussagen der Kunst über Wahrheit und Schönheit verwandelt. Aus der inneren Natur und Schöpferkraft heraus entwickelt das Genie Natur und Natürlichkeit der Bühnengestalten. Durch sie schafft sich das bürgerliche Selbstgefühl eine subjektive Deutung der Welt des Seins.

Wir haben uns mit dem Naturbegriff des Sturm und Drang - Genies hier nur soweit auseinanderzusetzen, wie er nähere Bestimmungen über literarische Produktivität enthält. Hinsichtlich der als Natur ausgegebenen entfesselten Einbildungskraft läßt Goethe keinen Zweifel daran, daß es auf "ganze, große Empfindungen in den Seelen"[52] ankommt. Allein sie ermöglichen eine adäquate literarische Rezeption und Produktion. Ein Werk erfassen und ein neues schaffen setze eine Seele voraus, die zu einem ganzen Eindruck fähig sei. An Klarheit gewinnt der vorgestellte Ganzheitsbegriff der Seele erst, wenn man ihn im Lichte seiner negativen Gegenposition sieht. In der angebbaren Tradition Shaftesburys greift auch der junge Goethe auf die Abgrenzung von den unteren sozialen Klassen zurück. Von einer "ganzen Seele", so heißt es, sind die "schwachen Geschmäckler" zu unterscheiden, denen bei der Rezeption genialer Kunst "ewig schwindeln"[53] mag. Wird dieser Kreis der Kunstrezipienten zunächst metaphorisch mit "Ameisen" verglichen, die um das geniale Werk "krabbeln", so folgt seine sozialbegriffliche Präzisierung: es ist der "Pöbel". "Wenn der Pöbel heilige Namen ausspricht, ist's Aberglaube oder Lästerung."[54]

So unpräzise und subjektivistisch wie die produktionsästhetische Kategorie der "ganzen Seele " bleibt, so eindeutig äußert sich Goethe über die Empfindungsfähigkeit derer, die im Unterschied zu Bürgertum und Adel den sog. "Pöbel" bilden. Beides gehört dabei untrennbar zusammen. Der postulierte schwache Geschmack der Vielen korrespondiert mit der Versicherung, selbst zu den Auserlesenen zu gehören. So nimmt die Einbildung unabdingbarer Subjektivität die Diskriminierung der Masse der Bevölkerung in sich auf. Ihr Ausschluß von literarischer Rezeption und Produktion ist nicht nur Folge, sondern gerade *konstitutiver Teil* des Genie- und Ganzheitsbegriffs. Denn erst auf diesem Hintergrund kann Subjektivität ihre Besonderheit und Einmaligkeit scheinbar glaubhaft begründen.

Stellvertretend für viele Sturm und Drang - Dichter spricht Goethe in unverhohlener Deutlichkeit aus, was offenbar gerade ihn befähige, Shakespeare zu lesen und simultan gültig zu erfassen: "Dank sei meinem erkenntlichen Genius, ich fühle noch immer lebhaft, was ich gewonnen habe".[55] Und dann heißt es in Ansehung griechischer Kunst:

---

51 Ebd., S. 227.
52 Ebd., S. 225.
53 J. W. Goethe, Von deutscher Baukunst. In: Goethes Werke, Hamburger Ausgabe. Bd. 12. A. a. O., S. 7.
54 Ebd.
55 J. W. Goethe, Zum Shakespeares-Tag. A. a. O., S. 225.

"Ich kann mich nicht erklären, was das heißt, aber ich fühl's und berufe mich der Kürze halber auf Homer und Sophokles und Theokrit, die haben's mich fühlen gelehrt."[56]

Mit der Berufung auf Einfühlung in literarische Vorbilder nimmt die Erkenntnis des Subjekts eine Unbestimmtheit an, die ihren einzigen Garanten in der Selbstein- bzw. Überschätzung hat, gleichfalls einen Genius zu besitzen. In der Verehrung eines Meisters liegt damit auch immer die Hybris des eigenen Urteils. Wenn Goethe geltend macht, Shakespeares Stücke "drehen sich alle um den geheimen Punkt (den noch kein Philosoph gesehen und bestimmt hat), in dem das Eigentümliche unseres Ichs, die prätendierte Freiheit unseres Wollens, mit dem notwendigen Gang des Ganzen zusammenstößt"[57], so liegt darin weit mehr begründet als eine Aussage über geniale Gestaltungsprinzipien und deren Wirkung. Es wird nämlich unter der Hand darauf bestanden, selber diesen "geheimen Punkt" erkannt zu haben. Aus der Perspektive der Unableitbarkeit entzieht sich der schöpferische Akt jedem literaturkritischen Räsonnement. In diesem Sinne weist der Künstler Goethe demonstrativ jeden Anspruch des Publikums zurück, an besagtem Geheimnis teilzuhaben. Am 21. August 1774 schreibt er an Jakobi:

"Nach frugablem Abendbrot, (...) mein Schöppgen Wein vor mir. (...) Sieh Lieber, was doch alles schreibens anfang und Ende ist die Reproduktion der Welt um mich, durch die innere Welt die alles packt, verbindet, neuschafft, knetet und in eigner Form, Manier, wieder herstellt, das bleibt ewig Geheimniss Gott sey Danck, das ich auch nicht offenbaren will den Gaffern u. Schwäzzern."[58]

Dieser Briefausschnitt aus der Sturm und Drang - Periode Goethes macht deutlich, daß der Traditionsstrom der Frühaufklärung endgültig versiegt ist. Nicht mehr gegenseitige Aufklärung, sondern Selbstdarstellung und Abbruch kommunikativer Beziehungen zum Publikum prägen die Position des Autors. Von den "Gaffern und Schwäzzern", die "Gott sey Danck" von literarischer Produktion nichts verstehen, kann sich der gerade 25-jährige Goethe nur abwenden. Alles ausschließlich aus seiner "innere(n) Welt" schöpfend, setzt sich das Genie radikal der Zeitgenossenschaft entgegen. Es löst sich aus allen sozialgeschichtlichen Bedingungen und gewinnt so seine "negative Freiheit".[59] Das Publikum steht ihm fremd und anonym gegenüber.

Es konnte deutlich werden, daß sich das Genie mit der Befreiung von ästhetischen Normen der Regelhaftigkeit gleichzeitig über moralische und soziale Normen hinwegsetzt. Betrachtet man den Prozeß literarischen Schaffens, so erweist sich die Loslösung von der rationalistisch normierten Regelpoetik durchaus als gelungener Versuch, fremde Autorität abzuschütteln und dem Genie einen erweiterten Spielraum für schöpferische Gestaltung, Originalität

---

56 Ebd.
57 Ebd., S. 226.
58 Goethes Briefe, Hamburger Ausgabe in 4 Bänden, Bd. 1. Hamburg 1962, S. 166.
59 Artikel: Genie. In: J. Ritter (Hg.), Historisches Wörterbuch der Philosophie. A. a. O., S. 295.

und Selbständigkeit zu sichern. Mit derartigen Bestimmungen sind in der Regel Verweise verbunden, die auf den gewonnenen Zuwachs an Subjektivität und Originalität zielen.[60] So richtig diese Einschätzung genialen Produzierens sein mag, so fragwürdig muß sie jedoch werden, wenn man sie im Zusammenhang mit den übrigen Normen reflektiert, von denen sich das Genie abkoppelt. Denn eine immanente Herleitung des genialen Schaffensprozesses kann nur unzureichend erfassen, daß das Genie nicht mehr Repräsentant eines populären Aufklärungspotentials ist. Damit werden gerade die Konsequenzen aus dem oben skizzierten Zusammenhang verdeckt. Sie bestehen, um es zusammenfassend zu wiederholen, im einseitigen Anspruch des Genies, Moral und literarische Gestaltung gegenüber der Masse der Nicht-Produzenten zu verkörpern.

Unser Befund läßt sich mit Kernaussagen J. Schmidts zur "Geschichte des Genie-Gedankens" abstützen. Schmidt sieht bei aller Befreiung des Produzierens von steriler Regelhaftigkeit und verbindlicher Moral im Sturm und Drang das Aufkeimen einer immoralischen Variante. Sie bestehe prinzipiell in der Ablehnung all jener Bestimmungen, die der Autonomie des Genies zuwiderlaufen. Setzt sich das Genie über rationale, soziale und moralische Normen hinweg, so führt das "im äußersten Fall zum Immoralismus":

"Je subjektivistischer die Anschauungen von Kunst und Literatur bis zum Höhepunkt des Sturms und Drangs wurden, desto mehr löste sich der Begriff des Dichters aus dem sozialen Bezugssystem, desto mehr geriet er ins Abseits."[61]

Betrachtet man die genannte Abseitsposition des Dichters über Schmidts Untersuchungen hinaus, so ist auf eine andere Erscheinungsform der Bezugslosigkeit genialen Produzierens aufmerksam zu machen. Das oben beschriebene geistige Adelsbewußtsein des isolierten Literaten kann sich ins gerade *Gegenteil* kehren. Nicht jedes Genie des Sturm und Drang vermag es, die Negativität der für sich gesetzten Subjektivität ununterbrochen ins Privat-Positive umzuwandeln. Mit dem literarisch begründeten Selbstgefühl und der Möglichkeit, die Welt subjektiven Deutungen und Projektionen zu unterwerfen, weitet sich die Divergenz von Sein und Schein, von realen Verhältnissen und fiktivem Entwurf aus. Zur Freiheit des freien Schriftstellers gehört es fortan, an ihr zu zerbrechen. Wer nicht - wie mit Sicherheit Goethe - die erfahrenen menschlichen und sozialen Spannungen im Bereich des Literarischen oder Theoretischen sublimieren kann, der gerät unweigerlich in Konflikt mit seiner politischen Machtlosigkeit. Es gehört keineswegs in den Bereich der Mystik, wenn das literarische Subjekt durch die erzwungene Auflösung kommunikativer Selbstverständigung in identitätszerstörende Isolation gerät. Freisetzung zur Deutung der Welt und zur subjektiven künstlerischen Gestaltung trägt als bürgerliche die Dialektik von Selbstentfremdung, Vereinzelung und gesellschaftlich anerkanntem Genie

---

60 Vgl. exemplarisch: W. Mahrholz, Die Wesenszüge des schriftstellerischen Schaffensprozesses. In: L. Sinzheimer (Hg.), Die geistigen Arbeiter. 1. Teil. Freies Schriftstellertum und Literaturverlag. München / Leipzig 1922, S. 58 - 73.
61 J. Schmidt, Die Geschichte des Genie-Gedanken ..., a. a. O., S. 41 f.

in sich. Für das Zerbrechen an diesem Widerspruch stehen stellvertretend für viele Jakob Michael Reinhold Lenz und Gottfried August Bürger, die Isolation und Folgelosigkeit ihres literarischen Schaffens mit Verzweiflung und Wahnsinn bezahlten. Nicht zufällig entstehen in der zweiten Hälfte des 18. Jahrhunderts literarische Gemeinschaften und Freundschaftsbünde, die das zerrissene Netz gemeinsamer literarischer Produktion und Rezeption wieder zusammenknüpfen sollen. Es wird sich in den weiter unten erfolgenden Ausführungen am Beispiel Schiller zeigen, welchen Stellenwert diese Gruppen gegenseitiger Aufklärung über den literarischen Produktionsprozeß beimessen. Und es wird ebenso die Frage sein, wie sich das Genie als Genie behaupten kann, d.h. durch welche Mechanismen es seine Anerkennung als dichterischer Mensch konstituiert.

Fassen wir die Ergebnisse zusammen, so erscheint eine eigentümliche Dialektik bei der Handhabung und Entwicklung des ästhetischen Materials. Die Emanzipation des Künstlers von den tradierten Vorschriften der Gestaltung macht literarische Produktion zu etwas unabdingbar Subjektivem. Das Subjekt befreit sich von den schablonenartigen Vorschriften, Ort, Zeit und Handlung nach gängigem Schnittmuster zu gestalten. Auf diese Weise wird das ästhetische Material um authentische Ausdrucksformen angereichert. Die gewonnene Authentizität verdankt sich aber einer postulierten Exklusivität. Als ein nicht mehr allgemein nachvollziehbarer Vorgang wird das Schreiben und Veröffentlichen zur Sache von Auserlesenen, die sich als Genie und Gralshüter der Geheimnisse des Schönen verstehen. Die Konzentration sinnlicher Manifestationen in vereinzelten Subjekten bedingt den Ausschluß der Vielen. Selbstbenennung zum Künstler und Selbstdarstellung lösen das Prinzip gegenseitiger Aufklärung durch Literatur ab. Der Produzent von Kunst ist peinlich darauf bedacht, die Qualitäten seines Tuns als gottbegnadet darzustellen. Nicht zuletzt deshalb muß er alle handwerklichen Bezüge des Schreibens negieren und demgegenüber auf einer gewissen enthusiastischen Herkunft insitieren.

Gefühl, Einfühlung, unnennbare Verbundenheit und Spannung zwischen Subjekt und literarischem Vorbild, Akklamation eines innewohnenden Genius, Natur- und Ganzheitsbegriff der Seele: hier liegen die entscheidenden produktionsästhetischen Stichworte des Sturm und Drang. Ein Werk erfassen und schreiben bedeutet Teilhabe an jener übermenschlichen (literarischen) Omnipotenz, die der Prometheus-Kult ausdrückt. Dabei spielt die Absonderung von den unteren sozialen Ständen und Klassen eine entscheidende Rolle. Nur so scheint der Anschluß an eine Aristokratie des Geistes und der Seele möglich. Der literarische Produktionsprozeß wird zu einem Geheimnis erklärt, das der "Pöbel" (Shaftesbury, Goethe) niemals zu enträtseln vermag.

Dennoch wäre es verfehlt, die Absonderung der Stürmer und Dränger von den unteren sozialen Ständen so stehen zu lassen. Gerade die Kindsmörderinnen-Dramen der Epoche reden eine andere Sprache. Sie nehmen eindeutig für die Unterdrückten und Geschundenen Partei, und sie halten an einer moralisch-

politischen Wirksamkeit von Literatur fest. Dieser inhaltliche Aspekt und seine aufklärerischen Momente sind unbedingt zu betonen. Sie korrespondieren jedoch mit einer Wertung des Künstlers, die von einer uneingeschränkt persönlichen Anlage und Leistung von Individuen ausgeht. Hier deutet sich eine eigentümliche Dialektik des sozialen Engagements an. Das künstlerische Subjekt darf sich die Aktivität und Freiheit des Geistes auf ethischem und ästhetischem Gebiet als eine besondere Leistung zuschreiben, die nur Orginalgenies zukommt. Gleichzeitig eröffnen die literarischen Werke im geschichtlichen Horizont eine Bedeutung, die soziale Privilegien radikal in Frage stellt.
Mit der Freisetzung der Subjektivität von den tradierten Regeln wird das Genie zum Begriff des Künstlers, der das Unnennbare und Originale in seiner Natur vereint. Im Sturm und Drang bleibt diese Esoterik des schöpferischen Aktes Selbstbenennung und bloße Versicherung des Künstlers. Zu einer *Theorie* des hervorbringenden ästhetischen Vermögens werden nur reflexive Bruchstücke geliefert. Erst Kants "Kritik der Urteilskraft" (KdU) reflektiert das ästhetische Urteil (Geschmack) und das Schaffen schöner Kunst (als Kunst des Genies) systematisch und kritisch. Um jene, wie es beim jungen Goethe heißt, "Geheimnisse" zu erschließen, die das Genie vorgibt in sich zu tragen, bedarf es fortan einer neuen theoretischen Grundlegung, die bereit ist, die eingefahrenen Spuren normativer Poetik und gefesselter Einbildungskraft zu überschreiten. Kants transzendentale Ästhetik fragt nach dem Vermögen des Gemüts, das nicht mehr rational bestimmbare Kunstwerk aufzunehmen. Aus dem rezeptiven Verhalten werden Rückschlüsse auf die Herstellung von Kunst und auf den Künstler gezogen. Da ästhetische Urteilskraft nur ein Ausschnitt des menschlichen Erkenntnisvermögens ist, jene nicht-begriffliche Erkenntnis, muß die folgende Untersuchung bestrebt sein, ihren Stellenwert ansatzweise in Relation zu den übrigen Vermögen zu reflektieren. Nur so scheint das spezifisch *ästhetische* Erkenntnisinteresse am Kunstwerk ausmachbar. Welchen Beitrag liefern die Unterscheidungen Kants, die "Geheimnisse" der Kunstrezeption und -produktion theoretisch aufzudecken?

3. Literarische Produktion als Verdeckung von Arbeit I (Kant)

3.1 Geniales Produzieren und ästhetische Erfahrung

Kants Kritik der Urteilskraft will keine Wissenschaft des Schönen sein, keine kritische Würdigung ästhetischer *Objekte*. Sie untersucht das spezifische *Vermögen*, das Schöne aufzunehmen und hervorzubringen. Hierbei geht es um das Verhältnis der Urteilskraft zu den Erkenntnisvermögen des Verstandes und der Vernunft. Ob die Urteilskraft dem Gefühl der Lust oder Unlust, das die Mitte zwischen Erkenntnis- und Begehrungsvermögen bildet, a priori die Regeln gebe, "das ist es" (KdU, Vorrede, S. 238)[1], was geprüft werden soll. Um die Allgemeingültigkeit der ästhetischen Urteilskraft zu bestimmen, so führt Kant aus, muß "die Kritik den Boden zu diesem Gebäude vorher so tief, als die erste Grundlage des Vermögens von der Erfahrung unabhängiger Prinzipien liegt, erforscht haben" (ebd., S. 239). Das a priorische Prinzip der Urteilskraft gibt also eine allgemeine Bedingung der Erkenntnis an, die jeder empirischen Erfahrung vorgelagert ist. "Transzendental" wird den bürgerlichen Subjekten das Vermögen beigelegt, Urteile über das Schöne vorzunehmen.
"Schönheit", so heißt es, gilt "nur für Menschen" (§ 5, S. 287). Diese Aussage erhält neben einer philosophisch-anthropologischen Bestimmung zugleich einen Hinweis auf das gesamte Gebäude der drei Kritiken Kants. Die ästhetische Urteilskraft vermittelt zwischen dem System des theoretisch arbeitenden Verstandes, das sein Erkenntnisvermögen auf die Natur anwendet und der praktischen Vernunft, die nach den Bedingungen und Gesetzen sittlichen Handelns fragt. Das ästhetische Urteil, basierend auf dem Gefühl der Lust oder Unlust, soll die "große Kluft, welche das Übersinnliche von den Erscheinungen trennt" (ebd., Einleitung, S. 270) überwinden. Allein die Auseinandersetzung mit dem Schönen versöhnt die utilitaristischen Zwecken vorgeschobene Erkenntnis des Verstandes mit den Imperativen der Willensregulierung im Subjekt.
Das ästhetische Urteil sondert sich so von logischen und moralischen Urteilen ab, die auf Begriffe verwiesen sind. Alle Verstandes- und Vernunftimplikate sind der ästhetischen Urteilskraft äußerlich. Das rezeptive Vermögen, etwas schön zu finden, urteilt nach der bloßen Betrachtung des Gegenstandes interesselos, ob dieser gefällt oder nicht:
"Ein jeder muß eingestehen, daß dasjenige Urteil über Schönheit, worin sich das mindeste Interesse mengt, sehr parteilich und kein reines Geschmacksurteil sei. Man muß nicht im mindesten für die Existenz der Sache eingenommen, sondern in diesem Betracht ganz gleichgültig sein, um in Sachen des Geschmacks den Richter zu spielen" (KdU, § 2, S. 281).

---

[1] Immanuel Kant, Kritik der Urteilskraft. In: Immanuel Kant, Werke in zehn Bänden. Hg. v. W. Weischedel, Bd. 8. Darmstadt 1968. In der Folge wird im Text oben zitiert: KdU, § N.N., S. N.N.

Um die Interesselosigkeit des Wohlgefallens zu unterstreichen, sondert Kant die Vorstellungen des Angenehmen und Guten vom Urteil über das Schöne ab. Was angenehm ist, "vergnügt", setzt also eine subjektive Zielrichtung des Wohlgefallens voraus, ebenso wie das Gute, das "geschätzt" wird. Schön hingegen ist etwas, das "bloß gefällt" (KdU, § 5, S. 287). Kant spürt hier, wider sein eigenes Selbstverständnis, einen materiellen Kern des reinen uninteressierten Wohlgefallens im Geschmacksurteil auf. Ein parteiloses Urteil kann nur derjenige fällen, der von seinem Urteil weder Vor- noch Nachteile zu erwarten hat, der auf keinerlei Notwendigkeiten angewiesen ist: "Nur wenn das Bedürfnis befriedigt ist, kann man unterscheiden, wer unter vielen Geschmack habe, oder nicht" (ebd, § 5, S. 287). Die ideelle Setzung einer Bedürfnisbefriedigung weist über sich hinaus auf die materiellen Vorbedingungen eines Geschmacksurteils, das unabhängig von egoistischen Interessen Schönes bestimmen könnte. Allein frei von notwendigen Bedürfnissen kann das Wohlgefallen auch interesselos sein. Kant problematisiert aber die wirkliche Bedürfnisstruktur der Urteilenden nicht weiter. Er setzt sich gleichsam darüber hinweg und fragt nach den Erkenntnisvermögen, die in der Natur des Menschen begründet sind und sie intelligibel vereint.

Jedermann komme die auf dem Gefühl der Lust basierende Empfindung des Angenehmen zu. Es wäre aber "lächerlich" (KdU, § 7, S. 290) und "barbarisch" (§ 13, S. 302), ein Urteil über das Schöne von Reiz, Annehmlichkeit und Rührung abhängig zu machen. Die private Versicherung, "das Gedicht (...) ist für mich schön" (§ 7, S. 290), begründet noch kein allgemeines Geschmacksurteil. Hätte jeder nur seinen besonderen Geschmack, so würde das so viel bedeuten, "als: es gibt gar keinen Geschmack, d.i. kein ästhetisches Urteil, welches auf jedermanns Beistimmung rechtmäßigen Anspruch machen könnte" (ebd.). Demzufolge unterscheidet Kant terminologisch zwischen "Sinnengeschmack" und "Reflexionsgeschmack". Die beigelegte Bestimmung der "Reflexion" darf dabei nicht zu einer Verwechslung von logischen mit ästhetischen Urteilen führen. Denn die Allgemeingültigkeit eines ästhetischen Urteils läßt sich nicht begrifflich einklagen. Regel und Begriff befördern rationale Einsichten. Die ästhetische Urteilskraft baut hingegen auf dem Gefühl der Lust oder Unlust auf. Rationale Erkenntnis und sinnliches Anerkennen des Schönen schließen sich hier wechselseitig aus:

"Wenn man Objekte bloß nach Begriffen beurteilt, so geht alle Vorstellung der Schönheit verloren. Also kann es auch keine Regel geben, nach der jemand genötigt werden sollte, etwas für schön anzuerkennen. Ob ein Kleid, ein Haus, eine Blume schön sei: dazu läßt man sich sein Urteil durch keine Gründe oder Grundsätze beschwatzen" (KdU, § 8, S. 294).

Das Geschmacksurteil ist immer ein subjektives und auf seine *Autonomie* verwiesen. Es geht nicht auf in begrifflichem Denken und Erkennen.

Dennoch ist das ästhetische Urteil an die Reflexion des Verstandes gebunden. Der Verstand ordnet und systematisiert die Bilder der Einbildungskraft. Dieses

"freie Spiel" der Erkenntnisvermögen (§ 9, S. 296) ermöglicht der autonomen Urteilskraft, sich mitzuteilen und über Geschmack zu kommunizieren.
Kants Prinzip allgemeingültiger Subjektivität basiert auf gültigen Formen und Proportionen des Schönen. Die subjektive ästhetische Erfahrung erhebt Anspruch auf jedermanns Beistimmung. Daß diese Beistimmung nicht auf eine Überzeugungsarbeit aus ist, illustriert Kant anhand von Beispielen aus der Literatur seiner Zeitgenossenschaft. Dies sei hier ausführlich zitiert, da es ein bezeichnendes Licht auf die Rolle von Regeln im ästhetischen Beurteilungsvermögen wirft:
"Wenn mir jemand sein Gedicht vorliest, oder mich in ein Schauspiel führt, welches am Ende meinem Geschmacke nicht behagen will, so mag er den Batteaux oder Lessing, oder noch ältere und berühmtere Kritiker des Geschmacks, und alle von ihnen aufgestellte Regeln zum Beweise anführen, daß sein Gedicht schön sei; *auch* mögen gewisse Stellen, die mir eben mißfallen, mit Regeln der Schönheit (so wie sie dort gegeben und allgemein anerkannt sind) gar wohl zusammenstimmen: ich stopfe mir die Ohren zu, mag *keine Gründe* und *kein* Vernünfteln hören, und werde eher annehmen, daß jene Regeln der Kritiker falsch sein, oder wenigstens hier nicht der Fall ihrer Anwendung sei, als daß ich mein Urteil durch Beweisgründe a priori sollte bestimmen lassen, da es ein Urteil des Geschmacks und nicht des Verstandes oder der Vernunft sein soll" (§ 33, S. 378).
Allein der konkrete *Vollzug*, die aktuelle Rezeption eines Gedichtes oder Schauspiels kann das subjektive Wohlgefallen begründen. Das englische Sprichwort "The proof of the pudding is the eating" mag jenen letztendlich notwendigen Erkenntnisgang anzeigen, den Kant als unabdingbar in Fragen des Geschmacks ansieht:
"Denn, es mag mir jemand alle Ingredenzien eines Gerichts *herzählen*, und von jedem bemerken, daß jedes derselben mir sonst angenehm sei, *auch* oben ein die Gesundheit dieses Essens mit Recht rühmen: so bin ich gegen alle diese Gründe taub, versuche das Gericht an meiner Zunge und *meinem* Gaumen: und darnach (nicht nach allgemeinen Prinzipien) fälle ich mein Urteil" (ebd., S. 378 ff.).
Die exakteste Beschreibung (notwendigerweise auf *Begriffen* basierend) kann kein brauchbarer Ersatz für das im Akt der Rezeption in Bewegung gesetzte Gemütsvermögen (notwendigerweise bei Gedichten und Schauspielen auf *Bildern* basierend) sein.[2] Indem Kant den *subjektiven Vollzug*, die Rezeption des Werkes, als unabdingbaren Bestandteil literarischen Verstehens deklariert (als etwas, das nicht durch ein noch so präzises objektives Begriffssystem ersetzt werden kann), beharrt er - wie das empirische Beispiel illustriert - auf der Rolle des *Lesers* (Zuschauers). Der konkrete Leser bringt den Gebrauchswert der Literatur ins Spiel, indem er eine starre Bedeutungszuweisung ablehnt. Er

---

2   Die sich an dieser Stelle abzeichnende Aporie von Bild und Begriff verweist grundsätzlich auf Bestimmungen, die bereits Lessing in seiner Laokoon-Abhandlung thematisiert.

faßt das literarische Werk als variables Kommunikationsangebot und als Freiraum ästhetischen Wohlgefallens. Die dialogische Auseinandersetzung deutet Wandelbarkeit und Geschichtlichkeit literarischen Verstehens an. Zum Ausdruck kommt damit die Abweisung eines regelpoetischen Werkbegriffs zugunsten einer subjektiv-variablen Wertzuweisung, m.a.W. die Favorisierung von *energeia* gegenüber dem ergon.

Die subjektiv-konkret zu aktualisierenden (und für jedermann gültigen) Bedingungen der Urteilskraft sind das Ergebnis einer historischen Entwicklung. Kein Subjekt kann "immer gänzlich von der rohen Anlage seines Naturells anfangen", da es so "in fehlerhafte Versuche geraten würde, wenn nicht andere mit den ihrigen ihm vorgegangen wären, nicht um die Nachfolgenden zu bloßen Nachahmern zu machen, sondern durch ihr Verfahren andere auf die Spur zu bringen, um die Prinzipien in sich selbst zu suchen, und so ihren eigenen, oft besseren, Gang zu nehmen" (§ 32, S. 376).[3] Die "Werke der Alten" preist man, so Kant, "mit Recht zu Mustern" und nennt sie "klassisch", "gleich einem gewissen Adel unter den Schriftstellern, der dem Volke durch seinen Vorgang Gesetze gibt" (ebd.). Könnten klassische Muster diese Funktion erfüllen und so ein für alle Male den Geschmack regulieren, so hätten wir es mit "Quellen des Geschmacks a posteriori" (§ 32, S. 376) zu tun. Begriffliche Muster sind aber für das auf Autonomie bedachte Geschmacksurteil untaugliche Mittel. Nicht bloße Nachfolge vorgefundener Traditionen, sondern schöpferische Weiterentwicklung "aus denselben Quellen" (ebd., S. 377) soll den "Fortgang der Kultur" (ebd.) und des Geschmacks garantieren.

Es scheint ratsam, an dieser Stelle die weitgehend immanente Herleitung der Urteilskraft zu unterbrechen. Denn Kants vorgenommene Bestimmung der klassischen Muster als "Quellen des Geschmacks a posteriori" ist für unseren Zusammenhang von einer nicht zu unterschätzenden Bedeutung. Aus der Bestimmung geht nämlich hervor, daß die Urteilskraft schöpferisch an der Traditionsbildung beteiligt ist. Aber - und hier liegt der springende Punkt - sie wird gleichzeitig um die Möglichkeit gebracht, diese Tradition reflexiv zu handhaben. Die Bedingungen des ästhetischen Urteils liegen a priori fest. Kant klammert durchgängig die Voraussetzungen aus, die es gestatten, die Formen und Inhalte der "Werke der Alten" einer kritischen Prüfung zu unterziehen. M.a.W. verzichtet er darauf, die Frage ästhetischer Wahrheit überhaupt zu stellen. Die Urteilskraft steht vor vollendeten Tatsachen. Sie bezieht sich

---

3   Der von Kant entwickelte Gedankengang der Historisierung der menschlichen Sinne und die Abwehr der "rohen Anlage" des subjektiven Naturells als taugliche rezeptive Erkenntnisquelle wird konsequent vom frühen Marx fortgeschrieben: "(...) erst durch den gegenständlich entfalteten Reichtum des menschlichen Wesens wird der Reichtum der subjektiven *menschlichen* Sinnlichkeit, wird ein musikalisches Ohr, ein Auge für die Schönheit der Form, kurz, werden erst menschlicher Genüsse fähige *Sinne*, Sinne, welche als *menschliche* Wesenskräfte sich betätigen, teils erst ausgebildet, teils erst erzeugt. (...) Die Bildung der 5 Sinne ist eine Arbeit der ganzen bisherigen Weltgeschichte". (Karl Marx, Ökonomisch-philosophische Manuskripte. In: Marx / Engels Werke (MEW), Ergänzungsband, Erster Teil. Berlin 1968, S. 541 f.). - Es wird sich im Laufe der weiteren Untersuchung zeigen, inwiefern Kant den historischen Ansatz selbst wieder in Frage stellt.

schöpferisch auf die Tatsächlichkeit, ohne jedoch zu wissen, was sie tut. Als eine Verdoppelung des jeweils erreichten Standes der kulturellen Entwicklung paßt sie sich dem Vorhandenen an. Zwar modifiziert sie dieses Vorhandene in der subjektiven Vorstellung, das Finden eigener Ideen bleibt ihr allerdings versperrt. Auf einem derartigen Erfahrungshorizont weist die Urteilskraft alle Erklärungsversuche ab, künstlerische Produktion als rational vermittelten Eingriff in die Geschichte zu verstehen. Da sie von sich aus die Tradition der ästhetischen Gestaltung nicht einzuholen vermag, erscheinen alle anderen Versuche der anerkannten Formgebung als um so gelungener. Sie stellen offenbar einen Zugang zur Tradition und zur Natur dar, der sich der ästhetischen Vorstellung entzieht.

Die Freiheit der ästhetischen Urteilskraft besteht demzufolge primär darin, vorhanden Vorstellungen bestätigt zu bekommen. Da die Rezeptionshaltung im Augenblick der Beschäftigung mit dem Schönen keinen reflexiven Zugang zu den "a posteriori" formulierten Quellen des Geschmacks findet, erscheint ihr das Vermögen, mit diesen Quellen zu operieren, als unzugängliches. So bringt Kants Bestimmung zwei zentrale Konsequenzen hervor. Sie betreffen gleichermaßen rezeptive und produktive Vermögen. Wenn alle Versuche rationaler Erschließung von Kunstwerken als unangemessen abgewiesen werden, dann liefert die kontemplative Rezeptionshaltung eine *Vor*bedingung für Konzepte irrationalistischer Literaturaneignung. Und da die Empfindungen, die Kunst in den Aufnehmenden hervorrufen sollen, nicht auf die Wirklichkeit und die Muster der Werksetzung zurückgelenkt werden können, bleiben produktive Vermögen einem unerklärbaren Sondervermögen überlassen. Es ist unmittelbar einsichtig, daß Kant im Laufe seiner Argumentation gezwungen sein wird, den produktiven Umgang mit künstlerischen Mustern und Formen an eine Instanz zu delegieren, die die Werke der Kunst auf eine ihm eigentümliche - begrifflich nicht hinterfragbare - Weise hervorbringt.

Die Annahme von Sondervermögen muß jedoch das Selbstverständnis der KdU in Frage stellen. Denn Kant will ja mit der Autonomie des ästhetischen Urteils die Gleichheit der menschlichen Natur begründen. Für die rezeptiven Vermögen scheint das außer Frage zu stehen. Die Subjektivität des Urteils erhebt Anspruch auf Allgemeingültigkeit, indem sie als "gemeinschaftliche(r) Sinn", als "sensus communis aestheticus" (§ 40, S. 391) vorgeführt wird. Hier trägt Kant den Widerspruch zwischen begrifflicher und sinnlicher Aneignung auf eine besondere Art aus. Er entwickelt seine Kritik des Geschmacks als eine Antinomie. Während Mitteilbarkeit und Allgemeingültigkeit des Urteils nur in Begriffen zum Ausdruck kommen, basieren sie auf einem begrifflich nicht einholbaren Potential subjektiver Vorstellungen und Gefühle. Die Antinomie des Geschmacks kann illustriert werden, indem wir erneut die Aporie von Bild und Begriff Kants Ausführungen unterlegen.

Die These, das Geschmacksurteil entziehe sich Begriffen und die Antithese, das Geschmacksurteil gründe sich notwendigerweise auf Begriffe, die es kommunizierbar machen, gehen als Maximen der ästhetischen Urteilskraft von unterschiedlichen Bedeutungen des Begriffs aus. Auf der einen Seite gewinnt der Verstand im Zusammenspiel mit der Einbildungskraft Begriffe aus Bildern, auf der anderen Seite implizieren die Bilder eine nicht begrifflich einholbare Mehrdeutigkeit. Im Geschmacksurteil ist beides untrennbar miteinander verbunden. Dieser "zwiefache Sinn, oder Gesichtspunkt der Beurteilung sei unserer transzendentalen Urteilskraft notwendig; aber auch der Schein, in der Vermengung des einen mit dem andern, als natürliche Illusion, unvermeidlich" (§ 57, S. 444). Daß es trotz eines nicht einholbaren Überschusses an subjektiver Einbildungskraft (Bildproduktion) gegenüber begrifflicher Ableitung zu einer freien Übereinstimmung der Subjekte in Fragen des Geschmacks kommen kann, begreift Kant als "das übersinnliche Substrat der Menschheit". Als subjektives Vernunftprinzip ist die "unbestimmte Idee des Übersinnlichen in uns (...) der einzige Schlüssel der Enträtselung dieses uns selbst seinen Quellen nach verborgenen Vermögens" (§ 57, S. 446).

Projeziert man die transzendentale Bestimmung auf das gesellschaftliche Verhältnis wechselseitiger Anerkennung, so erkennen sich die Subjekte eine schöpferische Vorstellungskraft zu. Die freie Einbildungskraft kann sich der Notwendigkeit objektiver Urteile entziehen, sie ist aber gleichzeitig auf gesellschaftliche Verständigung verwiesen. Die subjektiven Vorstellungen sind nicht kongruent, gleichzeitig aber besitzen sie in der Möglichkeit ihrer Mitteilbarkeit ein gemeinschaftliches Vielfaches. Die Einbildungskraft liefert einen Überschuß an Bildproduktion, die die Grenzen der Kommunikation und Verständigung über Schönes bestimmt. Da sie kein Begriff adäquat erfassen kann, reicht eine Verbalisierung der Gefühle zu einer Verständigung, aber nicht zu einem adäquaten Verstehen. Kant hat dieses Kommunikationsdefizit der ästhetischen Urteile aufgespürt und in Anlehnung an die Dialektik von Begriff und Einbildungskraft präzisiert, daß es "folglich keine Sprache völlig erreicht und verständlich machen kann" (§ 49, S. 414).[4] Das Kommunikationsdefizit ist gleichzeitig Garant der individuellen Freiheit, eines freien Spiels, das sich den Gesetzgebungen von Verstand und Vernunft nicht gänzlich unterwirft. Dem Defizit der Mitteilbarkeit (nach außen) entspricht ein Plus subjektiver Bildproduktion (nach innen). Das ästhetisch Vergegenwärtigte bleibt immer das *Besondere*, das in keinem bereits subjektiv begriffenen oder

---

4 Wenn Sprache kulturelle Objektivationen nicht "völlig erreicht und verständlich machen kann", so ist einsichtig, daß sie in der bürgerlichen Gesellschaft nicht die dominante synthetisierende Funktion ausübt. Das Kant-Zitat kann als ein Beleg für die These von Lothar Paul herangezogen werden, daß Sprache im menschheitsgeschichtlichen Zustand der Jäger und Sammler die synthetisierende Funktion besitzt, also in einem Gesellschaftszustand, für die Bilder der Einbildungskraft noch nicht zu kultureller Objektivation akkumuliert hat. (Vgl. Lothar Paul, Gesetze der Geschichte. Geschichtsphilosophische Rekonstruktionen zur Ortsbestimmung der Gegenwart. Weinheim / Basel 1978). Zur Frage der gesellschaftlichen Synthesis der Kantischen Bestimmung des Geschmacksurteils und des Schönen als Repräsentanz abstrakter Allgemeinheit vgl. Alfred Sohn-Rethel, Geistige und körperliche Arbeit. Frankfurt/M. 1970; Horst Nitschak, Kritik der ästhetischen Wirklichkeitskonstruktion. Frankfurt/M. 1976.

objektiv vorhandenen Allgemeinen restlos aufgeht. Wie bereits oben illustrativ am Beispiel des englischen Sprichworts über die Geschmacksprüfung des Puddings ausgeführt, gibt es für den konkreten *Vollzug*, die subjektive Rezeption von Dichtung, keinen noch so begrifflich präzisen Ersatz.[5] Trotz der Bedingung der Mitteilbarkeit konstituiert sich der Reflexionsprozeß über Kunst als unendlicher, als ein freies Spiel.[6] So ist es nur folgerichtig, daß dieses Spiel (obwohl defizitär hinsichtlich einer adäquaten sprachlichen Ausdrucksmöglichkeit) im Kantischen System keine niedere Form der Erkenntnis darstellt. Vielmehr ist es eine gleichberechtigte Erkenntnisquelle neben Verstand und Vernunft. Der Geschmack emanzipiert die Sinnenreize und Privatvorstellungen zur Entwicklung von Ideen und zur "Kultur des moralischen Gefühls" (§ 60, S. 465). Der schöne Gegenstand enthält einen reinen Vernunftbegriff, der symbolisch dargestellt wird. Die reflektierende Urteilskraft leistet eine, man könnte sagen, Übersetzungsarbeit.[7] Sie übersetzt die symbolische Darstellung durch Analogieschlüsse in Vernunftbegriffe; eine "Handmühle" (§ 59, S. 460) wird als symbolische Darstellung eines despotisch geführten Staates dechiffriert.[8] Das freie Spiel und der Überschuß an Bildproduktion sind zwar individuelle Größen, sie entziehen sich aber einem inflationärem Subjektivismus durch die Notwendigkeit, sich mitteilen zu müssen, wollen sie verstanden werden. Andere richtig zu verstehen und sich selber mitzuteilen, Geselligkeit und allgemeine Mitteilbarkeit, kennzeichnen die (gesellschaftlichen)

---

5   Franz Koppe illustriert das anhand eines prägnanten Beispiels: "Man muß schon Kafka selbst lesen, um zu erfahren, was eine 'kafkaeske' Situation ist." (Ders., Grundbegriffe der Ästhetik. Frankfurt/M. 1983, S. 134).
6   Auf Kants nicht-begrifflicher Erkenntnisfunktion und der Unendlichkeit der Reflexion, die ein Kunstwerk auslöst, basiert "das vorherrschende ästhetische Erkenntnisinteresse der letzten 150 bis 200 Jahre". (Vgl. hierzu J. Schulte-Sasse, Literarische Wertung. 2. Aufl. Stuttgart 1976, S. 71). Voraussetzung dafür ist die Unterwerfung des Werkes unter werkimmanentes Erkenntnisinteresse und die Einschränkung historischer Analyse.
7   Ähnlich drückt Odo Marquard das Zusammenspiel von Vernunft und Sinnlichkeit aus. Die Symbolisierung der Sittlichkeit durch das Schöne verfahre nach der "Methode Kuckuksei: das, was die Vernunft selbst nicht auszubrüten vermag, soll im Nest der Triebe ausgebrütet werden". (Ders., Kant und die Wende zur Ästhetik. In: P. Heintel / L. Nagl, Zur Kantforschung der Gegenwart. Darmstadt 1981, S. 237 - 270; Zitat: S. 249 f.) Kants Suche in der KdU habe, enttäuscht durch die Ohnmacht der moralischen Vernunft - so Marquards zentrale These - einer Erkenntnisquelle gegolten, die sich "interesselos" den egoistischen Interessen entziehe und in Beziehung zum "guten Sein" aufnehme. Das Schöne als Symbolisierung des "guten Seins", wie es Kant sieht, gibt der nachfolgenden Ästhetik die große Streitfrage auf: "Ist das Schöne als Symbol des Sittlichen Stimulus der Verwirklichung oder Sedativ angesichts ihrer Aussichtslosigkeit? Ist es (...) *Instrument* oder *Ersatz* der politischen Verwirklichung, der geschichtlichen Vernunft?" (Ebd., S. 251). Die durch Kant eingeleitete Fragestellung (er selbst läßt sie offen) führt über Schiller zur Romantik. Sie wird in der Ästhetik des 20. Jhs. erneut von Freud, Marcuse, Bloch, Brecht, Lukács, Benjamin u.a. heftig diskutiert. - Nicht zuletzt diese Geltung rechtfertigt noch einmal die hier vorgenommene Ausführlichkeit der Darstellung Kants.
8   H. Marcuse hat anhand dieses Sachverhalts in der Ästhetik Kants auf den Wahrheitsgehalt der Sinne aufmerksam gemacht. Die Schönheit beweist intuitiv die Realität der Freiheit, sie vermittelt zwischen den entgegengesetzten Polen von Sinnlichkeit und Intellekt, von Lust und Vernunft. In der ästhetischen Dimension werden Intellekt und Sinne versöhnt, dergestalt, daß "Vernunft sinnlich ist und Sinnlichkeit vernünftig". (Ders., Triebstruktur und Gesellschaft. Frankfurt/M. 1977, S. 178).

Rahmenbedingungen der ästhetischen Urteilskraft.⁹ Der bereits in § 40 in Zusammenhang mit dem sensus communis aestheticus entwickelte allgemeine Standpunkt, der das eigene Urteil durch ein Hineinversetzen in den Standpunkt anderer bildet, wird am Ende von Kants Untersuchungen noch einmal als das Prinzip von "Humanität" gekennzeichnet. Es ist "einerseits das allgemeine Teilnehmungsgefühl, andererseits das Vermögen, sich innigst und allgemein mitteilen zu können" (§ 60, S. 464). Die Allgemeinheit hat hier allein ästhetische *Beurteilung* zum Inhalt. Sie wird als ein rezeptives Vermögen dargestellt, über Kunstwerke zu reflektieren. Der subjektive Überschuß an Bildproduktion ist schöpferisch, er entwickelt sich an gegebenen Objekten der Kunst. An ihnen können die auf Autonomie bedachten Subjekte das sittlich Gute erfahren und ins freie Spiel ihrer Einbildungskraft integrieren. Es ist leicht ersichtlich, daß sich aus der Verbindung, die das Schöne mit dem Sittlichen eingeht, die Eignung der Literatur zum Sozialisationsmedium im Sinne des optimistischen Erziehungs- und Gesellschaftsbildes der Aufklärung ergibt. Die in der Kunst symbolisierte Sittlichkeit nimmt den zukünftigen Zustand des Aufgeklärtseins verinnerlicht vorweg. Sie kommt jenem "Prinzip der Erziehungskunst" nahe, das Kant an anderer Stelle als wichtigstes verstand:
"Kinder sollen nicht dem gegenwärtigen, sondern dem zukünftig möglich besseren Zustande des menschlichen Geschlechts, das ist: die Idee der Menschheit, und deren ganzer Bestimmung angemessen, erzogen werden."¹⁰
Es soll noch einmal hervorgehoben werden, daß sich der Allgemeinheitsanspruch des ästhetischen Urteils nicht mit den heute sog. Methoden empirischer Sozialforschung verträgt, er basiert "nicht auf Stimmensammlung und Herumfragen bei anderen, wegen ihrer Art zu empfinden" (§ 31, S. 374). Der Anspruch auf Allgemeingültigkeit ist "nicht eine logische Allgemeinheit nach Begriffen" (ebd.), "weil sonst der notwendige Beifall durch Beweise würde erzwungen werden können" (§ 35, S. 381). Der Allgemeinheitsanspruch des ästhetischen Urteils beruht auf der Übereinstimmung einer Vorstellung mit solchen subjektiven Bedingungen des Gebrauchs der Urteilskraft, "die für jedermann gültig" (§ 37, S. 384) vorgestellt werden.
Kant bestimmt die ästhetische Urteilskraft als ein Vermögen, das die Allgemeingültigkeit der Idee einer übersinnlichen Natur der Menschen und ihrer intelligiblen Vereinigung begründet. Das aufklärerische Interesse basiert auf der - wenn auch transzendentalen - Absicht, die Struktur des ästhetischen Bewußtseins als "freies Spiel der Erkenntniskräfte" allen Subjekten

---

9 Der Ausarbeitung der Rahmenbedingungen der Verständigung über Schönes kommt in jenem historischen Augenblick zentrale Funktion zu, in dem in der Dimension des Ästhetischen die verlorene Einheit der Erfahrung reorganisiert werden soll. Der deutsche Idealismus ist zentral auf diese Vorüberlegungen angewiesen und baut auf ihnen auf. Vgl. dazu Bernhard Lypp, Ästhetischer Absolutismus und politische Vernunft. Zum Widerstreit von Reflexion und Sittlichkeit im deutschen Idealismus. Frankfurt/M. 1972.
10 Immanuel Kant, Über Pädagogik. In: Werke in zehn Bänden, Bd. 10. A. a. O., S. 704. - Eine Ausarbeitung dieser programmatischen Aussage für die *ästhetische* Erziehung ist also durch Kant *vorbereitet*. Die Realisation ist das Werk Schillers (vgl. dazu weiter unten, Kap. 4).

zuzuerkennen. Verstößt Kant aber nicht gerade gegen diese egalitären Prinzipien seiner philosophischen Anthropologie, wenn er im Laufe seiner Argumentation das *Herstellen* von Kunst der Allgemeinheit entzieht? In § 46 heißt es eindeutig: "Schöne Kunst ist Kunst des Genies". Wenn Kant - wie der gewählte Terminus des Genies vermuten läßt - den Allgemeinheitsanspruch des ästhetischen Vermögens auflöst und an eine Sonderpersönlichkeit delegiert, dann muß er Kategorien bereitstellen, die die exklusiv-produktiven Gemütskräfte von den allgemein-rezeptiven abheben. In diesem Zusammenhang ist es aufschlußreich nachzuvollziehen, daß die KdU vor der Einführung des Genie-Begriffs zunächst das spezifische Betätigungsfeld künstlerisch-genialen Schaffens absteckt.

3.2 Zum Verhältnis von Kunst und Arbeit

Kant führt in § 46 der KdU den Begriff des Genies ein. Um den Bedeutungsradius genialen Schaffens auszumessen, erfolgt zunächst eine Herleitung der Kategorien Kunst und Arbeit. In einem methodischen *Dreischritt* wird das Gebiet von Kunst und Arbeit in § 43 abgesteckt. Das Genie ist ohne seine Vorgeschichte nicht betimmbar. Sie besteht in der Herauslösung der Kunst aus lebenspraktischen Bezügen. Natürlich soll damit nicht behauptet werden, Kant handle den historischen Prozeß dieser Herauslösung und seine gesellschaftliche Bedingtheit analytisch ab. Dazu fehlten ihm zeitbedingt wesentliche kategoriale Voraussetzungen. Kants Herleitung ist der Versuch, die Interesselosigkeit des ästhetischen Urteils und des ästhetischen Produzierens anthropologisch zu interpretieren. Sein Versuch läßt sich in bestimmte philosophische Traditionen einordnen. Auf diese Weise kommt ihm ein Wahrheitsmoment zu, das notwendigerweise über die - historisch bedingte -Intentionalität der Reflexion hinausweist.

Im *ersten* Argumentationsschritt geht es um eine Differenzbestimmung von spezifisch menschlicher und tierischer Tätigkeit. Wie schon Herder in seiner "Abhandlung über den Ursprung der Sprache" (erschienen 1772)[11] als auch später Hegel im Kapitel über die "Natürliche Religion" in der "Phänomenologie des Geistes" (erschienen 1807)[12] und dann Marx im Kapitel über den "Arbeitsprozeß" im ersten Band des "Kapital" (erschienen 1867)[13], greift auch Kant zur Bestimmung der menschlichen Arbeit auf die erkenntnistheoretische Metapher der Gegenüberstellung der Tätigkeiten von Biene und Baumeister zurück. Vorausgesetzt wird dabei, daß Kunst von der Natur, wie Tun vom Handeln bzw. Wirken unterschieden wird, und daß das durch Kunst Hervorge-

---

11 Johann Gottfried Herder, Sprachphilosophische Schriften. Hg. v. E. Heintel. Hamburg 1960.
12 Georg Wilhelm Friedrich Hegel, Phänomenologie des Geistes. Frankfurt/M., Berlin, Wien 1970, S. 385.
13 Karl Marx, Das Kapital. In: Marx / Engels Werke, Bd. 23, 5. Aufl. Berlin 1970, S. 193. (In der Folge im Text zitiert als MEW 23, S.N.N.).

brachte ein "Werk" ist, während sich Natur durch eine "Wirkung" auszeichnet. Kant bestimmt:
"Von Rechtswegen sollte man nur die Hervorbringung durch Freiheit, d.i. durch eine Willkür, die ihren Handlungen Vernunft zum Grunde legt, Kunst nennen. Denn, ob man gleich das Produkt der Bienen (die regelmäßig gebaueten Wachsscheiben) ein Kunstwerk zu nennen beliebt, so geschieht dieses doch nur wegen der Analogie mit der letzteren; sobald man sich nämlich besinnt, daß sie ihre Arbeit auf keine eigene Vernunftüberlegung gründen, so sagt man alsbald, es ist ein Produkt ihrer Natur (des Instinkts), und als Kunst wird es nur ihrem Schöpfer zugeschrieben" (KdU § 43, S. 401).
Aus dem ausführlichen Zitat ist ersichtlich, wie Kant das Kunstschöne als Produkt des Menschen vom Schönen der Natur durch das Prinzip des bewußten Tuns abgrenzt. Auf dieser Basis sind Kunst und Arbeit verbunden. Beide verfügen über "Freiheit" und "Vernunftüberlegung"; was soviel bedeutet, daß beide einen antizipierten Zweck bewußt realisieren. In objektiver Anlehnung an die antiken Begriffe poiesis und techne, die allgemein Arbeit als Herstellen und Hervorbringen durch werksetzende und gestaltende Tätigkeit mit festgelegten Regeln bezeichnen, setzt Kant Arbeit, die auf Vernunftüberlegung gründet, allgemein mit Kunst gleich. Kunst wird auf dieser Ebene in Abgrenzung von der Natur gefaßt als "Hervorbringung durch Freiheit". Der Mensch hat sich mit seiner hervorbringenden Tätigkeit einen selbstbestimmten Zweck gedacht und ist nicht dem blinden Treiben der Natur ausgesetzt, die ihren Zweck nicht kennen kann. Die Freiheit des Arbeitsprozesses zeichnet sich durch subjektive Zwecksetzung aus. Bewußte Zwecksetzung ist das wesentliche Kriterium menschlicher Kunst / Arbeit. Sie gibt die qualitative Differenz zu tierischer Tätigkeit an.
Auf das Prinzip des Hervorbringens durch "eigene Vernunftüberlegung" rekurriert auch Marx in seiner Analyse des allgemeinen Arbeitsprozesses. Sowohl Kant als auch Marx scheinen dem antiken poiesis-Begriff verpflichtet, der Kunst und Arbeit als spezifisch menschliche Tätigkeit weitgehend synonym faßt. Um das zu illustrieren, greifen beide Denker auf das besagte Bild von der Biene und vom Baumeister zurück. Führt man sich die oben zitierte Textstelle der KdU noch einmal vor Augen und vergleicht sie mit den folgenden Ausführungen von Marx, so stellt man eine fast wörtliche Analogie fest:
"Wir unterstellen die Arbeit in einer Form, worin sie dem Menschen ausschließlich angehört. Eine Spinne verrichtet Operationen, die denen des Webers ähneln, und eine Biene beschämt durch den Bau ihrer Wachszellen manchen menschlichen Baumeister. Was aber von vornherein den schlechtesten Baumeister vor der besten Biene auszeichnet, ist, daß er die Zelle in seinem Kopf gebaut hat, bevor er sie in Wachs baut. Am Ende des Arbeitsprozesses kommt ein Resultat heraus, das beim Beginn desselben schon in der Vorstellung des Arbeiters, also schon ideell vorhanden war. Nicht daß er nur eine Formveränderung des Natürlichen bewirkt; er verwirklicht im

Natürlichen zugleich seinen Zweck, den er weiß, der die Art und Weise seines Tuns als Gesetz bestimmt und dem er seinen Willen unterordnen muß" (MEW 23, S. 193).
Auch Marx verweist bei seiner Abgrenzung menschlicher Arbeit gegenüber den, wie es vorher heißt, "tierartig instinktmäßigen Formen der Arbeit" (ebd., S. 192) auf eine ideelle Antizipation des herzustellenden Werkes. Die selbstbestimmte Zweckmäßigkeit des Arbeitenden (bei Marx: "... seinen Zweck, den er weiß ..." / bei Kant: "... sich einen Zweck gedacht ..."; KdU § 43, S. 401) ist mit seiner schöpferischen Einbildungskraft verbunden. Während Marx den Arbeitenden "die Zelle in seinem Kopf" bauen läßt, betont Kant seine "eigene Vernunftüberlegung". Hiermit kommt das grundsätzliche Vermögen der Einbildungskraft zum Ausdruck, einen Gegenstand in der Vorstellung zu antizipieren, der sich der sinnlich-konkreten Betrachtung entzieht. Das zwecksetzende (teleologische) Prinzip der menschlichen Arbeit ist untrennbar mit dem Abbildcharakter der Erkenntnis verbunden. Ideelle Antizipation setzt die Abbildung der objektiven Realität im menschlichen Bewußtsein voraus. So ist bei allen erkenntnistheoretischen Unterschieden, die Kant und Marx voneinander trennen, an dieser Stelle hervorzuheben, daß auch Kant einen bestimmten Grad an richtiger Widerspiegelung der objektiven Realität im Bewußtsein des Menschen voraussetzt. Nicht zufällig hatte Kant bereits in § 3 der KdU eine Beziehung zwischen dem Abbild und dem Abgebildeten hergestellt. In den verschiedenen Abbildformen nimmt diese Beziehung unterschiedliche Gestalt an. Die "objektive Empfindung" richtet sich auf die Beschaffenheit eines Gegenstandes an sich, während die "subjektive Empfindung" Wohlgefallen und Annehmlichkeit hervorruft (KdU § 3, S. 283). Fassen wir die Gemeinsamkeiten über die spezifisch menschliche Bestimmung des Arbeitsprozesses zusammen, so ist festzustellen, daß ihm sowohl Kant als auch Marx abbildende, antizipierende und schöpferische Potenzen unterlegen.
Der *zweite* Argumentationsschritt des § 43 der KdU untersucht den stofflichen Charakter des Arbeitsprozesses, um dem allgemeinen Bereich der Produktion die ästhetische Sphäre gegenüberzustellen. Kunstproduktion erscheint als eine besondere Tätigkeit. Von ihr abgesondert existiert die "Kunst der Geschicklichkeit", die selber über keinerlei theoretische Vermögen verfügt und auf den Status bloßer Ausführungstätigkeit reduziert ist. Die Aussonderung der geistigen Potenzen aus dem Arbeitsprozeß erfährt im *dritten* Argumentationsschritt eine entscheidende Ergänzung. Kunst konstituiert sich abgehoben von der Lebenspraxis. Sie bricht alle Brücken zu den Bedingungen materieller Lebensreproduktion ab und beansprucht "frei" zu sein, "als ob sie nur ein Spiel" sei. Auch wenn die Autonomiesetzung der Kunst ihre Bedeutungsweite nicht ausschließlich aufgrund ihrer besonderen Stellung im ökonomischen Produktionsprozeß erhält (man bedenke ferner ihre institutionelle Verselbständigung gegenüber den spezifischen Einflüssen staatlicher, kirchlicher und

weltanschaulicher Autoritäten)[14], so läßt sich jedoch festhalten, daß sie abgeschieden von dem Bereich auftritt, der fortan "Arbeit" (§ 43, S. 402) heißt. Arbeit hat nur noch dem Namen nach etwas mit Kunst zu tun. Und ihr Name verrät zugleich den eigentlichen Zweck der Tätigkeit: "Lohnkunst". Während das freie Spiel der Kunst als eine "Beschäftigung, die für sich selbst angenehm ist", angesehen wird, bezeichnet Kant die "Lohnkunst" als "unangenehm (beschwerlich)" und "mithin zwangsmäßig auferlegt" (ebd.). Alle Tätigkeiten, die dem Lohn unterworfen sind und seinetwegen erfolgen, scheiden als zweckbestimmte aus dem als zweckfrei postulierten Bereich der Kunst aus. Wer sein Leben durch "Lohnkunst" (im heutigen Sprachgebrauch: Lohnarbeit) reproduzieren muß, büßt damit die Fähigkeit künstlerischen Produzierens ein. Zeitbedingt hat Kant hier die Handwerke im Auge[15]; Maschinerie und große Industrie und die damit verbundene Masse von Lohnabhängigen, die nichts zu verkaufen haben als ihre Arbeitskraft, sind erst als Vorboten in der Manufaktur vorhanden. Dennoch ist mit der erklärten Anziehungskraft des Lohns ein grundsätzliches gesellschaftliches Strukturprinzip benannt, das auch durch Erweiterung der Produktion auf höherer Stufenleiter nichts an Aktualität einbüßt, ja, diesem im Gegenteil erst gesamtgesellschaftlich zum Durchbruch verhilft: die doppelte Freiheit des Lohnarbeiters. Die doppelte Freiheit von Produktionsmitteln und der Freiheit, seine Arbeitskraft frei zu verkaufen, kann Arbeit, wie bereits Kant erkennt, "mithin zwangmäßig auferlegt" werden.

Politökonomisch gesehen muß seine Positionsbestimmung notwendigerweise unscharf bleiben. Die Unterscheidungskriterien zwischen Handwerk und Kunst sind einmal der Lohn und zum anderen die *Befindlichkeit* des Arbeitenden ("angenehm" / "unangenehm"). Auf dieser Basis kann Kant nur einen bestimmten Teil der Handwerker fassen, nämlich die abhängig Beschäftigten. Nicht eingeschlossen in diese Beweisführung sind die Handwerks*meister*, die ihre Identität aus einer Gleichsetzung mit freien Künstlern gewinnen. Ihr Ziel liegt erst einmal unabhängig vom Erwerb in der Ausbildung zur Meisterschaft. *Ihre* Abhängigkeit besteht über das subjektive Befinden hinaus in Marktmechanismen, denen sie als einfache Warenproduzenten unterliegen. Damit ist auch ihre Verfügungsgewalt innerhalb des Produktionsprozesses entscheidend eingegrenzt. Die Konkurrenz zwingt sie, die verausgabte Arbeit und das subjektive Geschick der gesellschaftlich notwendigen Arbeits*zeit* zu unterwerfen. In diesem Sinne ist auch ihre Arbeit nicht jenes für die Kunst in Anspruch genommene freie Spiel; sie gehorcht den zweckrationalen Imperativen

---

14 Zur Autonomie der Kunst vergl. grunds.: M. Müller, H. Bredekamp, B. Hinz u.a., Autonomie der Kunst. Zur Genese einer bürgerlichen Kategorie. Frankfurt/M. 1972; H. Freier, Ästhetik und Autonomie. In: B. Lutz (Hg.), Deutsches Bürgertum und literarische Intelligenz ..., a. a. O., S. 329 - 383; M. Fontius, Produktivkraftentwicklung und Autonomie der Kunst. Zur Ablösung ständischer Voraussetzungen in der Literaturtheorie. In: G. Klotz, W. Schröder, P. Weber (Hg.), Literatur im Epochenumbruch. Funktionen europäischer Literaturen im 18. und beginnenden 19. Jh. Berlin und Weimar 1977, S. 409 - 529.
15 Erst im Jahre 1799, also neun Jahre nach Drucklegung der KdU, nimmt man in Berlin die erste Dampfmaschine in Betrieb.

der Warenproduktion. Sowohl der Lohnkünstler als auch der Handwerksmeister -so läßt sich mit *und* über Kant hinaus sagen - unterliegen der Ökonomie der Zeit. Sie folgen analogen Mechanismen, auch wenn sie unterschiedlich zur Erscheinung kommen. Allein der Künstler sondert sich davon ab. In dem Maße, wie er seine handwerklichen Wurzeln leugnet, befreit er sich vom Maße der Zeit. An die Stelle eines zeitlich ausmachbaren und damit auch allgemein vergleichbaren Maßstabes tritt die nicht mehr hinterfragbare Kategorie individuellen Aufwands. Das autonome Kunstwerk sperrt sich gegen jede Möglichkeit eines Vergleichs.

Während also die (handwerkliche) Verausgabung von Arbeit als Arbeitskraft an der Elle der Arbeits*zeit* gemessen wird, entzieht sich künstlerische Arbeit dieser Quantifizierung. Sie verweist auf nichtmeßbare und unverwechselbare *Qualität*. Schweißt das Wertgesetz die in der Empirie zerstrittenen Menschen - hinter ihrem Rücken - zusammen, so verweigert sich künstlerische Arbeit dem Streit. Mit dem Argument nicht einholbarer Qualität stellt sie sich abseits vom Lärm bürgerlicher Geschäfte. Diese ökonomisch hergeleitete Außenseiterposition liefert einen wesentlichen Beitrag zur Einsicht in die scheinbare Unerklärbarkeit künstlerischen Schaffens. Denn die qualitative Entgegensetzung zu allen übrigen Arbeiten bildet jene Grundlage der Argumentation, auf der der Prozeß der Idealisierung des Dichters seinen Lauf nimmt. Bis auf den heutigen Tag gilt künstlerische Arbeit als eine *in sich* ruhende Qualität, die einzig durch sich selbst bestimmbar scheint. Als Maß ihrer selbst wird sie mit einer originellen Individualität identifiziert. Indem künstlerische Einbildungskraft eine besondere Zeitentbundenheit beansprucht, entzieht sich das Kunstwerk der gesellschaftlichen Synthesis.

Auf dem Hintergrund unserer Bestimmungen kann einigermaßen klar werden, warum Kant alle möglichen Versuche zurückweist, Kunst und Handwerk zu verbinden. Hatte Diderot in seinem Artikel "Handwerker und Künstler" der "Encyclopédie"[16] den Begriff der Kunst an der Kunstfertigkeit und Intelligenz orientiert und den geschickten Uhrmacher als Künstler, den Schuster als Handwerker ausgegeben, so greift Kant eben das Beispiel auf, um das zugrunde liegende Unterscheidungskriterium, "die Proportion der Talente" (KdU § 43, S. 402) als irrelevant zu deklarieren. Denn auch die zweckfreie Kunst ist auf die Indienstnahme gewisser Regeln verwiesen. So kommt z.B. die Dichtkunst gar nicht aus, ohne die Gesetzmäßigkeiten von "Sprachrichtigkeit", "Sprachreichtum", "Prosodie" und "Silbenmaß" (ebd.) anzuwenden. Aber - und hier liegt die zentrale Differenz von autonomer Kunst und Handwerk - sie unterwirft sich keinen zweckrationalen Verfügungen. Allein in dem von der Lebenspraxis abgehobenen Bereich zweckfreier Kunst soll die Zweckmäßigkeit des zu bearbeitenden Gegenstandes mit den Zwecken identisch sein, die der

---

16 Denis Diderot, Artikel: Handwerker und Künstler. In: Ders.:Enzyklopädie. Philosophische und politische Texte aus der "Encyclopédie" sowie Prospekt und Ankündigung der letzten Bände. München 1969, S. 182 f.

Mensch selbstbestimmt reguliert. Regelbefolgung und Selbstbestimmung fungieren in diesem Zusammenhang als korrelative Begriffe. Kunstproduktion kann folglich als ein freies Befolgen von Regeln aufgefaßt werden.
Kants vorgenommene anthropologische Bestimmung, der allgemeine Arbeitsprozeß impliziere als ein selbstbestimmter zugleich abbildende, antizipierende und schöpferische Potenzen, trifft nur noch auf den *Teil*bereich Kunst zu. Alle anderen Tätigkeiten fallen unter das Diktat fremdbestimmter Rationalität. Die Einsicht ist das Ergebnis sozialer Analyse. Die arbeitsteiligen Verhältnisse sondern Kunst aus dem Bereich der materiellen Lebensreproduktion aus. In wesentlichen Punkten wird Marx die Einschätzung teilen. Die Auflösung der handwerklichen Tradition der Meisterschaft und der Kunstfertigkeit zur subjektiven Gleichgültigkeit (Fremdbestimmung) bedinge, daß "die Arbeit allen Kunstcharakter verliert".[17] Sie wird zu einer "mechanischen" Tätigkeit, die dem regulativen Prinzip des Lohns folgt. In diesen Punkten herrscht bis in die Terminologie hinein Übereinstimmung bei Kant und Marx.
Für unseren Zusammenhang bleibt herauszustellen, daß der Produktionsprozeß als allgemeiner seine lebendigen Erfahrungen eingebüßt hat, die im gesellschaftlichen *Teil*bereich Kunst absorbiert scheinen. Dieser Teilbereich taucht bei Kant als lustbetontes "Spiel" der Erkenntniskräfte auf. Natürlich kann es hier nicht um eine dezidierte Untersuchung der Gemeinsamkeiten bzw. Differenzen von Kant und Marx gehen. Von Bedeutung ist jedoch die unterschiedliche Auslegung der Kategorie "Spiel". Hinsichtlich der stofflichen Bestimmung der Arbeit notiert Marx, der Arbeiter "genießt" die Ausführung "als Spiel seiner eigenen körperlichen und geistigen Kräfte" (MEW 23, S. 193). Anders als bei Kant, der das Spiel ausschließlich als *geistiges* in der ästhetischen Sphäre ansiedelt, deutet die Marx'sche Bestimmung der Arbeit als "Spiel" einen utopischen Vorschein an, der die Partikularität des Künstlerischen transzendiert. Die auseinandergerissenen geistigen und körperlichen Kräfte können offenbar im *materiellen* Arbeitsprozeß zusammengeführt werden. Eine solchermaßen als nicht-entfremdet definierbare Arbeit gestattet es dem Produzenten, selbstbewußt die zu verwirklichenden Zwecke zu bestimmen.[18] Kant grenzt hingegen freie Arbeit strikt in einen gesellschaftlichen Sonderbereich aus. Allein abgetrennt von der Lebenspraxis kann sie sich entfalten. Freie Kunst steckt ihr Bestätigungsfeld ab "in Sprache, oder Malerei, oder Plastik" (KdU § 49, S. 418).

---

17 Karl Marx, Grundrisse der Kritik der Politischen Ökonomie. 2. Aufl. Berlin 1974, S. 204.
18 Es darf nicht übersehen werden, daß hiermit *eine* mögliche Interpretation der Funktion der Kunst im Marx'schen Werk gegeben ist. Über den Stellenwert der Versöhnung von Kunst und Arbeit, von Arbeitszeit und freier Zeit liegen (besonders im 3. Bd. des "Kapital") unterschiedliche Lesarten nahe. Fest steht allerdings, daß Marx, was die Pragmatik der bürgerlichen Gesellschaft angeht, künstlerische Arbeit aufgrund ihrer Freiheit von äußeren Zweckbestimmungen ebenso wie die idealistische Ästhetik als eine Art von "Selbstverwirklichung" faßt. Allein er hält nicht daran fest, hierin die geschichtlich letztmögliche Funktionsbestimmung zu sehen. (Stichwort: Auflösung der Exklusivität künstlerischen Produzierens).

Als Reich zweckfreien Schaffens und interesselosen Wohlgefallens soll Kunst als Prinzip freier Regelbefolgung und Ganzheit der Werksetzung verkörpern. Autonomiesetzung der Kunst -soviel dürfte deutlich geworden sein - erfolgt als Antwort auf das herrschende Prinzip der Zweckrationalität. Als ein vermittelndes Glied zwischen Arbeit und Kunst, zwischen "zwangmäßig auferlegter" und "freier" Tätigkeit, fungiert die Regel. Wenn sich aber beide Bereiche grundsätzlich nach dem Regulativ der Fremdbestimmung bzw. nach dem der Selbstbestimmung unterscheiden, so kann die Identität der Regel keinesfalls identisch sein. Sie folgt einmal, um das hier zu verdeutlichen, der Logik der Sache (Kunst), zum anderen aber der Sache der fremdbestimmten Logik.
Ruft man sich den vorgeführten Dreischritt der Argumentation ins Gedächtnis, so kann zusammenfassend festgestellt werden, daß die anthropologische Bestimmung menschlicher Kunst / Arbeit als "Hervorbringung durch Freiheit" im Bereich der gesellschaftlich herrschenden Produktionsweise ("Lohnkunst") nicht mehr gilt. Allein künstlerische Arbeit hält daran fest. Sie verkörpert als Fossil eine Freiheit, die in der Wirklichkeit der anderen Arbeiten bestenfalls rudimentär vorhanden ist. Aber als anthropologische Bestimmung kommt sie jedermann zu. Kants Position stimmt dabei mit wesentlichen Aussagen der Marx'schen Theorie überein. Das Reich der Freiheit ist mit der herrschenden Produktionsweise unvereinbar. Kant reflektiert diesen Tatbestand in der Autonomiesetzung der Kunst. Das kann allerdings die *anthropologische* Bestimmung nicht aufheben, daß die "Hervorbringung durch Freiheit" und "eigene Vernunftüberlegung" als *Möglichkeit* jedermann ebenso zukomme, wie das vom Geschmacksurteil durchgängig behauptet wird. Nota bene: Künstlerische Produktivität als Potentialität - nicht als Aktualität.
Kant löst diesen Widerspruch offenbar auf, indem er die Ergebnisse der allgemeinen anthropologischen Fundierung rückgängig macht und von einer besonderen spricht, die nur Erlesenen zukomme. In den angeborenen Anlagen des Genies sollen sich all jene Gattungsvermögen sammeln, die vorher als Prinzipien von Kunst / Arbeit *jedermann* zustanden. Wäre es die Absicht Kants, ausschließlich empirisch zu argumentieren, so läge es nahe, die Erhöhung des Genies als besonderen Ausdruck der Exklusivität künstlerischen Produzierens unter den Bedingungen der Arbeitsteilung hinzunehmen. Kant stützt seine These vom Genie aber gerade anthropologisch ab. Demzufolge wird zu prüfen sein, wie die angeborene Sonderbegabung zu den allgemeinen Bedingungen von Kunst / Arbeit steht. Welche Kriterien tauchen auf, geniales Produzieren dem allgemeinen Arbeitsbegriff zu entziehen?

3.3 Kriterien genialen Produzierens

"Schöne Kunst", daran läßt Kants programmatische Überschrift des § 46 der KdU keinen Zweifel, "ist Kunst des Genies" (S. 405). In der Definition des Ge-

nies wird der Ursprung der schönen Kunst ersichtlich: "Genie ist die angeborene Gemütslage (ingenium), durch welche die Natur der Kunst die Regel gibt." (§ 46, S. 405 f.) Hier lassen sich zwei historische Bezugspunkte ausmachen. Einmal verwendet Kant die Kategorie Genie im Zusammenhang mit der antik-rhetorischen Tradition des ingenium (Horaz). Ingenium gibt in Gegenüberstellung zu studium diejenigen schöpferischen Geistesanlagen an, die der Dichter von Natur aus mitbringe. Als natürliche Begabung steht das ingenium vor aller Regelkenntnis. Zum anderen knüpft Kant an das französische Wort "génie" an, in dem lateinisch "genius" und "ingenium" zusammenfallen.[19] Wirft man über diese Zuordnung hinaus einen Blick auf die besondere deutsche Übersetzung, die Kant für das französische Wort "génie" anstrebt, so wird die Spezifik des vorliegenden Genie-Begriffs deutlich. In der "Anthropologie" regt Kant an, das Wort Genie durch die Bezeichnung "eigentümlicher Geist" zu ersetzen:
"(...) denn unsere Nation läßt sich bereden, die Franzosen hätten ein Wort dafür aus ihrer eigenen Sprache, dergleichen wir in der unsrigen nicht hätten, sondern von ihnen borgen müßten, da sie es doch selbst aus dem Lateinischen (genius) geborgt haben, welches nichts anders als einen eigentümlichen Geist bedeutet" (Ant. §. 54, S. 544 f.)[20]
Nationaler Dünkel bei der Abwehr von Worten aus der Fremde liegt dem Weltbürger Kant fern. Vielmehr geht es ihm darum, die Rolle des Subjekts im Prozeß der Kunstproduktion besonders zu betonen. Schöne Kunst hat ihren Ursprung in einem "eigentümlichen Geist", den ein Subjekt besitzt; es verfügt demgemäß über ein gewisses geistiges Eigentum. Dieses Eigentum gilt als Leihgabe der Natur. Natur und Kunst, Begabung und regelgeleitetes Tun fallen im "eigentümlichen Geist" zusammen. Als Stellvertreter der Natur bestätigt er Natur und Kunst in ihrem Recht. Naturrecht und Eigentum konvergieren in einer subjektiven Erfindungskraft, die Kluft zwischen Natur und Wirklichkeit überwindet.
Indem Kant den schöpferischen Grund der schönen Kunst den Besonderheiten eines Subjekts zuordnet, das er kategorial als "eigentümliche(n) Geist" faßt, stellt er eine Beziehung zur Genie-Ästhetik des Sturm und Drang her. Ein etymologischer Befund unterstreicht diesen Zusammenhang. Um 1770 wird das mittelhochdeutsche Wort "eigenheit" vom Sturm und Drang neu belebt.[21] Es soll die besonderen Eigenschaften und Wesensmerkmale eines Subjekts betonen und in eine Analogie zu geistigem Eigentum stellen. Ein ursprünglich schöpferischer Geist trägt das Vermögen zur Kunstproduktion qualitativ in sich. Er hat sich vom Prinzip der Nachahmung emanzipiert und beansprucht

---

19 Vgl. den Artikel: Genie. In: J. Ritter (Hg.), Historisches Wörterbuch der Philosophie. A. a. O., S. 279 ff.
20 Immanuel Kant, Schriften zur Anthropologie, Geschichtsphilosophie, Politik und Pädagogik. In: Immanuel Kant. Werke in zehn Bänden, Bd. 10. A. a. O., S. 544, § 54. In der Folge wird im Text oben zitiert: Ant. § N.N., S. N.N.
21 Vgl. Stichwort: eigen. In: Duden Band 7, Etymologie. Herkunftswörterbuch der deutschen Sprache. Mannheim, Wien, Zürich 1963, S. 129.

Originalität als geistiges Eigentum. Kants Vorschlag, ein deutsches Wort für Genie einzuführen, trägt demgemäß gewisse Züge des Sturm und Drang in sich. Der Vorschlag wird jedoch höchst ambivalent entfaltet, denn Kant schwankt zwischen einer Anlehnung an irrationale Komponenten und einer Betonung von Regelverbindlichkeit. Dabei geht es erklärtermaßen um eine Eingrenzung des Irrationalen der originalen Werke. Nicht jedes hervorgebrachte Werk löst den Anspruch ein, Kunst zu sein; es kann auch "originalen Unsinn" (KdU § 46, S. 406) geben, der dem Kompositionsprinzip des "Zufalls"[22] (§ 47, S. 409) folgt. Künstlerische Tätigkeit - soviel verdeutlicht die Abgrenzung -soll sich positiv von Zufallsprodukten bloßen Drauflosproduzierens absetzen. Andernfalls sei das Genie als ein "Genieaffe" (Ant. § 55, S. 545) zu bezeichnen. Die Schärfe der hier vorgetragenen Angriffe auf regellose Kunstproduktion und unreflektierten Freiheitspathos findet erneute Bestätigung in einer ganzen Reihe analoger Bezeichnungen. Von der "Schulstrenge" können nur "Quacksalber", "Marktschreier" oder "Gaukler" abweichen (ebd., S. 546).

Bei allen Versuchen, die irrationalen und subjektivistischen Erscheinungen des Genie-Kults durch Verweis auf Regelverbindlichkeit entscheidend zu treffen, teilt Kant doch seine wesentlichen Voraussetzungen. Vom Genie wird weiterhin durchgängig angenommen, es folge der Exklusivität seiner Geburt. Jener "schützende und leitende Geist, von dessen Eingebung jene originale Ideen herrührten" (KdU § 46, S. 407), sei einem Genie als Sondergabe der Natur gegeben. Die "Natur im Subjekte" (ebd., S. 406) gilt als eine nicht mehr hinterfragbare Konstante glücklicher Umstände. So wird das Genie zu einem "Günstling der Natur" (§ 49, S. 419) ausgerufen. Zum Beweis dieser Gunst liefert es die Werke der schönen Kunst.

Kants Beweisführung der genialen Natur gerät an dieser Stelle in den Sog einer folgenreichen Verwechslung. Denn sie ebnet stillschweigend die Differenz zwischen Werk*setzung* und *abgeschlossenem* Werk ein. Der Blick richtet sich auf die fertige Gestalt der Werke. Ihre Existenz als Geniekunst soll gleichzeitig die Existenz eines Genies verbürgen. Das Werk lobt den Meister. Denn erst das abgeschlossene Werk liefert - post festum - Auskunft über das Tun des Meisters. Die Werksetzung selber, also die besondere Betätigung der als genial ausgewiesenen Natur, bleibt unerklärt. Sie bildet einen blinden Fleck der Erkenntnis. Auf diese Weise wird der Natur eine rational nicht einhol- und beherrschbare Kraft unterstellt. Allein das Genie kann sie durch seine Werke beweisen. Dabei ist es weit davon entfernt, die Natur bloß nachzuahmen. Es hat sich vom Prinzip der Nachahmung gelöst und produziert selber exemplarische Werke, die ihrerseits eine Regel künstlerischer Produktion stiften. So

---

22 An dieser Stelle ist ansatzweise ersichtlich, welch radikalen Bruch die künstlerische Avantgarde seit Beginn des 20. Jhs. mit den Kategorien der idealistischen Ästhetik vollzieht, wenn sie gerade den Zufall und die unzweckmäßige Assoziation zu Hauptprinzipien ihrer Verfahrensweise erhebt.

können die Produkte des Genies Regeln abgeben, die zum Modell allgemeiner Geschmacks- und Stilbildung werden. Das Hervorbringen von Regeln beweist der Dichter aber nur durch das Werk selber, der schöpferische Weg der Werksetzung steht außerhalb seiner bewußten Kontrolle. Geniale Werke verdanken sich einer nicht angebbaren Gemütsverfassung. Bleibt die Handhabung von Regeln unerklärbar, so folgt daraus konsequent, daß sie auch *nicht erlernbar* sind. Der Erwerb von Fertigkeiten und Kenntnissen scheidet als Mittel der Talentbildung aus.

Kant unterstützt seine produktionsästhetische These, das Genie könne weder erkären, wie es zu den Werken komme, noch sei es ihm möglich, Instruktion zu vermitteln, wie Kunst herstellbar sei, anhand ausgewählter historischer Beispiele. Offenbar sollen diese die universelle Gültigkeit seiner Annahmen beweisen. Dabei kommt es zu einer erneuten scharfen Abgrenzung der Dichtkunst gegenüber handwerklicher *und* naturwissenschaftlicher Vorgehensweise:

"So kann man alles, was Newton in seinem unsterblichen Werke der Prinzipien der Naturphilosophie, so ein großer Kopf auch erforderlich war, dergleichen zu erfinden, vorgetragen hat, gar wohl lernen; aber man kann nicht geistreich dichten lernen, so ausführlich auch alle Vorschriften für die Dichtkunst, und so vortrefflich auch die Muster derselben sein mögen. Die Ursache ist, daß Newton alle seine Schritte, die er, von den ersten Elementen der Geometrie an, bis zu seinen großen und tiefen Erfindungen, zu tun hatte, nicht allein sich selbst, sondern jedem anderen, ganz anschaulich und zur Nachfolge bestimmt vormachen könnte; kein Homer aber oder Wieland anzeigen kann, wie sich seine phantasiereichen und doch zugleich gedankenvollen Ideen in seinem Kopfe hervor und zusammen finden, darum weil er es selbst nicht weiß, und es also auch keinen andern lehren kann. Im Wissenschaftlichen also ist der größte Erfinder vom mühseligsten Nachahmer und Lehrlinge nur dem Grade nach, dagegen von dem, welchen die Natur für die schöne Kunst begabt hat, spezifisch unterschieden" (KdU § 47, S. 407 f.).

Hier treten die Kernpunkte Kants Argumentation noch einmal in aller Deutlichkeit hervor. Sie erscheinen zudem in einem Zusammenhang mit den Grundbegriffen seiner Philosophie. Das Beispiel Newton verweist auf die Kritik der reinen Vernunft. Jedem Menschen komme a priori die Raumvorstellung der Geometrie zu; m.a.W. jeder Mensch trage die gleiche Form räumlicher Anschauung in sich. Die Sätze der Geometrie erheben einen allgemeinen und notwendigen Geltungsanspruch. Nicht anders ist die Aussage zu verstehen, Newtons Schritte seien nachvollziehbar und erlernbar. Newton als auch die Nachwelt können jederzeit die notwendigen Erkenntnisschritte bewußt nachvollziehen. In jedem Fall gelangen sie zu analogen Ergebnissen, denn sie wenden technische Regeln an, die auf dem Naturgesetz von Ursache und Wirkung aufbauen. Wenn Kant den "größte(n) Erfinder" nur graduell vom "mühseligsten Nachahmer und Lehrlinge" zu unterscheiden bereit ist, so drückt das die erkenntnistheoretische Prämisse aus, daß beide den notwendigen und allgemeinen Verstandesbedingungen folgen. Sie unterscheidet allein der Grad ihres Unterwiesenseins. Schöne Kunst verweigert sich hingegen jenem Verfügenkönnen, das die empirische Wissenschaft ermöglicht. Mit angebbarer Regelbefolgung, mit Lehr- und Lernbarkeit, soll sie nicht in Einklang stehen. Um das zu unterstreichen, greift Kant auf jene historischen Beispiele zurück, die von der Antike bis zu seiner Zeitgenossenschaft Unbewußtheit und Regelfreiheit genialer Produktion behaupten. Hier ist besonders das Beispiel des Homer aufschlußreich, denn es signalisiert die Tradition Platons Enthusiasmus-Lehre. Wie oben ausgeführt, begründet Platon die Herkunft der Dichtung oppositionell zum Handwerk. Als Quelle dichterischer Aktivität komme ein "Wahnsinn" oder möglicherweise eine göttliche Inspiration in Frage. Aber diese beiden Ursprünge kann der Aufklärer Kant natürlich nicht gelten lassen. Er ersetzt sie durch die Annahme einer Sonderpersönlichkeit, die in sich das Gattungsvermögen Kunst als besondere Begabung repräsentiere. Allein das Zustandekommen jener "phantasiereichen und doch zugleich gedankenvollen Ideen" - darin stimmen Platon und Kant überein -sei nicht hinterfragbar.

Sicher läßt sich mit der Besonderheit dieser "Ideen" ein Unterschied zu Regeln der theoretischen Vernunft fassen. Schöpferische Phantasie geht nicht in regelgeleitetem Tun auf. Anfechtbar wird Kants Annahme allerdings durch seine a priori gültige Forderung nach Gleichsetzung von sinnlich-phantastischem Vorstellungsvermögen mit Geniekunst. So beschränkt sich literarische Phantasie auf exklusive Individuen. Kant reflektiert das mit Hilfe der Kategorie der "Orginalität" (§ 46, S. 406). Orginalität und Einzigartigkeit geben die vornehmsten Eigenschaften des genialen Talents an.

In einem verschachtelten Nebensatz spricht Kant aus, was noch dazu gehört: die *Selbst*überzeugung, Talent zu besitzen. Nur wer vom eigenen Talent überzeugt ist, beginnt mit dem Dichten. Ausdrücklich heißt es vom Genie, es müsse sich seines Talentes "bewußt" sein (§ 47, S. 408). Selbstbewußtsein tritt als eine stationäre Charaktereigenschaft auf. Es scheint sich in seiner Entstehung dem Prozeß sozialer Anerkennung entziehen zu können. Das Subjekt verfüge bereits über die Gewißheit, zum Genie geboren zu sein. Subjektives Sendungsbewußtsein zum Berufenen, das macht eine kritische Interpretation dieser Textpassage Kants deutlich, steht am Beginn der Karriere zum bürgerlichen Schriftsteller. So gesehen liefert die KdU (wider eigene Intentionen) einen Einblick in die Genese der Fehlformen von Subjektivität. Denn sie thematisiert das poetische Selbstbewußtsein gerade nicht nach dem Maßstab der Selbstreflexivität, sondern nach dem des Selbstgefühls. Reflexives Hinterfragen des eigenen Talents und Selbstzweifel an den Voraussetzungen zum Schreiben gelten als ein Makel der Identitätsfindung. Ein von der sozialen Wirklichkeit beschädigter Mensch, der sich schüchtern und abwartend zu seinen (literarisch) verarbeiteten Erfahrungen verhält, Bedenken beim Schreiben oder Veröffentlichen anmeldet, fällt durch die Maschen des von Kant entwickelten Genie-Begriffs. Kleist, Lenz und Klinger, um nur einige Zeitgenossen der KdU zu nennen, scheiden - wie später Kafka und viele andere mit ihm - aus der Reihe möglicher Genies aus. Zurück bleibt ein Typus, dem auf einem Hintergrund von Selbststimulation gewisse Züge der Egozentrik nicht abgesprochen werden können.[23] Nichts trifft diesen Sachverhalt prägnanter als die selbstzufriedene Aussage Goethes, das Klassische sei das Gesunde, während das Romantische das Kranke widerspiegle. Der Kult, den der bürgerliche Schriftsteller Goethe über seine literarischen Figuren zuweilen auf sich selber lenkt, kann kaum eindeutiger zum Ausdruck kommen als er im Titel des folgenden Romankonzepts durchscheint: Wilhelm Meisters theatralische Sendung. Sendungsbewußt und vom eigenen Talent geradezu missionarisch besessen, schreitet Wilhelm Meister in den "Lehrjahren" trotz aller Abweichungen auf dem Weg zu einer nur *ihm* zukommenden Bestimmung unaufhaltsam fort. Einiges kann ihn vorübergehend ablenken, nichts vermag ihn endgültig aufzuhalten. Der von Kant ins Feld geführte "schützende und leitende Geist" des genius taucht in Goethes Roman in Gestalt jener Turmgesellschaft auf, die Wilhelm heimlich dirigiert. Sie kann ihren Einfluß auf Wilhelms Weg gerade deshalb ausüben, da sich der Protagonist von Beginn an bestimmter Charaktereigenschaften bewußt ist, die es wert sind, ausgebildet zu werden. Selbstzweifel an der Ausbildungsfähigkeit seines Talents tauchen immer nur vorläufig auf. Keine durchlebte und durchlittene Krise hinterläßt Spuren des Selbstvorbehalts; jeder Irrweg heilt den Helden, der gestärkt aus ihm hervorgeht und dem Eichbaum gleich Jahresringe ansetzt.

Während Goethe eine fiktive Figur gestaltet, die keinen Zweifel am eigenen Talent zuläßt, so muß das angesprochene Ideal der Bildung stutzig machen. Es scheint mit Kants Konzeption des Genies zu konfligieren, da künstlerische Produktion ja weder lehr- noch lernbar sein soll. Aber ebensowenig wie Wilhelm Meister beim Weg zum Theater stehenbleibt, sondern es nur einen "Durchgangspunkt" (Lukács)[24] bei der Ausbildung seiner Persönlichkeit bildet, bleibt Kants Genie-Begriff auf der Stufe des Vorhandenseins von Talent stehen, auch wenn das als die entscheidende Voraussetzung gefaßt wird. Kant ist damit allerdings mit einem schwierigen Problem konfrontiert, denn auf dem Hintergrund seines philosophischen Selbstverständnisses entzieht sich künstlerische Produktion dem der theoretischen Vernunft zukommenden Kreislauf von Regelvermittlung und Regelbefolgung.

Kant geht das Problem der Talentbildung an, indem er noch einmal an die grundsätzlichen Voraussetzungen des ästhetischen Urteils erinnert. Sowohl das Urteil über das Schöne als auch die Herstellung des Schönen sind *nicht* durch begriffliche Erkenntnis einholbar. Demzufolge scheide die Möglichkeit regula-

---

23 Zur Egozentrik des einsamen Genies vgl. die entsprechenden Ausführungen im folgenden Kapitel über Schiller.
24 G. Lukács, Faust und Faustus. Vom Drama der Menschengattung zur Tragödie der modernen Kunst. Ausgewählte Schriften II. 2. Aufl. Hamburg 1968, S. 31.

tiver Anweisungen aus. Das Genie ist aber auf die Anwendung bzw. die Kenntnis von Regeln angewiesen, andernfalls versiege sein Talent, und seine Produkte nähern sich jenem bereits oben angesprochenen "genialen Unsinn". Allein Talent zu besitzen genüge nicht:
"Da nun die Originalität des Talents ein (aber nicht das einzige) wesentliche Stück vom Charakter des Genies ausmacht: so glauben seichte Köpfe, daß sie nicht besser zeigen können, sie wären aufblühende Genies, als wenn sie sich vom Schulzwange aller Regel lossagen, und glauben, man paradiere besser auf einem kollerichten Pferde, als auf einem Schulpferde" (§ 47, S. 409).
Um den "seichte(n) Köpfe(n)" die falsche Unmittelbarkeit ihres Eskapismus literarischen Produzierens vorzuführen, übersetzt Kant seinen Begriff des Genies in ein literarisches Bild; d.h. er greift selber auf die methodische Funktionsbestimmung des Schönen zurück, einem Vernunftbegriff durch seine Symbolisierung aufzuhelfen. Die Natur, soviel macht das vorgeführte Bild des Pferdes deutlich, muß erst domestiziert werden, um zur Verwirklichung eines Vernunftziels beizutragen. Zum Genie gehört "ein durch die Schule gebildetes Talent", nur so kann es "vor der Urteilskraft bestehen" (ebd.). Will sich ein Talent zu einem Genie emanzipieren, so muß es sich Gewalt antun. Es muß den Eigensinn brechen und ihn an literarischen Abstraktionen und Traditionen orientieren. Kant hebt das anhand des Gegensatzes von Stoff und Form hervor. Von der Natur bringt das Genie den Stoff für Kunstwerke mit. Und wie bei der Dressur eines Schulpferdes unterliege das natürliche Talent der regelgeleiteten Unterweisung. Das Besondere des Stoffs kann nichts ohne das Allgemeine der Form sein. Auch das Genie habe eine gewisse Bildung nötig. Die Befolgung von Regeln, die konstitutiv zur Kunst gehören, dürfe nicht durch Unmittelbarkeit ersetzt werden. Über diese Notwendigkeit hinaus bleibt aber nach wie vor offen, *wie* das Genie in ihren Besitz kommt. Wie eignet sich das Genie die für seinen Stoff so unabdingbaren Regeln der Form an? Wie funktioniert dieser Lernprozeß, von dem Kant grundsätzlich zu bedenken gibt: "Wie dieses möglich sei, ist schwer zu erklären" (ebd.).
Es bietet sich an, Kants eingestandene Schwierigkeit mit Hilfe der Termini *Text* und *Textvorlage* zu untersuchen. Der Terminus Text bezeichnet ein entstandenes Werk, während Textvorlage ein Werk der literarischen Tradition benennt, auf das im literarischen Produktionsprozeß - wie auch immer - zurückgegriffen wird. Das produktive Verhältnis zwischen Text und Textvorlage ermöglicht literarische Traditionsstiftung. Der Terminus Textvorlage entspricht dem, was Kant *"Muster"* nennt. An einem Muster sollen die Regeln ablesbar sein, "die Regel muß (...) vom Produkt abstrahiert werden" (ebd.). Die an der Textvorlage durch Abstraktion gewonnene Regel dient der "Nachahmung" und nicht der "Nachmachung" (ebd.). Daß es nicht um "Nachmachung" geht, hebt noch einmal ausdrücklich die Differenz zu den Regeln der Geschicklichkeit ins Bewußtsein. Künstlerische Regeln sollen ausschließlich nachgeahmt werden, während man handwerkliche Regeln

nachmachen (kopieren) kann. Nachahmung lebt von der produktiven Spannung zwischen Textvorlage und Text, sie deutet auf Einmaliges und ausschließlich Subjektives hin. Wer, so könnte man anführen, wie der Handwerker eine Vorlage nachmacht, zielt darauf ab, sie möglichst nach analogen Gesichtspunkten anzufertigen, sie also ideell und praktisch zu verdoppeln. Wer hingegen einen literarischen Text schreibt, ahmt die Muster einer Textvorlage nach, um etwas Einmaliges und Neues zu schaffen. Beide Tätigkeiten, sowohl handwerkliche als auch künstlerische, stimmen aber darin *überein*, einer abstrahierten Regel zu folgen. Von den Abstraktionen des Handwerks und der Wissenschaft wissen wir, daß sie als Teil der theoretischen Vernunft den Regulativen des Verstandes folgen. Hinsichtlich der Abstraktionen künstlerischer Tätigkeit verfährt Kant rein deskriptiv; er verweist auf ein besonderes Verhältnis zwischen literarischen "Mustern" (*Textvorlage*) und Genie (Produzent eines neuen *Textes*). Die Muster der schönen Kunst dienen dem Genie als "die einzigen Leitungsmittel" (ebd.). Mit der beschriebenen Wechselbeziehung des individuellen und kunsthistorischen Schaffens bleibt das Aneignungsproblem nach wie vor unbestimmt. Nur eines scheint gesichert: Die Verarbeitung des Stoffes durch die Form läuft nicht verstandesmäßig ab. Sie entzieht sich weitgehend dem Begrifflichen und läßt sich nur in der Anschauung erfühlen. Das Genie verfüge über besondere Anlagen, sich von exemplarischen Mustern leiten zu lasen. Frei von subjektiver Zwecksetzung adaptiert es Regeln aus Textvorlagen, um sie ins eigene ästhetische Spiel zu integrieren.

Kant erweitert das skizzierte Spannungsfeld zwischen Text und Textvorlage mit Aussagen über die Formgeschichte der Kunst. Sie stecken zugleich das Betätigungsfeld genialen Schaffens ab. Für das Genie, so heißt es, steht

"die Kunst irgendwo still (...), indem ihr eine Grenze gesetzt ist, über die sie nicht weiter gehen kann, die vermutlich auch schon seit lange her erreicht ist und nicht mehr erweitert werden kann; und überdem eine solche Geschicklichkeit sich auch nicht mitteilen läßt, sondern jedem unmittelbar von der Hand der Natur erteilt sein will, mit ihm also stirbt, bis die Natur einmal einen anderen wiederum eben so begabt, der nichts weiter als eines Beispiels bedarf, um das Talent, dessen er sich bewußt ist, auf ähnliche Art wirken zu lassen" (§ 47, S. 408).

Ein paar Sätze weiter unten verraten näheres über den besagten Stillstand der Kunst. Nur solche Muster eignen sich zu Leitbildern, "die in alten, toten, und jetzt nur als gelehrte aufbehaltenen Sprachen klassisch werden" (S. 409). Demzufolge ist das ästhetische Material bereits immanent ausdifferenziert und zu musterhaften Textvorlagen geronnen. Neubelebung, Überlieferung und Kontinuität der Kunst beruhen offenbar auf einer Art geistiger Wahlverwandtschaft, die den Urheber der Textvorlage mit dem aktuellen Produzenten eines Textes verbindet. Beide verfügen über analoge psychische Dispositionen, die freigesetzt werden, wenn ein Genie einer entsprechenden Textvorlage gegenübertritt:

"Die Ideen des Künstlers erregen ähnliche Ideen seines Lehrlings, wenn ihn die Natur mit einer ähnlichen Proportion der Gemütskräfte versehen hat" (ebd.). Die Natur eines Genies erkennt sich selber in der Textvorlage eines anderen Genies. Es ist leicht ersichtlich, daß die Kategorie des Genies eine zeitlose Wesenheit (ontologische Struktur) ausdrückt. Dem stationären Menschenbild der Natur des Genies entspricht der postulierte einmalig festgeschriebene Katalog mustergültiger Textvorlagen. Statt eines Ansatzes zu einer Geschichte der Kunst und der künstlerischen Produktion verlagert sich Kants Argumentation auf die Annahme invarianter Strukturen genialen Produzierens. Sie wird zwar geschichtlich begründet als Einrücken eines Textes in den Überlieferungszusammenhang von Textvorlagen, entzieht sich aber durch die Ontologisierung des Genie-Begriffs jeder historischen Spezifizierung. Auf diese Weise nimmt die Einbildungskraft den *Schein* an, künstlerische Regeln autonom zu beherrschen. Der Autonomieanspruch dreht sich aber notwendigerweise in einem nicht auflösbaren Kreise. Denn wenn die Motivation zur Regelanwendung der Textvorlage eines Genies folgt, dann muß kritisch gefragt werden, woher dieses seine Anregung bekam. Daß der Widerspruch nicht auflösbar ist, erscheint unmittelbar einsichtig.

Der Widerspruch verschärft sich durch die oben gewählte Terminologie "Künstler" / "Lehrling". Weiter unten führt Kant dafür das Begriffspaar "Meister" und "Schüler" ein (§ 60, S. 463). Das sind eindeutig Bezeichnungen aus der Tradition des Handwerks. Meisterschaft setzt regelgeleitete Ausbildung voraus. Schritt für Schritt ist der Handwerksprozeß nachvollziehbar und erlernbar. Meisterschaft im Bereich des künstlerischen Produzierens soll dagegen unmittelbar erwerbbar sein. Das *ganze* Kunstwerk des Meisters muß dem Schüler vor Augen treten und ihm "die Hauptmomente desselben gelegentlich in Erinnerung bringen" (ebd.). Das lasse sich weder durch Vorschrift noch durch Erklärung erreichen. Künstlerische Meisterschaft bilde sich durch eine besondere Art simultanen Erfassens der ganzen Werkstruktur aus. Allein die Naturgabe des Genies befähige zu dieser Einstimmung. Geniales Schaffen scheint gesichert, wenn ein gewisser Funke des Verstehens überspringt. Wer den nicht fühlt, so könnte auch Kant gesagt haben, der wird es nie erjagen. So ist es auch nicht von der Hand zu weisen, das geniale Aneignungsverfahren vorbildlicher Muster durch die Metapher der Flaschenpost auszudrücken. Die tradierten genialen Werke treiben als Flaschenpost umher, ausgeworfen, einen Gleichgesinnten zu treffen. Einzig ein

neues Genie vermag die enthaltene Botschaft adäquat zu verstehen. Allen anderen bleibt sie von Beginn an verschlossen.[25]
Man sollte sich jedoch davor hüten, die vorliegenden Bestimmungen genialen Produzierens nur als eine Ansammlung rätselhafter Verbindungen zu betrachten. Fast alle können einen gewissen Wahrheitsgehalt für sich verbuchen, vor allem dann, wenn man sie nicht absolut versteht, sondern auf das angegebene Erkenntnisinteresse beschränkt. Eine Theorie stilbildender Möglichkeiten wird stets auf das geltend gemachte Prinzip der "Nachahmung" im Unterschied zu schablonenartigem "Nachmachen" angewiesen sein. So problematisch das Modell naturverliehener Begabung ist, so bedenklich wäre es, auf verstandesgeleitetes Produzieren allein zu vertrauen. Denn, das zeigt auch die Metapher der Flaschenpost, mimetische Erfahrungen sind ein Mittel zur Analyse. Ihr analytischer Charakter läßt sich jedoch nur *bedingt* aufrechterhalten, wenn man ihn einseitig an die Kategorie des Genies bindet. Auch in diesem Zusammenhang erweist es sich als hilfreich, das mimetische Vermögen aus der Verengung des überlieferten Verstehens zu befreien. Dazu gehört der wiederholte Verweis auf Aristoteles, der unmißverstänlich zu erkennen gibt, daß das mimetische Vermögen kein Sondervermögen ist; vielmehr komme es *allen* Menschen als angeborene Gattungsqualität zu. Unter dieser Perspektive ist das Vehältnis von Text / Textvorlage nicht nur als Baustein von Genieästhetik verstehbar. Utopisch deutet es auf einen Beitrag zur Entwicklung allgemeiner literarischer Kompetenz hin. Denn das Erlebnis des Empfangs einer literarischen Flaschenpost verweist über Kants Esoterik hinaus auf die Möglichkeit eines mimetischen Erwerbs von Produktionserfahrungen. In eine derartige Vorstellung von Bildproduktion gehen dann allerdings handwerklich erlernbare Bezüge ein, die keinen Anspruch erheben, von der Wirklichkeit abgetrennt zu sein.
Eine derartig utopisch denkbare Alternative ist vorantreibbar, wenn man die immanenten Widersprüche der KdU aufdeckt. So gibt Kant zu erkennen, daß mimetische Einfühlung des Genies auf die Dauer dem Ernst des Handwerks nicht ausweicht. Die Aussage, literarische Muster seien "die einzigen Leitungsmittel" genialen Schaffens, stellt sich selbst in Frage, wenn es später heißt, es sei "nicht gleichsam eine Sache der Eingebung, oder eines freien Schwunges der Gemütskräfte" (§ 48, S. 412), Kunst hervorzubringen. Vielmehr sei sie notwendigerweise mit "oft mühsamen Versuchen (...) einer langsamen und gar peinlichen Nachbesserung" (ebd.) verbunden. Der Dichter benötige sogar "scharfe Kritik" (§ 60, S. 463), um künstlerisch adäquat zu produzieren. Auch

---

25 Eine Anlehnung an die Metapher der Flaschenpost erscheint im Rahmen der KdU schon allein deshalb legitim zu sein, da sie Kants erklärter Methode folgt, Vernunftbegriffen durch ihre Symbolisierung aufzuhelfen. (Methodisch vgl. dazu bes. O. Marquard, Kant und die Wende zur Ästhetik. A. a. O., S. 250). Es soll nicht verschwiegen werden, daß die Metapher Peter Weiß' Schrift "Abschied von den Eltern" entnommen ist. Hier steht sie allerdings nicht für das Zusammenspiel genialer Autoren, sondern verweist auf das grundsätzliche Vehältnis einer erlebnisreichen Lektüre zu einem Buch. Ein Leser nimmt einen Text in seinen Erwartungshorizont so auf, als sei er gerade für *ihn* geschrieben.

das Genie scheint der Formel verpflichtet, das von den Vätern Ererbte erst erwerben zu müssen, um es zu besitzen. Der Erwerb kann allerdings nur durch Arbeit erfolgen. Für das Prinzip der Arbeit spricht die vorgenommene Auswahl der Attribute künstlerischer Tätigkeit. Indem Kant eingesteht, künstlerisches Tun sei in die "mühsamen Versuche" des Ausfeilens und der Korrektur verstrickt, stellt er es mit dem Handwerk auf eine vergleichbare Stufe. Handwerkliche Tätigkeit soll sich aber - wie oben problematisiert - durch die Attribute "unangenehm" und "beschwerlich" von der Kunst unterscheiden. Da die Befindlichkeit der Arbeitenden (auf der einen Seite frei und unabhängig / auf der anderen Seite unter das Joch der Mühe und der Beschwerlichkeit gedrückt) *den* Kern der Unterscheidung von Kunst und Handwerk abgibt, überzeugt dieser Topos nicht mehr. Kant macht sowohl für künstlerische als auch für handwerkliche Tätigkeit mühsame Regelanwendung geltend.[26] Bei aller Gemeinsamkeit bleibt jedoch eine qualitative Differenz bestehen. Die Mühen des Künstlers sind nicht "zwangsmäßig auferlegt" (§ 43, S. 402) und fremdbestimmt wie das Diktat der Lohnarbeit. Um diesem Zwang bei der Kunst zu entkommen, will Kant alle Eindrücke regelhafter Fesselung verdeckt wissen.

Regelanwendung kommt in offener als auch *verdeckter* Form vor. Handwerkliche Arbeit bekennt sich offen zu ihr. In der ästhetischen Produktion wird Regelanwendung und Korrektur dagegen "peinlich" verdeckt. Sie soll einer künstlerischen Natur zukommen, der es *scheinbar* mühelos gelinge, Regel und Überlieferung in die eigene Diktion einzuschmelzen. Im ästhetischen Schein des Kunstwerks sollen die Abdrücke mühsamen Tuns getilgt sein. Alles, was in Analogie zum Handwerk steht, darf als solches nicht identifizierbar sein. Es gehört zu den Vorzügen der KdU, daß sie als eine der frühen Auseinandersetzungen mit literarischer Produktion und Rezeption in der bürgerlichen Gesellschaft die auftretenden Widersprüche des ästhetischen Scheins unverblümt entfaltet. Theorie besitzt noch die Brüche und Geburtsmale ihrer Entstehung. An ihnen kann sich eine kritische Analyse orientieren. So drückt Kant in aller Deutlichkeit aus, daß der ästhetische Schein *als Schein* produziert werden muß. Der Widerspruch des Kunstwerks, über Kriterien der zweckmäßigen und handwerklichen Planung zu verfügen, aber im Schein diese Qualitäten in Abrede zu stellen und zu verdecken, wird in der KdU klar ausgesprochen. Da der Widerspruch einen Schlüssel zur Kritik an der Exklusivität literarischen Produzierens liefert, soll abschließend darauf eingegangen werden.

---

26 Vgl. dazu auch die Ergebnisse von P. Bürger, Zur Kritik der idealistischen Ästhetik. A. a. O., S. 107 ff.

3.4 Die Verdeckung literarischer Produktion durch den ästhetischen Schein

In einer entscheidenden Textstelle gibt Kant zu erkennen, daß das Genie an der Auratisierung esoterischer Einbildungskraft nicht unbeteiligt ist. Er deutet das anhand der Wirkung des ästhetischen Scheins an:
"Also muß die Zweckmäßigkeit im Produkte der schönen Kunst, ob sie zwar absichtlich ist, doch nicht absichtlich scheinen; d.i. schöne Kunst muß als Natur a n z u s e h e n sein, ob man sich ihrer zwar als Kunst bewußt ist. Als Natur aber erscheint ein Produkt der Kunst dadurch, daß zwar alle P ü n k t - l i c h k e i t in der Übereinkunft mit Regeln, nach denen allein das Produkt das werden kann, was es sein soll, angetroffen wird; aber ohne P e i n - l i c h k e i t, *ohne daß die Schulform durchblickt*, d.i. ohne eine Spur zu zeigen, daß die Regel dem Künstler vor Augen geschwebt, und seinen Gemütskräften Fesseln angelegt habe (§ 45, S. 405).[27]
Führt man sich die hier getroffenen Bestimmungen über den künstlerischen *Arbeitsprozeß* noch einmal dezidiert vor Augen, so lassen sich aufschlußreiche Hypothesen entwickeln. Von der Tätigkeit des Genies heißt es, sie sei
- in der "Zweckmäßigkeit" "absichtlich",
- "alle Pünktlichkeit in der Übereinstimmung mit Regeln" werden "angetroffen",
- "die Regel (habe) dem Künstler vor Augen geschwebt".
Und über das abgeschlossene Werk erfährt man,
- es dürfe "nicht absichtlich scheinen",
- "schöne Kunst muß als Natur anzusehen sein",
- "ohne daß die Schulform durchblickt",
- "ohne eine Spur zu zeigen".
Die Gegenüberstellung macht transparent, was das Kunstwerk durch den ästhetischen Schein verdeckt. Zum einen betrifft es die Regel, zum anderen das Hergestelltsein überhaupt, die ausgeführte *Arbeit*. Indem gerade die Arbeit verdeckt wird, treten jene entscheidenden Merkmale in den Hintergrund, die den Menschen als Menschen kennzeichnen. Dennoch ist es unschwer ausmachbar, daß sich die aufgelisteten Bestimmungen über den *künstlerischen* Arbeitsprozeß mit den in § 43 der KdU *anthropologisch* festgemachten abbildenden, antizipierenden und schöpferischen Potenzen allgemeiner Arbeit decken. Zur Exklusivität genialen Produzierens erhoben, verdeutlichen sie einen zentralen produktionsästhetischen Widerspruch. Dieser läßt sich durch die folgende Hypothese formulieren: Was potentiell allen zukommt, dürfen nur wenige ausführen. In der Erscheinung des Werkes müssen alle Spuren getilgt sein, die den Rückschluß auf allgemeine Verfügbarkeit künstlerischer Tätigkeit als Arbeit zulassen. So vermittelt der Schein des autonomen Kunstwerks die einschüchternde Formel, produktive Einbildungskraft gehöre einer übermenschlichen Dimension an. Eine derartige Rezeptionshaltung ist erst möglich,

---

27 Unterschiedliche Hervorhebungen im Original.

nachdem Kunst in direkter Entgegensetzung zum entfremdeten Arbeitsprozeß begriffen wird. Der ästhetische Schein baut ein Freiheitsideal auf, das im Bereich materieller Produktion nicht mehr einklagbar ist. Um den Spielraum des Ideals zu sichern, darf es offenbar keine direkten verwandtschaftlichen Beziehungen zwischen Kunst und Arbeit geben. So negiert der ästhetische Schein die für den allgemeinen Arbeitsprozeß konstitutiven Prinzipien der ideellen Antizipation und der richtigen Widerspiegelung; er verdeckt die Spuren des Produziertseins des Kunstwerks. Freiheit gebe es für das Erkenntnisvermögen nur, wenn Kunst so regelfrei erscheint, "als ob" (§ 45, S. 404) es ein Naturprodukt sei.

Wenn Kant produktive Einbildungskraft an Regelbefolgung bindet, sie aber gleichzeitig exklusiv sein soll, dann ist er veranlaßt, den auftretenden Widerspruch auszutragen. Er muß erneut die *Besonderheit* der künstlerischen Arbeit terminologisch bestimmen. So verfügt Kants Genie-Begriff über Kriterien, die als Versuch zu werten sind, die gewonnenen Einsichten der handwerklichen Abhängigkeit des Künstlers zu neutralisieren. Von Bedeutung ist hier die Terminologie "*Geist*".

Eine Geschichte läßt sich nach Bauformen des Erzählens, Lyrik nach den Prinzipien von Versfüßen komponieren. Solche Schreibweisen können unter formalen Gesichtspunkten eine sog. Richtigkeit für sich in Anspruch nehmen. Was ihnen fehlt, um als schöne Kunst anerkannt zu werden, nennt Kant "Geist": "Geist, in ästhetischer Bedeutung, heißt das belebende Prinzip im Gemüte" (KdU § 49, S. 413). Der "Geist" bringt die Gemütskräfte "zweckmäßig in Schwung" und versetzt sie in ein "Spiel, welches sich von selbst erhält und selbst die Kräfte dazu stärkt" (ebd.). Sein besonderes Betätigungsfeld liegt in der Darstellung ästhetischer Ideen.

Produktive Einbildungskraft folgt offenbar einer immanent vorhandenen Dynamik. Einmal in Schwung gebracht, entwickelt sie selbst die notwendige Energie ihres Bestandes. Es ist keinesfalls abwegig, diese Vorstellung vom spezifisch künstlerischen Vermögen mit der Idee eines Perpetuum mobile zu vergleichen. Jene gedachte Maschine, die dauernd Arbeit verrichtet, funktioniert ohne jede fremde Energiezufuhr. Was nun allerdings aufgrund physikalischer Gesetzmäßigkeiten (Energie-Erhaltungsgesetz) nicht konstruierbar ist, soll im Bereich der Natur des Genies möglich sein. Rastlose Werkbesessenheit halte sich selbst in Bewegung.[28] Zur Begabung des Genies, Regeln intuitiv zu erfassen, gehöre die Fähigkeit der Selbststimulation. So gesehen beantwortet auch die Terminologie "Geist" die Frage nach der Verfertigung genialer Werke nicht anders als durch den Zirkelschlag des Autonomieanspruchs.

Dabei ist es auffällig, daß Kant die postulierte Leichtigkeit im Erfinden und Anordnen ästhetischer Ideen erneut an den Bedingungen ihrer *Wirkung* festmacht: "Der Dichter wagt es, Vernunftideen von unsichtbaren Wesen (...) zu

---

28 Auch an dieser Stelle ist eine gewisse Affinität zur Lehre von der enthusiastisch selbstvergessenen Schöpfungskraft nicht zu übersehen.

versinnlichen" (KdU § 49, S. 414), die der Einbildungskraft der Rezipienten "ein unabsehliches Feld verwandter Vorstellungen" (ebd., S. 415) eröffnen. Die potentielle Unendlichkeit der evozierten Vorstellungen gibt lediglich über die *Folgen* der dichterischen Arbeit Auskunft. Sie bestehen darin, einen ästhetischen Mehr-Wert der versinnlichten Vernunftidee gegenüber der rational zugänglichen Sphäre der Vernunft zu stiften. Hinsichtlich der Problematik des Werksetzungsprozesses ist man jedoch auf eine resultathafte Bestimmung der Versinnlichung verwiesen. Die Einbildungskraft soll gegenüber allen allgemeinen Bedingungen des Arbeitenkönnens erhaben sein. In einer bezeichnenden Passage heißt es dann auch, das Genie sei "in dem glücklichen Verhältnisse, welches keine Wissenschaft lehren und kein Fleiß erlernen kann" (ebd., S. 417). Über alle Erfahrungsgrenzen hinaus vereint das Genie in sich die Gunst der Stunde und der Natur, um das "Unnennbare in dem Gemütszustande" (ebd., S. 418) auszudrücken.

Diese originale und schöpferische Kraft der ästhetischen Idee "eröffnet", wie Armand Nivelle hervorhebt, "eine Aussicht ins Unendliche und entrinnt dem Begrifflichen".[29] Und er folgert daraus:

"Nun sind das zwei Elemente der Mystik, und so erlangt paradoxerweise das mystische Erlebnis Bürgerrecht in der Kantischen Kunstauffassung."[30]

Ganz so paradox ist der Bezug zur Mystik allerdings nicht. Er läßt sich für den Zusammenhang der Bestimmung des genialen Schaffensprozesses als *immanent notwendig* aufzeigen. Denn die Berufung auf die Esoterik des "Geistes" erfolgt an jener Stelle der KdU, an der Kunst bereits als das Ergebnis verdeckter Arbeit identifizierbar schien. Um das Paradigma aufrechterhalten zu können, schöne Kunst sei nur als Kunst des Genies möglich, müssen sowohl die rationalen Erklärungsansätze des Widerspruchs von Sein und Schein der Kunst als auch das Verdecken von Arbeit rückgängig gemacht werden.

Dennoch liefert Kant über sein eigenes Selbstverständnis hinaus einen wesentlichen Denkansatz, künstlerische Arbeit mit allgemeiner Arbeit in Beziehung zu setzen. Der ästhetische Schein beruht erklärtermaßen auf verdeckter Arbeit. Allein die im ästhetischen Schein aufgehobene Verklärung des Künstlers garantiert seinen Fortbestand *als Genie*. Auch wenn sich der Schein, den das autonome Kunstwerk vermittelt, im Kopf des Theoretikers Kant reproduziert, so benennt doch das erkannte Prinzip des Verdeckens von Arbeit eine Bedingung, Kunst über interesseloses Wohlgefallen hinaus zu verstehen. Führt man das Werk auf den Anteil der "Pünktlichkeit in der Übereinstimmung mit Regeln" zurück, würde man merken, wie sehr es auf Formulierung ankommt, auf künstlerische Form. Die Formbestimmtheit läßt dann auf die oft "mühsamen Versuche" rückschließen, an denen der schöpferische Geist erklärtermaßen nicht vorbeikommt. Unter dieser Perspektive ist auch hier ein

---

29 A. Nivelle, Kunst- und Dichtungstheorien zwischen Aufklärung und Klassik. 2. Aufl. Berlin / New York 1971, S. 218.
30 Ebd., S. 218 f.

gewisser Wahrheitsgehalt in Kants Ausführungen über den künstlerischen Arbeitsprozeß nicht zu übersehen. Denn die Fähigkeit zum Schreiben wird gerade nicht als voraussetzungslose beschrieben. Es ist keine unmittelbare Offenbarung, die sich im Drauflosschreiben erfüllt und die Gedanken von selber in ästhetische Formen bringt. Methodische Schulung und Übung, Wissensvermittlung und Ordnungsentwurf prägen auch den erfahrenen Schriftsteller. Erst über Bearbeitungsstadien erreicht er einen sprachlich adäquaten Ausdruck. Und der Blick auf die Korrekturen legt es nahe, einen ursprünglichen Plan als modifizierbar anzusehen. Künstlerisches Produzieren treibt eine vorliegende Regel über sich hinaus. Insofern gehen Schreib- und Erkenntnisprozeß ineinander über. Beim Schreiben entdeckt das Subjekt seine Interessen und Neigungen und kommt zu Ergebnissen, die den vorher angelegten Entwurf entscheidend verändern. Erst der *Vollzug* des Schreibens ermöglicht diese Entdeckungen. Faßt man das Verhältnis vom Entwurf zum Vollzug als eigentümliche Dialektik des Schreibprozesses, so trifft man einen rationalen Kern Kants transzendentaler Bestimmung des "Geistes". Die methodische Vorgehensweise des "Geistes", sich "von selbst" ins Spiel der Gemütskräfte zu versetzen, stellt diesen Zusammenhang dar.

Während die ästhetische Erfahrung die Werke als harmonisch geschlossen wahrnimmt, sensibilisiert der theoretisch geschulte Blick für den immanenten Widerspruch zwischen absichtsvollem Tun künstlerischer Produktion und absichtslosem Scheinen des ganzen Werkes. Mit diesen kritischen Grundlegungen sind allerdings die Grenzen der Kantischen Ästhetik überschritten. In der ästhetischen Erfahrung ist ja das Subjekt ausgewiesenermaßen an einer Erkenntnis der Herstellung des Werkes gar nicht interessiert. Der Bruch zwischen absichtslosem Scheinen und absichtsvollem Produzieren kann für den Rezipienten nur in dem Maße erkennbar sein, wie er die Position interesselosen Wohlgefallens verläßt. Die Reflexion auf das Produziertsein der Kunstwerke gehört innerhalb der Kantischen Erkenntniskritik einem anderen Vermögen des Gemüts an. Ästhetischer Erfahrung *muß* sie äußerlich bleiben. Wie einleitend dargestellt wurde, kann das Erkenntnisvermögen der Urteilskraft a priori keinen Zugang zu den Prinzipien verstandesmäßig erfaßbarer Gesetzmäßigkeit haben. Aufgrund der erkenntnistheoretischen Fundamente bleibt die Reflexion des Verstandes in den Vorstellungen der Einbildungskraft auf eine äußere Strukturerkenntnis verwiesen. Das Gefühl der Lust oder Unlust kann innerhalb seiner Motorik die kritische Frage nach Art und Weise künstlerischer Produktivität gar nicht aufkommen lassen. Dennoch bildet die Differenzbestimmung zwischen Regelbefolgung und Zudecken der Arbeit einen wesentlichen Teil des theoretischen Selbstverständnisses der KdU. Durch diesen Widerspruch transportiert sie ihren Wahrheitsgehalt. Erst die literaturwissenschaftliche Überlieferung kittet den Widerspruch als einen nicht preisgebbaren zu. Exemplarisch läßt sich das für die geistesgeschichtliche Betrachtungsweise aufzeigen.

Karl August Korff zitiert in seinem "Geist der Goethezeit" (1923 - 1940) an prononcierter Stelle jene Passagen aus der KdU, die oben als Kern der Differenz zwischen Sein und Schein des Kunstwerks interpretiert wurden. Gehört bei Kant der Widerspruch zwischen Regelbefolgung und Zudecken der mühevollen Arbeit zum festen Bestandteil des theoretischen Selbstverständnisses, so kittet die literaturwissenschaftliche Überlieferung den Widerspruch als einen offenbar nicht preisgebbaren Sachverhalt zu. Korff beschränkt sich auf das rein Geistige und plädiert dafür, künstlerisches Produzieren "psychologisch" auszudrücken.[31] In besonderen psychischen Voraussetzungen liege der Konvergenzpunkt von Vernunft und Natur begründet, das "eigentliche Geheimnis der schönen Kunst". Das "Geheimnis" scheint aufgeworfen und gelöst zugleich, indem das Genie als "gesetzmäßig fühlende(r) Mensch" fungiert, dem "die Regeln gleichsam im Blut liegen".[32]
Die von Kant dezidiert aufgezeigte Notwendigkeit der Regelbefolgung durch Korrektur und Kritik wird durch eine Totalisierung seelischer Bedingtheiten zurückgenommen. Ist in der KdU ausdrücklich von einer "Schulform" die Rede, deren durch Arbeit vermittelte Spur nur nicht erscheinen darf, so mystifiziert sie die Geistesgeschichte zum "geheimen Gesetz": "Und nur wo wir einem Ganzen einen Sinn, eine innere Form, ein geheimes Gesetz anmerken, sprechen wir von Kunst."[33] Während Kant das Gewordensein des ästhetischen Scheins als besonderen *Prozeß* reflektiert, nimmt die Überlieferung den Schein als fertiges Produkt hin. Die Annahme psychischer Dispositionen verklärt alle Gesetze des Produzierens zu nicht mehr herleitbaren Gegebenheiten, die sich geheimen Mächten verdanken. M.a.W.: Kants analytische Trennung zwischen Entstehung und Wirkung des ästhetischen Scheins wird eingeebnet. Zurück bleibt eine auf ganzheitliche Wirkung reduzierte Literaturauffassung. Die Bedingungen der Wirkung von Kunst haben die Theorie eingeholt. Der Schein, den das Kunstwerk vermittelt, reduziert begriffliche Reflexion auf Sinnlichkeit. Wenn zwischen Sein und Schein des Kunstwerks nicht mehr differenziert wird, so verflüchtigt sich Theorie auf die Stufe unmittelbarer Wahrnehmung. Hier entfaltet sich der Schein als eine Instanz, die Fragen nach Werden und Gewordensein der Werke an "geheime Gesetze" delegiert. Vor einem Geheimen und Absoluten erübrigt sich die Notwendigkeit wissenschaftlicher Legitimation von selber. Wo die Mühen des Herstellens von Kunst nicht mehr theoretisch vermittelbar sind, da *müssen* sie zu übernatürlichen Kräften erhoben werden.
In der gegenwärtigen literaturwissenschaftlichen Diskussion diskutiert man die genannte Problematik des ästhetischen Scheins anhand einer versprengten

---

31 K. A. Korff, Geist der Goethezeit, 2. Teil, Klassik. Leipzig 1930, S. 471.
32 Ebd., S. 472.
33 Ebd., S. 471.

musiksoziologischen Einsicht Adornos.[34] Adorno vertritt in seinem "Versuch über Wagner" die These, es lasse sich "keine Autonomie der Kunst ohne Verdeckung der Arbeit"[35] denken. Das Formgesetz Richard Wagners, "die Verdeckung der Produktion durch die Erscheinung des Produkts"[36], soll als allgemeines produktionsästhetisches Strukturprinzip für autonome Kunst gelten. Was die Anstrengung des Begriffs leisten kann, muß, um den Anspruch des autonomen Kunstwerks zu erfüllen, zugedeckt werden. Auch Adornos Kritik am Scheincharakter der Kunst operiert mit der Differenzierung von Sein und Schein:
"Indem die ästhetische Erscheinung keinen Blick mehr durchläßt auf Kräfte und Bedingungen ihres realen Produziertseins, erhebt ihr Schein als lückenloser den Anspruch des Seins. Die Vollendung des Scheins ist zugleich die Vollendung des illusionären Charakters des Kunstwerks als eines Wirklichen sui generis, das im Bereich der absoluten Erscheinung sich konstituiert, ohne doch auf Abbildlichkeit zu verzichten."[37]
Mit dem Anspruch des Scheins, das Sein des Kunstwerks zu verkörpern, ergebe sich die Illusion der zeit- und herrschaftsunabhängigen Eigengesetzlichkeit der Kunst. Als Wirklichkeit "sui generis" ist sie aber nach wie vor auf ihre abbildende Funktion verwiesen. Um so mehr erhebt der Schein den Anspruch absoluter Natürlichkeit gegenüber dem Werksetzungsprozeß durch Arbeit. Man merkt, daß Adornos Argumentation an Kants Kritik anknüpft. Darüber hinaus macht er für die Kunst in der entfalteten Warenproduktion der spätbürgerlichen Gesellschaft exemplarisch anhand der Oper Wagners geltend, sie erzeuge einen "falsche(n) Naturalcharakter des Produkts".[38] Während Kant die Notwendigkeit des Scheins begründet, um Kunst in eine Beziehung zu Vernunft und Sittlichkeit zu stellen[39], hält auch Adorno an diesem Wesensmerkmal von Kunst fest. Er prononciert darüber hinaus die Krise des ästhetischen Scheins. Die in der KdU freigelegten Beziehungen zwischen Sein und Schein des Kunstwerks liefern Adorno die Folie seiner Kritik am Manipulationscharakter der Massenkultur. Ihr "falsche(r) Naturalcharakter" rückt den ästhetischen Schein in die Nähe von "Trug" und "Blendwerk".[40]

---

34 Zur Rezeption von Adornos Verweis auf Kunstproduktion als Verdeckung von Arbeit vgl. die folgenden Literaturangaben: M. Müller, H. Bredekamp, B. Hinz u.a., Autonomie der Kunst. A. a. O., bes. S. 12 f.; P. Bürger, Theorie der Avantgarde. Frankfurt/M. 1974, S. 49 f.; ders., Vermittlung - Rezeption - Funktion. Frankfurt/M. 1979, S. 188; ders., Zur Kritik der idealistischen Ästhetik. Frankfurt/M. 1983, S. 62, S. 68 f.; Ch. Bürger, Der Ursprung der bürgerlichen Institution Kunst im höfischen Weimar. Literatursoziologische Untersuchungen zum klassischen Goethe. Frankfurt/M. 1977, S. 182 ff.
35 Th. W. Adorno, Versuch über Wagner. In: Ders., Die musikalischen Monographien, Gesammelte Schriften, Bd. 13. Frankfurt/M. 1971, S. 7-148; Zitat: S. 80.
36 Ebd., S. 82.
37 Ebd.
38 Ebd., S. 80.
39 Vgl. dazu die vorgenommene Funktionsbestimmung der Kunst in § 59 der KdU.
40 Th. W. Adorno, Versuch über Wagner. A. a. O., S. 82. - Zur Dialektik des Scheins in der Theorie Adornos vgl. die ausführliche Problematisierung bei P. Bürger, Zur Kritik idealistischer Ästhetik. A. a. O., S. 59 ff.

Wenn die künstlerische Wirkung auf der Verdeckung von Arbeit beruht, dann stellt sich künstlerische Produktion in radikale Opposition zum herrschenden Arbeitsethos. "Das Kunstwerk bekräftigt, was sonst die Ideologie bestreitet: Arbeit schändet."[41]

Auf dem Hintergrund dieser Kritik am Scheincharakter der Kunstwerke mag es überraschen, daß Adorno in seiner "Ästhetischen Theorie" bereit ist, die Exklusivität künstlerischer Arbeit *festzuschreiben*. Hier erfolgt eine grundsätzliche Problematisierung des Geniebegriffs, die sich direkt auf Kants KdU bezieht. Die "Unwahrheit" der Genie-Ästhetik liege in einer Verabsolutierung des "Organischen und Unbewußten", die "das Moment des endlichen Machens"[42] unterschlage. Auch hier taucht also das Verdecken von Arbeit als Folie der Kritik auf. Sie wird erweitert durch den Rekurs auf den antiken techne-Begriff, der die Endlichkeit der Werksetzung betont. Indem sich geniales Produzieren von diesen Bezügen abspalte, nehme es den Charakter ungerechtfertigter Selbstüberheblichkeit an:

"Im Geniebegriff wird mit idealistischer Hybris die Idee des Schöpfertums vom transzendentalen Subjekt an das empirische, den produktiven Künstler zediert."[43]

Entgegen dieser Einsicht widerspricht Adorno jedoch der Vorstellung, den Geniebegriff "einfach als romantischen Überrest an(zu)schaffen".[44] Die Gründe des Widerspruchs liegen in Adornos Auseinandersetzung mit den künstlerischen Avantgardebewegungen des frühen 20. Jahrhunderts. Der avantgardistischen Rebellion gegen den ästhetischen Schein hält er entgegen:

"In der Konsequenz jener Rebellion jedoch sind die Kunstwerke dabei, in bloße Dinghaftigkeit zurückzufallen gleichwie zur Strafe für ihre Hybris, mehr zu sein als Kunst."[45]

Wenn die Kunst darauf verzichtet, Empirie ästhetisch umzugestalten und sich damit begnügt, bekannte Dinge bloß in einen unbekannten Beziehungsrahmen einzuordnen (so z.B. beim sog. ready-made der Dada-Bewegung), dann zahle sie mit dem erklärten Verzicht auf den Schein zugleich den Preis der Zweckrationalität. In deutlicher Anlehnung an die Kantischen Termini spricht Adorno von einer immanenten Strukturnotwendigkeit des Scheincharakters.

---

41 Th. W. Adorno, Versuch über Wagner. A. a. O., S. 81 - Zu dieser Einsicht Adornos läßt sich bei Kant eine Entsprechung konstruieren, die auf den ersten Blick wie ein bloßes Wortspiel aussieht. Für den sichtbar gewordenen Konflikt zwischen Sein und Schein des Kunstwerks, so könnte man sagen, dreht Kant den alten preußischen Verhaltensgrundsatz: "Mehr sein als scheinen" um. Bezogen auf künstlerische Arbeit könnte er lauten: Mehr scheinen als sein. Damit ist dann allerdings weit mehr als Wortspielerei ausgedrückt. Vielmehr unterstreicht die vorgenommene Wortumkehrung die bereits oben im Kapitel über den Sturm und Drang aufgestellte These vom geistigen Adelsbewußtsein des bürgerlichen Schriftstellers und macht es möglich, diese auf den gesamten Geltungsraum der Autonomieästhetik zu übertragen. In das bürgerliche Interesse an Aufklärung und Erkenntnis durch Kunst mischt sich das aristokratische Ideal der Arbeitsabstinenz.
42 Th. W. Adorno, Ästhetische Theorie, Gesammelte Schriften, Bd. 7. Frankfurt/M. 1970, S. 225.
43 Ebd.
44 Ebd., S. 254.
45 Ebd., S. 157 f. - Zur Avantgardebewegung vgl. ausführl. Kap. 5.3.

Das Kunstwerk müsse über "Form und Materialien", über "Geist und Stoff"[46] verfügen. Nur so könne es am humanistischen Auftrag festhalten, Wirklichkeit nicht nur abzubilden, sondern sie zu negieren. Mit einer Befreiung vom Scheincharakter grabe sich Kunst als Kunst das eigene Wasser ab. Zurück bleibe die bloße Verdoppelung des schlechten Allgemeinen. Da das Kunstwerk untrennbar mit dem Schein verbunden sei, müssen alle Aufhebungsansprüche aporetisch auslaufen. Kunst könne den Scheincharakter ebensowenig abschütteln "wie Tiere ein angewachsenes Geweih".[47] Die Aporie ist vollkommen und wird auch als solche benannt.

Nur ist die Aporie bei Adorno eine Aporie der Hybris. Das Stichwort Hybris taucht im oben zitierten Gedankengang der "Ästhetischen Theorie" zweimal auf. Einmal dient es zur Kritik am idealistischen Geniebegriff. Zum anderen wird die Auflösung der Kunstwerke in bloße Dinghaftigkeit als "Strafe für ihre Hybris" begriffen. Auch von der Hybris kann sich Kunst offenbar nur durch den Verlust der eigenen Existenz befreien. Die Hybris scheint ihr angewachsen wie jenem besagten Tier das eigene Geweih. Und Adorno scheut sich nicht, die Konsequenz der konstatierten Hybris zu ziehen, um sie positiv in einen Zusammenhang mit dem Wahrheitsmoment des Geniebegriffs zu bringen:

"Ästhetische Gesinnung aber, die mit dem Genie tabula rasa macht, artet zur öden und schulmeisterlichen Handwerkerei, zum Nachpinseln von Schablonen aus. Das Wahrheitsmoment am Geniebegriff ist in der Sache zu suchen, dem Offenen, nicht in Wiederholung Gefangenen."[48]

Der springende Punkt ist folgender: Adorno wirft Herstellung des ästhetischen Scheins und Genieproduktion in einen Topf. Ohne die - festgestellte - Hybris kann es keine wirkliche Kunst geben. Beides ist offenbar untrennbar verbunden. Zur Rettung des ästhetischen Scheins tritt bei Adorno die Rettung des Genies. Einzig das Genie könne sich von schablonenartiger Herstellung lösen und in Originalen der Kunst zur Wahrheit verhelfen.

Peter Bürger hat darauf hingewiesen, daß Adorno den Schein als ein immanentes Wesensmerkmal des Kunstwerks faßt und dabei die institutionellen Rahmenbedingungen, die den Umweg mit Kunst regeln, ausblendet:

"Kunstwerke sind nicht als Epiphanien zu fassen, wohl aber als menschliche Produkte, mit denen wir einen bestimmten *Umgang* haben, der dadurch charakterisiert ist, daß für uns deren sinnliche Seite auf Bedeutung verweist."[49]

Hier zeigen sich die Grenzen Adornos produktionsästhetischer Bestimmungen. Bürgers Kritik legt es nahe, den ästhetischen Schein als eine *vermittelnde* Instanz zwischen dem Objekt Kunst und dem historischem Subjekt zu verstehen. Demnach ist die Wirkung des ästhetischen Scheins *als Schein* von

---

46 Ebd., S. 158.
47 Ebd., S. 157.
48 Ebd., S. 256.
49 P. Bürger, Zur Kritik der idealistischen Ästhetik. A. a. O., S. 72.

der institutionellen Trennung der Kunstproduktion und -rezeption auf verschiedenen Ebenen abhängig.

Adorno hält am Konzept genialen Schaffens fest, da Kunst einzig als autonome ihren Namen verdiene. Als solche ist sie erklärtermaßen in der Aporie der Hybris befangen. Hybris wird zu einem Wahrheitsmoment des Geniebegriffs. Die Bedingungen künstlerischen Produzierens erhalten einzig durch Angabe des Gegenteils ihre Bestimmung: Geniales ist "das Schablonenlose".[50] Auch Adorno gelingt es nur über den Umweg deskriptiver Beweisführung, Genie von Regelbefolgung abzusetzen. Es ist so nicht ausgeschlossen, daß er, wie ebenso Peter Bürgers Analyse hervorhebt, einen längst überwunden geglaubten Geniebegriff "restituiert".[51] Dennoch legt Adornos Argumentation unnachgiebig den Finger auf die Dialektik des ästhetischen Scheins. Sein Rettungsversuch des Genies richtet sich gegen die falsche Inanspruchnahme der Kunst für kulturindustrielle Zwecke. Um dem entgegenzuhalten, hält er an der Idee Kants fest, Kunst könne der Vernunft und dem guten Sein durch geniale Symbolisierung aufhelfen. Ganz im Sinne der Spätaufklärung nimmt er dafür den Ausschluß der Vielzahl der Nicht-Genies uneingeschränkt in Kauf.

Halten wir zusammenfassend die Ergebnisse fest. Kants verschiedene Versuche, Kunst auf Natur zu begründen, verstricken sich in den Widerspruch zwischen anthropologisch bestimmter Allgemeinheit und genialer Besonderheit. Offen bleibt das Problem einer Vermittlung. Transzendentale Herleitung schließt Verallgemeinerung künstlerischen Produzierens aus. Kants Analyse kann für sich den Vorzug geltend machen, daß sie die Schritte und Widersprüche der Werksetzung (Verhältnis von Text / Textvorlage, Verhältnis von Sein / Schein) benennt und reflektiert, bevor sie um der Wirkung willen zugedeckt werden. Theorie spricht aus, was sich der Rezeption des autonomen Kunstwerks verweigert. Insofern impliziert die Kantische Genieästhetik mit dem Postulat des naturbegabten Genies die *Vorbedingungen* ihrer radikalen Kritik.

Während Kant das Verdecken der Spuren künstlerischer Arbeit im Rahmen seiner Einteilung der Erkenntnisvermögen abhandelt, stellt sich Schiller das Problem auf einem gesellschaftlichen Hintergrund. Die nachfolgende Analyse ausgewählter theoretischer Schriften Schillers fragt zentral danach, in welchem Maße geniales Produzieren zwischenmenschliche Konflikte thematisiert.

---

50 "Geniales ist ein dialektischer Knoten: das Schablonenlose, nicht Repetierte, Freie, das zugleich das Gefühl des Notwendigen mit sich führt, das paradoxe Kunststück der Kunst und eines ihrer verläßlichsten Kriterien." (Th. W. Adorno, Ästhetische Theorie. A. a. O., S. 256).
51 Vgl. P. Bürger, Zur Kritik der idealistischen Ästhetik. A. a. O., bes. S. 135.

4. Literarische Produktion als Verdeckung von Arbeit II (Schiller)

4.1 Zur kulturtheoretischen Begründung genialen Produzierens

Kant hatte in der KdU das Verdecken handwerklicher Bezüge der Kunstproduktion als Notwendigkeit der Wirkung systematisch begründet. In der Auseinandersetzung mit der Problematik konnte bereits darauf aufmerksam gemacht werden, daß mit der Arbeit eine ganze Reihe normativer Bezugspunkte verdeckt werden. In der Subjektivität des Künstlers scheinen sie als autonome Vermögen versammelt zu sein. Diese sich absolut setzende Subjektivität des Dichtungsvermögens ist in den theoretischen Schriften Schillers wiederholt problematisiert worden. Wenn man davon ausgehen kann, daß Schillers Reflexion exemplarisch die Kategorien künstlerischer Originalität der idealistischen Ästhetik abhandelt[1], dann läßt sich anhand einer Auseinandersetzung mit diesen Kategorien eine erweiterte Kritik genialen Produzierens vornehmen. Erst wenn das vielseitige Argumentationsgeflecht der Bedingungen künstlerischer Werksetzung als *Schein* durchschaubar ist, lassen sich die jeweils postulierten genialen Momente mit möglichen verallgemeinerungsfähigen Implikationen vergleichen.

Schiller, der die KdU intensiv studiert hat[2], übernimmt Kants dichotomische Organisation von Kunst / Handwerk, freier Kunst / Lohnkunst, Spiel / Zwang, Genuß / Arbeit, Genieproduktion / mechanischer Regelbefolgung, um sie durch wesentliche kulturtheoretische und gesellschaftliche Bestimmungen zu erweitern. Verdeckt werden soll nicht nur die Regelbefolgung und die durch Mühe gekennzeichnete Arbeitsleistung, sondern das gesamte Umfeld der Entstehungsbedingungen des Kunstwerks. Der ästhetische Schein, "den man von der Wirklichkeit und Wahrheit unterscheidet" (26. Brief, S. 657)[3], macht das Wesen der schönen Kunst aus.

In dieser Definition läßt sich das produktionsästhetische Problem bereits in nuce erkennen. Wenn der ästhetische Schein in radikaler Trennung von der Wirklichkeit bestimmt wird, dann sind die Momente gesellschaftlicher Arbeit und Erfahrung als solche nicht erkennbar. Das Kunstwerk erscheint als eine

---

1 Vgl. hier die dezidierte Untersuchung von Th. Neumann, die Schillers Selbstverständnis künstlerischer Subjektivität in drei Perioden der Entwicklung einteilt. Demzufolge reflektiert Schiller das Problem zunächst publikumsorientiert, in der Folge am Stoff und am Vernunftbegriff. (Th. Neumann, Der Künstler in der bürgerlichen Gesellschaft. Entwurf einer Kunstsoziologie am Beispiel der Künstlerästhetik Friedrich Schillers. Stuttgart 1968). Neumanns Periodisierung, die sich am historischen Entwicklungsprozeß Schillers Theorie abarbeitet, liefert die Folie unserer Frage nach Kriterien genialer Werksetzung.
2 Vgl. Friedrich Schiller, Vollständiges Verzeichnis der Randbemerkungen in seinem Handexemplar der Kritik der Urteilskraft. In: J. Kulenkampff (Hg.), Materialien zu Kants 'Kritik der Urteilskraft'. Frankfurt 1974, S. 126-144.
3 Friedrich Schiller, Über die ästhetische Erziehung des Menschen in einer Reihe von Briefen. In: Ders., Sämtliche Werke, 5. Bd., hg. v. G. Fricke u. H. G. Göpfert. 4. Aufl. München 1967, S. 570-669; Zitat: S. 657. - Nach dieser Ausgabe wird in der Folge im Text zitiert (N.N. Brief, S. N.N.).

Wirklichkeit sui generis. Dem Rezipienten stellt es sich als nicht vermittelbares Produkt der Einbildungskraft des Künstlers dar.
Warum spaltet Schillers Konzept die Werke und den Schaffensvorgang von der Erkenntnis- und Lebenstotalität der rezipierenden Subjekte ab? Einen grundsätzlichen Zugang zu der Fragestellung liefert Schillers "Haupteinteilung", die die "Künste der Freiheit" oppositionell zu den "Künsten des Bedürfnisses"[4] bestimmt. Kriterium der Einteilung ist der jeweilige *Zweck* der Künste. Nach ihm definieren sich Material, Form und Herstellungsregel des Produkts. Von den "Künsten des Bedürfnisses" heißt es, sie bilden "Objekte für einen physischen Gebrauch".[5] Ihr Betätigungsfeld liegt in der Herstellung all jener Güter, die die lebenspraktische Reproduktion bestimmen. Diese Gebrauchsgegenstände lassen sich mit Hilfe technischer Regeln hervorbringen.
Im Gegensatz zum Nützlichkeitsdenken handwerklicher Produktion erfüllen die "Künste der Freiheit" ihren "eigentlichen Zweck" darin, "in der freien Betrachtung zu ergötzen".[6] Kunstproduktion muß als zweckfrei erscheinen. Die Opposition des Schönen mit dem Nützlichen führt Schiller, wie es heißt, "*natürlicherweise* auf die von aller Theorie unabhängige Erzeugung des Originalschönen durch das Genie".[7]
Was Schiller als *Natur* der Sache angibt, läßt sich jedoch unschwer als logische *Notwendigkeit* seines gewählten Denkansatzes ausmachen. Innerhalb des Bezugssystems der Autonomie in der Erscheinung des Kunstwerks muß er auf eine Instanz zurückgreifen, die scheinbar theorielos das Originalschöne hervorbringt: das Genie. Geniales Produzieren *muß* alle Bezüge zu Theorie und Arbeit in Abrede stellen, um das Kunstwerk vom herrschenden Prinzip der Zweckrationalität abzusetzen. Zwar kann das Erfahrungswissen, die "eingeschränkte Autorität empirischer Wissenschaften", die entstandenen Regeln der Werksetzung erkennen, sammeln und systematisieren, aber es kann "niemals zu einer positiven Erweiterung führen".[8] Der schöpferische Umgang mit den erkennbaren Regeln bleibt einzig dem Genie vorbehalten. Schillers offensichtliche Schwierigkeiten bei der Begründung genialen Produzierens[9] kreisen um den Widerspruch zwischen eingestandener Erkennbarkeit künstlerischer Regeln und der Notwendigkeit, sie dem Werk nicht mehr anzusehen. Er löst das Problem, indem er, der Erkenntniskritik Kants folgend, Sinnlichkeit und Verstand strikt voneinander trennt. Der Verstand kann zwar Regeln erkennen, der sinnliche *Vollzug* der Werksetzung weist jedoch darüber hinaus.
Wir haben bereits bei Kant gesehen, daß der als nicht-erklärbar ausgegebene *Vollzug* künstlerischer Werksetzung die positiven Einsichten in das Beziehungsgeflecht zwischen regelgeleitetem und regelfreiem Tun wieder in Frage stellt.

---

4   Friedrich Schiller, Sämtliche Werke, Bd. 5. A. a. O., S. 1139.
5   Ebd.
6   Ebd.
7   Ebd., S. 1138 (Hervorhebung, H.R.).
8   Ebd.
9   "(...) es wird mir gar schwer, über den Begriff des Genies mit mir einig zu werden ..." (ebd.).

Mit der Verlagerung der Möglichkeit des Vollzuges künstlerischer Regeln in die Seinsstruktur ("Natur") des Genies erübrigt sich die Frage nach der Verallgemeinerbarkeit des Herstellens von selbst.
Verdeckt werden soll in Schillers Konzeption der Einfluß handwerklichen Tuns auf den Schreibprozeß. Das konnte die vorgenommene Gegenüberstellung "Künste der Freiheit" / "Künste des Bedürfnisses" und das Postulat von der besonderen Praxis des Genies deutlich machen. Über diese Ergebnisse hinaus, die der Kantischen Tradition folgen, ist jedoch mit dem oppositionellen Begriff des "Bedürfnisses" mehr bezeichnet als handwerkliche Tradition. Die radikale Abgrenzung, die mit dem Begriff des "Bedürfnisses" verbunden ist, liefert einen zentralen Erkenntnisansatz. Betrachtet man nämlich den Begriff auf der Folie philosophiegeschichtlicher Tradierung, so kann sein Geltungsanspruch einsichtig werden. In Hegels Rechtsphilosophie (1821) deckt das "System der Bedürfnisse" den gesamten Bereich ab, der fortan "bürgerliche Gesellschaft" heißt. Gegen dieses "System" und alle seine durch das Kalkül des Nutzens bestimmten Lebensbereiche setzt Schiller die "Künste der Freiheit" ab:
"Der *Nutzen* ist das große Ideal der Zeit, dem alle Kräfte fronen und alle Talente huldigen sollen. Auf dieser groben Waage hat das geistige Verdienst der Kunst kein Gewicht, und, aller Aufmunterung beraubt, verschwindet sie von dem lärmenden Markt des Jahrhunderts" (2. Brief, S. 572).[10]
In letzter Konsequenz absorbiert das auf den Paradigmen Nutzen und Ertrag aufgebaute "System der Bedürfnisse" die "Künste der Freiheit". Führt man sich diese Diagnose vom möglichen Ende der Kunst vor Augen, so wird ein Realitätsgehalt im Geniebegriff Schillers sichtbar. Denn wenn in einem kulturellen Zustand das Nützlichkeitsdenken alle anderen Sinne überlappt[11], dann bedarf es offenbar einer besonderen Subjektivität, sich dem zu entziehen. Dieser besonderen Subjektivität, der es zu gelingen scheint, die Imperative ihres Tuns vom Nützlichkeitsdenken abzusetzen, stehen die übrigen Mitglieder der Gesellschaft gegenüber. In ihnen sind nur noch "Bruchstücke" des menschlichen Gattungsvermögens vorhanden:
"(...) und wir sehen nicht bloß einzelne Subjekte, sondern ganze Klassen von Menschen nur einen Teil ihrer Anlagen entfalten, während daß die übrigen, wie bei verkrüppelten Gewächsen, kaum mit matter Spur angedeutet sind" (6. Brief, S. 582 f.).
Für die Zersplitterung der menschlichen Vermögen macht Schiller den "alles trennende(n) Verstand" (S. 683) verantwortlich. Die Zweckrationalität des

---

10 Bei Karl Philipp Moritz findet sich eine fast wörtliche Entsprechung: "Die herrschende Idee des Nützlichen hat nach und nach das Edle und das Schöne verdrängt - man betrachtet selbst die große erhabene Natur nur noch mit kameralistischen Augen und findet ihren Anblick nur interessant, insofern man den Ertrag ihrer Produkte überrechnet." (Ders., Das Edelste in der Natur. In: Werke in 2 Bänden, 1. Bd. Berlin u. Weimar 1976, S. 231-237; Zitat: S. 236).
11 Auch der frühe Marx greift zur Illustration des hier kritisierten Gesellschaftszustands auf die Beschreibung der Sinne zurück. Seine Formulierung läßt Schillers Intention in einem eindeutigen Licht erscheinen: "An die Stelle *aller* physischen und geistigen Sinne ist daher die einfache Entfremdung *aller* dieser Sinne, der Sinn des *Habens* getreten." (Karl Marx, Ökonomisch-philosophische Manuskripte. A. a. O., S. 540).

Verstandes zersetzt die menschliche Harmonie. Als herrschendes Klassifikationsinstrument verschüttet er die Beziehungen zu Natur und Sinnlichkeit und dirigiert die Subjekte der bürgerlichen Gesellschaft nach der Selbstbehauptungsstrategie des egoistischen Vorteils.

Folgt man den Bestimmungen, so nimmt das Genie, um seine Besonderheit zu begründen, ein bestimmtes Verhältnis zu den Verstandeskräften ein. Das betrifft hier den immer wieder thematisierten Zusammenhang künstlerischen Schaffens mit literarischen Regeln. Auf sie sei schon allein deshalb nicht zurückzugreifen, da sie als Exponenten des Verstandes gelten. Sie stehen im Verdacht, mit den verdinglichten Strukturen zu korrespondieren. Geniales Produzieren müsse sich jeder Verstandes- und Regelherrschaft entziehen. Denn nur so könne es Sinnlichkeit humanistisch begründen. Verstandesarbeit sei untrennbar mit einem Verlust von Einbildungskraft und Gegenseitigkeit verbunden. Das zeige sowohl das Systemdenken des philosophischen Geistes, der zu einem "Fremdling in der Sinnenwelt" geworden sei, als auch der durch "Formeln eingeengte Geschäftsgeist" (S. 585), der keine fremden Ansprüche zulasse:

"Der abstrakte Denker hat daher gar oft ein *kaltes* Herz, weil er die Eindrücke zergliedert, die doch nur als ein Ganzes die Seele rühren; der Geschäftsmann hat gar oft ein *enges* Herz, weil seine Einbildungskraft, in den einförmigen Kreis seines Berufs eingeschlossen, sich zu fremder Vorstellungsart nicht erweitern kann" (S. 586).[12]

Aus besagten Realitäten des bürgerlichen Alltags muß sich der Dichter völlig lösen, will er nicht den herrschenden Erkenntnisrestriktionen verfallen. Das kann im einzelnen nur soviel bedeuten, als daß er sich von den Mitteln lossagt, die die Verhältnisse konstituieren: von verstandesgeleiteten Systemen, Formeln und Regeln. Eingeschreint in die arbeitsteiligen Verkehrsformen kann sich sein notwendiger Blick auf das "freie Ganze" (S. 585) nicht entfalten. Denn für das

---

12 Das Zitat verdient aus mindestens zwei Gründen besondere Beachtung. Zum einen deutet es an, warum die Lebensphilosophie und die in ihrem Bann stehende Pädagogik meint, sich auf Schiller berufen zu können. Zum anderen lassen sich hier die Grenzen der Erkenntnis in Schillers System kritisch andeuten. - Zum ersten Punkt: Schiller identifiziert das Zergliedern von Eindrücken mit Abstraktheit und Kaltherzigkeit. Die Seele könne aber nur "als ein Ganzes" gerührt werden. Die erkenntnistheoretische Konsequenz scheint darin zu liegen, daß nur die Ganzheit des Erlebnisses authentisches Bewußtsein auszeichnet. Allein inneres Erleben könne die durch (wissenschaftliche) Arbeitsteilung erzwungene Zerfaserung der Wirklichkeit synthetisieren. Es wird weiter unten zu zeigen sein, daß Diltheys Insistenz auf der Ganzheit innerer Erfahrung und ihrer Überlegenheit gegenüber dem Zergliedern das erneut fortschreibt. Hier geht es dann auch um die Auswirkungen der Übertragung des Ganzheitsbegriffs auf rezeptions- und produktionsdidaktische Fragestellungen. (Vgl. Kap. 6). - Zum zweiten Punkt: Schiller begründet die zitierte Engherzigkeit des Geschäftsmanns damit, "*weil*" seine Einbildungskraft in den "einförmigen Kreis seines Berufs eingeschlossen" ist und sich "zu fremder Vorstellungsart nicht erweitern kann". Die Kritik geht offenbar davon aus, daß sich das "enge Herz" mit einem Zuwachs an "fremder Vorstellungsart" weitet. Nehmen wir im Vorgriff auf die oben folgenden Ausführungen an, die Kaufmannsseele sei durch Schillers Konzept ästhetischer Erziehung versöhnt und geläutert. Er befände sich dann aber in der Lage des Shen Te, Brechts "Gutem Menschen von Sezuan", das zwischen dem ökonomischen Zwang der Verhältnisse und der in der Tat "fremde(n) Vorstellungsart" des Sittlich-Humanen hin- und hergerissen wird. Es ist leicht ersichtlich, daß Schiller die Träger von sozialen Rollen zur persönlichen Verantwortung zieht, er auf der Ebene der individuellen Moral abhandelt, was nur durch eine materialistische Analyse begreifbar werden kann.

konform-erfolgsorientierte Handeln gelten andere Bestimmungen als für den Dichter:
"Der tote Buchstabe vertritt den lebendigen Verstand, und ein geübtes Gedächtnis leitet sicherer als Genie und Empfindung" (S. 584).
Schiller bestimmt also die Voraussetzungen literarischer Produktivität durch oppositionelle Abgrenzung vom schlechten Allgemeinen. Was sie ausmache, bleibt vage benannt; fest steht, daß sie den Gegenpol zum gesellschaftlich herrschenden Paradigma der Zweckrationalität und Regelbefolgung bildet. Dennoch scheint erkennbar zu sein: der Dichter besitze quer zum Zeitgeist nach wie vor jenen "lebendigen Verstand", der das "Ganze" in der zerstückelten Wirklichkeit erfahrbar macht. Aus der postulierten Kraft ergibt sich seine erzieherische Aufgabe. Sie besteht darin, der gesellschaftlichen Arbeitsteilung und ihren negativen Folgen zu widersprechen.
Zwar hält Schiller im Bereich der Wirklichkeit an den Bedingungen der Arbeitsteilung fest, da nur sie die historisch notwendige Produktivkraftentfaltung hervorbringen und forcieren können. Weil aber "die Individuen, welche sie trifft, unter dem Fluch dieses Weltzweckes leiden" (S. 588), kann die Ausdifferenzierung menschlicher Tätigkeiten und der daraus resultierende Verlust der Ganzheit der Gemütskräfte nicht das letzte Wort der kulturellen Entwicklung sein:
"Es muß also falsch sein, daß die Ausbildung der einzelnen Kräfte das Opfer ihrer Totalität notwendig macht; oder wenn auch das Gesetz der Natur noch so sehr dahin strebte, so muß es bei uns stehen, diese Totalität in unserer Natur, welche die Kunst zerstört hat, durch eine höhere Kunst wiederherzustellen" (S. 588).
Den zerstörerischen Kräften der "Kunst" - gemeint ist jene bereits oben genannte "Kunst des Bedürfnisses", also die Einzeldisziplinen der materiellen Produktion und der Wissenschaft -steht abgehoben von der Lebenspraxis eine "höhere Kunst" gegenüber, die Versöhnung verspricht. Nicht mehr die Philosophie, die ja der regressiven Kraft des Systems und des Formelwissens gehorche, sondern die "hohe Kunst" wird zum letztmöglichen Darstellungs- und Erkenntnismittel von Unverfälschtheit überhaupt. Als ihr Träger und Verkünder beansprucht der Künstler eine soziale und reflexive Außenseiterposition.
Die Isolation des Künstlers, so kann festgehalten werden, ist das Produkt bürgerlicher Arbeitsteilung. Die entfremdeten Verhältnisse treiben aus sich ein Prinzip hervor, das die Entfremdung in Frage stellt. Die Entlastung des Künstlers von unmittelbaren Zwecken (Autonomie-Status) verleiht ihm den Anspruch, durch seine ästhetischen Produkte den zum Publikum versammelten entfremdeten Individuen einen ästhetischen Genuß zu verschaffen, der Sinne und Geist wieder zusammenführt. M.a.W., er soll die Aufsplitterung der Erkenntnisvermögen durch Darstellung / Erfahrung des Schönen ideell rückgängig machen. Die durch die Entfremdung verschüttete Freiheit der Einbildungs-

kraft der Rezipienten könne so in ihr ursprüngliches Recht zurückversetzt werden.
Es ist leicht ersichtlich, wie eng Schillers Konzept künstlerisches Tun an die Bedingungen der Wirkung koppelt. So ist es weit davon entfernt, aus der begriffenen Isolation des Künstlers in die Position des Ästhetizismus zu verfallen. Vielmehr folgt es dem von Kant aufgestellten Humanitätsideal der Mitteilbarkeit und des Gemeinsinns. Der Produzent, so ließe sich vereinfachend sagen, teilt dem Rezipienten durch die Gestaltung des ästhetischen Scheins das Versprechen der Re-Organisation der Gattungsvermögen mit. Dazu ist er befähigt, da er *in sich* die Harmonie der Vermögen bewahrt habe. Konsequentester Ausdruck des harmonischen Vermögens ist die Darstellung des "Ideals". Das Ideal antizipiert eine Wiederherstellung der durch die Wirklichkeit zerfaserten Gemütskräfte. Es läßt sich, wie F. Tomberg ausführt, "als Antizipation einer zukünftigen wirklichen Eudaimonie auffassen".[13] In dieser Antizipation wird die Wirklichkeit *ästhetisch* überschritten. Nicht das Leben, sondern ein erst noch zu realisierender Gedanke verbürge die Authentizität künstlerischer Produktion.[14] Der Entwurf des Ideals impliziert das ästhetisch gestaltete Versprechen des Besseren, so daß die Differenz zwischen erfahrener und gestalteter Wirklichkeit als Kritik erlebt werden kann.
Neben dem kritischen Moment besitzt das Ideal aber auch die Möglichkeit, Kritik zu nivellieren. Die aufgezeigte Differenz von erfahrener und gestalteter Wirklichkeit erlaubt es, einen verselbständigten ästhetischen Zustand als affirmativen zu etablieren:
"Damit aber verkehrt sich die Intention ästhetischer Versöhnung in ihr Gegenteil. Der unerfüllbare Anspruch des ästhetischen Versöhnungsmodells wirft das ästhetische Subjekt ernüchtert auf sich selbst zurück. Statt sich zu bewähren, befestigt es einen entfremdeten Zustand, weil es seinen mit dem Realitätsprinzip unvereinbaren Anspruch nur noch in der Isolation eines ästhetischen Freiraums aufrechterhalten kann."[15]
Wiederherstellung der zerstörten Harmonie der menschlichen Persönlichkeit - oder Stabilisierung der Entfremdung durchs ästhetische Medium? Um diese Widersprüchlichkeit zwischen utopischen und ideologischen Momenten in Schillers Programm kreiste bereits die zeitgenössische Kritik (z. B. die von G. A. Bürger).[16] Sie bestimmt bis in die Gegenwart hinein die kritische litera-

---

13   F. Tomberg, Mimesis der Praxis ..., a. a. O., S. 28.
14   Vgl. hier Friedrich Schiller, Über naive und sentimentalische Dichtung. In: Sämtliche Werke, Bd. 5. A. a. O., S. 694 - 780. (Nach dieser Ausgabe wird in der Folge im Text zitiert: UnsD, S. N.N.).
15   H. Freier, Ästhetik und Autonomie. Ein Beitrag zur idealistischen Entfremdungskritik. In: B. Lutz (Hg.), Deutsches Bürgertum und literarische Intelligenz 1750 - 1800. A. a. O., S. 329 - 383; Zitat: S. 370.
16   Zur Auseinandersetzung zwischen G. A. Bürger und Schiller vgl. Th. Neumann, Der Künstler ..., a. a. O., S. 47 ff.

turwissenschaftliche Diskussion.[17] Wohl am deutlichsten ist sie innerhalb der Entwicklung der ästhetischen Position von Herbert Marcuse aufweisbar.[18] Im Rahmen vorliegender Arbeit soll diese Widersprüchlichkeit anhand der zugedachten Rolle und Vorgehensweise des literarischen Produzenten als Genie entfaltet werden. Seine oppositionelle Sonderstellung zum "System der Bedürfnisse" sichert ihm den produktiv-schöpferischen Freiraum. Entscheidend für diesen Zusammenhang ist die Tatsache, daß auch für die Rezipienten ein ästhetischer Freiraum geltend gemacht wird. Bedingung für die Wirkung von Kunst ist die Isolation der Kunstproduzenten *und* -rezipienten von der Lebenspraxis. Es reicht also offenbar nicht aus, die Besonderheit künstlerischen Tuns durch den Gegensatz zur Wirklichkeit erklären zu wollen. Denn auf diesem Gegensatz basiert die Möglichkeit ästhetischer Erfahrung überhaupt. Um seinen ästhetischen Freiraum und die damit verbundene kulturpolitische Aufgabe behaupten zu können, muß die Isolation des Produzenten noch radikaler ausfallen. So tritt neben die Abgrenzung von den realen Lebens- und Bildungsverhältnissen, die das "System" als solches konstituieren, eine Abgrenzung von den leidenden Subjekten selbst. Die Masse der Rezipienten wird nicht nur als Opfer der identitätszerstörenden *Verhältnisse* vorgeführt, sie verfüge auch *seinsmäßig* über einen Mangel an Einbildungskraft und Vernunft. Allein das "berufene Subjekt" könne ein Kunstwerk hervorbringen, das zur Gemütsstimmung tauglich sei. Schöpferische Energie beruhe darauf, daß "in einzelnen dazu berufenen Subjekten die Vernunft sich vereinzelt" (6. Brief, S. 587) habe. Diese transzendentale Bestimmung künstlerischer "Vernunft" impliziert die Unterscheidung zwischen Berufenen und Nicht-Berufenen. Unabhängig von allen empirisch ausgemachten Entstellungen der Entfremdung und der Arbeitsteilung trage der einzelne Künstler Vernunft und Berufung *in sich*.

Die von Schiller im Bereich der materiellen Produktion und deren Verkehrsformen diagnostizierte Isolation und Fremdheit ist die Voraussetzung der dichotomischen Gegenüberstellung von Kunstproduzent und -rezipient. Was sie zusammenhält, ist das Interesse an ästhetischer Versöhnung. Sie soll durch Aufklärung "von oben" erfolgen. Im Postulat vom "berufenen Subjekt" spiegelt

---

17 Vgl. hier exemplarisch: G. Sautermeister, Idyllik und Dramatik im Werk Friedrich Schillers. Zum geschichtlichen Ort seiner klassischen Dramen. Stuttgart / Berlin / Köln / Mainz 1971; R. Grimminger, Die ästhetische Versöhnung. Ideologiekritische Aspekte zum Autonomiebegriff am Beispiel Schillers. In: W. Müller-Seidel (Hg.), Historizität in Sprach- und Literaturwissenschaft. Vorträge und Berichte der Stuttgarter Germanistentagung 1972. München 1974, S. 579 - 597; J. Schulte-Sasse, Autonomie als Wert. Zur historischen und rezeptionsästhetischen Kritik eines ideologisierten Begriffes. In: G. Grimm (Hg.), Literatur und Leser. Theorien und Modelle zur Rezeption literarischer Werke. Stuttgart 1975, S. 101 - 118.
18 Marcuse kritisiert in seinem 1937 verfaßten Essay "Über den affirmativen Charakter der Kultur" (in: Ders., Kultur und Gesellschaft 1. 7. Aufl. Frankfurt/M. 1968, S. 56 - 101) die affirmative Kultur als ideologische Sphäre der Entsagung realen Glücksversprechens. Jahrzehnte später begreift er den ästhetischen Schein hingegen als Versprechen. Als Antwort auf die Einebnung der Differenz von Kunst und Leben durch die Kulturindustrie und die Protestbewegungen der 60er Jahre insistiert er auf den utopischen und kritischen Potentialen der ästhetischen Form. (Vgl. Ders., Kunst und Revolution. In: Konterrevolution und Revolte. Frankfurt/M. 1973, S. 95 -148).

sich deutlich der Verfall frühbürgerlicher literarischer Öffentlichkeit wider. Die Subjekte haben die Voraussetzungen wechselseitiger Aufklärung und diskursiver Entfaltung von Mitteilbarkeit an die Werke des genialen Künstlers delegiert. Ausschließlich seiner autonomen Vernunft und der damit verbundenen Berufung verdankt sich fortan die ästhetische Gestaltung humaner Totalität. Der humane Anspruch - soviel dürfte bereits an dieser Stelle festgehalten werden - hat seine Wurzeln in doppelter Abgrenzung. Zum einen gegenüber dem "System der Bedürfnisse" und seinen Auswirkungen, zum anderen gegenüber der seinsmäßig begründeten defizitären Vernunftstruktur all jener, in deren Interesse die Emanzipation der Gemütskräfte stattfinden soll. Erst wenn man beide Abgrenzungsstrategien ins Auge faßt, läßt sich der humanistische Anspruch ästhetischer Versöhnung kritisch fassen.

Zu dieser Kritik gehört die Frage, was die Rezipienten überhaupt veranlaßt, das Postulat der Berufung und der exklusiven Vernunft widerspruchslos hinzunehmen. Denn nur wenn sie bereit sind, die eigene Vernunft als vorläufige und das künstlerische Tun als nicht-verallgemeinerungsfähig *anzuerkennen*, kann sich das Herstellen von Kunst als geniales Schaffen institutionalisieren. Demgemäß wird nach den Bedingungen der Konstitution des Rezipientenbewußtseins zu fragen sein, das seine schöpferische Produktivität für das Linsengericht der Rezeption von Geniekunst verkauft.

4.2 Zum Spannungsverhältnis zwischen literarischer Produktion und Rezeption

In seinen Briefen "Kallias oder über die Schönheit"[19] entwickelt Schiller die Kategorie des ästhetischen Scheins als eine Vermittlung zwischen Rezipient und Kunstwerk. Die dem Kantischen Ansatz verpflichtete Schrift bestimmt das Rezipientenbewußtsein im Zusammenhang mit dem ästhetischen Schein; man könnte auch sagen, sie legt auf der Rezipientenseite eine ganz bestimmte Haltung fest.

Wir haben oben die These vertreten, daß aus dem § 45 der KdU epochale Rahmenbedingungen idealistischer Ästhetik ablesbar sind, die die Fetischisierung von Werk und Produzent zur Folge haben. Besondere Bedeutung kam dabei Kants terminologischer Bestimmung des "als ob" zu. Das Kunstwerk solle für den Rezipienten aussehen, "als ob" es ein "vom Zwange willkürlicher Regeln" frei scheinendes Naturprodukt sei; der Künstler praktiziere sein Tun, "als ob" ihm Regelbefolgung und Mühe äußerlich seien.

Schiller greift offenbar auf die Bestimmungen des "als ob" zurück, wenn er für die ästhetische Betrachtung geltend macht, ein Kunstwerk müsse frei erscheinen, ohne es wirklich zu sein. Die Freiheit des ästhetischen Gegenstandes liegt in der Autonomie seiner Erscheinung. Diese Freiheit konstituiert sich in einer

---

19 Friedrich Schiller, Kallias oder über die Schönheit. In: Sämtliche Werke, Bd. 5. A. a. O., S. 394 - 433. (Nach dieser Ausgabe wird in der Folge im Text zitiert: Kallias, S. N.N.).

Rezeptionshaltung, die unbefragt dem Gegenstand unterstellt, er sei autonom, er trage das Maß der Selbstbestimmung *in sich*. Die autonome Wirkung des ästhetischen Scheins erlaubt es, die Vorstellung von der freien Produktivität des Genies, wie sie in den Briefen zur ästhetischen Erziehung betont wird, als eine *vermittelte* zu begreifen. Denn die Vorstellung der Freiheit des ästhetischen Scheins korrespondiert mit den Bedingungen des genialen Schaffensprozesses. Die ästhetische Betrachtung unterstellt sowohl dem Schein als auch dem Produzenten, sie seien durch sich selbst bestimmt, sie gehörten einer anderen Wirklichkeit als der empirischen an.

Daß es sich hierbei um eine Fiktion handelt, ist Schiller als Theoretiker durchaus bewußt. Denn "kein Gegenstand in der Natur und noch viel weniger in der Kunst (ist) zweck- und regelfrei, keiner *durch sich selbst bestimmt*, sobald wir über ihn nachdenken" (Kallias, S. 402). Und: "Jeder ist durch einen anderen da, jeder um eines anderen willen da, keiner hat Autonomie" (ebd.). Selbstbestimmung des Schönen offenbart sich hier als eine Sache der Anschauung; sie endet beim Nachdenken über sie, beim analytischen Denken oder, so läßt sich hinzufügen, bei einer Literaturaneignung, die durch Verfremdung rationale Einsichten befördert. Schönheit, die "nichts anderes" ist "als Freiheit in der Erscheinung" (Kallias, S. 400), existiert nur so lange als solche, wie sie von der Reflexion auf den ihr zugrunde liegenden Zweck und ihre Regelverbindlichkeit absieht. Der theoretisch aufgedeckte Funktionszusammenhang der Abhängigkeit der Kunst von Zweck und Regel muß wieder zugedeckt[20] werden, wenn es um die Wahrnehmung des Betrachters geht: "Das schöne Produkt darf und muß sogar regelmäßig sein, aber es muß *regelfrei erscheinen*" (Kallias, S. 402). Regel und Schein sind durch das Bezugsytem von Aufdecken und Zudecken in Beziehung zu setzen. Weiter präzisieren läßt sich das Verhältnis, wenn man auch hier auf die Aporie von Bild und Begriff verweist. Kunstwerk und Künstler stehen für ein Bild, das gegenüber theoretischer Vernunft und ihren Begriffen immun zu sein scheint. In diesem Bild kann keine Regel erscheinen, denn sie ist dem Bereich der Sinne nicht zugänglich. Als "frei" kann die Sinnlichkeit nur gelten, wenn das "völlige Abstrahieren von einem Bestimmungsgrunde" gegeben ist und der Rezipient nicht veranlaßt wird, "außer dem Dinge" (ebd.) danach zu suchen. So heißt es in direkter Blickrichtung auf den Betrachter, daß "der *bemerkte* Einfluß eines Zwecks und einer Regel sich als Zwang ankündigt und Heteromonie für das Objekt bei sich führt" (ebd.). Allein das Zudecken von Zweck und Regel ermögliche sinnliche Erfahrung. Mit dem Zudecken sind dem Betrachter aber all jene möglichen Ansatzpunkte unzugänglich, die ihn in die Lage versetzen könnten, selbst ein Werk zu schreiben. Das Bild blendet den Betrachter. Was ist damit gemeint?

---

20 Die Terminologie "Aufdecken / Zudecken" wird an dieser Stelle absichtlich in einen Zusammenhang mit der idealistischen Ästhetik Schillers gebracht. Sie hat eine Entsprechung bei Georg Lukács, der - unter ausgegeben materialistischem Vorzeichen - auf sie verweist. Der Schriftsteller müsse, Lukács zufolge, eine darzustellende Idee analytisch erfassen, sie aber um der Wirkung willen, sinnlich wieder zudecken.

Die ungebundene Einbildungskraft wird an die Bedingung geknüpft, daß sie die rezeptive Basis nicht überschreite. Durch das Verdecken der regelgeleiteten Herstellungsbedingungen erkennt der Rezipient künstlerisches Tun als nicht-verallgemeinerungsfähig an. Wenn Kunst nur als "Freiheit in der Erscheinung" ihren Namen verdient und sich einer harmonischen inneren Dynamik (ohne Absicht und regelgeleiteten Einfluß von außen) eines Genies verdanke, dann müssen alle anderen Schreibversuche an der Sache vorbeigehen. Produktive Sinnlichkeit, die sich in der Arbeit des Ausprobierens von Zusammenstellungen übt, die Versuche einer Regelmäßigkeit vornimmt, muß an sich selbst zweifeln. Der Zweifel verkommt zur Ideologie. Ideologie im wahrsten Sinne des Wortes als notwendig falsches Bewußtsein. Denn sie vergleicht die eigene Praxis - auch als potentielle - nicht mit der Praxis des Künstlers, wie sie Kant und Schiller unzweideutig als besonderen Arbeitsprozeß charakterisiert haben. Sie vergleicht die eigene Praxis mit dem im Kunstwerk *zugedeckten* Arbeitsprozeß. Das Zugedeckte ist aber über alle Zweck-, Regel- und Korrektureinflüsse ebenso erhaben wie über seine historisch-sozialen Ursprünge.

In das vorgestellte Bezugssystem der Rezeptionshaltung geht als eine notwendige Bestimmung ein, daß sie sich ausschließlich mit den *Erscheinungsformen* der Kunst (dem fertigen Werk in seiner Freiheit) auseinandersetzt. Die Wirkung von Geniekunst basiert auf dem resultathaften Einverständnis des Rezipienten mit der geronnenen - und scheinbar herkunftsfreien -Erscheinung. Dieser Wirkung kann sich der Rezipient aber innerhalb der Binnenproblematik der Autonomieästhetik gar nicht entziehen. Er müßte dann nämlich das vollziehen, was Schiller erklärtermaßen für empirisch unmöglich hält, nämlich Werke durch sich selbst bestimmt zweck- und regelfrei hervorbringen. Verfährt er jedoch analog zu den theoretischen Bestimmungen des literarischen Arbeitsprozesses, orientiert er also - wie auch immer - sein Tun an Regel und Zweck, so holt die Forderung nach regelfreiem Erscheinen die Heteronomie seiner Versuche ein. Der Sinnlichkeit des Rezipienten bleibt es also in jedem Fall verschlossen, Geniekunst produktiv in einen eigenen literarischen Schaffensvorgang rückzuübersetzen. Im Verdecken von Arbeit liegt damit ein Abwehrmechanismus gegenüber einer möglichen Verallgemeinerbarkeit produktiver Sinnlichkeit verborgen. Indem sich die Praxis von Rezipient und Produzent als unterschiedliche - und nicht vermittelbare - Seinsqualität stabilisiert, übt Geniekunst als metaphysische Größe ihren Verblendungszusammenhang aus.

So reguliert der Schein einer natürlichen Gegebenheit genialer bzw. nicht-genialer Gemütsanlagen die Rollenverteilung von Produzent und Rezipient. Vermittelt, so läßt sich zusammenfassend sagen, ist die Fiktion der Unmittelbarkeit des Produzierens durch die Absonderung des ästhetischen Scheins von den konkreten Bedingungen der künstlerischen Tätigkeit. Als scheinbar in sich ruhendes Bild geben Kunstwerk und Künstler das Zugedeckte illusionär als Eigentlichkeit zu erkennen. Unsere Ausgangsfrage nach den Bedingungen der *Anerkennung* von Geniekunst läßt sich durch diese Illusion beantworten. Für das Rezipientenbewußtsein verfestigt sich der Illusionismus der Unmittelbarkeit zur einzigen - und unerreichbaren - Position künstlerischen Produzierens. Einzig in einem Fremden scheint sich die Authentizität schöpferischer Produktivität zu beweisen. So spiegelt sich auf besondere Weise in der Anerkennung von Kunst als genialer Kunst die Selbstentfremdung des bürgerlichen Subjekts wider.

Die Selbstentfremdung versuchten wir oben mit der Metapher des Linsengerichts der Rezeption anzudeuten. Präziser gefaßt kann das zumindest soviel heißen, daß das Subjekt den auferlegten Verlust schöpferischer Produktivität durch die Vorstellung einer literarischen Naturanlage und Begabung kompensiert. Seine Selbstverwirklichung vollzieht sich als rezeptive Anpassung an die Geniekunst. Als Ersatz für das experimentelle Anschaulichmachen vernünftiger Lebenspraxis durchs ästhetische Medium, wie es die Literatur der Frühaufklärung nahelegte, fungiert die lebenserleichternde Idealisierung eines ästhetisch erbaulichen Bildungserlebnisses. Auch wenn sich daraus keinesfalls zwangsmäßig die Ummünzung des kritischen Potentials ins Harmonisch-Idyllische ergibt, so scheint doch unter produktionsästhetischem Gesichtspunkt festzustehen, daß eigene literarische Entwürfe gleichsam neutralisiert werden.

Wenn sich der Rezipient also negativ zur Möglichkeit eigener literarischer Produktivität verhält, so spiegelt sich darin die Entfremdung von den eigenen Gattungskräften wider. Jene Selbstentfremdung des Rezipienten erkennt literarische Praxis als Vorrecht von Auserlesenen und Berufenen an. Da die Berufung im Namen der Vernunft erfolgt ist, verbiete sich das Infragestellen der Produktions- und Rezeptionsverhältnisse von selbst.

Daß es sich bei den hier aufgezeigten entfremdeten Rezeptionsbedingungen keinesfalls um einen Sonderfall handelt, der nur die Grundlegungen idealistischer Ästhetik bei Kant und Schiller reguliert, macht ein Blick auf die aktuelle Literaturwissenschaft deutlich. Die den Referenten Jauß und Iser verpflichtete Rezeptionsästhetik[21] fragt nach den konstituierenden Faktoren literarischen Verstehens. Jauß gibt ein System objektivierter Erwartungsnormen an, durch das das Verhältnis Werk / Leser vermittelt werde. Dabei nennt er "drei allgemein voraussetzbare Faktoren": die "bekannten Normen" oder die Kenntnis "der immanenten Poetik der Gattung", die "impliziten Beziehungen zu bekannten Werken der literarhistorischen Umgebung" und drittens den "Gegensatz von Fiktion und Wirklichkeit, poetischer und praktischer Funktion der Sprache".[22] Auffällig ist, daß alle Bedingungen, die das Verständnis eines literarischen Textes leiten sollen, von der Möglichkeit eigener Gestaltungsversuche abstrahieren. Leserbewußtsein konstituiert sich ausschließlich über das Lesen. Ein Text evoziert eine Vielzahl an Erinnerungen an schon Gelesenes, er stiftet emotionale Einstellungen und Erwartungen, in die eine Differenzbestimmung zur Alltagssprache eingeht. All diese Dispositionen setzten stillschweigend vor-

---

21 Vgl. dazu ausführlicher weiter unten Kap. 7.1.
22 Jauß, H. R., Literaturgeschichte als Provokation. Frankfurt/M. 1970, S. 177.

aus, daß sich der Erwartungshorizont in seiner Variation vornehmlich an der Faktizität von Werken (oder an Alltagserfahrungen) bestimmt, während er die Potentialität von literarischen Entwürfen des Rezipienten nicht einmal als Problem benennt. Indem die Beschaffenheit des Erwartunghorizonts also ausschließlich über rezeptive Prädispositionen definiert wird, ist er einem stationären Strukturbegriff verpflichtet. Denn bei aller gegebenen Unterschiedlichkeit seiner jeweiligen Beschaffenheit setzt er die strikte Rollenzuweisung von Rezipient und Produzent voraus. Die Selbstentfremdung des Rezipienten scheint demzufolge zu einer Naturform des literarischen Lebens zu gehören. Das ist insofern hervorzuheben, als Jauß sich ausdrücklich gegen eine Ästhetik der irrationalen Schöpfung und der Wiederkehr überzeitlicher Ideen und Motive zur Wehr zu setzen meint.[23] Die fallengelassene Kategorie des Genies taucht aber - obschon unausgesprochenermaßen - erneut auf, da dem aufgezeigten Erfahrungshorizont literarische Produktivität äußerlich ist. Dergestalt erkennt der Rezipient gleichsam unter der Hand die Monopolstellung schöpferischer Produktivität an.

Wenn es richtig ist, daß die herrschende Literaturwissenschaft[24] unter verändertem Vorzeichen die Metaphysik literarischer Produktivität fortschreibt[25], dann ist es ratsam, die Problematik der Autonomieästhetik in ihren Ursprüngen weiter nach dem Verhältnis von Produzent und Rezipient zu befragen. Die im Zusammenhang mit der Rezeptionsästhetik ausmachbare stillschweigende Anerkennung exklusiver Produktivität durch den Rezipienten konnte in der Autonomieästhetik auf den ausgesprochenen Sachverhalt des Verdeckens von Arbeit zurückgeführt werden. Mit dem Schein der Unmittelbarkeit des Produzierens nimmt der Rezipient die ungebundene Freiheit der produktiven Einbildungskraft als ursprüngliche und exklusive Instanz hin. So entsteht eine Rezeptionshaltung, die als verehrende Kontemplation unter der Herrschaft des Scheins die eigene schöpferische Produktivität opfert.

Innerhalb des aufgezeigten Bezugssystems bleibt die Frage zu untersuchen, auf welchen Bedingungen das Bewußtsein des Produzenten aufbaut, ein Genie zu sein. Zur Grundvoraussetzung literarischer Produktivität, das hatte bereits Kant ausgesprochen, gehört jene Selbstüberzeugung, Talent zu besitzen. Der Produzent muß an seine Fähigkeiten glauben. Bei Schiller wird der Glaube an die subjektiven Fähigkeiten um einen entscheidenden Schritt erweitert, indem es nicht nur der Glaube ans Talent ist, der das Genie ausmache, sondern die Überzeugung, zu einem Kreis von Exklusiven zu gehören. Bereits oben konnte herausgestellt werden, daß eine Vereinzelung der Vernunft in dazu "berufenen Subjekten" zu den Erscheinungsformen des analysierten gesellschaftlichen Sy-

---

23 Vgl. bes. ebd., S. 153.
24 Zum Stellenwert der Rezeptionsästhetik als repräsentativer "Literaturwissenschaft heute" vgl. den gleichnamigen Artikel von P. Bürger. In: Stichworte zur 'Geistigen Situation der Zeit', 2. Bd., hg. v. J. Habermas. Frankfurt/M. 1979, S. 781 - 795.
25 Ungeachtet dessen vollzieht sich durch das avantgardistische Kunstwerk und durch materialistische Theorie die Auflösung des ästhetischen Scheins als natürliche Gegebenheit der Werke. Vgl. dazu weiter unten Kap. 5.

stems gehört. Diese Einsicht Schillers wurde dann im nächsten Schritt von uns hinsichtlich der Anerkennung der Berufenen durch die Nicht-Berufenen problematisiert. Offen bleibt nach wie vor die Legitimationsgrundlage des Produzenten, den Schein esoterisch herzustellen. Denn die Insistenz auf Talentbesitz und Berufung ist auf ihren Postulatcharakter verwiesen, sie bleibt bloße Versicherung. Oder - in der Terminologie Hegels - sie signalisiert ein Selbst*gefühl*, kein Selbst*bewußtsein*. Selbstbewußtsein kann sich aber, der Hegel'schen Gedankenfigur von Herrschaft / Knechtschaft folgend, erst über einen gelungenen Prozeß von *Anerkennung* konstituieren.[26] Auf unseren Zusammenhang übertragen heißt das, daß die Anerkennung der produktiven Tätigkeit als Geniekunst durch den Rezipienten erfolgt. Der Rezipient erkennt, wie oben ausführlich dargestellt, über den Scheincharakter Kunst und Künstler als exklusive Instanz an. Erst diese Anerkennung emanzipiert das Selbstgefühl, Talent zu besitzen, zum Selbst*bewußtsein*. Im Anerkennen durch ein anderes Selbstbewußtsein, diesem Doppelcharakter des Selbstbewußtseins, lebendige Tätigkeit für sich selbst und Gegenstand ebensolcher Tätigkeit für ein anderes zu sein, bewegt sich Hegels Gedankenfigur. Wir müssen auf das Verhältnis hier eingehen, da es den geistig / gesellschaftlichen Umgang von Produzent und Rezipient, von Autor und Leser reguliert. In der notwendigen Kürze wenden wir uns zunächst dem von Hegel entwickelten Herrschafts-Knechtschafts-Verhältnis zu und übertragen es dann auf den vorliegenden Zusammenhang.

Das Selbstbewußtsein existiert "nur als ein Anerkanntes".[27] Es ist die geistige Einheit zweier Selbstbewußtseine, die sich gegenseitig anerkennen. Ein Selbstbewußtsein stellt sein Selbst in einem anderen Bewußtsein dar, das umgekehrt das gleiche tut. Hegel nennt die Einheit des verdoppelten Selbstbewußtseins den reinen "Begriff des Anerkennens"[28] und fragt, wie dies Anerkennen für das einzelne Selbstbewußtsein erscheine. Die Bewegung des Anerkennens ist das vermittelnde Glied zwischen den beiden. Es ereignet sich jenes "Heraustreten der Mitte in die Extreme"[29], das ein anerkennendes und ein anerkanntes Selbstbewußtsein begründet. Damit ist das Verhältnis ihrer Ungleichheit gegeben, das Verhältnis von Herrschaft / Knechtschaft.

Um den bisherigen Stand der Argumentation auf das Verhältnis Produzent / Rezipient zu übertragen, wählen wir ein einfaches Beispiel. Es soll gleichsam idealtypisch das Verhältnis zwischen Autor und Leser (Produzent / Rezipient) bestimmen. Ein Autor hat über die Mechanismen des Marktes[30] ein Buch veröffentlicht. Dem Leser stellt es sich durch diese Vermittlung als ein fertiges - und fremdes - Produkt gegenüber. Setzt man voraus, dem Leser sei es aufgrund der selektiven Veröffentlichungspraxis der Verlage nicht möglich, selber die Rolle eines Autors einzunehmen, so institutionalisiert

---

26 Vgl. G. W. F. Hegel, Phänomenologie des Geistes. A. a. O., S. 113 ff.
27 Ebd., S. 113.
28 Ebd., S. 115.
29 Ebd.
30 Vgl. dazu grunds. die Bestimmungen des literarischen Marktes im vorherigen Kapitel.

das den Autor als Anerkannten. Der Leser wird hingegen zum Anerkennenden. Zwischen beiden herrscht das beschriebene Verhältnis der Ungleichheit. Das trifft auch dann zu, wenn der Rezipient mit dem Werk nicht übereinstimmt und es aus bestimmten Gründen ablehnt, erkennt er es doch an, indem er ihm widerspricht. Er nimmt es als ein geistiges Werk an, dem nur angemessen, nämlich geistig, zu begegnen ist. Der Widerspruch kann sich aber nie auf einer gleichberechtigten Ebene mit dem Produzenten vollziehen. Dann müßte es nämlich zu einem tatsächlichen Dialog zwischen Rezipienten und Produzenten kommen, der die scharfe Trennungslinie zwischen beiden Handlungsebenen aufhebt. Der Schaffensprozeß würde in diesem Fall an ein öffentliches Räsonnement gebunden. Im literarkritischen Räsonnement, wie die oben angesprochene ursprüngliche Kommunikationsgemeinschaft als auch der Literaturbegriff der bürgerlichen Frühaufklärung nahelegen, ließen sich Formen öffentlicher Argumentation einüben, die das Verhältnis von anerkennendem und anerkanntem Bewußtsein umkehren. Als herrschaftsfrei ist demnach eine literarische Kommunikation zwischen Produzent und Rezipient nur dann anzusehen, wenn sich die Statuszuweisung als vorläufig und flexibel austauschbar erweist, wenn das dichterische Tun einer öffentlichen Diskussion als Kontrollinstanz unterworfen ist, die über ein gemeinsames -verallgemeinerbares - Potential an Produktivität verfügt. Entzieht sich der literarische Arbeitsprozeß jedoch über das Verdecken von Arbeit der diskursiven Praxis und stellt sich als eine geistig nicht einholbare und nicht vermittelbare exklusive Tätigkeit dar, so erfolgt die Rollenverteilung von Anerkennendem und Anerkanntem. Der Verblendungszusammenhang von Geniekunst erweist sich auf dieser Folie als Herrschaftsverhältnis. In der Terminologie Hegels verkörpert der Rezipient das knechtische Bewußtsein, während der Produzent das Selbstbewußtsein des "Herren" erhält. Verfolgt man an dieser Stelle die ausgewählte Gedankenfigur weiter, so bleibt zunächst festzuhalten, daß aus dem Prozeß der Bewußtseinskonstitution gegenseitiger Anerkennung ein "Herr" hervorgeht, der sich seine Dominanz durch einen anderen - Knecht gewordenen - Menschen anerkennen läßt. Dieses Anerkanntsein und Sich-anerkannt-Wissen kann ihm aber nicht genügen, da es nur ein Knecht ist, der die Anerkennung zollt. Er verlangt nach der Anerkennung durch Seinesgleichen, durch einen anderen "Herren". Nur dieser kann sie ihm adäquat gewähren. Zwei "Herren" können sich gleichsam jovial anerkennen, sie sehen sich selbst im anderen, ohne daß die beteiligten Bewußtseine ihr gegenseitiges Herrschaftsverhältnis erkämpfen müßten. Überträgt man diesen Argumentationsschritt auf den vorliegenden Zusammenhang literarischer Poduktivität, der durch das Verhältnis Produzent / Rezipient definiert ist, so wird eine deutliche Analogie sichtbar. Das Genie als "berufenes Subjekt" kann sich sein Ideal und seine Berufung auf die Dauer nicht durch das knechtische Bewußtsein seiner Leser bestätigen lassen. Diesen Sachverhalt reflektiert offenbar auch Schiller, wenn er unverblümt ausspricht:

"Aber von der Beschränktheit und Bedürftigkeit seiner Leser empfängt der darstellende Schriftsteller niemals das Gesetz. Dem Ideal, das er in sich trägt, geht er entgegen, unbekümmert, wer ihm etwa folgt und wer zurückbleibt. Es werden viele zurückbleiben; denn so selten es schon ist, auch nur denkende Leser zu finden, so ist es doch noch unendlich seltener, solche anzutreffen, welche darstellend denken können."[31]

Da es unter der Würde des Genies ist, den Beweis seiner Identität durch die "Beschränktheit und Bedürftigkeit seiner Leser" zu erlangen, kann es nur ein anderes Genie sein, das adäquate Anerkennung ausspricht. Nur untereinander können sie sich versichern, das Ideal lebendig zur Geltung zu bringen und es von der Natur erhalten zu haben. Die angenommene Gemeinsamkeit genialer Empfindungen bildet folglich die Basis einer adäquaten Anerkennung. Bereits Diderot vertritt diese Ansicht in seinem Genie-Artikel der Enzyklopädie, wenn es dort heißt: "Das *Genie* wird von dem Menschen, der es definieren will, besser empfunden als erkannt."[32]

Diderots Empfindungen richten sich hier auf Voltaire. Voltaire zu erkennen, bedürfe es jener Empfindung, die offenbar nur Gleichgesinnten zukomme.[33] Geradezu exemplarisch läßt sich dieses Verhältnis zwischen Goethe und Schiller nachweisen. Beide attestieren sich gegenseitig geniale Schaffenskräfte in der Gewißheit, sie selbst zu besitzen.

Wenn Hegel zufolge das Verhältnis der "Herren" zueinander durch einen erneuten Konflikt der Statuszuweisung des Anerkennens gekennzeichnet ist, so läßt sich dieser Konstitutionsprozeß unschwer auch auf das Verhältnis von Genies zueinander übertragen. Nicht immer zeigt sich hier jene Jovialität, die sich die beiden genannten Klassiker aus Weimar entgegenbrachten. Mitunter gräbt der eine zur Erhöhung seiner Person dem anderen das Wasser ab. Als nur ein Beispiel dafür sei das Verhältnis von Goethe zu Heinrich von Kleist angeführt. Auch das ist eine Erscheinung der Autonomieästhetik: Der autonome Schriftsteller gewinnt seine Identität auf Kosten vermeintlich unvollkommener Konkurrenten.

---

31 Friedrich Schiller, Über die notwendigen Grenzen beim Gebrauch schöner Formen. In Sämtliche Werke, Bd. 5. A. a. O., S. 670 - 693; Zitat: S. 681. In der Folge im Text zitiert: Notwend. Grenzen, S. N.N.
32 Denis Diderot, Artikel: Genie (Literatur und Philosophie). In: Ders., Enzyklopädie. A. a. O., S. 175 - 182; Zitat: S. 182.
33 Hier kann heuristisch einsichtig werden, wie geniales Schaffen und geniales Verstehen verbunden werden. Die Autonomie des Werkes korrelliert mit der Autonomie der Kritik. Am deutlichsten ist das wohl anhand Friedrich Schlegels Konzept der Kritik ersichtlich, das künstlerische Produktion und deren Beurteilung in der Kritik als nur verschiedene Äußerungsarbeiten eines und desselben Vermögens faßt. Über das geniale Produzieren, resp. geniale Verstehen erkennen sich Künstler und Kritiker gegenseitig als Gleichberechtigte an. Daß sie sich damit von der Masse der bloß Anerkennenden - und nicht Anerkannten - absetzen, macht die Überlieferung der genialen Verstehenslehre deutlich. Besonders Dilthey - und die an ihm orientierten literaturpädagogischen Strömungen - haben von der Jahrhundertwende an bis zur Gegenwart mit einer genialen Verstehenslehre den Ausschluß der großen Mehrheit der Bevölkerung vom Verstehen literarischer Texte zu legitimieren versucht. Vgl. dazu unten Kap. 6 u. 7.

Verfolgt man das Verhältnis Herrschaft / Knechtschaft zur Konstitution von Selbstbewußtsein anhand des Gedankenganges der Phänomenologie Hegels weiter, so stößt man auf eine andere bemerkenswerte Analogie zu den Ausführungen Schillers. Da sich der "Herr" nicht vom knechtischen Bewußtsein anerkannt wissen kann, gerät er in die Isolation. Oder, mit den Worten von Kojève formuliert, die Herrschaft ist eine "existentielle Sackgasse".[34] Bei Schiller gibt es neben dem glücklichen den unglücklichen Künstler. Letzterer gelangt in tragische Vereinsamung und leidet unter dem Unverständnis all jener, die ihn nicht adäquat anerkennen können, bzw. deren Anerkennung seinem Herrenbewußtsein doch nur äußerlich bliebe. Aber der Unglückliche "genießt den erhabenen Vorzug, mit der göttlichen Majestät des Gesetzes *unmittelbar* zu verkehren und, da *seiner* Tugend keine Neigung hilft, die Freiheit des Dämons noch als Mensch zu beweisen" (Notwend. Grenzen, S. 693).[35] Die "existentielle Sackgasse", durch seine Werke keine entsprechende Anerkennung erfahren zu haben, findet man in der Schlußpassage von Schillers Schrift deutlich formuliert:

"Einzig durch den Schönheitssinn, den Statthalter der Vernunft in der Sinnenwelt, regiert, wird er zu Grabe gehen, ohne die Würde seiner Bestimmung zu erfahren" (ebd.).

Unsere These, daß die Annahme einer künstlerischen Subjektivität, die unabhängig von äußeren Bezügen durch einen entsprechenden Sinn das Schöne hervorbringe, an die Dialektik von selbständigem und unselbständigem Bewußtsein gebunden ist, läßt sich anhand einer kritischen Analyse von Schillers Theorie des Spiels vertiefen.

4.3 Zum Objekt-Status des literarischen Rezipienten

Schiller ist davon überzeugt, "zwei Fundamentalgesetze der sinnlich-vernünftigen Natur" (11. Brief, S. 603) des Menschen aufgespürt zu haben. Auf der einen Seite den sinnlichen Trieb (*Stofftrieb*), auf der anderen den *Formtrieb*. Der erste verkörpert Sinnlichkeit, Empfindung, Natur; kurz jenen Zustand, der vom Hier und Jetzt der Bilder nicht loskommt. Der zweite ordnet die Bilder der Empfindung und Erscheinung, um sie in die Gesetze und die Einheit der Vernunft zu überführen. Man könnte auch sagen, er preßt den Wechsel der bloß bildhaften Eindrücke und Zustände in eine konstante, begrifflich zugängliche Form, um sie zu beherrschen.

Aus diesen knappen Bestimmungen ergeben sich für unsere Untersuchung entscheidende Konsequenzen. Sie betreffen die bereits angesprochene Problema-

---

34 Kojève, A., Hegel. Eine Vergegenwärtigung seines Denkens. Kommentar zur "Phänomenologie des Geistes", hg. v. I. Fetscher. Frankfurt/M. 1975, S. 64.
35 Es wäre einer eigenen Untersuchung wert, die Herrenideologie der "Freiheit des Dämon" bis ins 20. Jh. zu Stefan Zweig oder Thomas Mann zu verfolgen.

tik von Bild und Begriff und das bei Kant thematisierte produktionsästhetische Problem der im Kunstwerk geronnenen Zeit. Vom Formtrieb heißt es, er schweiße die Sinne zu einer "Ideeneinheit" zusammen, die die Zeit aufhebt und das individuelle Tun zu dem der Gattung emanzipiere. Die gesetzgebende Kraft der Ideen und Begriffe, die das Werk der Gattung sind, strebt bedingungslos danach, die von der individuellen Natur produzierten Empfindungen und Bilder zu subsummieren. Vernunft und Sinnlichkeit stehen in Gestalt der beiden Triebe polar gegenüber: die Vernunft ist nicht sinnlich und die Sinnlichkeit ist nicht vernünftig. Die durch die Gattungskräfte erfaßten individuellen Bilder sind zu toten, scheinbar zeitlosen Begriffen geronnen, die mit den lebendigen, höchst aktuellen Bildern der Empfindungen konfligieren. Sollen die menschlichen Fähigkeiten sich frei entfalten und zur Freiheit gelangen, so muß dieser Antagonismus gelöst werden.

Es liegt die Vermutung nahe, daß das Denkschema der gegensätzlichen Triebe auf anthropologischer Stufe nachzeichnet, was Schiller bereits für die arbeitsteilige Gesellschaft als Struktur ausmachte: Geist und Sinn stehen einander fremd gegenüber; die Aufgabe der Re-Synthetisierung ist gestellt. Ein einfaches Zurück zum sinnlichen Hier und Jetzt der Bilder und Empfindungen bedeutet kulturelle Regression, da einzig der Formtrieb die Vernunft des Menschen befördert und bestrebt ist, "ihn in Freiheit zu setzen, Harmonie in die Verschiedenheit seines Erscheinens zu bringen und bei allem Wechsel des Zustands seine Person zu behaupten" (12. Brief, S. 605). Autonomie und Identität sind an das Durchlaufen dieses Stadiums gebunden. Schillers Gesellschaftsanalyse läßt sich dazu in Analogie setzen. Dem Rousseau'schen 'Zurück zur Natur' hält er die Notwendigkeit der arbeitsteiligen Organisation des außerkünstlerischen Geistes entgegen, die die Basis zur Entwicklung der ästhetischen Totalität liefert. Dem entspricht die Versöhnung von Stoff- und Formtrieb durch einen dritten Trieb: den *Spieltrieb*. Seine Aktivität ist künstlerisch, er produziert Schönheit, und sein Ziel ist Freiheit. Der Spieltrieb soll die ästhetische Versöhnung der Erkenntniskräfte bewirken, die Kluft zwischen Freiheit und Notwendigkeit, zwischen Intelligibilität und Sinnlichkeit schließen.

Wenn es zutrifft, daß Schiller für die antagonistischen Widersprüche der *gesellschaftlichen* Totalität und deren Versöhnung durch das Medium Kunst analoge Mechanismen annimmt wie für die *anthropologisch* ausgewiesenen "Fundamentalgesetze der sinnlich-vernünftigen Natur" des Menschen, läuft dann das ganze Konzept ästhetischer Erziehung nicht Gefahr, den selbst gestellten Anspruch einer Kritik an der *Zeit*genossenschaft zu verfehlen? Anders gefragt: Untergräbt Schiller nicht sein als *historisch* gekennzeichnetes Selbstverständnis, wenn er die Konflikte der Arbeitsteilung in eine anthropologisch bestimmte Seinsstruktur zurückverlagert? Wenn die Widersprüche der von Schiller diagnostizierten Gesellschaft und der ästhetische Protest gegen dieses Ensemble mit den Widersprüchen des Individuums in seiner Triebstruktur und der Funktion des Spieltriebs korrelieren, dann lassen sich daraus entscheidende Hypothesen ableiten. Sie betreffen für unseren Zusammenhang primär das Verhältnis literarischer Rezeption und Produktion.[36] Angenommen, die These der Korrelation wäre stichhaltig, so ist das Verhältnis Produzent / Rezipient unabänderlich festgeschrieben. Die Herren-Ideologie des Produzenten und die postulierte "Beschränktheit und Bedürftigkeit seiner Leser" sind dann nicht mehr historische Erscheinungsformen, sondern dieses Verhältnis gehört zum unabänderlichen Wesen des Menschen. Der transhistorische Charakter des ästhetischen Scheins, der die Entfremdung aufheben soll, hätte zur Bedingung seiner institutionellen Autonomie das Herrschafts- / Knechtschafts-Verhältnis von Literaturproduzent und -rezipient. Autonomie des Produzenten hieße gleichzeitig immer Unselbständigkeit und Objektstatus für die Masse der Rezipienten.

Um diesen Hypothesen nachzugehen, müssen die Aktivitäten des Spieltriebs näher gekennzeichnet werden. Schiller trennt bei seinen Bestimmungen nicht terminologisch zwischen rezeptiven und produktiven Kompetenzen. Auf der einen Seite fungiert der Spieltrieb als Quelle der kontemplativen Rezeption, auf der anderen Seite als Quelle der Produktion. Erst wenn man hingegen versucht, rezeptive von produktiven Bestimmungen zu sedimentieren, kann ihr Widerspruch deutlich werden. Folglich geht die Untersuchung den Weg, Schillers in eins gesetzten Spieltrieb nach seiner jeweiligen Funktion für den Rezipienten bzw. für den Produzenten zu hinterfragen.

"Bei Anschauung des Schönen", so heißt es, befindet sich das Gemüt "in einer glücklichen Mitte zwischen dem Gesetz und dem Bedürfnis" (15. Brief, S. 616). Der ästhetische Zustand ist der des psychischen Gleichgewichts. Er ist der "Zustand der höchsten Ruhe und der höchsten Bewegung, und es entsteht jene wunderbare Rührung, für welche der Verstand keinen Begriff und die Sprache keinen Namen hat" (ebd., S. 619). Vergegenwärtigt man sich, daß Schiller hier Kants Bestimmung der sprachlichen Inadäquatheit aufgreift (vgl. KdU § 49, S. 414), so wird deutlich, daß die beschriebene Wirkung im Subjekt der Kennzeichnung des ästhetischen Gegenstands entspricht. Kontemplative Rezeption bezieht sich auf die im Werk sublimierte Sinnlichkeit und die kompensierten Entfremdungsmerkmale. Von der ästhetischen Autonomie heißt es, sie sei eine Art "Nullzustand" (vgl. 21. Brief, S. 635), in dem "wir uns wie aus der Zeit gerissen (fühlen)" (22. Brief, S. 637).[37] Aus der endlichen Bestimmung der empirischen Zeit ist auch die Schönheit des Kunstwerks gelöst. Es ist indifferent gegenüber "*Erkenntnis* und *Gesinnung*" (S. 635). Zeitbedingte Absichten ("Tendenz") gelten als in der Wirklichkeit befangen und stehen dysfunktional zur Welt des "Scheins". Die Autonomiesetzung der Kunst als Schein soll die ungebundene Freiheit der Einbildungskraft garantieren. Der Spieltrieb kann so

---

36 Nicht weiter untersucht werden kann hier die Vermutung, daß Schiller die arbeitsteiligen Verhältnisse der materiellen Produktion zu Fundamentalgesetzen des Menschen verdinglicht.
37 Vgl. auch 25. Brief, S. 652: "(...) in den Sinnen erfolgt ein augenblicklicher Friede, die Zeit selbst, das ewig Wandelnde, steht still, indem das Bewußtseins zerstreute Strahlen sich sammeln (...)".

als Synthese von Gefühl und Verstand, von Bild und Begriff die Restriktionen der sensualistischen und rationalistischen Ästhetiken überwinden und das Werk als Synthese von Unendlichkeit und Gesetz fassen.
Die vorgestellte Harmonie des Spiels folgt jener Bestimmung, die im Zusammenhang mit Kants Geschmacksurteil als konstitutiv herausgestellt wurde: Allein der *Vollzug*, der aktive Beweis des Tuns, setzt das ästhetische Vermögen in sein Recht. Wie Kants "freies Spiel" der Erkenntniskräfte im ästhetischen Urteil Verstandeskategorien impliziert, die die Einbildungskraft verinnerlicht hat, so setzt Schillers Spiel auf eine Art innere Korrespondenz zwischen Verstand und Gefühl, sprich: zwischen ästhetischem Gesetz und Einbildungskraft. Und in der Tat wird für den als Vollzug ausmachbaren ästhetischen Zustand und seine Gesetze geltend gemacht, daß sie - im Gegensatz zu logischen und moralischen Gesetzen - *"nicht vorgestellt werden"* (20. Brief, S. 634). Der Spielende spielt immanent gesehen korrekt, wenn er der Logik des Spiels gemäß Regeln vollzieht, auch wenn er sie nicht verstandesmäßig herleitet.
Ganz in diesem Sinne spricht Gadamer konsequent vom *"Primat des Spiels gegenüber dem Bewußtsein des Spielenden"*[38].
"Das Spiel stellt offenbar eine Ordnung dar, in der sich das Hin und Her der Spielbewegung wie von selbst ergibt. Zum Spiel gehört, daß die Bewegung nicht nur ohne Zweck und Absicht, sondern auch ohne Anstrengung ist. Es geht wie von selbst (...). Das Ordnungsgefüge des Spieles läßt den Spieler gleichsam in sich aufgehen und nimmt ihm damit die Aufgabe der Initiative ab, die die eigentliche Anstrengung des Daseins ausmacht."[39]
Unabhängig davon, entscheiden zu wollen, ob es Gadamer gelingt, über den von Schiller gesetzten Spiel-Begriff hinauszugehen, kann festgehalten werden, daß auch hier eine bestimmte Auffassung von der Erfahrung der Kunst zugrundeliegt. Ihrem Spielcharakter zufolge existieren die Regeln unabhängig vom Bewußtsein des Spielenden. Aber sie existieren nicht nur in der Unabhängigkeit, sie gewinnen zudem herrschende Gewalt über ihn. Wenn man sagt, der Spielende folgt den Regeln blind, so trifft das diesen Sachverhalt, da das Bewußtsein des Spielers die Regeln nicht reflexiv einholt. Er kann ihnen folgen, Vergnügen und Genuß an ihnen gewinnen. Erkenntnismäßig beherrschen und seinen eigenen Interessen gemäß *verändern* kann er sie nicht. Damit stellt die im Spiel versprochene Freiheit von äußeren Zwängen Autonomie und Subjekt-Status selbst in Frage, da es offenbar zum Wesen des Spiels gehört, eine Wirklichkeit vorzugeben, die weder begrifflich-analytisch zugänglich noch in irgendeiner Form korrigierbar ist. Angenommen, der Rezipient leitet die Spielregeln analytisch her, schaltet also in den mimetischen Vollzug des Spiels begriffliche Erkenntnis ein, so verstößt er - im wahrsten Sinne des Wortes - gegen die Spielregeln. Das Spiel ist dann kein Spiel mehr. Gadamers Grundlegung des

---

38 H. G. Gadamer, Wahrheit und Methode. Grundzüge einer philosophischen Hermeneutik. 4. Aufl. Tübingen 1975, S. 100.
39 Ebd.

Spiels rückt damit in die Nähe der in Schillers Kallias-Briefen vorgenommenen Definition ästhetischer Betrachtung. Die Autonomie in der Erscheinung endet, wo die Reflexion über das Zustandekommen des Schönen beginnt. Sobald der Rezipient über Zweck und Regel (über den Arbeitscharakter) nachdenkt, zerbricht die auratische Kraft der "Freiheit in der Erscheinung". Innerhalb des von Schiller vorgeführten Selbstverständnisses ästhetischer Betrachtung käme dieses Durchbrechen der Spielregeln der Hinwendung zum zweckrationalen und nutzenorientierten Tun gleich. Die Freiheit der Einbildungskraft kann als ungebundene nur solange existieren, wie sie bereit ist, den gesteckten Bedingungsrahmen des Spiels nicht zu überschreiten.

Besonders deutlich kann das noch einmal klar werden, wenn man sich die Momente vor Augen führt, die nach Gadamer zum Spiel "gehören": "ohne Zweck und Absicht", "ohne Anstrengung". Das Spiel - und der ästhetische Schein - gewinnen ihre Identität dadurch, daß sie sich von den Bestimmungen scharf abgrenzen, die Arbeit ausmachen. Lappt der zu verdeckende Arbeitscharakter künstlerischen Tuns in den Bereich des Spiels hinein, so hebt es sich selbst auf. Umgangssprachlich hat das eine bezeichnende Entsprechung. Die Redewendung: Das ist doch kein Spiel mehr! charakterisiert eine Spielsituation, in der rationale Regelbefolgung gegen das Hin und Her der Spielbewegung triumphiert. Die strategische Absicht zu gewinnen hat die Regeln des Spiels an die Grenzen getrieben und ist entscheidendes Handlungsmotiv geworden. Auch wenn die Regeln nicht verletzt werden, sondern nur einseitig zweckrational ausgenutzt, stellt man den Spielcharakter in Frage. Erzielt z.B. eine Mannschaft im Ballspiel einen Torerfolg und zieht sich danach für den Rest der Spieldauer in die Verteidigung zurück, um den Vorsprung zu halten, wirft man ihr vor, kein Spiel getrieben zu haben, obwohl sie in keinem Moment die Logik der Regeln verletzt hat. Der Vorwurf richtet sich auf eine Haltung, die sich gegen die Unterwerfung des Bewußtseins unter den Primat des Spiels zur Wehr setzt. Umgangssprachlich schließen sich also spielerisches und zweckrationales Verhalten aus. Schillers Harmonie des Spiels steht damit in Einklang: Wird der Spielende ersichtlich Herr über das Spiel, gilt er als Spielverderber. Widersetzt sich die ästhetische Aneignung der Werke der Autonomie in der Erscheinung, stellt sie also kritisch in Frage, ob der Gegenstand durch sich selbst bestimmt ist, so sind die Grenzen des Spiels erreicht.

Übertragen wir diese Aussage auf das oben entwickelte Verhältnis von Herrschaft / Knechtschaft, so läßt sich folgende Schlußfolgerung ziehen: Der Rezipient ist auf eine Objekt-Rolle festgeschrieben. Zum Spiel gehört nicht nur die Unterordnung unter die Regeln, sondern ebenso der Verzicht, dieselben rational zu erklären oder produktiv zu verändern. Der "Herr" akzeptiert den "Knecht" einzig in eben diesem stationären Rollenverhalten. Um den Schein der *natürlichen* Gegebenheit dieses Verhältnisses aufrechtzuerhalten, müssen alle Hinweis auf das Hergestelltsein, auf Absicht und Regelanwendung verdeckt werden.

Hier wäre prinzipiell der Einwand möglich, die Denkfigur von Herrschaft / Knechtschaft tauge nicht zur Illustration des Verhältnisses Produzent / Rezipient, da es der "Knecht" ist, der arbeitet und der "Herr" derjenige, der verzehrend genießt. Produktion wäre die Rolle des Knechts und Rezeption die des Herrn. Der Einwand verliert an Überzeugung, betrachtet man die besondere Art der Arbeit, die der Knecht auszuführen hat. Die Tätigkeit des Knechts richtet sich nicht nach dem Maßstab seiner Autonomie, sondern nach der *Verdrängung* seiner Autonomie. Der dienende Knecht verdrängt seine Interessen, um sie arbeitend zu denen des Herrn zu machen. Man kann sagen, er bildet sich, kultiviert sich und sublimiert, indem er seine Begierden verdrängt. Er bildet sich, indem er seinen Spieltrieb nach dem Willen des Herrn formt. Die rezeptive Aneignung der Produkte des Spieltriebs des "Herren" ist die Arbeit der Bildung des "Knechts". Und hier liegt die Möglichkeit einer Auflösung des Verhältnisses von Herrschaft / Knechtschaft begründet.

Durch die im Dienste des "Herrn" verrichtete Arbeit befreit sich der "Knecht" von der Abhängigkeit, die ihn dem Herren unterwarf. Der Rezipient kann sich die Werke des Produzenten aneignen und sie schöpferisch in seine Welt integrieren. So kommt er zur abstrakten Idee seiner Freiheit. Im Kunstwerk scheint ihm das Ideal vor. Die Dialektik des ästhetischen Scheins kann an dieser Stelle besonders deutlich als Ideologie des Knecht-Bewußtseins benannt werden. Der affirmative Charakter der autonomen Kunst setzt Handlungsimpulse frei, die einer Ausbildung von Innerlichkeit dienen. Hier wird die Wirklichkeit des Knechtseins im Ideal der Freiheit sublimiert.[40] Auf der anderen Seite hält gerade die autonome Kunst gegen die Entbehrungen der Wirklichkeit das Versprechen der Harmonie aufrecht und kann durch Sensibilisierung für diesen Widerspruch Handeln vorbereiten. Diese historische Alternative bereitet Schillers Konzept vor, wie sehr es auch gegen die Emanzipation des dienenden Rezipienten zum selbstbewußten Produzenten Front macht. Schillers Kunst als Aufklärung über die entfremdete Praxis ist zwar "Aufklärung von oben", die den Rezipienten zum Objekt macht. Sie kann aber in dem Maße den Rezipienten zum Produzenten emanzipieren, wie sie das arbeitende Bewußtsein zum Studium der *theoretischen* Einsichten über literarische Produktion führt. Im Bereich der ästhetischen Theorie deutet das eine Produktionsästhetik an, die später von Brecht und Benjamin formuliert wird.[41]

---

40 Herbert Marcuses Diagnose, daß der Schein des Schönen die Versöhnung mit dem wirklichen Leid leistet, läßt sich exemplarisch in der äthetischen Theorie von Karl Philip Moritz ablesen. Die Probleme der äußeren Welt werden im geschützten Reich der Innerlichkeit aufgelöst, und es entsteht der "tröstende Gedanke, daß es keinen Stand in der Welt gibt, der dem Menschen die Macht rauben könnte, die wahren Vorzüge seines Geistes zu empfinden, über die Verhältnisse der Dinge und ihren Zusammenhang Betrachtungen anzustellen und sich mit einem einzigen Schwunge seiner Denkkraft über alles das hinwegzusetzen, was ihn hienieden einengt, quält und drückt" (Karl Philip Moritz, Das Edelste in der Natur. In: Werke, Bd. 1. A. a. O., S. 237).
41 Vgl. dazu unten Kap. 5.4.

Nach Gadamer drückt sich im "Hin und Her der Spielbewegung" das Wesen des Spiels aus. Dieser Sachverhalt wurde im literarischen Spiel hinsichtlich der immanenten Konsequenzen für den Rezipienten geprüft. Das Spiel ist partnerschaftlich definiert, auch wenn der Partner nur in der Vorstellung des Spielenden existiert und nicht real anwesend ist. Diesem Verhältnis ist auch der Produzent unterworfen. Es ergibt sich die produktionsästhetische Fragestellung, ob aus der Logik des Spiels Aussagen über den Schaffungsprozeß herleitbar sind. Historisch betrachtet ist das "Hin und Her der Spielbewegung" in der "ursprünglichen Kommunikationsgemeinschaft"[42] deutlich ausgeprägt. Der Produzent erfährt die direkte Mitarbeit und Korrektur seiner Rezipienten. Sie ist ihm Ansporn zur Komposition und Improvisation. Der Verlust der direkten Kommunikation wird, wie oben dargestellt, vom bürgerlichen Schriftsteller in tragischer Vereinsamung als Leiden erlebt. Exemplarisch sei noch einmal auf das Genre des Romans hingewiesen, in dem sich die Isolation bezeichnend widerspiegelt. Isolation, Abstraktheit und Unverbindlichkeit der Aussage wird spätestens seit Mitte des 18. Jahrhunderts (nach dem Zerfall bürgerlich-literarischer Öffentlichkeit) für den modernen bürgerlichen Kunstbegriff bedeutungsvoll. Mit dem Wegfall des gegenseitigen Verwiesenseins authentischer Produzenten und Rezipienten ist aber der Adressatenbezug des Spielcharakters nicht aufgehoben. Gadamer hebt das hervor, wenn er darauf aufmerksam macht, daß das Herstellen und Darstellen von Kunst "seiner Möglichkeit nach ein Darstellen für *jemanden* (ist)".[43] Das Werk weist über sich hinaus auf diejenigen, die rezeptiv daran teilhaben (könnten). Am Beispiel der Hausmusik kann das exemplarisch einsichtig werden. Sie ist für die teilnehmenden Spieler gemacht und nicht für ein Publikum. Aber die Abstinenz eines Publikums setzt den kommunikativen Charakter keinesfalls außer Kraft. Potentiell ist sie an Rezipienten gebunden: "Wer in dieser Weise Musik treibt, erstrebt in Wahrheit auch, daß die Musik gut 'herauskommt', d.h. aber: für jemanden, der zuhören würde, richtig da wäre. Die Darstellung der Kunst ist ihrem Wesen nach so, daß sie für jemanden ist, auch wenn niemand da ist, der nur zuhört oder zuschaut."[44]
Die schöpferische Tätigkeit, soviel kann hier deutlich werden, ist an Mitspieler gebunden. Der isolierte Produzent ist ebenfalls auf sie verwiesen, auch wenn er ihre Präsenz ausschließlich fiktiv bestimmt. Er wählt seine Formulierungen so, als ob sie auf Widerhall und Verständnis treffen würden. Das "Hin und Her der Spielbewegung" hat sich ins Innere des Produzenten verlagert. Hier wird das reale dialogische Verhältnis in ein imaginiertes umgewandelt. Man könnte auch sagen, der Schaffensvorgang hat die Transformation eines empirischen Gesprächspartners oder eines Publikums in einen *inneren Monolog* zu leisten. Der innere Monolog baut ein Zwiegespräch zwischen dem "Ich" des

---

42 Vgl. dazu oben Kap. 1.2.
43 Gadamer, Wahrheit und Methode. A. a. O., S. 103 (Hervorhebung, H. R.).
44 Ebd., S. 105.

Produzenten und einer fiktiven Person auf. Zur Arbeit des Schriftstellers gehört jener Vorstellungsakt der Einbildungskraft, einen Adressatenbezug herzustellen. Wenn Hamann hervorhebt, die Idee des Lesers sei "Muse und Gehilfin des Autors" und Herder davon spricht, sich in seinem Werk an ein " unsichtbares Kommerzium der Geister und Herzen" zu wenden, so verdeutlicht das die Notwendigkeit, sich einen Leser vorzustellen.[45] Der Leser muß in dem Maße illusorisch bestimmt werden, wie das reale dialogische Verhältnis Produzent / Rezipient versiegt. Hamanns Formulierung, der fiktive Leser sei "Muse und Gehilfin des Autors", deutet die inspirierende Wirkung eines während des Schreibprozesses vergegenwärtigten Gegenübers an. Und wenn die Vorstellung, für jemanden zu produzieren, mit einer "Muse" identifiziert wird, so erhält das dichterische Schaffen gleichsam die Ausdrucksform eines *säkularisierten Enthusiasmus*. Den Ersatz göttlicher Inspiration durch Imagination eines Lesers während des Schreibprozesses hatte bereits Shaftesbury in seinem Enthusiasmusbrief eingeleitet. Bei Ausbleiben der Muse, so räumt er ein, könne er sich auch an einen "Great Man" wenden, der ihn durch seine vorgestellte Gegenwart inspiriere.[46]

Es kann an dieser Stelle nur bedingt um eine weitere Differenzierung des in das literarische Schaffen einbezogenen fiktiven Lesers gehen. Möglich ist es, daß sich ein Schriftsteller mit einer real existierenden Person oder Gruppe (Publikum) in seiner Vorstellung auseinandersetzt, oder daß er sich den Adressaten frei spekulierend ausdenkt. Fiktiver oder wirklicher Leser[47] erfüllen *hier* grundsätzlich eine analoge Funktion. Sie sind jedoch nicht nur Motivationsstifter. Sie sind zugleich Projektionspunkt der Selbstdarstellung des Produzenten. Der in den Schaffensprozeß einbezogene fiktive Leser gehorcht dem Spiel des Produzenten.

Bei aller gebotenen Berücksichtigung der Differenzierung zwischen realem und fiktivem Leser scheinen beide Lesertypen einen entscheidenden Sachverhalt zu teilen. Sie haben ihre Begierden dem vom Produzenten eingeleiteten "Hin und Her der Spielbewegung" anzugleichen. Allein er verfügt über die Organisationsregeln. Hier zeigt sich die Widersprüchlichkeit der Reorganisation der Gemütskräfte durch Schillers Konzept ästhetischer Erziehung. Nicht von einer Autonomie des Rezipienten kann im strengen Sinne

---

45 Vgl. hier die Ausführungen zum Verhältnis freier Schriftsteller / fiktiver Leser von H. J. Haferkorn, Zur Entstehung der bürgerlich-literarischen Intelligenz ..., a. a. O., S. 164 ff.
46 Shaftesbury, A Letter Concerning Enthusiasm. A. a. O., S. 314.
47 Vgl. hier grundsätzlich: M. Naumann u.a., Gesellschaft - Literatur - Lesen. Literaturrezeption in theoretischer Sicht. A. a. O., S. 53 ff., S. 83 ff.; Escarpit, R., Das Buch und der Leser. Köln und Opladen 1961, S, 104 ff.

gesprochen werden, sondern von einer Angleichung seines Gemüts an das schöpferische Spiel des Produzenten.[48]

Wenn wir zur Einsicht in den Objekt-Status des Rezipienten darauf verwiesen haben, der Produzent gleiche die *Begierden* des Rezipienten den seinen an, so macht das noch einmal unter terminologischem Aspekt auf das durch Hegel beschriebene Verhältnis Herrschaft / Knechtschaft aufmerksam. Der "Herr" begehrt ja vom "Knecht" nicht die Existenz, sondern die Begierden. Indem der "Knecht" seine Begierden zu denen des "Herren" macht, dient er ihm. Als Projektions- und Spiegelpunkt des Produzenten nimmt der Rezipient eine analoge dienende Rolle an.

Kaum etwas kann dieses Verhältnis so plastisch belegen wie Heinrich von Kleists kleine Schrift "Über die allmähliche Verfertigung der Gedanken beim Reden". Es liegt weit mehr als ein anekdotenhaftes Einsprengsel in Kleists Ausführung, Molière habe seiner Magd seine Werke vorgelesen, um sie dann zu überarbeiten. Die physische Anwesenheit der Magd erspart dem Dramatiker die Imagination eines Rezipienten. Sie ist realer und fiktiver Rezipient zugleich, denn sie ist da, um Molière zuzuhören und anzuregen, sie steht aber doch stellvertretend für das zu imaginierende Publikum. Nicht als autonomes Subjekt findet die Magd das Interesse des Produzenten, sondern als Personifikation eines Gegenüber, der das Produzentengemüt anregt und spiegelt. Auf dem Hintergrund der oben entwickelten Aussagen, Darstellung und Spiel an der Möglichkeit eines Adressaten auszurichten, erscheint die Magd als willenloses Spiel-Objekt für Molières schöpferische Tätigkeit. Da der Dichter allein über die Spielregeln der zu bearbeitenden Wirklichkeit verfügt, setzt er selbstverständlich voraus, die Magd reduziere ihre Begierden auf das Zuhören. Hegels Gedankenfigur von "Herr" und "Knecht" hat in den realen Figuren Molière und seiner Magd ein empirisches Äquivalent gefunden. Molière zwingt die Magd in ein Spiel der Gedanken; er instrumentalisiert sie zum Objekt seines Gedankenspiels, auch wenn dadurch Werke entstehen, die

---

48 Diese Kehrseite der Autonomieästhetik hat Christa Bürger an der ästhetischen Position Wilhelm von Humboldts herausgearbeitet. Anhand einer Analyse der Begrifflichkeit Humboldts zeigt sie auf, daß allein der Produzent über Wirklichkeit und Absicht der Gemütsstimmung verfügt. Dadurch komme der "geheime Widerspruch der klassischen Ästhetik" zum Vorschein:"die verheißene Befreiung von den Zwängen der Realität meint nicht die Autonomie des Rezipienten, den sie vielmehr zum Objekt der schöpferischen Tätigkeit des Kunstproduzierenden macht". (Dies., Der Ursprung der bürgerlichen Institution Kunst. A. a. O., S. 138).

objektiv Ideen befördern, die das Knechtschaftsverhältnis transzendieren.[49] Einspruch und Urteil über die Qualität seines Kunstwerks können das Herren-Bewußtsein nur vorläufig erreichen, da gleichberechtigte Anerkennung fehlt. Molière braucht die anregende Präsenz seiner Magd, um den Beschädigungen der Isolation beim Schreiben entgegenzuwirken. Er entgeht so der Notwendigkeit des bürgerlichen Schriftstellers, im inneren Monolog einen fiktiven Spielpartner mühsam aufzubauen, um mit ihm zu kommunizieren. Die Magd nimmt Molière die Last dieser Vorstellungsarbeit ab. Sie regt sein Gemüt an und erspart ihm, wie Kleist ausführt,
"ein vielleicht stundenlanges Brüten", denn:
"Es liegt ein sonderbarer Quell der Begeisterung für denjenigen, der spricht, in einem menschlichen Antlitz, das ihm gegenübersteht; und ein Blick, der uns einen halbausgedrückten Gedanken schon als begriffen ankündigt, schenkt uns oft den Ausdruck für die ganze andere Hälfte desselben."[50]
Kleist geht grundsätzlich von der motivierenden Kraft der Gedankenfindung und -formulierung durch ein Gegenüber aus. Was in isolierter Produktion ("Meditation") nicht zu finden ist, entwickelt sich durch den Reiz, den das Gemüt durch Geselligkeit erfährt. Einmal in Gang gesetzt, spult das Gemüt den Faden des Gedankens ab und wird durch die Vorstellung "nur noch mehr erregt", man wolle "ihm die Rede, in deren Besitz er sich befindet, (...) entreißen".[51]
Hier ist ein wesentlicher Einwand zu diskutieren. Wenn Kleist grundsätzlich davon ausgeht, daß das Gemüt durch ein Gegenüber angeregt wird, allmählich Gedanken beim Sprechen zu verfertigen, benennt er dann nicht eine allgemeine und überzeitliche Bedingung zwischenmenschlicher Motivation und Kommunikation, die unabhängig von der aufgezeigten Ein-Weg-Kommunikation der "Herrschaft" existiert? Die von uns entwickelte These sollte deutlich machen, daß das dargestellte Verhältnis von Molière zu seiner Magd paradigmatisch ist für jenen bürgerlichen Schriftstellertypus, der sich Ende des 18. Jahrhunderts

---

49 Gerade aufgrund ihres autonomen Status und des elitären Selbstbewußtseins der Künstler können die Werke diesen Ideengehalt freisetzen. - Die falsche Aufhebung der Trennung von Kunst und Lebenspraxis, von literarischer Herrschaft und Knechtschaft, führt hingegen Adorno kritisch vor. Auch er greift auf das Verhältnis Künstler / Magd zurück. Unabhängig vom oben entwickelten Exkurs auf Kleists Schrift, entwickelt er die Metapher einer "amor intellectualis zum Küchenpersonal" (ders., Minima Moralia. 18. - 23. Tausend Frankfurt/M. 1971, S. 26 ff.). Sie thematisiert pointiert dem mit der Auflösung der Autonomieästhetik zur Kulturindustrie verbundenen Niveauverlust kultureller Objektivationen. Das Selbstbewußtsein des bürgerlichen Schriftstellers reicht hier nicht mehr aus, sich "an einer Vorstellung von der richtigen Gesellschaft und deren Bürgern" zu bilden (ebd., S. 27). Es paßt sich dem herrschenden Publikumsgeschmack durch "plumpe Vertraulichkeit" (ebd.) an und negiert die Distanz, die die mögliche kritische Anregung durch den Rezipienten in Aussicht stellen könnte. Distanz und Autonomie sind ihrerseits wesentliche Voraussetzungen, der negativen Wirklichkeit ein ästhetisches Ideal entgegenzuhalten. Sie eröffnet jene Möglichkeit der emanzipatorischen Arbeit und Bildung, die die Unselbständigkeit des Bewußtseins überwindet. Geht diese Distanz verloren, d.h. ebnet der Produzent das Niveau seiner Werke auf das des "Küchenpersonals" ein, so verflüchtigt sich auch die *Vorstellung* einer Überwindung des Knechtschafts-Verhältnisses.
50 Kleist, Über die allmähliche Verfertigung der Gedanken beim Reden. In: dtv-Gesamtausgabe, Bd. 5, hg. von H. Sembdner. München 1964, S. 53 - 58; Zitat: S. 54.
51 Ebd.

in Deutschland entwickelt und den Schiller zum Genie und "berufenen Subjekt" erklärt. Die Stichhaltigkeit der These wird also daran zu messen sein, ob es gelingt, die auferlegte Rolle des Rezipienten, Objekt für den Schaffensvorgang des Produzenten zu sein, von anderen historischen Modellen literarischer Kommunikation abzusetzen. Nur so kann der Objekt-Status des Rezipienten ("Knecht") und die Herren-Ideologie als eine *besondere* Erscheinungsweise literarischer Rezeption / Produktion hervorgehoben werden.

Im Zusammenhang mit der "ursprünglichen Kommunikationsgemeinschaft"[52] konnte festgestellt werden, wie der Produzent durch den lebendigen Mitvollzug des Rezipienten inspiriert und gesteuert wird. Er verfertigt also allmählich seine Gedanken beim Reden. Aber er steht in einem ganz anderen Verhältnis zum Zuhörer als Molière zu seiner Magd. Jeder Angehörige des rezipierenden Kollektivs verfügt nämlich über Erfahrungen und "literarischen Sinn", an die der Produzent unabdingbar gebunden ist. Die Kompetenz des poetischen Schaffensvorgangs hat sich noch nicht in Einzelpersonen isoliert. Korrektur und Kritik aus dem Kreis der Gemeinschaft werden als gleichberechtigt *anerkannt*. Das Verhältnis wechselseitiger Anerkennung bestimmt auch - wenn freilich unter anderen Gesichtspunkten - das Konzept bürgerlich-literarischer Öffentlichkeit. Als Synthese der Beziehungen zwischen Literaturproduzenten und -rezipienten konnte oben das gemeinsame Interesse an gegenseitiger Aufklärung ausgemacht werden. Auch bei den mündlichen Erzählungen von "Memoires" (Herder) ist es wahrscheinlich, daß das von Kleist beschriebene Prinzip der Gemütsanregung durchs Gegenüber herrscht. Da das öffentliche Räsonnement als Kontrollinstanz der literarischen Produkte fungiert, verbietet sich die Annahme des Objekt-Status des Rezipienten von selbst. Korrigierender Einspruch bzw. ergänzende Veröffentlichung oder Rede sind weniger an Privileg und Elite von Kunstproduzierenden gebunden.

Das beschriebene Modell literarischer Kommunikation zwischen Molière und seiner Magd - und damit überhaupt das Verhältnis von Herrschaft / Knechtschaft der Produzenten und Rezipienten - stimmt weder mit der "ursprünglichen Kommunikationsgemeinschaft" noch mit bürgerlich-literarischer Öffentlichkeit überein. Es ist in keines von beiden integrierbar. Sein historischer Sonderstatus basiert auf der Rolle des Genies, das zum "berufenen Subjekt" deklariert wird und die Rezipienten als Objekte seiner schöpferischen Tätigkeit faßt.

Mit dieser aufgezeigten Rollenverteilung ist das Verhältnis der Spieler zueinander definiert. Der Produzent ergreift die Initiative schöpferischer Arbeit und zwingt den Rezipienten in "sein" Spiel. Legt man Gadamers Aussage vom "Primat des Spiels gegenüber dem Bewußtsein der Spielenden" dabei zugrunde, so ist der Initiator aber *selber Objekt*; Objekt der Spielregeln, die offenbar unabhängig von seinem Bewußtsein existieren. Wir haben oben gesehen, daß

---

52 Vgl. oben Kap. 1.

Schiller eine Rezeptionsweise vorschwebt, die das Gemüt in einen sogenannten "Nullzustand" versetzt. Nur so schien das Spiel von den zersetzenden Kräften des Nutzens und der Zweckrationalität frei sein zu können. Diesem Verdikt ist auch der Produzent unterworfen. Er muß Wirklichkeit und Rationalität vom Spiel abspalten. Im Werk sollen alle Spuren der Zeit und der geplanten Herstellung verdeckt sein. Nur so kann die Herrschaft des Kunstproduzierenden über den zum Objekt gewordenen Rezipienten gestiftet werden. Auf dem Hintergrund der bisherigen Ausführungen liegt die Gefahr nahe, die beschriebene Herrschaft des Produzenten mit rationalen Steuerungsmechanismen zu identifizieren. Etwa so, als arbeite der Produzent durchgängig bewußt und planmäßig an der Zudeckung der Realität durch den ästhetischen Schein.[53] Dagegen hält Schiller bekanntlich an den von Kant eingeführten Bestimmungen der Unbewußtheit und Regelfreiheit genialer Produktion fest. Das schöpferische Genie produziert aus Freiheit eine Kunst, die sich mit der Natur und der Sittlichkeit in Einklang befindet. Kunstproduktion hat sich selbst zum Zweck, sie verkörpert einen emphatischen Sinn des Menschseins und ist als Spiel *intentional* an *keine* Herrschaftsgelüste gebunden:
"(...) der Mensch spielt nur, wo er in voller Bedeutung des Wortes Mensch ist, und *er ist nur da ganz Mensch, wo er spielt*" (15. Brief, S. 618).
Bereits die umgangssprachliche Entgegensetzung von Spiel und Ernst legt die Vermutung nahe, das Spiel sei ein herrschafts*freier* Raum, in dem es um die harmonische Entfaltung der Spielenden geht. Umgangssprachliches Verständnis als auch Schillers Definition des Spiels weisen auf Freiheit und nicht auf das Verhältnis Herrschaft / Knechtschaft hin. Demzufolge müßten unsere Thesen falsch sein. Sollten sie dennoch stichhaltig sein, so müßten sich gerade in der Unbewußtheit genialer Produktion Mechanismen aufweisen lassen, denen der produktive Spieltrieb selbst unterworfen ist und deren Aktivierung den Rezipienten in den Objekt-Status drängt. Die Tätigkeit des produktiven Spieltriebs hätte den Charakter eines Oberflächenphänomens, das seine innere Organisation verdeckt. Das fertige Kunstprodukt als auch der Spieltrieb müßten im objektiven Sinn Exponenten der Absicht sein, das Gewordensein der Kunst zuverdecken. Zu prüfen wird also sein, inwiefern der produktive Spieltrieb selbst Regeln des ästhetischen Spiels unterworfen ist, die er befolgt, ohne sie erkannt zu haben.
Im 22. Brief findet man eine Passage, die wie eine täuschende Verdeckung der Realität durch die ästhetische Form anmutet. Schiller zufolge bestehe "das eigentliche Kunstgeheimnis des Meisters" darin, "daß er den Stoff durch die Form vertilgt" (S. 639). Diese pointierte produktionsästhetische Wendung zielt

---

53 Diese Position wird erst direkt von Georg Lukács ausgesprochen. Das kann hier allerdings nicht näher untersucht werden. Dennoch verweisen wir auf diesen Zusammenhang. Er deutet nämlich an, wie sich die Vorstellungen der idealistischen Ästhetik in den Köpfen jener festgesetzt haben, die behaupten, sie überwunden zu haben.

auf die Hervorbringung der "wahren ästhetischen Freiheit" des Rezipienten, die durch unvermittelt stoffliche Wirkung verhindert würde:
"Das Gemüt des Zuschauers und Zuhörers muß völlig frei und unverletzt bleiben, es muß aus dem Zauberkreise des Künstlers rein und vollkommen wie aus den Händen des Schöpfers gehn" (ebd., S. 640).
Kritisch gegen die politisch-soziale Zeitgeschichte gesetzt, liegt in dieser Freiheit der Ansatzpunkt zu humaner Selbstverwirklichung. Der ästhetische Schein wird als produktiver Kontrapunkt zum Bestehenden begriffen. Von *dieser* Bedeutung aus gesehen, ist er nicht mit einer täuschenden Verdeckung der Realität identifizierbar, wie die Wortwahl ("Geheimnis", "Zauberkreis") nahelegen könnte. Gleichwohl bleibt die Frage offen, *wie* die ästhetische Schrift entsteht. Schillers oben zitierte Verknüpfung von produktions- und rezeptionsästhetischen Problemen läßt hier primär eine rezeptionsästhetische Antwort zu: Die Sinnlichkeit wird für die dargestellten Vernunftideen empfänglich, wenn sie sich kontemplativ auf die künstlerischen Absichten einstellt. Sinnstiftende Ideen kommen gerade dann ins Spiel, wenn das Zusammentreten von Stoff und Form als "Geheimnis" bestehen bleibe.
Erst in der Überlieferung des 19. und 20. Jhds. werden die Absichten irrational verkommen. Man orientiert sich einseitig an einer sich selbst bestimmenden Einbildungskraft, die den Stoff zeitlos unter die ästhetische Form subsummiert. Die von Schiller, Moritz und W. von Humboldt vorgetragene Forderung der klassischen Ästhetik, nach der das Kunstwerk ein in sich vollendetes Ganzes sein solle, gibt für die bürgerliche Literaturwissenschaft die Legitimationsgrundlage ab, von ungeschichtlichen Werten und zeitlos gültigen Wesenheiten zu sprechen.[54] Dabei kann sie sich aber nur teilweise auf die oben vorgestellte Konfrontation von Produzent und Rezipient ("Zauberkreis des Künstlers") berufen. So richtig es ist, relative Geschlossenheit der Dichtung auf Schillers theoretische Schriften zurückzuführen, so fraglich ist es gleichzeitig, die geschichtlich im 18. Jahrhundert beheimateten Ergebnisse der Autonomieästhetik zu verallgemeinern und zu ewigen Gesetzen der Kunst zu verdinglichen. Schiller begreift die ästhetische Kunst als das Organ, das der Geist in arbeitsteilig und zweckrational ausgebildeten Strukturen menschlichen Zusammenlebens ausbildet, um die Entfremdung der Verhältnisse wieder aufzulösen. Die spezifisch historischen Implikationen seines geschichtsphilosophischen Programms werden immer wieder hervorgehoben. Dagegen sind die im 19. u. 20. Jhd. entstandenen Berufungen auf ewige und allgemein-menschliche Werte des Kunstwerks - und der künstlerischen Produktivität - ungeschichtliche Verdinglichungen von geschichtlich entstandenen Wertungskriterien.[55] Dennoch lassen sich eine Reihe von Berührungspunkten mit Schillers Konzeption aufweisen. Sie betreffen u.a. die Aussagen über die Entstehungsbedingungen der Werke: literarische Produktion. Nicht zuletzt durch die Wirkungsgeschichte werden die

---

54 Vgl. hier noch einmal Schulte-Sasse, Autonomie als Wert. A. a. O.
55 Vgl. J. Schulte-Sasse, Literarische Wertung. A. a. O., S. 65 f.

Grenzen von Schillers historischer Analyse sichtbar. Der Vorteil der klassischen Ästhetik besteht darin, daß sie die Bedingungen literarischer Rezeption und Produktion in ihren *Brüchen* zum Gegenstand der Reflexion macht und sich so gegen vorschnelle weltanschauliche Indienstnahme indirekt sperrt. So bereitet Schiller das vorgestellte "Kunstgeheimnis des Meisters", den Stoff in der ästhetischen Form aufgehen zu lassen, in seiner Darstellung des Spieltriebs vor. Hier wird das Verhältnis von Form und Stoff grundsätzlich reflektiert.

Der Spieltrieb als Synthese von Form- und Stofftrieb soll die geronnenen Kräfte der Gattung mit den lebendigen Erfahrungen des Individuums versöhnen. Die Synthese ist aber nicht das Ergebnis einer bewußten Tätigkeit, sie ist, um es noch einmal hervorzuheben, das Ergebnis eines praktischen Vollzugs. In diesem Vollzug unterwirft sich auch der Produzent den Spielregeln. Schiller faßt das allerdings nicht als Makel, sondern als eine notwendige transzendentale Bestimmung:

"Dadurch aber, daß wir die Bestandteile anzugeben wissen, die in ihrer Vereinigung die Schönheit hervorbringen, ist die Genesis derselben auf keine Weise noch erklärt; denn dazu würde erfordert, daß man *jene Vereinigung selbst* begriffe, die uns, wie überhaupt alle Wechselwirkung zwischen dem Endlichen und Unendlichen unerforschlich bleibt" (15. Brief, S. 615).

Das produzierende - und das rezipierende - Subjekt kann sich die Objektivationen, auf denen das Spiel aufbaut, nicht selbstbestimmt aneignen. Der Dynamik des Spieltriebs bleibt das kognitive und sinnliche Bewußtmachen (Anamnese) verschlossen.

Hatte Kant zu erkennen gegeben, daß das literarische Spiel Resultat verdeckter Mühe und Arbeit ist, so geht Schiller einen entscheidenden Schritt weiter. Die literarische Form scheint sich den Bedingungen von Arbeit und Zeit zu entziehen. Die Zeit "steht still" in der Form als "Nachbild des Unendlichen" (25. Brief, S. 652). Allein der Inhalt des Künstlers resultiert aus der empirischen Zeit; die in die Formbearbeitung eingebrachte Zeit und Arbeit ist gänzlich verdeckt und eliminiert. Die künstlerische Form liege "jenseits aller Zeit". So spiegelt der Künstler auf der Höhe der Hypostasierung zum "berufenen Subjekt" dialektisch die Tiefe von Entfremdung und Subjektlosigkeit wider.[56] Sein Bemühen, sich an Formen dauerhaft zu orientieren, entzieht sich einem Erkenntnis- und Reflexionsprozeß, der das geschichtliche Gewordensein berücksichtigt. So signalisiert Schillers Verweis auf ein "Geheimnis des Meisters" und seinen "Zauberkreis" das eigene faktische Unterworfensein unter verdinglichte Bewußtseinsstrukturen.

Das Verhältnis von Teilhabe und Unterwerfung unter die Regeln des Spiels thematisiert H. H. Holz grundsätzlich in seinem Essay "Fetisch Formen". Die auftretende Bewußtseinsform des Fetischismus wird hier in einen Zusammen-

---

56 Das radikal Besondere des Geniebegriffs bezeichnet damit auch einen allgemeinen gesellschaftlichen Zustand.

hang mit dem kulturellen Stadium von Herrschaft / Knechtschaft gebracht. Ein ausführliches Zitat mag das verdeutlichen:
"Die Fixierung auf etwas Geheimnisvolles, Unerklärbares, unpersönlich Schicksalhaftes macht die Bewußtseinsform des Fetischismus aus. Diese Macht außer uns können wir nur gnädig stimmen, durch Anpassung an ihre Spielregeln können wir vielleicht an ihr partizipieren. In dieser Anpassung liegt nicht etwa Bewußtmachung, Veränderung, Auflockerung der uns bedrükkenden Fremdmacht, sondern *Unterwerfung*. Ist der Ursprung der Kultur mit dem Gebrauch naturwüchsiger Produktionsinstrumente anzusetzen, und stellt die Entwicklung der Kultur die Ausbildung immer feinerer, reicherer, weiterreichender artifizieller, durch Arbeit erzeugter Produktionsinstrumente dar, so bedeutet das, daß mit der Kultur zugleich die Gesellschaftsstruktur von Herrschaft und Knechtschaft auftritt (...). Der Fetisch als verdinglichter Ausdruck des Zufalls bei der Ausnutzung naturwüchsiger Produktionsinstrumente erweist sich somit als eine Urform der entäußerten Darstellung knechtischen Bewußtseins, der Fetischismus ist die Erscheinungsweise einer ursprünglichen Herrschaftsstruktur."[57]

Wir haben gesehen, daß die Forderung nach Naturwüchsigkeit, nach ästhetischer Harmonie und künstlerischer Ganzheit oder Stimmung in der klassischen Ästhetik einen zentralen Stellenwert einnimmt. Das Kriterium der Ganzheit des Werks, an dem sich überzeitliche Strukturen verwirklichen, die durch die Natur des Künstlers in Aktion gebracht werden, erfordert ritualisiertes Verhalten nach außen. Indem der Produzent auf scheinbar übergeschichtliche Formen zurückgreift und so, wie es bei Schiller heißt, den Stoff vertilgt, erzeugt er den Fetischismus der Naturwüchsigkeit. Wenn H. H. Holz im obigen Zitat ausführt, durch Anpassung an die Spielregeln des Fetischismus könne man an seiner Macht partizipieren, so drückt das die Herrschaftsform des literarischen Produzenten über die Unselbständigkeit des Bewußtseins des Rezipienten plastisch aus. Der Produzent ist den Spielregeln aufgrund mangelnder Bewußtmachung aber auch selbst unterworfen. Sein Gemütszustand und der des Rezipienten werden durch analoge Beschreibungen abgedeckt. Allein er ergreift die Initiative der Gestaltung. Durch das hergestellte Werk verteilt er die Rollen von Produzent und Rezipient, von Subjekt und Objekt, von Selbständigkeit und Unselbständigkeit des Bewußtseins, kurz: von Herrschaft und Knechtschaft.

Dieser Vorgang ist keinesfalls als subjektive Intention des Künstlers mißzuverstehen. Vielmehr zeigt er eine *objektive* Funktion in der arbeitsteiligen Gesellschaft an. Sicher ist es legitim, daß künstlerische Produktion Meisterschaft anstrebt, welche die Mühen und Umwege der Herstellung nicht demonstrativ herausstellt sondern unauffällig integriert. Ebensowenig ist beabsichtigt, den Begriff "Fetisch Formen" einseitig negativ auszulegen. Denn Kunstwerke ent-

---

57 H. H. Holz, Fetisch Formen. In: Ders., Vom Kunstwerk zur Ware. Neuwied und Köln 1972, S. 124 - 139; Zitat: S. 134 f.

stehen zum großen Teil aus vorbewußten Einfällen, undurchschauten psychischen oder verdeckt wirkenden mentalen Dispositionen. Einen repressiven Charakter nimmt der Verweis auf subjektive Sensivitäten allerdings an, wenn deren Gestaltung - nach arbeitsteiligem Schnittmuster - nur dazu Auserlesenen vorbehalten bleibt.
Dagegen ließe sich grundsätzlich der schöpferische Charakter der Rezeption einwenden. Der Rezipient erlebt neben den objektivierten Einsichten des Künstlers seine eigenen Geistes- und Seelenkräfte; er erweitert das Werk durch subjektive Erfahrungen, Erlebnisse und Emotionen. Somit begründet der Prozeß des ästhetischen Erlebens und Aneignens einen *Ansatz*, der das Verhältnis von Herrschaft/Knechtschaft über sich hinaustreibt. Dennoch läßt der im Kunstwerk zugedeckte Arbeitsprozeß den Rezipienten an seiner eigenen Schreibkompetenz zweifeln. Er wird namentlich dadurch zum Knecht, indem er die überlieferten Gestaltungsregeln als eine ihm fremde Macht anerkennt, zu der einzig das Genie den "jenseits aller Zeiten" liegenden Schlüssel besitze.
Eine *denkbare* Möglichkeit, das Verhältnis von Herrschaft/Knechtschaft aufzulösen, könnte darin bestehen, daß der Rezipient über den Augenblick der Literaturaneignung hinaus die Werk-Theorie aufarbeitet. Am Beispiel Schiller ist das vorstellbar. Die theoretischen Selbstzeugnisse erhalten ja eindringliche Notizen über den künstlerischen Arbeitsprozeß. Natürlich bleibt dabei ein nicht rational begründbarer Rest bestehen, ein "Geheimnis" der dichterischen Einfälle, Ideen, Inspirationen usw. Aber die Genesis des Werks wird als menschlicher Arbeitsprozeß in seiner *widersprüchlichen* Gestalt einkreisbar. Zur Widersprüchlichkeit gehört die eigene Unselbständigkeit des künstlerischen Produzierens, der Moment nicht planbarer Unwillkürlichkeit. Allein dieser Prozeß kann mit der Besonderheit der überlieferten Stoffe und Formen vermittelt werden. Eine solche Erkenntnis basiert auf einem weit gefaßten Begriff von Arbeit: auf theoretischen und mimetischen Vollzügen. Die vorstellbare Emanzipation des Rezipienten ist so im Rahmen des Denkmodells von Herrschaft/Knechtschaft bestimmbar: Emanzipation durch Arbeit und Erziehung. - Inwiefern eine derartige Utopie Schillers Gedanken historisch notwendigerweise unzugänglich blieb, wird im nächsten Abschnitt über die ästhetische Erziehung und den "ästhetischen Staat" diskutiert.

4.4 Zur ästhetischen Erziehung

In einer entscheidenden Passage hebt Schiller hervor, daß menschliches Denken und Fühlen potentiell gleich sei, aktuell aber nur für Auserlesene bestimmt ist:
"Dem Bedürfnis nach existiert er (der ästhetische Staat, H. R.) in jeder freigestimmten Seele, der Tat nach möchte man ihn wohl nur, wie die reine Kirche und die reine Republik, in einigen wenigen auserlesenen Zirkeln finden (...)" (27. Brief, S. 669).

Die durch exklusive Empfindung geleitete Anerkennung gleichgesinnter Schriftsteller (Verhältnis Goethe / Schiller, Voltaire / Diderot) wird erweitert zu einer Verehrergemeinde, der auch Rezipienten angehören. Wer Mitglied dieser Gemeinde ist, kann sich durch die angeblich ihm zukommende Genußfähigkeit von den Außenstehenden positiv absetzen. Die Genialisierung der eigenen Rezeption löst die Unheimlichkeit des unselbständigen Bewußtseins in die scheinbare Freiheit grenzenloser Verehrung auf. Die Einsamkeit des Genies korrelliert mit einer Gefolgschaft, die sich in der Liebe zu ihm einsam weiß.

Liebe ist der deutlichste Bezugspunkt von Einsamkeit und Verstehen, von Verständnis und Verstandenwerden. Das Verhältnis von Herrschaft / Knechtschaft löst sich in einer gegenseitigen Anerkennung auf, die sich den geltenden sozialen Spielregeln entzieht. Liebe ist im Verständnis des frühen Hegel Anerkennung ohne Kampf und Willensdifferenz.[58] In diesem Sinn soll Liebe und Verehrung die Sprachinadäquatheit des sinnlichen Verstehens bannen, um die eigene Person in den Kreis der Verstehenden einzurücken. Entscheidend ist dabei, daß in den Zirkeln die kritische Frage nach dem Zustandekommen von Dichtung, nach der Möglichkeit ansatzweiser Erlernbarkeit gar nicht gestellt werden *kann*. Denn das Sichtbarmachen handwerklicher Bezüge würde mit dem Infragestellen des Genies gleichzeitig die eigene Position als auserlesener Rezipient problematisieren.

Nach Schulte-Sasses Einsicht gehört das Postulieren genialer Rezeptionsweise als eigentlicher Entsprechung genialen Kunstproduzierens bis in die Gegenwart "zum Selbstverständnis mancher werkimmanenter Interpreten". Und es geht eben "auf das 18. Jahrhundert, vor allem auf K. Ph. Moritz, Bährens (...), Kant, Schiller, Goethe und die Frühromantiker zurück, die im Zuge der Psychologisierung der Wertungskriterien neben das geniale Schaffen das geniale Genießen stellten".[59] Schulte-Sasse präzisiert seine Kritik historisch anhand von Erscheinungsformen der Klassik und Romantik. Darüber hinaus deckt er einen grundsätzlichen Sachverhalt auf. Er weist auf das Elitedenken und die "soziale Weihe" hin,
"die sich Literaturwissenschaftler so häufig selbst verleihen und die sie gegen jede Relevanzdiskussion immun zu machen scheint. Wenn ein Fach es mit geschichtsenthobenen Werten zu tun hat, dann scheint es in der Tat aufgerufen zu sein, diese Werte gegen alle modischen Zeitströmungen zu bewahren und über die Zeiten zu retten; dann können sich seine Vertreter als die Wissenden stilisieren, als die letzten Bastionen hoher Kultur, die ihre Hände niemals mit der gesellschaftskritischen Analyse tatsächlich stattfindender literarischer Kommunikation beschmutzen würden."[60]

---

58 Vgl. G. W. F. Hegel, Jenaer Realphilosophie. In: Frühe politische Systeme. Berlin 1974, S. 201 - 290, S. 223 ff.
59 J. Schulte-Sasse, Literarische Wertung. A. a. O., S. 64.
60 Ebd., S. 65 f.

So richtig es ist, daß sich die von Schulte-Sasse benannten Literaturwissenschaftler auf die These von der Unausschöpflichkeit und sprachlichen Inadäquatheit der Werke berufen können, so fragwürdig muß jede Versicherung von Rezipienten bleiben, gerade *sie* seien aufgrund besonderer Begabung und Zuweisung die zum genialen Fühlen und Erleben Berufenen.
Unabhängig davon ist es aber nicht ausgeschlossen, daß Kriterien existieren, die es erlauben, ein Werk als *Kenner* wahrzunehmen. Kunst ist Erkenntnis, die quer steht zu Unverbindlichkeit und Indifferenz ästhetischen Bewußtseins, wie sie aktuell z.b. in der Rezeptionsästhetik wiederzufinden ist. Kennerschaft und Erkenntnis sind an die Arbeit der Bildung gebunden. Erst so kann die sprachliche Inadäquatheit der Werke, an der aufgrund der unabdingbaren Subjektivität der Rezeption gegen jede irrationale Indienstnahme festzuhalten ist, substantiell werden. Das Postulat von der Genialität der Rezeption klammert hingegen gerade alle allgemein erlernbaren Kriterien der Analyse aus. Es beruft sich auf besondere Empfänglichkeit und Liebe zur Dichtung.[61] Die Genialität des Verstehens liefert damit unauflösbare Bewußtseinsformen, wie sie analog für die Genialität des Produzierens angenommen werden.

Überträgt man den Gedanken, erst durch literarische Kennerschaft sei die sprachliche Inadäquatheit der Werke gegen irrationale Indienstnahme abzudichten, auf die gegenwärtige literaturwissenschaftliche Diskussion um die Autonomieästhetik, so ist der Ansatz von H. Freier von besonderer Bedeutung. Freier weist auf eine entscheidende Aporie in Schillers Konzept hin. Die Erziehung durch Ästhetik erweist sich "als grobe Täuschung, wenn man nach den Bedingungen der adäquaten Kunstrezeption fragt und diesen die faktischen Lebens- und Bildungsverhältnisse der Kunstadressaten gegenüberstellt."[62] Die Menge der Unterprivilegierten besitzt aufgrund ihrer sozialen Situation nicht die Voraussetzung, Kunst in dem von Schiller intendierten Sinn rezipieren zu können. Sie muß aufgrund der klassen- und schichtenspezifischen Zuteilung kultureller und literarischer Bildung durch die Maschen der ästhetischen Emanzipationsbemühungen fallen.

---

61 Die im Kampf um Anerkennung egalisierende Kraft der Liebe wird hier in ihr gerades Gegenteil verkehrt. Sie gibt die Fassade ab, um den notwendigen Anteil von Sinnlichkeit im Rezeptionsprozeß metaphysisch zu verklären. So sei nur der Berufene fähig, die entsprechende Liebe zur Dichtung aufzubringen. Stellvertretend für ganze Generationen von Germanisten schlußfolgert Emil Staiger: "Nicht jeder Beliebige kann Literaturhistoriker sein. Begabung wird erfordert, außer der wissenschaftlichen Fähigkeit ein reiches und empfängliches Herz, ein Gemüt mit vielen Saiten, das auf die verschiedensten Töne anspricht" (E. Staiger, Die Kunst der Interpretation. München 1971, S. 10). Paradoxerweise rückt diese Argumentation gerade an jenen Pol, von dem sie traditionell sich am vehementesten abzusetzen bemüht ist: dem Handwerk. Es ist kein Handwerksmeister vorstellbar, der nicht neben der erforderlichen Fertigkeit auch die Liebe zum Handwerk geltend macht. Die Prinzipien "Liebe" und "Herz" haben im Bereich handwerklicher Produktion ihren kollektiven und demokratischen Charakter behalten, den sie im Bereich der Literatur eingebüßt haben. Während z.B. Lessing die ursprünglich zugestandene Gleichheit aller mit den "Eigenschaften des Herzens" begründet, fungiert für den Germanisten Emil Staiger das "Herz" als ein Prinzip, Hierarchien menschlicher Erkenntnis zu begründen.
62 H. Freier, Ästhetik und Autonomie. A. a. O., S. 371.

"Da er seinen Adressaten verfehlt, mündet Schillers Lösungsversuch in einen neuen Zirkel. Der könnte als die dilemmatische Einsicht beschrieben werden, daß die Erziehung durch Ästhetik eine Erziehung zur Ästhetik voraussetzt."[63] Offenbar war sich Schiller allerdings der Bedingtheit seines Anspruchs ästhetischer Erziehung selbst bewußt. Nicht zufällig bestimmt er als Ort der ästhetischen Freiheit die Enklave der "auserlesenen Zirkel". Das erlaubt es, über Schillers Konzept hinaus, die widersprüchliche Institutionalisierung der Kunst in der bürgerlichen Gesellschaft zu bestimmen. Sie kann zusammenfassend als eine Form exklusiver Zugänglichkeit bezeichnet werden. Mit der Absteckung eines engen Kreises sich berufen bzw. besonders kunstempfänglich fühlender Produzenten und Rezipienten wird die Allgemeinheit, in deren Namen die Emanzipation gerade geschehen soll, ausgeschlossen. Konnte bereits hypothetisch formuliert werden, daß innerhalb dieses Selbstverständnisses die Frage der Verallgemeinerbarkeit literarischer Produktion nicht kritisch gestellt werden *kann*, so betrifft das auch die Bedingungen allgemeiner Zugänglichkeit zur Dichtung (Freier: "Erziehung zur Ästhetik"). Dabei handelt es sich keinesfalls nur um ein bewußtes Unterschlagen dieser Fragestellung ("Schiller unterschlägt (...) entsprechende Sozialisationsbedingungen in Familie und weiterführenden Schulen"[64]). Es gehört zu den Bedingungen der Institutionalisierung, daß das Problem der Verallgemeinerbarkeit einer ästhetischen Kompetenz nur bedingt stellbar ist. Das würde nämlich bedeuten, das gesamte Konzept bürgerlicher literarischer Produktion und Rezeption radikal in Frage zu stellen. Ein Blick auf den Erziehungsbegriff mag das verdeutlichen.
Legt man einen Minimalbegriff von Erziehung zugrunde, so ist sie als "ein Mittel im Rahmen eines Ziel-Mittel-Verhältnisses anzusehen".[65] In diese Abstraktion geht der Zusammenhang von Absicht, Ziel oder Zweck ein. Erziehung verfolgt den Zweck, durch Normen psychische Dispositionen zu verändern oder zu stabilisieren. Auch wenn der Erfolg ausbleibt, oder sich institutionell bedingt andere Normen entwickeln (Stichwort: heimlicher Lehrplan), bleibt der zweckrationale Charakter von Erziehung erhalten. Künstlerische Produktion und Rezeption - soviel dürfte aus den exemplarischen Analysen zu Kant und Schiller klar geworden sein - gewinnt ihre Identität u.a. aus der diametralen Gegenposition zu aller Zweckrationalität. Arbeit, Handwerk, Mühe; kurz alles, was mit rationalem und allgemein steuerbarem oder reproduzierbarem Tun zusammenhängt, gilt dem genialen Schaffen und dem genialen Genießen als peinlich zu verdeckender Makel. Bei aller Reminiszens an Fleiß, Studium und Regelbefolgung bilden Unmittelbarkeit, Genialität und Erlebnis die unabdingbaren Fixpunkte der Autonomieästhetik. Erlern- und ausbildbar sind sie nur von einer kulturellen Elite, die dazu die scheinbar natürliche Begabung

---

63 Ebd. - Vgl. auch die Wiederaufnahme dieser These bei P. Bürger, Vermittlung - Rezeption - Funktion. A. a. O., S. 179 f.
64 R. Grimminger, Ideologiekritische Aspekte zum Autonomiebegriff. A. a. O., S. 596.
65 W. Brezinka, Erziehungsbegriffe. In: L. Roth (Hg.), Handlexikon zur Erziehungswissenschaft, Bd. 1. Reinbek 1980, S. 128 - 133; Zitat: S. 129.

schon mitbringt. Die scheinhafte harmonische Geschlossenheit der Werke findet sich wieder im Postulat einer entsprechenden Rezeptionskompetenz, die nur dort ausbildbar sei, wo sie bereits als geistige Anlage existiere. Erziehung zur Ästhetik gilt hingegen innerhalb dieses Bezugssystems als eine besondere Art handwerklichen Tuns; ein Unterfangen, das dem Medium Kunst gegenüber nur versagen könne. Der Widerspruch zwischen autonomer Kunst und literarischer Bildung darf jedoch nicht zu dem Trugschluß verleiten, die Vermittlung von Literatur entziehe sich kritischen Zielvorstellungen. Wie P. Bürger hervorhebt, können Kunstwerke "gerade aufgrund ihres autonomen Status zu Instrumenten der Erziehung gemacht werden", denn erst die "Freisetzung von *unmittelbaren* gesellschaftlichen Verwendungsansprüchen" ermöglicht "die Erfüllung von Funktionen für die Gesamtgesellschaft".[66]

Will man das kritische Potential autonomer Kunst schulisch tradieren, so setzt das bestimmte Mittel voraus. Gegen einen elitären Bildungsbegriff zeichnet sich die Möglichkeit ab, einen Lehrplan literarischer Bildung zu entwickeln, der für *alle* Schularten gleich verbindlich ist.[67] Betrachtet man die Geschichte des Literaturunterrichts vom 18. Jahrhundert bis zur Gegenwart, so zeigt sich jedoch, daß literarische Bildung immer klassen- und schichtenspezifisch betrieben wurde. Sie ist der Dichotomie von "niederer" und "höherer" Bildung durchgängig verpflichtet. Eine Erziehung zur Ästhetik hat es im Bereich der Volksbildung nie gegeben.[68] In der Volksbildung wird Literatur als Instrument benutzt, bürgerliche Normen und Moral in den Unterprivilegierten zu verankern oder zum Lernbereich Leselehre verkommen zu lassen. Seit Rochows "Kinderfreund" von 1776 hat sich das Konzept der Morallehre für Volksschulen nur in Schattierungen geändert. In den Gymnasien hingegen nimmt der Literaturunterricht einen festen Platz ein. Allein sein Stellenwert als zentrales Bildungsfach hat sich verschoben. Daß sich hier Bildung, Erziehung und Literatur nicht ausschließen, wird auf dem Hintergrund des oben skizzierten elitären Selbstbewußtseins des Bürgertums deutlich. Innerhalb der Elite erkennen sich die Subjekte wechselseitig eine entsprechende Empfänglichkeit gegenüber Kunstwerken zu. Dieser Zusammenhang kann hier nur angedeutet werden und wäre weiter zu verfolgen bezüglich des Niederschlags der Dichotomie in Lesebüchern, Richtlinien und Lehrplänen.[69] Hinsichtlich gegenwärtiger Lernzielbestimmung literarischer Bildung scheint trotz der Ablösung des Bildungsbür-

---

66 P. Bürger, Vermittlung - Rezeption - Funktion. A. a. O., S. 182. - Vgl. hier auch die Problematisierung dieses Sachverhalts anhand der aktuellen literaturdidaktischen Diskussion bei J. Förster, Ästhetische Erziehung im Literatur- und Kunstunterricht. In: Informationen zur Deutschdidaktik, H. 2/1984, S. 42 - 47.
67 Vgl. dazu unten Kap. 7.
68 Ausgehend von der ästhetischen Theorie Schillers zeichnet D. Kerbs diesen Sachverhalt bis in die Gegenwart hinein auf. Ders., Die ästhetische Erziehung und das "niedere Volk". In: Zeitschrift für Pädagogik 5/1978, S. 729 - 751. Vgl. hier auch H. Helmers, Reform oder Scheinreform des Deutschunterrichts. In: DU 3/1974, S. 5 - 26; Ch. Bürger, Die Dichotomie von "höherer" und volkstümlicher" Bildung. In: R. Schäfer (Hg.), Germanistik und Deutschunterricht. Zur Einheit von Fachwissenschaft und Fachdidaktik. München 1979, S. 74 - 102.
69 Vgl. hier J. Eckhardt, Der Lehrplan des Deutschunterrichts. Lernbereichskonstruktion und Lernzielbestimmung unter gesellschaftlich-historischem Aspekt. Weinheim und Basel 1979.

gertums durch eine Funktionselite und der Wende der Bildung zum Pragmatismus[70] die Exklusivität einer Erziehung zur Ästhetik erhalten zu bleiben. Exemplarisch für die Bildungsreform seit Ende der 60er Jahre steht die Position des Literaturdidaktikers H. Brackert. In einer positivistischen Bestandsaufnahme spricht er von einem "schichtenspezifischen Regelkreis" literarischer Bildung heute:
"Gehen wir von unserem konkreten Fall aus: Die Anzahl der Lebenssituationen, in denen der Schüler, nimmt man den Begriff 'Literatur' im Sinne von 'Dichtung' sehr eng, später mit diesem Bereich konfrontiert wird, ist vergleichsweise gering, und ebenso verhält es sich mit der Zahl der Schüler, die in ihrem späteren Studium oder Beruf - ob im Theater oder in den Medien, an der Schule oder an der Universität - im Literaturbereich arbeiten; überdies haben wir einen schichtenspezifischen Regelkreis vor uns: mit Literatur beschäftigen sich vor allem die, die später wieder in einen literarischen Beruf gehen, wo sie wiederum denen Literatur vermitteln, die sich wieder von Berufs wegen mit Literatur befassen. Es ist evident, daß sich von hier aus eine literarische Erziehung und Bildung für alle kaum wird rechtfertigen lassen."[71]
Die Lebenssituation als Grundbegriff der Lernzielbestimmung kann nichts weiter als die Faktizität vorhandener Bildungshierarchien curricular verdoppeln. So beschränkt sich Brackerts "Regelkreis", der in deutlicher Affinität zu den elitären Zirkeln der Autonomieästhetik steht, auf die widerspruchslose Anerkennung des Status-quo der Zuteilung literarischer Bildung. Die bereits oben gewonnene Kritik einer "Erziehung zur Ästhetik" (Freier), die die vorhandenen Lebens- und Bildungsverhältnisse der Rezipienten reflektiert, ist also nach wie vor angebracht. Der Masse der Unterprivilegierten bleibt die Möglichkeit, die Aneignung von Literatur zu erlernen, verschlossen.
In gewissem Sinne entspricht die elitäre literarische Bildung dem Verhältnis von Literaturdidaktik zu Literaturwissenschaft. Wie R. Grimminger in seinem Schiller-Aufsatz feststellt, legitimieren sich die Germanisten nach wie vor "zum großen Teil" dadurch, daß sie "alle gesellschaftlichen Voraussetzungen und Folgen der Kunst und auch noch der eigenen Tätigkeit ignorieren".[72] Im Selbstverständnis von Autonomie und Zweckfreiheit weisen sie alle Beziehungen zu einem Engagement im Bereich aktueller literarischer Bildung von sich. Didaktik sei eine niedere Form von Wissenschaft. So gehört es auch zur Koketterie eines großen Teils westdeutscher Hochschulgermanisten, offen einzugestehen, von Literatur*didaktik* nichts zu verstehen. Gilt das Erkennenlassen von Wissenslücken sonst eher als ein möglichst zu kaschierender Makel, so hebt die

---

70 Vgl. dazu ausführlicher: H. Rudloff, Literaturunterricht in der Diskussion. Köln 1979.
71 H. Brackert, Literarischer Kanon und Kanon-Revision. In: H. Christ u.a., Reform des Literaturunterrichts. Eine Zwischenbilanz. Frankfurt/M. 1974, S. 134 - 164; Zitat: S. 143 f.
72 R. Grimminger, Ideologiekritische Aspekte zum Autonomiebegriff ..., a. a. O., S. 597.

Versicherung, in didaktischen Fragen nicht kompetent zu sein, eher die fachliche Reputation.[73]

Selbstverständlich kann Schillers Konzept ästhetischer Erziehung und die Idee einer ästhetischen Elite nicht einfach mit dem in der bürgerlichen Gesellschaft institutionalisierten Bildungssystem gleichgesetzt werden. Dennoch zeichnen sich hier gewisse Grundwidersprüche ab. Zu ihnen gehören das Verdecken künstlerischer Arbeit und die Fetischisierung genialer Produktion bzw. Rezeption. Der Fetisch und die soziale Weihe, die dem genialen Produzenten zuteil werden, basieren -zusammenfassend formuliert - auf mindestens drei Punkten:
1. Der Dialektik von selbständigem - bzw. unselbständigem Bewußtsein von Produzent und Rezipient, die 2. für einen Teil der Rezipienten "aufgehoben" ist im wechselseitigen Verhältnis von Genie und Verehrergemeinde, von genialem Schaffen und genialem Genießen, wobei dieser idealisierte Bereich 3. scharf abgegrenzt wird von allen handwerklichen Bezügen, zu denen auch der Bereich der Vermittlung und Erlernbarkeit von literarischer Produktion und Rezeption gehört.

Begreift man die literaturtheoretischen Positionen und ihr Gewordensein als notwendige Voraussetzungen ästhetischer Produktion, so sind Gedankensperren aufgebaut, die willenloser Unterwerfung oder Bewunderung der Rezipienten entgegenwirken (Stichwort: Ent-Fetischisierung). Gedankensperren bleiben aber so lange ein idealistischer Reflex, der geniales Produzieren eben nur ideell in Frage stellen kann, wie sie keinen Zugang zur literarischen Praxis selbst finden. Erst das tendenzielle Rückgängigmachen von (ästhetischer) Arbeitsteilung kann sich dem Problem der Ent-Fetischisierung stellen. Es wird sich im weiteren Verlauf der Arbeit zeigen, inwiefern diese Kritik im ästhetischen Medium selbst leistbar ist. Vorher jedoch muß noch auf ein Problem literarischen Produzierens eingegangen werden, das bei Schiller angesprochen ist und das in der Folge zu einem immer wieder beschworenen Paradigma des Schöpferischen avanciert: das Kind als genialer Künstler.

4.5 Exkurs: Literarische Produktion und Kindheitsidee

Zu Beginn seiner Abhandlung "Über naive und sentimentalische Dichtung" scheint Schiller den sonst nur über vage Bestimmungen einkreisbaren Geniebegriff mit einem empirisch ausmachbaren Stadium menschlicher Entwicklung zu identifizieren: mit der Kindheit. Das Interesse am "Naiven" trifft neben dem ästhetischen Wohlgefallen auf Ideen der Vernunft. Beides scheint das Kind zu repräsentieren: Empirie und Utopie, Natur, Versinnlichung von Vernunftideen

---

73 Mit der bezeichnenden Etikette "Anwendungswissenschaft" versehen, sollen die didaktischen Bezüge zu handwerklichem Tun negativ betont werden. Der massive Widerstand der Philosophischen Fakultäten, ehemalige Pädagogische Hochschulen in die Universität zu integrieren, liefert ein aktuelles Beispiel dieser elitären Abgrenzung. Lieber will man weiter unter sich bleiben und in den Erziehungswissenschaftlichen Fakultäten poiesis-Strategen sehen.

und unverfälschte Produktivität. Ein Exkurs auf die von Schiller ausgehende Wirkungsgeschichte des Begriffs "Kindheit" ist demzufolge verbunden mit Einsichten in Vorstellungen über ästhetische Produktion.

Die Faszination, die mit dem Begriff des Kindes verbunden ist, liegt offenbar darin, für unverfälschte Produktivität einen Fixpunkt abzugeben, der es jedermann erlaubt, eigene Erfahrungen, Erinnerungen, Vorstellungen und Utopien ins Spiel zu bringen. Empirisch läßt sich das auf zwei Ebenen geltend machen. Zum einen in der Projektion des Erwachsenen in einen vergangenen Lebensabschnitt, zum anderen in seinem erlebten Umgang mit Kindern. Der Rückblick in die eigene Kindheit gleicht einem Ausflug ins Paradies, das es immer nur als verlorenes gibt. Jene Erinnerung verdoppelt sich in der Stimmung, in der der Erwachsene seine Zuneigung zu Kindern empfindet. Die unverhofften Bewegungen, die Kindersprache, staunende Augen und Lächeln, all das scheint dem Erwachsenen im Erfahrungshorizont der bürgerlichen Gesellschaft als Inbegriff von Unschuld und durch nichts verfälschter menschlicher Natur. Es erfüllt ihn mit jener "Wehmut" und "erhabenen Rührung" (ÜnsD, S. 695), die Schiller für den Umgang mit Kindern geltend macht.[74]

In der Literatur hat es von Friedrich Schlegels "Lucinde" bis zu Christa Wolfs "Kindheitsmuster" hinreichend Belege für jenes sehnsüchtige Verhältnis zu Kindern und zur eigenen Kindheit gegeben, die programmatisch in Marcel Prousts Romanüberschrift "Auf der Suche nach der verlorenen Zeit" zum Ausdruck kommt. Daß die Suche zugleich Quelle von Wehmut *und* Lebensbejahung ist, zeigt Goethes Faust, den gerade seine Kindheitserinnerung daran hindert, den bereits gemixten Becher zu trinken. Kindheit ist beides: Erinnerung und utopische Chiffre. Bei Ernst Bloch wird sie zum Vor-Schein einer nicht-entfremdeten Menschheit, die in der lebensgeschichtlichen Erinnerung ihr Korrelat findet.[75]

Die vielseitig zum Ausdruck kommende Zuneigung zum Kind ist jedoch keinesfalls "natürlich" im Sinne einer historisch indifferenten Natur des Menschen aufzufassen. Sie ist entstehungsgeschichtlich ans 18. Jahrhundert und seine geistigen und materiellen Voraussetzungen gebunden. Erst seit dieser Zeit existiert Kindheit als ein eigenständiger Lebensabschnitt, wie wir ihn heute kennen.[76] In der Antike gilt das Kind als Ausdruck von Unvollkommenheit und Minderwertigkeit. Ein Argument Platons gegen die Dichtkunst ist es, sie versetze in jenen Zustand der Schwäche, wie er nur Frauen und Kindern zukomme. Erst in der Renaissance beginnt das Interesse an einer kindlichen Na-

---

74 Bis in unsere Gegenwart hinein ist Kindheit eine zukunftsgerichtete Idee gegen entfremdete Wirklichkeit und Stagnation geblieben. So interpretiert der deutsch-amerikanische Psychoanalytiker Erik H. Erikson das Streben nach Generativität und Erziehung der nachfolgenden Generation als Gegensatz zu selbstabsorbierender Entfremdung. E. H. Erikson, Identität und Lebenszyklus. 4. Aufl. Frankfurt/M. 1977, S. 117 f.
75 E. Bloch, Das Prinzip Hoffnung, 3. Bd. Frankfurt/M. 1968, S. 1628.
76 Vgl. M. J. Langeveld, Studien zur Anthropologie des Kindes. 2. Aufl. Tübingen 1964, S. 11 ff.; R. Dirx, Das Kind das unbekannte Wesen. Geschichte, Soziologie, Pädagogik. Hamburg 1964; Ph. Aries, Geschichte der Kindheit. München 1977.

tur und menschlichen Lebenswelt unter der Perspektive des Schönen und der ästhetischen Erfahrung. Ebenso wie man die unbearbeitete Natur als Landschaft wahrnimmt, richtet sich der Blick auf *den* Teil der menschlichen Natur, der vermeintlich von Arbeit und Zivilisation unberührt geblieben ist: die Kindheit.

Das Bild der unverfälschten Natur im Kinde entschädigt für den Verlust an Totalitätserkenntnis. Es gibt in der entfremdeten und verdinglichten Wirklichkeit den Ausblick in einen Teilbereich frei, der sich als "vorbürgerlicher Schatz"[77] erhalten zu haben scheint. Hier können Wünsche und Absichten projiziert werden, die in der Wirklichkeit vergessen oder verdrängt sind. Insofern ist das Interesse an Kindheit als eine *Kompensation* authentischer Erfahrungen aufzufassen.

Diesen Mechanismus deckt Schiller auf, wenn er darauf insistiert, daß das verlorene und wiederzugewinnende Ideal natürlicher Bewegungs- und Verhaltensformen des Kindes keinesfalls als ein Zurück zum menschlichen Entwicklungsstadium der Kindheit interpretiert werden darf. Vielmehr drückt sich in dem Ideal die zu erreichende utopische Synthese von Freiheit, Vernunft und Natur aus. Das "Naive" ist imstande, die Wirklichkeit unmittelbar nachzuahmen; geht die Fähigkeit jedoch im Prozeß der Zivilisation verloren, so ist sie auf höherer Stufe durch "sentimentalische" Dichtung und Darstellung des Ideals antizipierbar. Im Sinne Schillers läßt sich Kindheit als *Vernunftbegriff* auffassen, der Freiheit und Notwendigkeit richtungsweisend verbindet.

Empirisch verfügt das Kind auf einer bestimmten gesellschaftlichen Entwicklungsstufe über die Möglichkeit, dem erwachsenen Betrachter die Motivation zu verleihen, Freiheit vorzustellen. Es regt ihn an, über Freiheit zu reflektieren oder zu assoziieren, ist aber keinesfalls *selber* Garant oder Einlösung dieses Versprechens. Diesen aufgezeigten Widerspruch zwischen Kindheit als Begriff des Verstandes (empirisch) und als Begriff der Vernunft reflektiert Schiller mit Hilfe der Polarität "Beschränktheit unseres Zustands" / "Anlage und Erfüllung" (ÜnsD, S. 697). Das Kind präsentiert dem Erwachsenen gleichsam eine Liste verpaßter Möglichkeiten in der Entfaltung seiner Fähigkeiten. Während sich im Stadium des Erwachsenenlebens eine durch entfremdete Arbeits- und Rollenteilung erzwungene "Beschränktheit" ausgebildet hat, liegen die "Anlagen und Bestimmungen" des Kindes potentiell noch völlig offen und lassen einen Blick auf ihre allseitige und damit nicht-entfremdete Ausbildung zu:

"Das Kind ist uns daher eine Vergegenwärtigung des Ideals, nicht zwar des erfüllten, aber des aufgegebenen, und es ist also keineswegs die Vorstellung seiner Bedürftigkeit und Schranken, es ist ganz im Gegenteil die Vorstellung seiner reinen und freien Kraft, seiner Integrität, seiner Unendlichkeit, was uns rührt" (S. 697).

---

77 D. Hoffmann-Axthelm, Theorie der künstlerischen Arbeit. Frankfurt/M. 1974, S. 55.

Die Rührung liegt in der Vorahnung eigener Grenzüberschreitung. Festzuhalten für unseren Zusammenhang ist, daß Schiller "Kindheit" als eine erkenntnistheoretische Chiffre benutzt, deren materielle Voraussetzung (Kompensation von Entfremdung) er begreift.
Innerhalb der entfremdeten Wirklichkeit können sich die dem Kinde gleichen spielerischen genialen Kräfte des Künstlers nicht einfach auf Nachahmung der Empirie einlassen. Sie müssen ein Ideal gestaltend hervorbringen, das seine Erscheinungsformen in satirischer, elegischer und idyllischer Dichtungsart hat. An dieser Einteilung kann sich der Künstler leitmotivisch orientieren, das Schöne hervorzubringen. Es scheinen also Fixpunkte ausgemacht zu sein, an denen sich Rationalität und Phantasie abarbeiten können. Da sich mit der bewußten Rubrizierung von Dichtungsarten ein Aufdecken des literarischen *Arbeits*charakters anbietet, das quersteht zu Gefühlsunmittelbarkeit und Originalität des Dichtergenies, muß Schiller diesen Sachverhalt schon im Vorfeld der Erkenntnis abwehren. Das "wahre Genie" zeichne sich gerade durch Regelabstinenz aus:
"Unbekannt mit den Regeln, den Krücken der Schwachheit und den Zuchtmeistern der Verkehrtheit, bloß von der Natur oder dem Instinkt, seinem schützenden Engel, geleitet, geht es ruhig und sicher durch alle Schlingen des falschen Geschmackes, in welchen, wenn es nicht so klug ist, sie schon von weitem zu vermeiden, das Nichtgenie unausbleiblich verstrickt wird" (S. 704).
Es ist kein Zufall, daß Schiller gerade bei der sentimentalischen Dichtung so streng gegen den Entwurf eines "Plans" (S. 744) literarischer Produktivität polemisiert. Allein der kindliche Charakter des Genies vereint in sich intellektuelle, ästhetische und moralische Ideen (S. 704), während es im Gegensatz dazu "nicht jedermanns Sache ist, sich zu Ideen zu erheben" (S. 757).
Die Polemik zielt zeitbedingt auf das Aufkommen massenhafter Trivialliteratur[78], die u.a. für den Verfall aufklärerischer Hoffnungen haftbar gemacht wird. Aber sie zielt darüber hinaus auf die wechselseitige Ausschließlichkeit genialer und *allgemein verfügbarer* schöpferischer Energien. Sie durchkreuzt gerade das mit dem Begriff der Kindheit aufkommende utopische Bild der Anlage universeller ästhetischer Produktivität.
In einem gewissen Gegensatz dazu steht Kleists Betrachtung "Über das Marionettentheater", die ebenfalls die wiederzugewinnende Integrität des Verhaltens thematisiert. Aufhebung der Entfremdung wird hier mit einer Wiederherstellung der "natürlichen Grazie des Menschen"[79] verbunden. Auch wenn Schiller und Kleist in der utopischen Perspektive, die Einheit von Natur und Vernunftbestimmung wiederherzustellen, weitgehend übereinstimmen[80], so darf nicht

---

78 Vgl. die oben angegebene Literatur zum literarischen Markt im 18. Jahrhundert.
79 Heinrich von Kleist, Über das Marionettentheater. In: dtv-Gesamtausgabe, Bd. 5. A. a. O., S. 71 - 78; Zitat: S. 75.
80 Zum Verhältnis Utopie und Entfremdung bei Schiller und Kleist vgl. die ausführliche Darstellung der Forschungsergebnisse bei U. Vohland, Bürgerliche Emanzipation in Heinrich von Kleists Dramen und theoretischen Schriften. Bern / Frankfurt 1976, S. 126 ff.

übersehen werden, daß Kleist die Dignität von *Volkskunst* hervorhebt. Die Marionetten seinen keine Volksbelustigung, die dem "Pöbel" zukomme, vielmehr können gerade Tänzer der Oper "mancherlei von ihnen lernen".[81] Die intuitive Synthese von Freiheit und Notwendigkeit steht bei Kleist in *dem* Bereich der Kunst an, die traditionell den *unteren* sozialen Klassen, Ständen und Schichten zugewiesen ist. Somit geht der utopische Vor-Schein der Marionette weit über den von Schiller vorgestellten Begriff von Kind / Genie hinaus.

Ideengeschichtlich gesehen endet der Gedanke universeller schöpferischer Freiheit vorerst mit Arthur Schopenhauer. Der von ihm bestimmte "kindliche Charakter des Genies"[82] zeigt eine kaum zu überbietende Regression an. Auch für Schopenhauer ist "die Kindheit die Zeit der Unschuld und des Glückes, das Paradies des Lebens, das verlorene Eden, auf welches wir, unsern ganzen übrigen Lebensweg hindurch, sehnsüchtig zurückblicken".[83] Philosophische Voraussetzung hierfür ist die Aufteilung der menschlichen Triebstruktur in Wille und Vorstellung. In der Kindheit herrscht allein die Vorstellung; der Intellekt erschließt sich in einer natürlichen Neugier und Phantasie die Welt, er ist zu theoretischer Beschäftigung aufgelegt und verhält sich gelehrig und wißbegierig. Das unschuldige und glückliche Entwicklungsstadium wird durch jenen "unheilschwangeren Trieb"[84] der Pubertät jäh beendet: den Geschlechtstrieb. Sein Exponent, der Wille, fragt nur noch nach Neigung, Begierde und Leidenschaft und ordnet sich so die Kräfte des kreativen Erkennens unter. Einzig das Genie bewahrt jenen kindlichen lernbegierigen Überschuß von Erkenntnisvermögen über die Diktatur des Willens und übersetzt ihn "abnormerweise"[85] in die Kontinuität seiner Lebensgeschichte. Diese positiv verstandene Abnormität macht ihn zum "Auserwählten"[86] und verleiht ihm den "Adelsbrief"[87], das Schöne hervorzubringen. Die schönen Werke begründen die "Erlösungsfunktion"[88] des Genies. Sie geben dem "gewöhnliche(n) Mensch(en)", dieser "täglich zu Tausenden" hervorgebrachten "Fabrikware der Natur"[89] kompensatorischen Ausgleich für die Entsagungen des Lebens und der Triebstruktur. Eine besondere Rolle spielt dabei die Phantasie. Schopenhauer zufolge kann Kunst als Mittel angesehen werden, denen, "die keine Phantasie haben, diesen Mangel möglichst zu ersetzen".[90] In Phantasie gebundene Erfahrung bleibt an das nicht wiederbringbare Stadium der Kindheit gebunden, das einzig das Genie konserviert habe.

---

81 Heinrich von Kleist, Über das Marionettentheater. A. a. O., S. 71.
82 A. Schopenhauer, Die Welt als Wille und Vorstellung, 2. Bd. In: Zürcher Ausgabe in 10 Bänden, Bd. IV. Zürich 1977, S. 466.
83 Ebd., S. 467.
84 Ebd., S. 468.
85 Ebd., S. 469.
86 Ebd.
87 Ebd., S. 460.
88 J. Ritter, Artikel: Genie. In: Historisches Wörterbuch der Philosophie. A. a. O., S. 304.
89 A. Schopenhauer, Die Welt als Wille und Vorstellung, 1. Bd. A. a. O., S. 242.
90 A. Schopenhauer, Die Welt als Wille und Vorstellung, 2. Bd.. A. a. O., S. 449.

Im Vergleich mit der idealistischen Philosophie (Kant, Schiller) ist der von Schopenhauer konstatierte Phantasieverlust des Erwachsenen ein erkenntnistheoretischer Rückschritt. Während besonders Schiller das Abhängigkeitsverhältnis zwischen Phantasieverlust und entfremdeter Realität sozialtheoretisch begreift, trennt Schopenhauer den Zusammenhang Natur / Gesellschaft einseitig auf und verlagert die Entfremdungserscheinungen auf ein stammesgeschichtliches Entwicklungsmodell der Organismen. Geradezu zum Trost für die "Nichtgenies" führt er aus, es ergehe ihnen eben nicht anders als den Affen. Auch der Orang-Utan und die Meerkatze verfügen nur in einer frühen Entwicklungsphase ihres Nervensystems über eine spielerische Leichtigkeit ihrer Bewegungen.[91] Es kann hier nicht um eine weitere Kritik dieser kuriosen vulgärpsychologischen Begründung genialen Produzierens gehen. Entscheidend ist vielmehr, daß auch sie herangezogen wird, um die Verallgemeinerbarkeit künstlerischen Produzierens abzuwehren und das Genie in der Rolle des geistig Geadelten zu sanktionieren.

Verfolgt man die Ideengeschichte weiter, so trifft man auch bei Friedrich Nietzsche auf ein Entwicklungsmodell, das an die Tradition kindlich-genialen Schaffens anknüpft. Es ist als ein Weg ethischer / ästhetischer Urteilsbildung lesbar. Manches erinnert an Aspekte Schillers. Die Chiffre des Kindes bildet den abschließenden Punkt einer stufenförmigen Entwicklung. In seiner Entwicklungsgeschichte durchläuft der "Geist" drei Verwandlungen, die metaphorisch ihren Ausdruck im "Kamel", "Löwen" und im "Kind" finden. Als "Kamel" unterwirft sich der "Geist" dem Herrschaftsanspruch von Pflichten und Konventionen (Moral, Religion und Metaphysik), die er auf der Stufe des "Löwen" abschüttelt und ihnen ein abstraktes Nein entgegenhält. Erst indem sich der "Löwe" analytisch-reflexiv *und* affektiv-emotional von den traditionellen moralphilosophischen Kategorien löst, sie nicht mehr als Entitäten, sondern als verstellten Ausdruck der Triebstruktur sieht, gewinnt er auf der Stufe des "Kindes" seine Unbefangenheit zurück. Vom "Kind" heißt es:

"Unschuld ist das Kind und Vergessen, ein Neubeginnen, ein Spiel, ein aus sich rollendes Rad, eine erste Bewegung, ein heiliges Ja-sagen. Ja, zum Spiele des Schaffens (...), bedarf es eines heiligen Ja-sagens: *seinen* Willen will nun der Geist, *seine* Welt gewinnt sich der Weltverlorene."[92]

Auch Nietzsche identifiziert also das Bild des Kindes mit einem Fortschritt zur Freiheit in einer höheren Kultur, in der sich Sittlichkeit mit der triebbestimmten Natur versöhnen soll. Auffällig ist die Betonung des spielerischen Elementes. Alles folgt einer Dynamik der inneren Welt, die gleichzeitig die Konventionen der äußeren Welt absorbiert hat. So steht das vorgeführte Bild des Kindes stellvertretend für einen spielerischen Umgang mit der kulturellen Überlieferung. Unabhängig von äußeren Bindungen lebt es vom Reichtum seines *Inne-*

---

91 Vgl. ebd., S. 469 ff.
92 Friedrich Nietzsche, Also sprach Zarathustra. In: Ders., Werke in 3 Bänden, 2. Bd., hg. v. K. Schlechta. München 1966, S. 275 - 561; Zitat: S. 294.

ren. Hier erscheint das Ideal der Zwanglosigkeit künstlerischen Schaffens, das als Inbegriff menschlichen Daseins weder Regel noch Absicht unterliege. Dieser Absolutheitsanspruch überschreitet zugleich den isolierten (autonomen) Erlebnisbereich "Kunst" und übersetzt ihn in die Totalität der Lebenspraxis. Deshalb spricht einiges für die Annahme, hier werde der Typus Kind / Künstler mit einem Simultanwissen ausgestattet, das spielerisch über die gesamte Kultur und Kunst verfüge.

Mit Sicherheit ist davon auszugehen, daß es in Nietzsches Modell nicht um eine Entwicklungsgeschichte der menschlichen Ethik geht. Dennoch sind gewisse Parallelen zur Menschheits- bzw. Individualentwicklung ethischer Kompetenz nicht zu übersehen. In der gegenwärtigen Literatur um die Entwicklung der moralischen Urteilsbildung findet sich m.E. Nietzsches Lehre von den drei Verwandlungen in einer modifizierten Form bei Lawrence Kohlberg[93] wieder. In einer Dreiteilung unterscheidet Kohlberg zwischen vorkonventioneller, konventioneller und nachkonventioneller ("postkonventioneller") Entwicklungsebene. Auf der postkonventionellen Ebene - die sich in Analogie zu Nietzsches Verwandlung ins Kind setzen läßt - geht es um die autoritätsunabhängige, vernunftgemäße Beurteilung von Normen und Handlungen, deren Orientierung auch "an Prinzipien der Entscheidung" erfolgt, "die an logische Universalität und Konsistenz appellieren".[94] An diesem Schema hat Jürgen Habermas eine entscheidende Kritik bzw. Erweiterung vorgenommen.[95] Wenn es zutrifft, daß Nietzsches Chiffre des "Kindes" für eine höhere Kultur steht, die Natur und Sittlichkeit versöhnen soll und wenn sich das mit der postkonventionellen Ebene im Schema Kohlbergs in Einklang befindet, dann muß Habermas' Kritik auch hier anwendbar sein.

Weder Kohlbergs Ansatz noch Habermas' Erweiterung können hier im Detail erörtert werden. Für unseren Zusammenhang genügt es, einen Kerngedanken hervorzuheben. In nuce formuliert läuft die Kritik an Kohlberg auf den Hinweis hinaus, daß die referierte höchste Ebene der Moralentwicklung an der Gewissensentscheidung des einzelnen orientiert ist, der als *Einsamer* Handlungskonflikte entscheidet. Im inneren Monolog kommen unabhängig von wirklicher Kommunikation mögliche universale Prinzipien reziprok zur Geltung. Es wird dabei eine gemeinsame Zielorientierung unterstellt. Das heißt, der einzelne fragt nach dem Universellen seiner subjektiven Gründe des Handelns, indem er in einem Gedankenexperiment überlegt, ob er wollen kann, daß auch andere nach eben diesen Gründen handeln. Die Prüfung entzieht sich aber einer kommunikativen Beratung. Konsensbildung erfolgt demnach als ein idealer Vorgriff und nicht als praktisches Ergebnis gemeinschaftlich realisier-

---

93 L. Kohlberg, Zur kognitiven Entwicklung des Kindes. Frankfurt/M. 1974. -Zum Stellenwert von Kohlbergs Ansatz für den Literaturunterricht vgl. grunds. J. Kreft, Grundprobleme der Literaturdidaktik. Heidelberg 1977, S. 91 ff.
94 L. Kohlberg, Zur kognitiven Entwicklung ..., a. a. O., S. 60 f.
95 Vgl. J. Habermas, Zur Rekonstruktion des Historischen Materialismus. Frankfurt/M. 1976, S. 61 - 91.

barer Kommunikation, nicht als "praktischer Diskurs". Der "praktische Diskurs", der gleichberechtigte Kommunikationspartner verbindet, prüft als argumentativer Dialog praktische Geltungsansprüche, die nicht als kulturelle Überlieferung unterstellt, sondern als Bedürfnis erst einmal zu ermitteln sind. "Das Prinzip der Rechtfertigung von Normen ist nun nicht mehr der monologisch anwendbare *Grundsatz* der Verallgemeinerungsfähigkeit, sondern das gemeinschaftlich befolgte *Verfahren* der diskursiven Einlösung von normativen Geltungsansprüchen."[96]

Überträgt man Habermas' Kritik an Kohlberg und die daraus abgeleitete Forderung einer transzendentalen Kommunikationsethik auf den Zusammenhang von Nietzsches Kind-Chiffre, so steht die monologische Struktur des ethisch / ästhetisch Handelnden auf dem Prüfstand. Der verinnerlichte Maßstab der Gesinnung des Kind / Künstlers bzw. die als Natur ausgewiesene Fähigkeit schöpferischer Produktivität wäre dann immer nur ein monologischer Ersatz für die Forderung einer realen (ästhetischen) Verständigung über gegenseitige Interessen und Bedürfnisse.

Die Einsamkeit des inneren Monologs thematisiert noch einmal Schillers Gedanken zum literarischen Spiel. Hier kommt die oben ausführlich aufgezeigte Institutionalisierung zum Ausdruck, daß sich die Partner der literarischen Kommunikation (Produzent / Rezipient) nicht wechselseitig als gleichberechtigt anerkennen. Es bleibt der einsamen Entscheidung eines Produzenten überlassen, sich für kompetent zu halten, literarische Ideen zu entfalten. Da die Kompetenz der diskursiven Konsensbildung entzogen wird, kann sie weder mitgeteilt noch universell unterstellt werden. Trotz der aufgezeigten Gemeinsamkeiten mit den produktionsästhetischen Vorstellungen Schillers darf nicht übersehen werden, daß erst mit Nietzsches Vorstellungen eine asoziale Haltung des geistig Schaffenden voll zum Durchbruch kommt. In der Autonomie-Ästhetik steht der Künstler im Rahmen eines sozialen Auftrags. Seine Wirkungsabsicht verfolgt das gesellschaftlich-politische Ziel, Entfremdung aufzuheben und den Rezipienten Totalität zu vermitteln. Nietzsche sieht hingegen in der Besonderheit des künstlerischen Individuums und seiner Einsamkeit einen Wert an sich, der sich von allen Bindungen an die Gemeinschaft löst. Die Berufung auf individuelle Autonomie fühlt sich nur noch sich selbst gegenüber verantwortlich. Ein eigentümliches Sich-Selbst-Genugsein gewinnt seine Identität nur noch durch das ständige Betonen des Andersseins, durch die unablässige Versicherung absoluter Originalität. Deutlichen Ausdruck findet das im "Zarathustra", der sich zur Steigerung des eigenen Ich von der Gesellschaft abwendet und in die freie Natur zurückzieht: "Hier genoß er seines Geistes und seiner Einsamkeit und wurde dessen zehn Jahre nicht müde."[97] Die Zivilisation

---

96 Ebd., S. 85. - Vgl. hier ausführlicher: J. Habermas, Theorie des kommunikativen Handelns, Bd. 2. Frankfurt/M. 1981, S. 260 ff.
97 Friedrich Nietzsche, Also sprach Zarathustra. A. a. O., S. 277.

der "großen Stadt"[98] erscheint dagegen als ein "Sumpf", der den freien Geist an seiner Entfaltung hindere. Eine derartige Selbstbehauptung durch Absonderung vom Sozialen führt dazu, daß der innere Monolog des Schaffenden in erster Linie an egoistischer Verklärung interessiert ist:
"Wir wollen die werden, die wir sind, - die Neuen, die Einmaligen, die Unvergleichbaren, die Sich-selber Gesetzgebenden, die Sichselbstschaffenden."[99]
Die monologische und auf elitäre Absonderung bedachte Vorstellung ästhetischen Produzierens nimmt damit bei Nietzsche geradezu despotische Züge an. Sie meldet einen Machtanspruch gegenüber all jenen an, deren Phantasie erst einmal auf die Notwendigkeit der Lebensreproduktion beschränkt ist.

Im Gegensatz dazu können die Bezüge, die die Psychoanalyse Sigmund Freuds zum Begriff der Kindheit stiftet, als weitgehend demokratisch aufgefaßt werden. In seinem Aufsatz "Der Dichter und das Phantasieren" (1907) untersucht Freud das Verhältnis der menschlichen Phantasie zur Realität. Er befreit die kindlichen Phantasien aus ihrer Indienstnahme für elitäre Weltanschauungen, indem er den Begriff der Kindheit von der Chiffre in die Empirie zurückübersetzt. Hier schließt das Problem literarischen Schaffens die Frage nach der allgemeinen Entstehung der menschlichen Phantasietätigkeit in sich ein. Freud fragt nach den psychischen Eigenschaften, die sich aus der Kindheit ins Stadium des Erwachsenen hinübergerettet haben. Und er bezieht sie auf die Fähigkeiten des Dichters. Zunächst ist ganz wie in den anderen oben vorgestellten Ansätzen von einer Analogie Kind / Dichter die Rede:
"Jedes spielende Kind benimmt sich wie ein Dichter, indem es sich eine eigene Welt erschafft oder, richtiger gesagt, die Dinge seiner Welt in eine neue, ihm gefällige Ordnung versetzt".[100]
Im Unterschied zu den verschiedenen Erscheinungsformen des Geniekults bewahrt allerdings nicht nur eine auserwählte Persönlichkeit die Triebkräfte des Phantasierens. *Jeder* Mensch führe lebensgeschichtlich das Spiel des Kindes modifiziert fort. Während sich das kindliche Spiel auf den realen Umgang mit Gegenständen beziehe, spiele der Erwachsene mögliche Handlungen durch. Der Tagtraum gestalte die Wirklichkeit nach den eigenen Bewegungsgesetzen des Denkbaren und Möglichen. Eben das habe er mit der schöpferischen Energie eines Dichters gemeinsam. Sowohl eine literarische Erzählung als auch ein Tagtraum verbinden einen gegenwärtigen Eindruck mit Erinnerung an die Vergangenheit und mit Projektionen auf die Zukunft. Das phantastische Re-

---

98 Ebd., S. 425 - Nietzsche begreift also Natur und kindliche Natürlichkeit als rettenden Gegenpol zur "großen Kloake" der Zivilisation. Es sei bereits an dieser Stelle darauf hingewiesen, daß eine derartige Zivilisationskritik in den reformpädagogischen Gedanken der Jahrhundertwende wiederzufinden sind. (Vgl. dazu weiter unten Kap. 6.2).
99 Friedrich Nietzsche, Die fröhliche Wissenschaft. In: Ders., Werke in 3 Bänden, 2. Bd. A. a. O., S. 7 - 274; Zitat: S. 197. An dieser Stelle wird klar, daß der Vergleich Nietzsches mit Kohlberg nur so lange haltbar ist, wie es um die universelle Reflexion des Einsamen geht. Bei Kohlberg richtet sich die postkonventionelle Stufe auf eine Gewissensethik, die sich zwar auch selbst die Gesetze gibt, aber keinen Anspruch auf Absonderung vom Sozialen verfolgt.
100 S. Freud, Der Dichter und das Phantasieren. In: Ders., Studienausgabe, Bd. X, Bildende Kunst und Literatur. 5. Aufl. Frankfurt/M. 1969, S. 169 - 179; Zitat: S. 171.

sultat beruht als Tagtraum *und* als Kunstwerk auf der Fähigkeit des Vorstellungsvermögens, Erfahrungen zeitlich zu strukturieren. Dabei kommt es hier nicht auf eine Diskussion des mehrschichtigen und widerspruchsvollen Charakters der Phantasie an. Phantasie kann beides sein: Kompensation von Entfremdung oder Einklagen eines menschlichen Glücksanspruchs, der den Widerspruch am Leben hält zwischen dem, was ist, und dem, was sein könnte.[101]
In vorliegendem Zusammenhang geht es darum, das Abhängigkeitsverhältnis zwischen Künstler und Nicht-Künstler, zwischen Dichtung und Alltagserfahrung zu begreifen. Indem Freud beiden Bereichen die Phantasiefähigkeit gewissermaßen als eine Basiskompetenz zuordnet, bricht er radikal mit der Tradition, das Genie als Angehörigen einer anderen, dem Alltag entrückten Wirklichkeit verstehen zu wollen. Für die Literaturwissenschaft eröffnet sich damit die Forschungshypothese, Dichtung als Problemlösungsspiel aufzufassen. Dichterische Phantasie folge in ihrer Struktur und Funktion der Alltagsphantasie.[102]
Die Entscheidung, Phantasie als allgemeine Kompetenz zu begreifen, wird gegenwärtig durch die Definitionen von Negt und Kluge unterstützt. Wenn Phantasie als ein "Rohstoff"[103] zur Organisation von Erfahrungen gilt, dann steht sie auch jedermann lebendig zur Verfügung. Sie ist nicht mehr auf den Lebensabschnitt der Kindheit beschränkt, auch wenn sie hier ihre Wurzeln hat. Deshalb erscheint es auch nicht abwegig, in der Egalität der Phantasie eine *Vorstufe* zur Egalität literarischer Produktionsfähigkeit anzunehmen. Künstlerische Individualität drückt nicht mehr ein radikal Besonderes aus, sie steht vielmehr mit allgemeinen seelischen Antriebspotentialen in Verbindung.
Keinesfalls soll daraus gefolgert werden, jede Phantasietätigkeit sei bereits mit literarischer Produktion identisch. Eine Ausnahme bildet lediglich die an Freud angelehnte Inspirationslehre des Surrealismus.[104] Aber gerade hier werden auch die Grenzen von Freuds Kunsttheorie ersichtlich. Denn sie stützt Phantasie weitgehend auf die Triebkräfte des Unbewußten und umgeht damit den kompositorischen Einsatz bestimmter literarischer Mittel und Techniken, der insbesondere den *Arbeits*charakter der Kunst ausmacht. Als solcher fehlt der Phantasietätigkeit auch jene *inhaltlich* definierte Korrektur und Richtungsweisung, die sich mit Blochs Bestimmung von Tagtraum und "Noch-Nicht-Bewußtsein"[105] verbindet. Offen bleibt die Transformation von Tagträumen in die geeigneten künstlerischen Formen. Freud erkennt das Problem und spitzt es zu der Behauptung zu: "Wie der Dichter das zustande bringt, das ist sein

---

101 Vgl. hier grunds. O. Negt / A. Kluge, Öffentlichkeit und Erfahrung. Zur Organisationsanalyse von bürgerlicher und proletarischer Öffentlichkeit. Frankfurt/M. 1972, S. 66 ff.; D. Richter / J. Merkel, Märchen, Phantasie und soziales Lernen. Berlin 1974, S. 5 - 34.
102 Vgl. hier die zahlreichen Beispiele bei H. Hillmann, Alltagsphantasie und dichterische Phantasie. Versuch einer Produktionsästhetik. Kronberg 1977.
103 Zur Rolle der Phantasie als "Rohstoff" für ästhetische Produktion vgl. Negt / Kluge, Öffentlichkeit und Erfahrung. A. a. O., S. 71 ff.
104 Vgl. dazu die Ausführungen im folgenden Kapitel.
105 Vgl. E. Bloch, Ästhetik des Vor-Scheins, 2 Bde., hg. v. G. Ueding. Frankfurt/M. 1974.

eigenstes Geheimnis (...)."[106] Das "Geheimnis" (Freud benutzt auffallend die Terminologie Schillers) literarischer Produktion, *wie* also die Phantasie strukturiert und verdichtet wird, löst auch die Psychoanalyse nicht. Vergleicht man jedoch Freuds Erklärungsversuche mit denjenigen Schillers, so fällt auf, daß das Prinzip des Verdeckens von Arbeit aus dem Horizont des Verstehens ausgeklammert ist.

Zusammenfassend kann gesagt werden, daß unser Exkurs, kindliche Phantasie und literarisches Schaffen als Beziehungsproblem zu verfolgen, keine hinreichende Auskunft über den Schreibprozeß liefert. Kindheit taucht als eine Chiffre zur Verklärung auf. Trotz der unterschiedlichen Zielsetzungen stimmen hier Schiller und Nietzsche weitgehend überein. Freud entmystifiziert das geniale Schaffen durch seinen Verweis auf allgemein-menschliche Phantasie. Insofern sind seine Ausführungen als ein Beitrag zur Utopie verallgemeinerbaren künstlerischen Produzierens lesbar. Dabei bleibt ihm jedoch das ein "Geheimnis", was Schiller bereits durch das Prinzip des Verdeckens von Arbeit sichtbar gemacht hatte. Im folgenden Kapitel geht es um ästhetische Theorieansätze, die über Schiller hinaus jenes "Geheimnis" thematisieren. Eine besondere Rolle spielt die Ästhetik Hegels, da das Kunstwerk hier direkt als "Produkt menschlicher Tätigkeit" bezeichnet wird.

---

[106] S. Freud, Der Dichter und das Phantasieren. A. a. O., S. 179.

5. Literarische Produktion als besondere Form menschlicher Produktion

5.1 Literatur als "Produkt menschlicher Tätigkeit" (Hegel)

Auch die Auseinandersetzung mit Hegels "Vorlesungen über die Ästhetik"[1] ist nicht darauf gerichtet, eine geschlossene Abhandlung über die Geschichte der idealistischen Ästhetik vorzulegen. Im Zentrum steht die Frage, welche produktionsästhetischen Auswirkungen sich möglicherweise aus Hegels Position ergeben, Schönheit und Wahrheit zu vermitteln. Sind mit der vielzitierten "Vollendung der klassischen deutschen Ästhetik durch Hegel"[2], mit dem Anspruch, Kunstwerke wissenschaftlich zu erkennen, Ansatzpunkte erkennbar, die ästhetische Praxis von elitären und metaphysischen Voraussetzungen zu trennen?

Um die Fragestellung eingangs zu verdeutlichen, greifen wir auf den Kern von Hegels Kant-Kritik zurück. Die KdU sucht in erster Linie nach einer transzendentalen Begründung des Geschmacksurteils. Der Wahrnehmungsakt bezieht sich auf das erregte Empfinden und Fühlen. Doch dem Geschmack bleibt "die objektive Natur des Gegenstandes" unzugänglich, wenn er "nur die subjektive Reflexionsweise" ausspricht (Ä 1, S. 85). Zwar komme dem Geschmack eine wesentliche Rolle als Element des Urteils und der Wertung im subjektiven Bereich zu, über Inhalt und Darstellung der Kunst vermag er jedoch nicht zu befinden. Um hingegen die "objektive Natur des Gegenstands" zu bestimmen, begreift Hegel Kunst als einen Teil der gesellschaftlichen Totalität. Anhand einer längeren Textpassage kann dieser Zusammenhang verdeutlicht werden:
"Überblicken wir den totalen Inhalt unseres Daseins, so finden wir schon in unserem gewöhnlichen Bewußtsein die größte Mannigfaltigkeit der Interessen und ihre Befriedigung. Zunächst das weite System der physischen Bedürfnisse, für welche die großen Kreise der Gewerbe in ihrem breiten Betrieb und Zusammenhang, Handel, Schiffahrt und die technischen Künste arbeiten; höher hinauf die Welt des Rechts, der Gesetze, das Leben in der Familie, die Sonderung der Stände, das ganze umfassende Gebiet des Staats; sodann das Bedürfnis der Religion, das sich in jedem Gemüte findet und in dem kirchlichen Leben sein Genügen erhält; endlich die vielfach geschiedene und verschlungene Tätigkeit in der Wissenschaft, die Gesamtheit der Kenntnis und Erkenntnis, welche alles in sich faßt. Innerhalb dieser Kreise tut sich nun auch die Tätigkeit in der Kunst, das Interesse für die Schönheit und die geistige Befriedigung in deren Gebilden hervor" (Ä 1, S. 131).

---

1 G. W. F. Hegel, Vorlesungen über die Ästhetik I, II, III; Werke 13, 14, 15. Frankfurt/M. 1970. (Nach dieser Ausgabe wird in der Folge oben zitiert: Ä 1 = Vorlesungen über die Ästhetik I, S. N.N.).
2 H. Kuhn, Die Vollendung der klassischen deutschen Ästhetik durch Hegel. Berlin 1931.

Weite Teile der aktuellen Hegel-Forschung sehen in der Wechselwirkung zwischen Kunstwerk und gesellschaftlicher Entwicklung realistische Bezüge[3], man verweist auch auf einen "potentiell materialistische(n) Charakter"[4] der vorliegenden Ausführungen. Zudem scheint über den Tatbestand, daß Kunst und Gesellschaft aufeinander bezogen sind - über alle wichtigen inhaltlichen Differenzen hinweg - in der aktuellen literaturwissenschaftlichen Diskussion ein gewisser Konsens zu herrschen.[5] Umstrittener ist vielmehr, ob das literarische *Schaffen* als eine Form gesellschaftlich vermittelter menschlicher Arbeit begriffen wird; also, ob nicht nur das Werk, sondern darüber hinaus das Hervorbringen des Werkes aus dem Bereich ideeller Interpretationen gerückt werden kann. Auf der Basis dieses Erkenntnisinteresses soll das ausführliche Hegel-Zitat noch einmal geprüft werden.

Auch Hegel argumentiert (hier Kant folgend) mit einem doppelten Kunstbegriff, der Kunst und Handwerk unterscheidet. Im "System der physischen Bedürfnisse"[6], also dem der materiellen Reproduktion, spricht er von der Arbeit der "technischen Künste". Über sie erheben sich die Bewußtseinsformen: Religion, Wissenschaft, Kunst. Hier ist nicht mehr von einer Technik des Hervorbringens die Rede. Die "Tätigkeit der Kunst" bezieht sich auf "das Interesse für die Schönheit und die geistige Befriedigung in deren Gebilden". Schöne Kunst verhilft einer Idee zum Durchbruch, die künstlerisches Schaffen in Konkurrenz zu technischem setzt. Sie drückt andere Bedürfnisse und Möglichkeiten menschlicher Welt aus als die Zweckrationalität physischer Lebensreproduktion.

An dieser Stelle lassen sich die Grenzen aufzeigen, die es erlauben, von einem "potentiell materialistischen Charakter" (Metscher) des Hegel'schen Ansatzes zu sprechen. Denn der spezifische Prozeß der Werksetzung, die besondere Form der ins Kunstwerk eingegangenen *Arbeit*, wird zugunsten einer Reflexion auf die abgebildete Welterfahrung verdrängt. Hegels Ästhetik -und die in ihrer Tradition entstandenen Theorien - gewinnen ihre "materialistische" Position aus dem Beziehungsgeflecht von Basis und Überbau. Auch wenn das Beziehungsgeflecht einen unverzichtbaren Bestandteil zur Interpretation von Kunstwerken bereitstellt, so bleibt doch die Frage offen, wie es zur Beschaffenheit, Entfaltung bzw. Ausbildung jener ästhetischen Kompetenz kommt, der sich die Werke allemal verdanken. Eine materialistische Analyse

---

3   Vgl. den materialreichen Forschungsbericht zur Hegel'schen Ästhetik von A. Gethmann-Siefert, Zur Begründung einer Ästhetik nach Hegel. In: F. Nicolin / O. Pöggeler (Hg.), Hegel-Studien, Bd. 13. Bonn 1978, S. 237 - 289, bes. 254 ff.
4   Th. W. A. Metscher, Hegel und die philosophische Grundlegung der Kunstsoziologie. In: H. A. Glaser, P. Hahn, O. Hansen u.a., Literaturwissenschaft und Sozialwissenschaften. Grundlagen und Modellanalysen. Stuttgart 1971, S. 13 - 80; Zitat: S. 24.
5   Auch die moderne Rezeptionsästhetik stellt ja das Verwiesensein von Kunst auf Gesellschaft gar nicht in Frage. Das Problem ist hier vielmehr das der konkreten Vermittlung beider Bereiche. Vgl. hier grunds. K. Stierle, Ästhetische Erfahrung im Zeitalter des historischen Bewußtseins. In: W. Oelmüller (Hg.), Kolloquium Kunst und Philosophie 3. Das Kunstwerk. Paderborn, München, Wien, Zürich 1983, S. 13 - 30.
6   In seiner "Rechtsphilosophie" bezeichnet Hegel die bürgerliche Gesellschaft als das "System der Bedürfnisse". Es ist daher davon auszugehen, daß im Zitat oben der Sachverhalt analog abgedeckt ist.

hätte jedoch zunächst einmal näheren Aufschluß über die Art und Weise zu liefern, wie die - jeweils historisch ausmachbare - menschliche Tätigkeit organisiert ist, die als Resultat die neue geistige Wirklichkeit nach sich führt. Zu fragen wäre dann nicht nur, "wie Gesellschaft in den Kunstwerken sich objektiviert"[7], zu fragen wäre, *wie* und *von wem* die Objektivation geistiger Bedürfnisse geleistet wird.

Auf dem Hintergrund dieser Fragestellung fällt Hegels Analyse partiell hinter die Ergebnisse der "Poetik" des Aristoteles zurück. Mit Aristoteles teilt Hegel die *Inhalts*bestimmung der Kunst. Sie bildet die Sphäre der Sittlichkeit ab, die menschliche Praxis. Was jedoch die "Poetik" von den "Vorlesungen über die Ästhetik" zentral unterscheidet, ist die Bestimmung künstlerischen Hervorbringens. Aristoteles bezieht handwerkliche und künstlerische Tätigkeit mit Hilfe der Begriffe techne und poiesis direkt aufeinander. Das Kunstwerk stiftet zwar als mimesis der praxis einen Bezug zur philosophischen Weisheit, dennoch wurzelt es in handwerklichem Können. Hegels Bezugsebene ist auf seiten des Handwerks eine andere: Zwar steht Kunst als Erzeugnis des menschlichen Geistes innerhalb aus-machbarer sozial-historischer Beziehungen, unscharf bleibt jedoch der Herstellungsprozeß und seine Bearbeitungsstadien. Dennoch lassen sich aus Hegels System der *geschichtlichen Entwicklung* der Kunst als Darstellung des Absoluten gewisse Aussagen über den künstlerischen Schaffensvorgang gewinnen. In der griechischen Antike ist die Kunst zu ihrer höchsten Blüte fähig, da sie als *anschauliche* Totalität einen unmittelbaren Zusammenhang mit göttlicher Wahrheit darstellt. Wenn Kunst die "höchste Form" gewesen ist, "in welcher das Volk die Götter sich vorstellte und sich ein Bewußtsein von der Wahrheit gab", dann folgt für die "Weise des künstlerischen Produzierens" daraus, "daß jene Dichter, was in ihnen gärte, *nur* in dieser Form der Kunst und Poesie herauszuarbeiten vermochten" (Ä 1, S. 141). Aufschlußreich ist die Wahl des Tätigkeitswortes "gären". Im germanischen Sprachbereich versteht man darunter seit dem 16. Jh. das Austreten einer Masse aus einem Gestein. Den Bezug auf einen Naturprozeß unterstützt die indogermanische Wortquelle des Verbes, die auf "(auf)wallen, sieden, brodeln" zurückgeht.[8] In der Antike folgt künstlerisches Produzieren offensichtlich dem Prinzip des organischen Wachstums. So ist es nicht auszuschließen, daß Hegel hier den Inspirationstopos des Enthusiasmus favorisiert. In deutlichem Gegensatz dazu reiche es im aufgeklärten Zeitalter nicht aus, auf enthusiastische Kräfte zu vertrauen. Auf der erreichten Entwicklungsstufe des Geistes verbiete es sich, Kunstproduktion reflexionslos auszuüben, denn: "Der Gedanke und die Reflexion hat die schöne Kunst überflügelt" (Ä 1, S. 24). Hegels vielzitierter

---

7   Th. W. Adorno, Thesen zur Kunstsoziologie. In: Ders., Ohne Leitbild. Parva Ästhetica. 4. Aufl. Frankfurt/M. 1970, S. 94 - 103; Zitat: S. 102.
8   Duden. Etymologie. A. a. O., Stichwort: gären, S. 197.

Satz vom Ende der Kunst[9] bestimmt über das Verhältnis von Kunst und Wahrheit den historischen Stellenwert des Künstlers zur Reflexion: "Uns gilt die Kunst nicht mehr als die höchste Weise, in welcher die Wahrheit sich Existenz verschafft" (Ä 1, S. 141). In einem historischen Augenblick, in dem Totalität anschaulich nicht mehr darstellbar ist, nimmt die Anstrengung des Begriffs (Philosophie) die höchste Bestimmung menschlicher Sinnproduktion ein. Da hilft es nichts, wie es in einem Seitenhieb gegen die Romantik heißt, "sich vergangene Weltanschauungen wieder, sozusagen, substantiell an(zu)eignen", denn der Versuch, den gegenwärtigen Weltzustand als Totalität anschaulich darzustellen, verkomme zu einem erkünstelten Anachronismus. Das bürgerliche Subjekt falle hinter die geistigen Errungenschaften der Zeit zurück, wenn es das Knie vor Heiligenbildern beuge. Sein Erkenntnisinteresse bezieht sich nicht mehr auf eine Verehrung, sondern auf eine *Erklärung* der geistigen Welt. Da dem Künstler die inhaltlichen und formalen Bedingungen seines Tuns reflexiv zugängig sind, stehen sie seiner "subjektiven Geschicklichkeit" frei zur Disposition. Mit der Emanzipation von weltanschaulicher Verbindlichkeit sind die Gestaltungsmittel "sozusagen zu einer tabula rasa" (Ä 2, S. 235) geronnen. Genie und Originalität besteht nicht als eine ausschließlich subjektive Erfinderkunst, sie ist an den bereits bestehenden "Vorrat" des ästhetischen Materials gebunden. Die "tabula rasa" verweist auf die Prägungen durch Kultur und Tradition. Sie stellt sich quer zu jenem Unmittelbarkeitszustand natürlichen Produzierens, das angeblich zur ungetrübten Erkenntnis führt. Originalität wird entschieden relativiert. Der Künstler
"legt zwar auch jetzt noch sein Genie hinein, er webt von seinem eigenen Stoffe hindurch, aber nur das Allgemeine oder das ganz Zufällige; die nähere Individualisierung hingegen ist nicht die seinige, sondern er gebraucht in dieser Rücksicht seinen Vorrat von Bildern, Gestaltungsweisen, früheren Kunstformen, die ihm, für sich genommen, gleichgültig sind und nur wichtig werden, wenn sie ihm gerade für diesen oder jenen Stoff als die passendsten erscheinen" (Ä 2, S. 235 f.).
Oberste Voraussetzung für literarisches Gestalten bleibt eine angenommene Subjektivität. Nur derjenige könne sich des "Vorrats" des ästhetischen Materials bedienen, dem das Genie dazu gegeben sei. Der Geniebegriff wird also keinesfalls fallengelassen. Er erscheint auf einer neuen Argumentationsstufe. Geniales Produzieren bezieht sich nicht mehr auf ein originelles Hervorbringen künstlerischer Formen, vielmehr ist damit die besondere subjektive Fähigkeit beschrieben, ein allgemeines Gut gestaltend anzuwenden. Nach wie vor fallen also Genie und Kunst untrennbar zusammen. Man wird die Spezifik Hegels Geniebegriff erkennen, wenn man sich vor Augen führt, wie die "tabula rasa" der Gestaltungsmittel gegen verschiedene Regelpoetiken abgegrenzt ist. Gegen

---

9   Eine ausführliche Darstellung des Sachverhalts vom Ende der Kunst bei Hegel liefert Willi Oelmüller, Die unbefriedigte Aufklärung. Beiträge zu einer Theorie der Moderne von Lessing, Kant und Hegel. Frankfurt/M. 1969, S. 240 - 264.

kanonisierte Regeln steht die Lebendigkeit des Geistes. Muß der Geist bereits Bekanntes ausformulieren, so werde er müde und kraftlos. Literarische Produktion stumpfe zum Ausfüllen vorgegebener Muster ab, wenn sie bedingungslos eine Regel befolge. Ein Umgang mit Musterpoetiken ersticke die lebendige Erfahrung. Als Beispiele dafür werden die Aristotelische "Poetik", Horazens "Ars poetica" und Longins Schrift "Über das Erhabene" genannt (vgl. Ä 1, S. 31). Aber die Kritik bezieht sich darüber hinaus auf Poetiken des Barock und der Aufklärung, wie sie Opitz und Gottsched entworfen hatten. Allen Musterpoetiken ist eine zeitlich beschränkte Sicht eigen. Aus ihr heraus bestimmen sie abstrakte Prinzipien des Kunstwerks und münzen historisch gültige in scheinbar ahistorische Muster um. Der Allgemeingültigkeitsanspruch regelzuweisender Theorien verkomme zur schlechten Allgemeinheit. Wird zu einem historischen Zeitpunkt ein bestimmter Stil zum verbindlichen Muster erhoben, so gilt das als Indiz für eine "Verschlechterung der Poesie und Kunst" (Ä 1, S. 31). Dann erweist sich die schlechte Allgemeinheit als ein Hemmschuh, der das Besondere aus der künstlerischen Praxis entfernt. Eine Anlehnung an erlernbare Regeln bringe bestenfalls "etwas formell Regelmäßiges und Mechanisches" (Ä 1, S. 44) hervor. Hier klingen die produktionsästhetischen Überlegungen Kants an. Formelle Anleitungen scheiden aus der künstlerischen Praxis aus. Im Unterschied zu Werken regelgeleiteter Verstandesarbeit müsse künstlerische Produktion "als geistige Tätigkeit aus sich selbst arbeiten und ganz anderen reicheren Gehalt und umfassendere individuelle Gebilde vor die geistige Anschauung bringen" (Ä 1, S. 45).

Während Hegel den produktiven Zugriff zur "tabula rasa" dem Genie vorbehält, begreift er jedoch die sachgerechte *Rezeption* von Kunst als verallgemeinerbar:

"Denn die Kunst ist nicht für einen kleinen abgeschlossenen Kreis weniger vorzugsweise Gebildeter, sondern für die Nation im großen und ganzen da" (Ä 1, S. 353).

Gewissermaßen ist hier Brechts Formulierung vorgeprägt, "den 'kleinen Kreis' der Kenner zu einem großen Kreis der Kenner zu machen".[10] Der Begriff des "Kenners" betont das Prinzip allseitiger und gleicher Bildung. Der Anspruch auf autonome Aneignung der geistigen Welt wird zu einem herausragenden Merkmal der bürgerlichen Gesellschaft. Grundsätzlich heißt es dazu in der Rechtsphilosophie:

"Das Prinzip der neueren Welt überhaupt ist Freiheit der Subjektivität, daß alle wesentlichen Seiten, die in der geistigen Totalität vorhanden sind, zu ihrem Rechte kommend sich entwickeln."[11]

---

10 B. Brecht, Betrachtung der Kunst und Kunst der Betrachtung. In: Gesammelte Werke in 20 Bänden, Bd. 18. Frankfurt/M. 1967. S. 272 - 278; Zitat: S. 273. - Vgl. dazu Kap. 5.4.
11 G. W. F. Hegel, Grundlinien der Philosophie des Rechts. Frankfurt/M., Berlin, Wien 1972, S. 245 f. (§ 273, Zusatz).

Freiheit erlangt die Subjektivität erst dann, wenn sie über ein Maß an geistigen Aufnahmetechniken verfügt, über einen Bestand an Erkenntnismitteln, den ein Werk voraussetzt, wenn es verstanden werden soll. Denkende Betrachtung zielt darauf, Kunst "wissenschaftlich zu erkennen" (Ä 1, S. 26). Stellen wir Hegels Begriff des "Kenners" einmal übersichtlich dar. Zur Kunstkennerschaft gehören Kenntnisse über:
- "Zeit und Ort der Entstehung" von Kunstwerken,
- "die bestimmte Individualität des Künstlers",
- "die technische Ausbildung der Kunst" (Ä 1, S. 55).

Demzufolge genügt es wissenschaftlichem Kunstverstehen nicht, das Werk immanent zu erfassen; es genügt auch nicht, literarische Strukturen beim Namen zu nennen. Erst auf dem Hintergrund der historischen Entstehungsbedingungen ergeben die literarischen Strukturen einen substantiellen als auch funktionalen Sinn. Der Begriff des "Kenners" ist als Aufforderung auslegbar, ein Werturteil interdisziplinär zu fällen. Er skizziert das bis heute umstrittene Anspruchsniveau, auf Disziplinen wie Politik, Ökonomie, Philosophie etc. zurückzugreifen.[12] Soweit wir den Begriff des "Kenners" bisher erörtert haben, liegt das Mißverständnis nahe, es handle sich um eine abstrakte Kennt-nisanreicherung. Dagegen weist Hegel auf eine "mangelhafte Seite" (Ä 1, S. 56) der Kennerschaft hin, wenn sie beim Anwenden von Fachbegriffen stehenbleibt. Zur adäquaten Kunstbetrachtung gehört die Vereinigung von Sinnlichem *und* Geistigem. Ohne den notwendigen Bezug zum sinnlichen Vorstellungsvermögen des aufnehmenden Subjekts komme es nur zu rein äußerlichen Beschreibungen. Auf der anderen Seite ermöglicht aber erst der Rekurs auf Kenntnisse ein sachgerechtes Urteil. Es ist deshalb naheliegend, aus der geforderten Verbindung von Sinnlichem und Geistigem den Schluß zu ziehen, der "Kenner" gewinne aus dem Zusammenspiel von Kenntnissen und Erfahrungen seine Spezifik ästhetischen Genusses. Sowohl subjektivistische Geschmacksurteile als auch elitäre Bildung erscheinen im Lichte der allgemein erwerbbaren Kennerschaft als historisch überholte Wege der Literaturaneignung. Wo der Schein der Unmittelbarkeit der Kunstwerke und der Schein vorzugsweise Gebildeter erschüttert ist, wird allgemein verfügbare Reflexion zur entscheidenden Prämisse. Kennerschaft gehört zu jener "Arbeit der Bildung"[13], die die Gleichheit der Menschen durch die *Ausbildung* ihrer Anlagen begründet.

Wenn Hegel also das ästhetische Urteil auf wissenschaftlichen Kriterien aufbaut und eindeutig darauf hinweist, zur Kennerschaft gehöre ein Wissen über "die technische Ausbildung der Kunst", so ist es folglich jedermann möglich, Produktionstechniken zu *erkennen*. Eine solche Erkenntnis reiche allerdings nicht aus, das künstlerische Material auch *produktiv* zu gestalten. Künstlerische

---

12 Vgl. H. H. Koch, Verdrängte Entfremdung - Überlegungen zum Umgang mit Kunst im Anschluß an Hegels Ästhetik. In: J. Billen (Hg.), Identität und Entfremdung. Beiträge zum Literaturunterricht. Bochum 1979, S. 44 - 79; bes. S. 51 f.
13 G. W. F. Hegel, Grundlinien der Philosophie des Rechts. A. a. O., S. 172 (§ 187).

Produktion müsse "subjektiv im Künstler" vorhanden sein und gehorche seinem "Naturtrieb" (Ä 1, S. 63). Bewußtloses Wirken führe Sinnliches und Geistiges, Bilder und Gedanken, zu einer "ungetrennten Einheit" (Ä 1, S. 62). Allein aus dieser "Einheit" könne der Künstler anschaulich ein in sich geschlossenes Werk hervorbringen.

Obwohl Hegel mit der Annahme natürlicher Begabung die Geschichte exklusiver Kunstproduktion fortschreibt, rechnet er scharf mit der Mystifizierung des autonomen Produktionsvermögens ab. Seine Kritik knüpft hier eindeutig an Kant an. Originalität und Begeisterung reichen nicht aus, Genie und Talent zu begründen. Während Kant dem Sturm und Drang vorwirft, es könne auch "originellen Unsinn" (KdU § 46, S. 406) geben, merkt Hegel ebenso polemisch an, "die Wärme des Bluts macht's nicht allein, Champagner gibt noch keine Poesie" (Ä 1, S. 370 f.). Ohne die Anstrengung der Reflexion, "ohne Besonnenheit, Sonderung, Unterscheidung vermag der Künstler keinen Gehalt, den er gestalten soll, zu beherrschen, und es ist töricht, zu glauben, der echte Künstler wisse nicht, was er tut". Deshalb sei es auch "eine Abgeschmacktheit, zu meinen, Gedichte wie die Homerischen seien dem Dichter im Schlaf gekommen" (Ä 1, S. 365). Die "Abgeschmacktheit" trifft ästhetische Subjektivität, die sich in selbstbespiegelndem Eigendünkel gefällt.[14] Nicht Begeisterung, "sondern nur Reflexion, Fleiß und Übung" (Ä 1, S. 47) verhelfen zur Ausbildung des künstlerischen Talents. Während Übung und Fertigkeit den handwerklichen Meister machen können, kreist die "Reflexion" jenen Teil der Kunstproduktion ein, der sich der Erlernbarkeit entzieht. Sie stellt die "Tiefen des Gemüts und des Geistes" dar:

"In ihr kommt es auf inhalts- und gedankenvolle Darstellung des Menschen, seiner tieferen Interessen und der Mächte, die ihn bewegen, an" (ebd.).

Zur Qualifikationsvoraussetzung einer solchen Darstellung zählt die individuelle Lebens- und Bildungsgeschichte eines Dichters. Geist und Gemüt müsse durch "Leben, Erfahrung und Nachdenken reich und tief gebildet sein" (ebd.). Offensichtlich liegt hier der Grund verborgen, handwerkliches und wissenschaftliches Studium so strikt von der literarischen Produktionsfähigkeit abzusondern. Erfahrungen sind nur individuell machbar. Wissenschaftliche Erkenntnis biete keinen Ersatz für den *Vollzug* kognitiver, sinnlicher und emotionaler Vermögen eines *wirklichen Subjektes*. Die Übernahme fertiger Erkenntnisse und organisatorischer Strukturen blende das lebendige Beziehungsgeflecht menschlicher Verkehrsformen aus. Insofern stellt keine noch so ausgeklügelte Regelpoetik individuelle Erfahrungen her. Ebensowenig wie das Leben nach theoretischer Erkenntnis oder nach wohlgemeintem Ratschlag meisterbar ist, kann literarisches Schaffen auf fertige Muster allein vertrauen. Als hätte Hegel Gottscheds Empfehlung vor Augen, einen allgemeinen Lehr-

---

14 Als Beispiele eines derartigen Subjektivismus, der nichts außer der eigenen Begeisterung anzugeben vermag, nennt Hegel die Jugendwerke Goethes und Schillers, die "von einer Roheit und Barbarei (sind), vor der man erschrecken kann" (Ä 1, S. 47).

satz in eine passende Geschichte zu kleiden, verwirft er die Vorgehensweise, "das Darzustellende schon vorher als prosaischen Gedanken" aufzufassen und ihn dann ästhetisch zu gestalten. Das Bildliche gerate so zu einem Anhängsel, zu "Zier und Schmuck" (Ä 1, S. 62) abstrakter Reflexionen. Soll Literatur nicht zu dekorativem Beiwerk von Verstandesarbeit verkümmern, so habe sie wie ein lebenserfahrener Mann zu verfahren, der sein Wissen nicht in Lebensregeln sondern in Lebensbeispielen vorträgt. Obwohl er
"gleich vollständig weiß, worauf es im Leben ankommt, was als Substanz die Menschen zusammenhält, was sie bewegt und die Macht in ihnen ist, dennoch diesen Inhalt weder sich selber in allgemeine Regeln gefaßt hat, noch ihn an deren in allgemeinen Reflexionen zu explizieren weiß, sondern, was sein Bewußtsein erfüllt, immer in besonderen Fällen, wirklichen oder erfundenen, in adäquaten Beispielen usf. sich und anderen klarmacht; denn für seine Vorstellung gestaltet sich alles und jedes zu konkreten, nach Zeit und Ort bestimmten Bildern, wobei denn Namen und allerhand sonstige äußerliche Umstände nicht fehlen dürfen" (Ä 1, S. 62 f.).
Literarisches Produzieren gründet auf wirklicher Lebenserfahrung. Es hält dem Gegebenen, ob "wirklich oder erfunden", ob Dichtung oder Wahrheit, einen bildhaften Ausdruck entgegen. Wenn das Erzählen von Lebenserfahrung zu einer wesentlichen Quelle künstlerischen Produzierens gerechnet wird, so sind damit allerdings auch Kriterien erfüllt, die die Utopie verallgemeinerbarer Schreibkompetenz unterstützen. Die lebenspraktische Funktion der Erzählung erlaubt es, jedermann zu einem *potentiellen* Produzenten zu erklären. Mit dem allgemeinen Vermögen, etwas erzählen zu können und Erfahrungen auszutauschen, ist die strikte Trennung weniger auserlesener Produzenten von der Masse der Rezipienten in Frage gestellt. Im Sinne einer Utopie sind auch die Bestimmungen lesbar, Naturtrieb und bewußtloses Wirken sei nur *ein* Teil des genialen Produzierens. Das hatte auch Kant betont. Hegel zieht daraus jedoch die Schlußfolgerung:
"Deshalb kann es zwar bis auf einen gewissen Punkt hin fast jeder in einer Kunst zu etwas bringen, doch um diesen Punkt zu überschreiten, ist angeborenes Kunsttalent notwendig" (Ä 1, S. 63 f.).
Der genannte "Punkt" betrifft das als genial angenommene Zusammenspiel von Sinnlichem und Geistigem. Natürlich darf das weder außer acht gelassen noch unterschätzt werden, denn bis zum heutigen Tage betont ästhetische Theorie, daß "die Weise des Zusammentretens der beiden Momente schwer durchschaubar"[15] ist. Sieht man jedoch mit der Vorgabe von Regeln für den Schreibprozeß die Möglichkeit in Aussicht gestellt, literarische Erkenntnis jedermann zugänglich zu machen, so ist ein Hinweis Peter Szondis aufschlußreich. Szondi weist in seiner dezidierten Kommentierung der Hegel'schen Lehre von der Dichtung darauf hin, Regelbefolgung stelle zwar die Ausformulierung des Be-

---

15 P. Bürger, Zur Kritik der idealistischen Ästhetik. A. a. O., S. 110.

sonderen in Frage, gleichzeitig ermögliche sie aber in der künstlerischen Praxis eine "*Rückkehr*"[16] zum Besonderen. Szondi reflektiert Regelbefolgung in direktem Zusammenhang mit ihrer aktuellen Anwendung in der Praxis. Hier schließt die Regelanwendung die Möglichkeit nicht aus, ein *besonderes* Werk hervorzubringen. Zwar hat Szondi den Gedankengang einer "Rückkehr" zum Besonderen durch Orientierung an künstlerischen Vorbildern nicht weiter systematisch entfaltet. Er liefert dennoch eine brauchbare Folie, Regelvorgabe und Regelanwendung in eine Beziehung zu setzen, die nicht am Besonderen vorbeigeht. Denn die Anwendung künstlerischer Regeln bedeutet in der künstlerischen Praxis immer eine Form des Produktivwerdens. Beim Umgang mit Regeln bringt der Produzent im Wechselspiel mit Mustern *seine* Gedanken und Gefühle, Vorstellungen und Anschauungen ins Spiel. Die ausgelösten Assoziationen und Impulse kennzeichnen den Prozeß als ein *Mit*schaffen. Er hängt von zahlreichen Variablen ab, so z.B. vom psychischen Befinden, nicht zuletzt vom Stand der literarischen Bildung. Aus diesem Grund muß Regelbefolgung grundsätzlich kein mechanisches Kopieren sein. Denn die Interaktion von Material und Subjekt unterscheidet sich durch die emotional-affektive Beteiligung zentral von kognitiver Reduktion. Zudem sagt die Einhaltung von Regeln noch nichts darüber aus, ob sie nicht auch Ausgangspunkt für Regelmodifikation und -erweiterung sein kann. Ein solches Erkennen und Weiterentwickeln liefert mit der Auseinandersetzung vorgegebener Regeln Anregungen zur Selbsterkenntnis, zum Selbstverständnis und - nicht zuletzt - zur Selbstbestätigung. Berücksichtigt man diesen Anteil subjektiver Reflexion, der die praktische Befolgung von Regeln hervorruft, so ist der Weg zurück zum Besonderen vielseitig eröffnet. Szondis Einwand gegen eine notwendige Trivialität der Regelbefolgung in der künstlerischen Praxis bestreitet ja gerade einen ineffektiven Formalismus des bloßen Ausfüllens von Mustern. Als soziales Wesen bringt der Produzent seine bestimmten Interessen und Bedürfnisse in die praktische Gestaltung ein. Reiner Formalismus ist zwar theoretisch, nicht aber praktisch durchhaltbar. Anlehnung an Regeln birgt hinsichtlich des Problems der Lernbarkeit literarischer Arbeit *keinesfalls zwangsläufig* die Gefahr des Formalismus in sich. Im Gegenteil: Sie können motivierender Auslöser zu eigenen Schreibversuchen sein, auch wenn die Gestaltung ein weiteres ist.

Aus der bisherigen Analyse ergibt sich die Möglichkeit, die Befolgung von künstlerischen Regeln als eine *Basis*qualifikation literarischer Arbeit festzuhalten. Das überführt die Hegel'schen Thesen gleichsam in eine nachhegelsche ästhetische Theorie. Sie faßt die Aktualität der Hegel'schen Ästhetik weniger in ihrer unveränderten Gültigkeit als vielmehr unter dem Blickwinkel eines denkbaren produktionsästhetischen Ansatzes. Ein Schritt in diese Richtung ist in der aktuellen Diskussion über Autorenqualifikation erkennbar. Hegels

---

16 Peter Szondi, Poetik und Geschichtsphilosophie I. Antike und Moderne in der Ästhetik der Goethezeit. Hegels Lehre von der Dichtung. 3. Aufl. Frankfurt/M. 1980, S. 306 (Hervorhebung, H. R.).

Ästhetik wird von B. J. Warneken als "Katalysator (...) zu einer materialistischen Theorie der literarischen Qualifikation"[17] begriffen. Schreibübungen mit Mustern erfüllen "lediglich eine partielle Funktion".[18] Literarisches Schaffen könne nicht durch die Ergebnisse einer ahistorischen Regelpoetik ersetzt werden. Literarische Technik entziehe sich als Ausdruck unverwechselbarer Individualität der allgemein anwendbaren materiellen Technik. Soweit lehnt sich die Argumentation mehr oder weniger direkt an Hegels Kritik der Allgemeingültigkeit regelgebender Theorien an. Darüber hinaus präzisiert Warneken jedoch einige Möglichkeiten partieller Erlernbarkeit literarischer Arbeit, die sich aus der Wechselwirkung von Allgemeinem und Besonderem ergeben. Er benennt "Basiskompetenzen der literarischen Produktionsfähigkeit (...), die in allgemeiner Form lernbar sind: die Sprach-, Lese- und Schreibkompetenz".[19] Erworben werden können demnach gewisse *Sockel*qualifikationen. Sie beziehen sich im einzelnen auf die Aneignung von Informationen über literaturgeschichtliche und literaturtheoretische Zusammenhänge. Der Rückgriff auf allgemein bereits vorhandene Techniken erfolgt im Sinne einer Reflexionsbildung. Insofern zielen Warnekens Vorschläge auf "Kompensation"[20] sprachlich-literarischer Bildungsdefizite ab. Dazu gehört auch eine inhaltliche Auseinandersetzung mit dem dargestellten oder darzustellenden Textgehalt. Der potentielle Autor soll in die Lage versetzt werden, über die geistigen und materiellen Zusammenhänge seiner Zeitgenossenschaft zu reflektieren, um literarische Arbeit als eine "bewußte Arbeit"[21] zu begreifen. Selbstverständlich kann man die damit in Aussicht gestellte rationale Bestimmung des Inhalts und der Formgebung nicht einfach mit mechanischer Tätigkeit gleichsetzen. Ziel der Autorenqualifikation ist es offensichtlich vielmehr, den Zusammenhang zwischen subjektiven Erfahrungen und theoretischen Implikationen analytisch aufzuzeigen.

Vergleicht man das mit Hegels Grundlegungen, so ist es nicht ausgeschlossen anzunehmen, daß die ästhetischen Kompetenzen des "Kenners" auch für den Bereich literarischer Produktion Gültigkeit haben können. Hegel ist dieser Weg aufgrund seines theoretischen Selbstverständnisses verschlossen. Die Hierarchie der Selbsterkenntnisweisen des absoluten Geistes (Anschauung, Vorstellung und Begriff) bringt ihn um die Möglichkeit, wissenschaftliche Erkenntnis auch im Produktionsprozeß zu behaupten. Sein "Dogmatismus der

---

17 Warneken, B. J., Literarische Produktion. Grundzüge einer materialistischen Theorie der Kunstliteratur. Frankfurt/M. 1979, S. 29.
18 Ebd., S. 30.
19 Ebd., S. 32.
20 Ebd.
21 Ebd., S. 36.

Anschauung" (Heinz Brüggemann)[22] schließt Selbstreflexion der Produktionsbedingungen aus. Zwar gesteht Hegel dem modernen Künstler zu, frei über das historische Formenrepertoire zu verfügen; das letzte Wort über die Anwendung dieses Materials behält jedoch die der Anschauung verpflichtete angenommene künstlerische Begabung. Dennoch liefert der Begriff der Kennerschaft eine utopische Perspektive, die Verallgemeinerbarkeit sachgerechter Rezeption zu einer erlernbaren Beherrschung des ästhetischen Materials zu erweitern. Die folgenden Abschnitte werden das aufgezeigte Problem in der historischen Entwicklung verfolgen.

Am Ende des 19. Jahrhunderts greift Friedrich Nietzsche den Gedanken einer erlernbaren Schreibkompetenz auf. Er führt alles Geniale und Ideale auf "Menschliches, Allzumenschliches" zurück und verweist künstlerisches Produzieren stringent auf seinen Arbeitscharakter. Wenn auch nicht frei von Widersprüchen im Gesamtwerk Nietzsches, so läßt sich hier ein Ansatz zur Verallgemeinerbarkeit künstlerischen Produzierens gewinnen, der mit Hilfe der entscheidenden Stichworte "Handwerker-Ernst" und "Glücksumstände" literarischer Tätigkeit zu diskutieren ist.

5.2 Literarische Produktion als "Handwerker-Ernst" (Nietzsche)

Nietzsches Geniebegriff macht in den verschiedenen Stadien seines Werkes einen radikalen Wandel durch. Er reicht von romantischer Bewunderung, Heroisierung und kultischer Verehrung (für Wagner und Schopenhauer) bis zur Entlarvung des Geniekults als Künstlereitelkeit.[23]

Neben den verschiedenen kulturkritischen und weltanschaulichen Erklärungsmodellen verbindet sich bis heute ein populäres Vorurteil mit der Persönlichkeit Friedrich Nietzsches. Die Rede ist von der angenommenen engen Beziehung zwischen künstlerischem Genius und psychischer Krankheit. Wahnsinn und Genie, so weiß der Volksmund, gehen Hand in Hand. Kleist, Hölderlin, Lenz - um nur einige zu nennen - gelten als Beispiele jener mystischen Verbindung. Und gerade Nietzsche repräsentiere die grenzenlose Phantasie-Vollmacht des autonomschöpferischen Genies, das seinen existentiellen Preis zu entrichten habe. In den allgemeinen Sprachgebrauch vom Genie - sei es ein romantischer Sonderling oder ein Gewaltmensch - geht eine eigenartige Mi-

---

22 Der von H. Brüggemann benutzte Terminus "Dogmatismus der Anschauung" bezeichnet prägnant den Scheincharakter des literarischen Produzierens. Zum Dogma wird dieser Produktionstypus, wenn er als einzig mögliche Art des Hervorbringens wissenschaftlich-theoretische Reflexion als Voraussetzung künstlerischer Praxis ausgrenzt. Historisch definiert er die hegelianische Fraktion des Marxismus (Lukács), die Brechts Fundierung der Kunst auf Wissenschaft als nicht-künstlerisches Verfahren zurückweist. (Vgl. H. Brüggemann, Literarische Technik und soziale Revolution. Versuche über das Verhältnis von Kunstproduktion, Marxismus und literarischer Tradition in den theoretischen Schriften Bertolt Brechts. Reinbek bei Hamburg 1973, bes. S. 48). - Vgl. dazu ausführlich Kap. 5.4.
23 Vgl. dazu die differenzierte Darstellung von J. Schmidt, Die Geschichte des Genie-Gedankens ..., Bd. 2. A. a. O., S. 128 - 168.

schung von Bewunderung und Verehrung, aber auch von Schauer und Unterwerfung ein. Fragwürdige psychiatrische Ausführungen über den Zusammenhang von pathologischer Entartung und künstlerischer Begabung nähren diesen Allerweltsglauben zusätzlich.[24] Auf diese Weise kommt es zu einer seltsamen Synthese zwischen irrationalen Faktoren und spekulativen Annahmen. Sie trägt wesentlich dazu bei, den (kunst)-geschichtlichen Verlauf als eine Reihe großer Taten großer Männer darzustellen.

Auf diesem skizzierten Hintergrund ist es um so interessanter zu prüfen, wie gerade Nietzsche in seinem Spätwerk der metaphysischen Begründung des Genies nachhaltig widerspricht. Die Aphorismen-Sammlung "Menschliches / Allzumenschliches"[25] bildet, wie J. Schmidt betont, "einen tiefen Einschnitt"[26] in der Entwicklung von Nietzsches Genie-Gedanken. An die Stelle des schöpferisch-dionysischen Rausches tritt eine Rückübersetzung künstlerischer Produktion auf die Bestimmungen Handwerk und Kunstfertigkeit. Der künstlerische Schaffensprozeß erhält die Form einer bewußten Tätigkeit, die in gewisser Analogie zu der Arbeit des Handwerkers und Erfinders steht. Das Geniale wird in einem dialektischen Verhältnis zu den Lebens- und Arbeitsbedingungen des Künstlers begriffen. Hier kommt der Versuch zum Ausdruck, die übersteigerte Verehrung des schöpferischen Ausnahmemenschen als Wahrnehmungstäuschung zu beschreiben.

Jeder dialektischen Theorie geht es um die Verflüssigung des Begriffs. Sie zielt darauf ab, das Kettengetriebe von Normen und Werten transparent zu machen. Die als autonom gedachten Phänomene und Gegenstände werden als geschichtlich gewordene begriffen. Diese Methode wendet auch Nietzsche an, wenn er das geschichtliche Gewordensein der Kunst betont und den Schein voraussetzungslosen Denkens kritisiert. "Das Vollkommene", so heißt es in einer einleitenden Bestandsaufnahme über die Wirkung großer Werke, "soll nicht geworden sein" (M,A, S. 545). Und:

"Wir sind gewöhnt, bei dem Vollkommenen die Frage nach dem Werden zu unterlassen: sondern uns des Gegenwärtigen zu freuen, wie als ob es auf einen Zauberschlag aus dem Boden aufgestiegen sei" (ebd.).

Das Vollkommene gewinnt seine Geltung als eine Komponente der sinnlichen Wahrnehmung. Es beruht auf dem Erlebnis des schönen Scheins. Das Erlebnis ist ein rein ästhetisches; um der Freude willen unterschlägt es die Frage nach den Entstehungsbedingungen der Werke. Vollkommenheit ist in diesem Sinne keine Größe an sich, seine spezifische Bedeutung ergibt sich erst aus der Identifizierung einer unverstandenen Kausalität mit einem "Zauberschlag". Nun wendet sich Nietzsches Kritik keinesfalls gegen den ästhetischen Genuß eines

---

24 Vgl. W. Lange-Eichbaum, Genie, Irrsinn und Ruhm (1927, 1935,1942, später fortgeführt, umgearbeitet u. erweitert durch Wolfram Kurth: 4., 5. u. 6. Aufl.: 1956,1961 1967).
25 Friedrich Nietzsche, Menschliches, Allzumenschliches. In: Werke in 3 Bänden, Bd. 1. A. a. O., S. 435 - 1008. (Alle Zitate im Text oben beziehen sich auf diese Quelle. Zitiert wird: M,A = Menschliches, Allzumenschliches, S. N.N.).
26 J. Schmidt, Die Geschichte des Genie-Gedankens ..., Bd. 2. A. a. O., S. 162.

besonders vollkommenen Kunstwerks. Sie richtet sich vielmehr gegen die Unzulänglichkeit jener Freude, die den Wert von Literatur allein darin bestimmt, verzaubern zu können. Die aufgeworfene "Frage nach dem Werden" des Vollkommenen zielt gegen das Verehrungsbedürfnis der Zeitgenossenschaft, die Kunstwerk und Künstler mit den Attributen des Zauberhaften und des Göttlichen versieht.[27]

Es ist unschwer ersichtlich, daß Nietzsche mit der vorgenommenen Differenzierung zwischen Sein und Scheinen des Kunstwerks an die ästhetischen Theorieentwürfe von Kant und Schiller anknüpft. In der Autonomie-Ästhetik soll das *Werden* des Kunstwerks (die Abhängigkeit von Regelbefolgung und ästhetischem Material) um einer besonderen Wirkung willen verdeckt werden. Bezeichnenderweise greift auch Nietzsche auf die Terminologie des "als ob" zurück, die im 18. Jahrhundert dazu diente, den ästhetischen Schein und das Kunstwerk als Natur zu begründen. Bei Schiller weist der ästhetische Schein auf ein von Vernunft und Humanität bestimmtes Ideal hin. Zwar wird der Dichter in den Status eines Verkünders von Wahrheit gesetzt, der dem Rezipienten eine Objektrolle zuweist, sein Handeln bleibt aber an das gesellschaftspolitische Konzept der Aufklärung gebunden.[28] Man darf diesen Zusammenhang nicht unterschätzen, denn gerade hiermit eröffnet sich die entscheidende Perspektive, Nietzsches Kritik am Scheincharakter *historisch* zu verstehen. Seine Zeitgenossenschaft entzieht sich der politischen Reflexion literarischer Wirkung; an die Stelle einer Vorstellung von der Humanisierung öffentlichen Lebens tritt ein sich selbst genießendes Lebensgefühl. Ideal und Wirklichkeit stehen unversöhnlich gegenüber.[29] Der emanzipatorische Anspruch des ästhetischen Scheins gleitet ab zu einer ästhetischen Schau, jenem "Zauberschlag", der für sich "Vollkommenheit" beansprucht. Hier liegt der Fetischcharakter literarischen Produzierens verborgen, der in der Autonomie-Ästhetik (Schiller) bereits angelegt ist. Losgelöst vom politischen Emanzipationsprogramm des Bürgertums bleibt nur noch der Kultus einer sich selbst genügenden Form übrig. Was die Künstler wirklich wollen ist nicht mehr die Wirklichkeit, die Prosa des Alltags, sondern eine rein ästhetische Fiktion, die "nur den Genies und Halbgöttern zugänglich ist".[30] Um in diesen Bereich erhöhten Daseins aufzurücken, werden Improvisation und Inspiration metaphysisch erhöht. Der Gedanke gesellschaftlichen Fortschritts verschiebt sich vom Ideengehalt der Werke auf die Idee vom überwirklichen Schöpfer. Das Wesentliche ist, daß das Genie sich selbst zu einer nicht mehr hinterfragbaren

---

27 Es darf hier freilich nicht übersehen werden, daß Nietzsches Kritik am Geniekult und dem ihm zugrunde liegenden Verehrungsbedürfnis gerade jene Bewußtseinsformen thematisiert, die seine früheren Schriften so nachhaltig propagierten. Vgl. dazu zusammenfassend R. Hamann / J. Hermand, Epochen Deutscher Kultur von 1870 bis zur Gegenwart, Bd. 1, Gründerzeit. Frankfurt/M. 1977. - Wir werden auf dieses Problem weiter unten im Zusammenhang mit Diltheys Lebensphilosophie zurückkommen (vgl. Kap. 6.1).
28 Vgl. dazu oben Kap. 4.
29 Vgl. dazu zusammenfassend J. Schulte-Sasse, Literarische Wertung. A. a. O., S. 98 ff.
30 R. Hamann / J. Hermand, Gründerzeit. A. a. O., S. 182.

Instanz erhebt. Er setzt alles daran, Unbestimmtheit und Unfaßlichkeit in seiner Person zu verkörpern:
"Der Künstler weiß, daß sein Werk nur voll wirkt, wenn es den Glauben an eine Improvisation, an eine wundergleiche Plötzlichkeit der Entstehung erregt; und so hilft er wohl dieser Illusion nach und führt jene Elemente der begeisterten Unruhe, der blind greifenden Unordnung, des aufhorchenden Träumens beim Beginn der Schöpfung in die Kunst ein, als Trugmittel, um die Seele des Schauers oder Hörers so zu stimmen, daß sie an das plötzliche Hervorspringen des Vollkommenen glaubt" (M,A, S. 545).
Mit diesen Formulierungen stellt Nietzsche die dichterische Inspiration als einen Kult dar, den der scheinbar ästhetische Mensch des 19. Jahrhunderts selbst inszeniert. Einen illustrativen Beleg für eine solche Zielsetzung liefert hundert Jahre später eine essayistische Notiz von Umberto Eco. Er schreibt:
"Wenn ein Autor behauptet, er habe im Rausch der Inspiration geschrieben, lügt er. Genie ist zehn Prozent Inspiration und neunzig Prozent Transpiration. Lamartine schrieb einmal, ich weiß nicht mehr, über welches seiner Gedichte, es sei ihm spontan eingefallen, urplötzlich in einer stürmischen Nacht im Walde. Als er gestorben war, fand man seine Manuskripte mit zahlreichen Korrekturen und Varianten, und besagtes Gedicht erwies sich als das vielleicht am meisten 'bearbeitete' der gesamten französischen Literatur."[31]
Ecos Essay trägt die Überschrift: "Den Arbeitsprozeß erzählen". Erzählt wird, wie und warum jemand geschrieben hat. Die schriftstellerische Verfahrensweise wird über das individuelle Erlebnis hinaus als arbeitende Auseinandersetzung mit der kulturellen Überlieferung begriffen. Über das im Zitat oben in Prozentzahlen ausgedrückte Verhältnis zwischen "Inspiration" und "Transpiration" erhält der Leser eine nähere Auskunft:
"Wer schreibt (oder malt oder bildhauert oder komponiert), weiß stets, was er tut und was es ihn kostet. Er weiß, daß er ein Problem lösen muß. Die Ausgangsdaten mögen obskur sein, triebhafte, obsessive Motive, kaum mehr als ein Gelüst oder eine Erinnerung. Dann aber muß er das Problem am Arbeitstisch lösen, in Auseinandersetzung mit dem Stoff, den er bearbeitet, das heißt mit einer Materie, die eigene Naturgesetze aufweist, aber zugleich die Last der bereits in sie eingegangenen Kultur (das Echo der Intertextualität) mitschleppt."[32]
Was Umberto Eco in der Form des Essays abhandelt, thematisiert Nietzsche in einer philosophisch vertieften Erfassung. Übereinstimmend geht man davon aus, dem mächtigen Initiativdrang genialen Schaffens ein rationales Fundament zu geben. Den Schlüssel zur Enträtselung der selbstherrlichen Bekundungen des Genies sehen beide in einer Rückführung des Schöpferischen auf *Arbeits*probleme. Nietzsche führt die Enträtselung auf zwei Ebenen vor. Zum einen durch einen Verweis auf den künstlerischen Schaffensprozeß anerkann-

---

31 U. Eco, Nachschrift zum "Namen der Rose". München 1986, S. 18.
32 Ebd., S. 17 f.

ter Genies, zum anderen durch die Möglichkeit der Erlernbarkeit bestimmter Schreibtechniken. Von den Genies heißt es:
"Alle Großen waren große Arbeiter, unermüdlich nicht nur im Erfinden, sondern auch im Verwerfen, Sichten, Umgestalten, Ordnen" (M,A, S. 549).
Ihr Gestaltungsprozeß weist mehrere Stufen der Überarbeitung und Korrektur auf. Plötzlich eintretende Inspiration steht dazu keinesfalls im Widerspruch. Denn hier handelt es sich um eine zeitlich verzögerte Entladung akkumulierter Erfahrungen. Was als unbewußter Durchbruch von Gestaltungsprinzipien und Ideen erscheint, wäre ohne vielseitige geistige Vorarbeiten nicht möglich gewesen. Um diesen rationalen Gedankengang auszuführen, bedient sich Nietzsche auch hier der Terminologie des "als ob". An der Oberfläche erscheint ein plötzlich auftretender Einfall so, "als ob eine unmittelbare Inspiration, ohne vorhergegangenes inneres Arbeiten, also ein Wunder sich vollziehe." (M,A, S. 550) Hier liegt die Täuschung der Inspiration und Intuition begründet, der sich die vom Irrationalismus beeinflußten Ästhetiken bis heute bedienen. Nietzsche hält dagegen, die "Produktionskraft" habe sich "eine Zeitlang angestaut" bzw. "angehäuft" (ebd.), ehe sie sich zur Lösung eines bestimmten Problems ihre Bahn bricht. Die Aktualität dieser Argumentation wird deutlich, wenn man sich vor Augen führt, daß auch neue marxistische Ansätze Nietzsches Einschätzung über die Rolle der Inspiration im künstlerischen Schaffensprozeß teilen. Freilich ohne Nietzsche zu nennen, heißt es im "Kulturpolitischen Wörterbuch" der DDR grundsätzlich:
"Die Intuition ist ein plötzlich auftretender Einfall, der die Lösung eines Schaffensproblems bringt. Dieser Einfall ist durch gedankliche Arbeit vorbereitet, die zunächst für die Lösung eines bestimmten Problems zu keinem Ergebnis zu führen schien. Zu einem späteren Zeitpunkt kann, scheinbar unabhängig von der geistigen Vorarbeit, die Intuition auftreten, die aber ohne die vorangegangene geistige Tätigkeit nicht möglich gewesen wäre."[33]
Dem Schein intuitiver Unmittelbarkeit des künstlerischen Schaffensprozesses steht die Einsicht in "geistige Vorarbeiten" (Nietzsche: "vorhergegangenes inneres Arbeiten") gegenüber. Diese Arbeiten sind nun aber nicht problemlos mit der Intuition zu identifizieren. Unbestimmbar bleiben die subjektiven Dispositionen des Schaffenden; m. a. W.: es wird nicht erklärt, *warum* und *wie* sich zu einem ganz bestimmten Zeitpunkt die angestaute "Produktionskraft" entlädt. Eben das entzieht sich offenbar planbarer Verfügung.
Als planbar - und allgemein erlernbar - gilt hingegen die Handhabung von Schreibtechniken, die der Intuition ihre jeweilige Ausprägung verleiht. In einem "tüchtigen Handwerker-Ernst" (Nietzsche) finden die anerkannten literarischen Produzenten und die Schreibversuche von nicht anerkannten Talenten ihren gemeinsamen Bezugspunkt. In beiden Fällen geht es zunächst um handwerkliches Ausarbeiten bestimmter Details, die erst in späteren

---

[33] H. Bühl, D. Heinze, H. Koch u.a. (Hg.), Kulturpolitisches Wörterbuch, Artikel: Schaffensprozeß, künstlerischer. Berlin 1970, S. 471 - 473; Zitat: S. 472.

Schritten zum Ganzen zusammengesetzt werden. Am Beispiel der Novelle und der Anekdote führt Nietzsche exemplarisch vor, wie grundlegende ästhetische Prinzipien verallgemeinerbar sind. Ein ausführliches Zitat soll das belegen: "Das Rezept zum Beispiel, wie einer ein guter Novellist werden kann, ist leicht zu geben, aber die Ausführung setzt Eigenschaften voraus, über die man hinwegzusehen pflegt, wenn man sagt 'ich habe nicht genug Talent'. Man mache nur hundert und mehr Entwürfe zu Novellen, keinen länger als zwei Seiten, doch von solcher Deutlichkeit, daß jedes Wort darin notwendig ist; man schreibe täglich Anekdoten nieder, bis man es lernt, ihre prägnanteste, wirkungsvollste Form zu finden; man sei unermüdlich im Sammeln und Ausmalen menschlicher Typen und Charaktere; man erzähle vor allem so oft es möglich ist und höre erzählen, mit scharfem Auge und Ohr für die Wirkung auf die anderen Anwesenden, man reise wie ein Landschaftsmaler und Kostümzeichner; man exzerpiere sich aus einzelnen Wissenschaften alles das, was künstlerische Wirkungen macht, wenn es gut dargestellt wird, man denke endlich über die Motive der menschlichen Handlungen nach, verschmähe keinen Fingerzeig der Belehrung hierüber und sei ein Sammler von dergleichen Dingen bei Tag und Nacht. In dieser mannigfachen Übung lasse man einige zehn Jahre vorübergehen: was dann aber in der Werkstätte geschaffen wird, darf auch hinaus in das Licht der Straße" (M,A, S. 555).

Vorliegende Ausführungen sind nicht frei von möglichen Mißverständnissen. Das betrifft primär die Verwendung des Begriffs "Rezept". Auf den ersten Blick könnte man annehmen, es handle sich hier wie bei einem Kochrezept um die Auflistung von Zutaten, die nur gut zusammengerührt werden müßten. Das ist jedoch nicht der Fall. Der Terminus "Rezept" fungiert als ein Kampfbegriff gegen geniales Produzieren, gegen Inspirationslehren und enthusiastische Schwärmerei. So spricht einiges dafür, daß der oben zitierte Zusammenhang auf den produktionsästhetischen Konflikt zwischen Platon und Aristoteles verweist.[34] Bereits die Aristotelische "Poetik" stellt unter Berufung auf den handwerklichen Charakter (poiesis) des dichterischen Hervorbringens gewisse Arbeitsregeln für den Dichter auf. Sie stimmen in wesentlichen Positionen mit Nietzsches Anleitungen überein. Stichpunkte sind hier die Studien über die Wirkung des Dargestellten, die Beobachtung der Charaktere und der Motive menschlichen Handelns, nicht zuletzt die Empfehlungen zum Aufbau eines Handlungsgerüsts. Besondere Bedeutung kommt dem Hinweis des Aristoteles zu, die Ausarbeitung der Werksetzung schrittweise vorzunehmen. Die einzelnen Teile sollen für sich auf dem Hintergrund des Ganzen formuliert werden. Gerade das macht bei Nietzsche den angesprochenen "Handwerker-Ernst" aus. Er besteht in der sukzessiven Herausbildung der Einzelteile, im Entwerfen, Verwerfen, Sammeln und Verknüpfen. Damit ist gerade ein mechanischer Rezeptcharakter literarischen Produzierens in Frage gestellt. Denn angenommen,

---

34 Vgl. dazu den direkten Verweis Nietzsches auf Platons Enthusiasmus-Lehre (M,A, S. 557).

es gäbe ein verbindlich feststehendes Rezept, so würden sich ja gerade die mühsamen und als langfristig ausgewiesenen Stadien des Sammelns und Verwerfens erübrigen. Demzufolge ist die Auslegung zulässig, daß der Begriff "Rezept" sich nicht auf ein rein reproduktives Auffüllen vorgegebener Kriterien als Anleitung zur Literaturproduktion bezieht. Vielmehr liegt es nahe anzunehmen, es gehe um Arbeitsverfahren, die theoretisch vom Werk abhebbar sind. Durch die Methode der Abstraktion können handwerkliche Kriterien gewonnen werden, die als solche verallgemeinerbar (und erlernbar) sind. Die konkreten Bedingungen der individuellen Anwendung bleiben davon unberührt. Entscheidend ist, daß der Schaffensprozeß anerkannter Genies mit der potentiellen Erlernbarkeit literarischen Produzierens argumentativ verflochten wird. Auf diesem Hintergrund erscheint eine mögliche Verallgemeinerbarkeit künstlerischer Tätigkeit nicht mehr ausgeschlossen zu sein.
Die vorliegende Vermutung kann zusätzlich durch Nietzsches These abgestützt werden, die Reflexion der Schaffensschritte erlaube es, literarisches Produzieren mit wissenschaftlicher Erkenntnis zu vergleichen. Diesen Grundzug der Moderne spricht Nietzsche direkt aus. Dem Glauben an göttlichen und begnadeten Ursprung der Dichtung hält er entgegen, daß dieser "die Wissenschaft (haßt)" (M,A, S. 551). Nur durch die rigide Abwehr wissenschaftlicher Bezugspunkte sei dichterische Tätigkeit als übermenschliche Kraft ausweisbar. Literaturproduktion teile mit wissenschaftlicher Tätigkeit die Notwendigkeit strenger und mühevoller Disziplin. Eine einzigartige Metaphorik unterstützt diesen Gedankengang:
"Man schreibt ihnen (den "großen Geistern", H. R.) wohl einen unmittelbaren Blick in das Wesen der Welt, gleichsam durch ein Loch im Mantel der Erscheinung, zu und glaubt, daß sie ohne die Mühsal und Strenge der Wissenschaft, vermöge dieses wunderbaren Seherblickes, etwas Endgültiges und Entscheidendes über Mensch und Welt mitteilen könnten" (M,A, S. 556).
Die Parallelsetzung von künstlerischer und wissenschaftlicher Tätigkeit verleitet Nietzsche jedoch nicht zu dem simplen Analogieschluß, ihre jeweilige Besonderheit widerspruchslos einzuebnen. Kunstproduktion geht weder in Reproduktionswissen noch in erlernbarer Anwendung restlos auf. Über wissenschaftliche Erkenntnis hinaus bedarf Kunst eines schöpferischen Subjekts, das über persönliche Einsichten, Emotionen, erworbene Bildung und Erinnerung verfügt. Diese konstitutive Rolle subjektiver Erkenntnis und Gestaltung kam auf produktionsästhetischem Gebiet bereits deutlich durch Hegels Terminologie der "Lebenserfahrung" des Künstlers zum Ausdruck. Nietzsche geht hier einen Schritt weiter, indem er nach den materiellen Bedingungen fragt, die die Persönlichkeit des Schriftstellers geprägt haben. Es sind eben keine metaphysisch oder genetisch verbrämten Qualitäten, sondern "rein menschliche Eigenschaften". Oft befördert nur die Gunst der Stunde literarische Produktivität:

"Für große Geister selbst ist es also wahrscheinlich nützlicher, wenn sie über ihre Kraft und deren Herkunft zur Einsicht kommen, wenn sie also begreifen, welche rein menschlichen Eigenschaften in ihnen zusammengeflossen sind, welche Glücksumstände hinzutraten: also einmal anhaltende Energie, entschlossene Hinwendung zu einzelnen Zielen, großer persönlicher Mut, sodann das Glück einer Erziehung, welche die besten Lehrer, Vorbilder, Methoden frühzeitig darbot" (M,A, S. 556).

Nietzsches Versuch, die Umstände künstlerischen Schaffens zu analysieren, besitzt einen ausgeprägt antispekulativen Charakter. Gegen den gründerzeitlichen Personenkult verlagert sich das Interesse auf die Abhängigkeit der Kunst von Bildung und Erziehung. Das "Glück" der "großen Geister" besteht weniger in einer schicksalhaften Fügung, es erscheint als das Resultat von Sozialisationszusammenhängen. Nur in Einzeltönen klingt noch die Idee vom Übermenschen an, wenn von gesteigerter Energie und "große(m) persönliche(n) Mut" die Rede ist. Im Vordergrund steht die Rückführung schöpferischer Fähigkeiten auf Umweltbedingungen, die den Glauben an Sonderpersönlichkeiten bedeutend einschränkt. Gestaltung und Aneignung der Wirklichkeit wird nicht mehr als ursprüngliche Natur eines Genies ausgegeben, sondern als eine Verfahrensweise, die bearbeitete Natur (das ästhetische Material, das gesellschaftliche Individuum) zur Grundlage hat.[35]

Zusammenfassend kann gesagt werden, daß Nietzsche hinter die Geschichte des Genie-Gedankens einen gewissen Schlußpunkt setzt. Er deckt die Spekulationen durch rationale Einsicht in das Gewordensein der Literatur auf. Das betrifft zum einen die Erklärung des künstlerischen Subjekts. "Glücksumstände" der Sozialisation sind primär für seine Ausbildung verantwortlich. Zum andern wird Kunst durchgängig als ein durch Arbeit erworbenes Können erklärt. Mit dem Hinweis auf den handwerklichen und wissenschaftlichen *Arbeits*charakter verbindet sich die erkenntnisoptimistische Annahme einer Befreiung literarischen Produzierens aus der Vormundschaft des Exklusiven. Literaturproduktion wird potentiell zu einer Tätigkeit, die erlernbar ist ("Handwerker-Ernst") und jedermann offensteht. Auf diesem erreichten Erkenntnisstand ist es möglich, weiter unten Fragen der Erlernbarkeit literarischen Produzierens zu diskutieren.[36]

Diese erreichte Position, dieser Schlußpunkt Nietzsches hinter die Geschichte des Genie-Gedankens, ist vorläufig. Die historische kulturelle Entwicklung zeigt eine Vielzahl von Wiederauferstehungen und Neuauflagen des Glaubens

---

35 Nietzsches Entmystifizierung des künstlerischen Genies findet in der Gegenwart ein theoretisches Pendant in den Schriften Paul Valérys "Zur Theorie der Dichtkunst" (Frankfurt/M. 1975). Valéry argumentiert gegen übernatürliche Kräfte im Gestaltungsprozeß, indem er seelische Antriebspotentiale und die Verfügung über künstlerische Mittel geltend macht. Im Gegensatz zu Nietzsche jedoch, der die "großen Geister" so eindringlich zur bescheidenen Einsicht in ihre "Glücksumstände" ruft, setzt Valéry auf den Stolz (orgueil) als Motor individuellen Produzierens. Durch diese zentrale Kategorie wird dem Glauben an eine Sonderpersönlichkeit erneut Vorschub geleistet.
36 Vgl. dazu Kap. 6 u. 7.

ans ursprüngliche Element literarischer Produktivität. Diltheys Programm einer "verstehenden" Geisteswissenschaft rückt den seelischen Zusammenhang des Dichters als vollkommenen Menschen erneut ins Zentrum kulturellen Interesses.[37] Andererseits kommt es zu rituellen Beschwörungen esoterischer künstlerischer Kreise (George). Ausläufer des Genie-Gedankens reichen bis zur Verherrlichung fanatischer Energien. Der irrationale Geniekult führt bis zu der unheilvollen Vorstellung vom "Führer als Genie".[38]

Im Gegensatz dazu wird die von Nietzsche Ende des 19. Jahrhundert vorgetragene Entritualisierung der Kunst und die Fundierung auf den Arbeitscharakter durch den Angriff der Avantgarde auf die Institution Kunst eingeholt. Auch wenn sich die Avantgarde nicht direkt auf Nietzsche beruft, so teilt sie jedoch mit ihm im objektiven Sinne das kritische Infragestellen des ästhetischen Scheins und des genialen Produzieren. Die Selbstreflexion des Künstlers erhält durch die Revolutionierung der formalen Möglichkeiten eine neue Qualität. Mit dem seit der Jahrhundertwende in bildender Kunst und Literatur ausgebildeten Prinzip der Montage werden operative Verfahren als Kunstmittel problematisierbar. In diesem Zusammenhang muß geprüft werden, inwiefern die Verfügbarkeit über Kunstmittel die theoretischen Überlegungen Hegels zur "tabula rasa" transzendiert. Denn nur so ist Nietzsches Desiderat einer erlernbaren literarischen Produktion auf dem Hintergrund der historischen Entwicklung des ästhetischen Materials kritisch reflektierbar.

5.3 Literarische Produktion als Verfügbarkeit über Kunstmittel (Avantgardistische Intentionen)

Die Krise des ästhetischen Scheins ist seit den historischen Avantgardebewegungen[39] erkennbar. Die Verdeckung von Arbeit auf der Seite des Produzenten wird in dem Maße ersichtlich, wie sich das Hergestelltsein im Werk nach außen kehrt. Deutlichsten Ausdruck der Arbeit des Produzenten liefert die Montage.

Die Montage widerspricht der Herauslösung der Kunst aus der Lebenspraxis. Sie richtet sich gegen die Vorstellung autonomen künstlerischen Schaffens, in-

---

37 Vgl. dazu bes. Kap. 6.1.
38 Vgl. hier das Kapitel "Der 'Führer' als Genie". In: J. Schmidt, Die Geschichte des Genie-Gedankens ..., Bd. 2. A. a. O., S. 194 - 212.
39 Grundsätzlich läßt sich hier die Definition Peter Bürgers übernehmen: "Der hier verwendete Begriff der historischen Avantgardebewegungen ist vor allem am Dadaismus und frühen Surrealismus gewonnen, er bezieht sich aber gleichermaßen auf die russische Avantgarde nach der Oktoberrevolution. (...) Mit Einschränkungen (...) gilt dies auch für den italienischen Futurismus und den deutschen Expressionismus." (P. Bürger, Theorie der Avantgarde. Frankfurt/M. 1974, S. 44, Anm. 4.)

dem sie das Vermögen der Wirklichkeitswahrnehmung und der Gestaltung als Teil einer allgemeinen Lebenspraxis ausgibt. Nicht mehr die in sich ruhende Künstlerpersönlichkeit (Genie) gilt als Quelle von Produktivität. Vielmehr wird die Wirklichkeit in der Form ihrer allgemeinen Beobachtbarkeit zur entscheidenden Produktivkraft. Zum Verhältnis von Kunst und Lebenspraxis führt das "Dadaistische Manifest" aus:
"Das Leben erscheint als ein simultanes Gewirr von Geräuschen, Farben und geistigen Rhythmen, das in die dadaistische Kunst unbeirrt mit allen sensationellen Schreien und Fiebern seiner verwegenen Alltagspsyche und in seiner gesamten brutalen Realität übernommen wird."[40]
Folgt man der Interpretation Walter Benjamins, so leitet die Übernahme von Realitätsfetzen ins dadaistische Kunstwerk den Schritt zur Erkennbarkeit des künstlerischen Hervorbringens ein. Die Produktion hat den Stand ihrer Unschuld verloren. Sie setzt die Ergebnisse bereits geronnener Arbeit lediglich neu zusammen, sie montiert. Über die Dadaisten heißt es:
"Ihre Gedichte sind Wortsalat, sie enthalten obszöne Wendungen und allen nur vorstellbaren Abfall der Sprache. Nicht anders ihre Gemälde, denen sie Knöpfe oder Fahrscheine aufmontieren. Was sie mit solchen Mitteln erreichen, ist eine rücksichtslose Vernichtung der Aura ihrer Hervorbringungen, denen sie mit den Mitteln der Produktion das Brandmal der Reproduktion aufdrücken."[41]
Der Verlust der Aura signalisiert, daß die Einmaligkeit und Echtheit individuellen Hervorbringens historisch obsolet geworden ist. An die Stelle originären Schöpfertums tritt die Anwendung bestimmter Produktionstechniken. Unter Technik soll hier das Zuordnungsverfahren bestimmter Erfahrungspartikel verstanden werden. Natürlich ist damit noch nichts über die spezifische Art und Weise dieses Verfahrens selbst ausgesagt. Festgehalten soll hier lediglich der Sachverhalt werden, daß durch das Prinzip der Montage künstlerisches Hervorbringen als Auseinandersetzung mit geronnener Arbeit sichtbar wird, die eine neue Zuordnung erhält.
Auf welcher literaturgeschichtlichen Basis ist aber das Hervorbringen von Literatur als Zuordnungsverfahren erklärbar? Der Analyse Peter Bürgers zufolge antwortet die avantgardistische Montage auf das Hermetischwerden moderner Kunst im Ästhetizismus. Das am Ende des 19. Jahrhunderts erreichte Stadium des Ästhetizismus deklariert weltanschauliche Ungebundenheit und will nichts weiter sein als Kunst, l'art pour l'art. Mit der eingestandenen gesellschaftlichen Funktionslosigkeit künstlerischer Gehalte und der Konzentration auf das Medium ist die Selbstkritik des gesellschaftlichen Teilsystems Kunst möglich. Die Avantgarde bezieht sich auf diese geschichtliche Voraussetzung. Sie prokla-

---

40 Dadaistisches Manifest. In: R. Huelsenbeck (Hg.), Dada. Eine literarische Dokumentation. 7. - 11. Tausend Reinbek bei Hamburg 1984, S. 32.
41 W. Benjamin, Das Kunstwerk im Zeitalter seiner technischen Reproduzierbarkeit. Drei Studien zur Kunstsoziologie. 3. Aufl. Frankfurt/M. 1969, S. 43.

miert universelles Experimentieren mit den freigelegten Gegenstandsbereichen und setzt dem traditionellen organischen Kunstwerk einen Werktypus entgegen, der die einzelnen Elemente heterogen zusammensetzt. Im Gestaltungsprozeß spielen Begriffe wie Zufall, Allegorie, das Neue eine entscheidende Rolle. Sie ergeben sich aus dem subjektiven Zugriff auf das allgemein gewordene System ästhetischer Prinzipien. Der durch die Autonomieästhetik erzwungene Funktionsmodus der Trennung von Kunst und Lebenspraxis soll so rückgängig gemacht werden. Das Verfahren wird deutlich, wenn man sich Bürgers "zentrale Kategorie Kunstmittel (Verfahren)"[42] vor Augen führt:
"Mit ihrer Hilfe läßt sich der künstlerische Schaffensprozeß rekonstruieren als ein Prozeß rationaler Wahl zwischen verschiedenen Verfahrensweisen, wobei die Wahl im Hinblick auf eine zu erreichende Wirkung getroffen wird."[43]
Produktionsästhetisch ist eine Stufe erreicht, auf der die verschiedenen Kunstmittel rational erkennbar sind, um sie für beliebige Zwecke in Anspruch zu nehmen. Produktion und Rezeption gehen also auf bewußter Basis Hand in Hand. Was wissenschaftlich reflektiert werden kann, läßt sich auch praktisch anwenden.
Dieses Stadium der Reflexion über das ästhetische Material führt Bürger zu der These,
"daß erst die Avantgarde bestimmte allgemeine Kategorien des Kunstwerks in ihrer Allgemeinheit erkennbar macht, daß mithin von der Avantgarde aus die voraufgegangenen Stadien der Entwicklung des Phänomens Kunst in der bürgerlichen Gesellschaft begriffen werden können, nicht aber umgekehrt die Avantgarde von den früheren Stadien der Kunst her".[44]
Erst im historischen Augenblick der Moderne hat sich der Gegenstandsbereich Kunst so weit entfaltet, daß er die vergangene Kunst in all ihren technischen Varianten kategorial bestimmbar macht und die Bedingung der Möglichkeit der reflektierten und spontanen Selektion eröffnet. Hegels Eule der Minerva, die ihren Flug erst in der Dämmerung antritt, kann hier als eine entscheidende erkenntnistheoretische Metapher dienen. Der weise Vogel überblickt die volle Entfaltung und kann sie hinsichtlich der Stadien ihres Gewordenseins zerlegen und zuordnen. Eine solche Rekonstruktion der künstlerischen Produktion entläßt die Kunstmittel aus ihrer epochalen Verpflichtung und projiziert sie auf eine Ebene universeller Gleichzeitigkeit des Zugriffs. Mit der Avantgarde fällt das Monopol, den Zeitgeist einzig auf *eine* bestimmte Art und Weise künstlerisch darzustellen. Der Postavantgarde sind damit alle in der Geschichte verwendeten Kunstmittel zur freien Verfügung an die Hand gegeben.

---

42 Ebd., S. 22.
43 Ebd., S. 22 f.
44 Ebd., S. 24. - Auch Adorno verweist an vielen Stellen seines Werks auf die Moderne als Entwicklungsstadium, von dem aus einzig vergangene Kunst und ihre Technik verstehbar ist. Die Verpflichtung der Kunst auf ihren Scheincharakter bringt seine "Ästhetische Theorie" jedoch um die Möglichkeit, das erreichte Niveau künstlerischer Techniken in eine produktionsästhetische Perspektive zu überführen. (Vgl. dazu oben Kap. 3.4).

In gewisser Weise ist das nach-avantgardistische Nebeneinander von Stilen und Formen, die in ihrer Gesamtheit als künstlerische Mittel disponibel werden, bereits von Hegel für seine Zeitgenossenschaft problematisiert worden. Die unabhängige Subjektivität des Künstlers steht über den zur "tabula rasa" geronnenen Gestaltungsmitteln.[45] Insofern liegt in seinem Theorieansatz ein unverichtbarer - und nicht zu überspringender - Beitrag zu einer Produktionsästhetik vor, die nach den Bedingungen der Entfaltbarkeit schöpferischer Subjektivität fragt. In welchem Maße diese Entfaltbarkeit allerdings vorläufig bleibt, läßt sich durch die Optik der Avantgarde präzisieren. Es konnte bereits oben festgestellt werden, daß die Hegel'sche Ästhetik mit einem nicht kritisch hinterfragten Geniebegriff den Schöpfungsprozeß auf Sonderpersönlichkeiten begrenzt. Sie operiert mit einem Kunstbegriff, der in Form und Inhalt organisch geschlossene Werke voraussetzt. Allein *innerhalb* dieses Bezugssystems ist der egalisierte Zugriff auf Tradition legitim. Der Werktypus des avantgardistischen Kunstwerks verzichtet jedoch mit den nach außen gekehrten und sichtbar gewordenen Kunstmitteln auf die der *Anschauung* verpflichtete Harmonie des Verhältnisses von Form und Inhalt. Auf dem Hintergrund der historisch freigesetzten Kunstmittel formuliert die Avantgarde eine produktionsästhetisch relevante Kritik, die sich als eine Antwort auf die bei Hegel festgestellte doppelte Einschränkung des Produzenten interpretieren läßt. Als Fixpunkte der Kritik können (trotz gesellschaftstheoretischer Unterschiede) besonders die Programme des Surrealismus, der sowjetischen Produktionskunst und die theoretischen Positionen von Walter Benjamin und Bertolt Brecht[46] gelesen werden. Bei aller nicht zu übersehenden Differenz hinsichtlich Voraussetzung und Wirkung des Umgangs mit dem ästhetischen Material stimmen die genannten Positionen darin überein, die hergebrachten Bestimmungen genialen Produzierens als Wahrnehmungstäuschung aufzudecken.

Der Surrealismus entwickelt das der Psychoanalyse verpflichtete Projekt automatisch-unbewußten Schreibens. "Ecriture automatique" nimmt die dem Realitätsprinzip abgespalteten Bereiche der Vorstellung (Traum, Halluzination, Wahn) ins Verfahren der Werksetzung auf. Die Praktiken des assoziativen Zugriffs auf vorbewußte Erkenntnisbereiche eröffnen ein spielerisches Szenario der Komposition.[47] Dabei sichert das unkontrollierte Montieren von Vorstellungen der Phantasie jenen Freiheitsspielraum, den bereits Freud als Grundlage literarischer Produktivität geltend gemacht hatte. Argumentiert Freud mit einem jedermann in der Kindheit verfügbaren Phantasiepotential und mit dem Tagtraum als allgemein vorhandener Quelle poetischer Schöpfung[48], so pro-

---

45 "Daß Hegel schon in den 20er Jahren des 19. Jahrhunderts prognostizieren konnte, was definitiv erst nach dem Scheitern der historischen Avantgardebewegungen eingetreten ist, zeigt, daß Spekulation ein Modus der Erkenntnis ist." (P. Bürger, Theorie der Avantgarde. A. a. O., S. 130).
46 Zur Sonderstellung Brechts vgl. den nächsten Abschnitt.
47 Vgl. hier den ausführlichen Abschnitt "Traumarbeit und Literatur" bei G. Peters, Theorie der literarischen Produktion. A. a. O., S. 70 ff.
48 Vgl. dazu oben Kap. 4.5.

klamieren die Surrealisten dementsprechend ein allgemein zugängliches Verfahren. Die Einebnung der Differenz von Traum und Wirklichkeit soll der Kunst einen integralen Bestand in der Lebenspraxis sichern. Mit der Tätigkeit des Phantasierens, mit dem Kombinieren von vorbewußten und bewußten Wunsch- und Erwartungsschemata, wird eine Aufhebung der Kunst in Lebenspraxis denkbar, die allen zu eigen sein sollte. Hinter dem Angriff auf die Autonomie der Kunst und ihren organischen Werkbegriff steht der Versuch, ein exklusives künstlerisches Naturell als Ursprung literarischer Produktivität radikal in Frage zu stellen.

Emanzipatorische Entfaltung von Produktivität - diese programmatische Erklärung liegt auch der sowjetischen Produktionskunst der 20er Jahre zugrunde, die eng mit den Namen Bogdanov, Arvatov und Tretjakov verbunden ist.[49] Aktualität gewinnt diese produktionsästhetische Theorie zum einen durch die in den frühen 70er Jahren erfolgte Rezeptionsgeschichte, die eine Affinität zum epischen Theater Brechts betont.[50] Zum andern liefert sie - besonders bei Waldmann[51] - eine wichtige theoretische Grundlage einer Schreibdidaktik, die schöpferische Subjektivität als verallgemeinerbares Prinzip im Spannungsverhältnis mit einer Neubestimmung politisch-praktischer Funktionszwecke diskutiert. Schöpfertum wird nicht einem isolierten autonomen Individuum zugeschrieben, sondern versteht sich als allgemein-menschliche Aktivität. Auch Tretjakov formuliert in deutlicher Analogie zu Freuds Annahmen:
"Jeder Mensch zeichnet in seiner Kindheit, tanzt, denkt sich treffende Wörter aus und singt. Warum dann aber genießt er, wenn er erwachsen ist, selbst extrem ausdrucksarm geworden, nur manchmal die 'Schöpfung' eines Künstlers?"[52]

Anders als Freud reflektiert Tretjakov künstlerische Tätigkeit als Teil des gesellschaftlichen Lebensprozesses. Und er fragt nach den Bedingungen der Wirkung genialen Produzierens, indem er sie in eine Verbindung mit der Rezeptionsweise der Nicht-Produzenten rückt. Da das Werk in einer dem materiellen Lebensprozeß enthobenen Sphäre entsteht, löst sich der gesellschaftliche Charakter des Produkts in den Schein auf, ein Subjekt schaffe aus sich die ästhetische Gegenständlichkeit. Der Schein hintertreibe die Versuche der Massen, eigene sprachliche und sachliche Erfahrungen produktiv zu gestalten. So nimmt das Werk für die von künstlerischer Tätigkeit Ausgeschlossenen den Charakter eines Fetischs an.

---

49 Vgl. hier grunds. die kommentierte Textsammlung von H. Günther und K. Hielscher, Marxismus und Formalismus. Dokumente einer literaturtheoretischen Kontroverse. München 1973.
50 Vgl. H. Brüggemann, Literarische Technik ..., a. a. O., S. 139 f.
51 G. Waldmann, Überlegungen zu einer kommunikations- und produktionsorientierten Didaktik literarischer Texte. In: H. Mainusch (Hg.), Literatur im Unterricht. München 1979, S. 328 - 347; bes. S. 339 f. - Auf Waldmanns Überlegungen wird weiter unten eingegangen (vgl. Kap. 7).
52 S. Tretjakov, Die Arbeit des Schriftstellers. Aufsätze, Reportagen, Porträts. Hg. v. H. Boehnke. Deutsch von Karla Hielscher u.a., Reinbek bei Hamburg 1972, S. 12.

"Die professionellen Schriftsteller (...) stellen eine Korporation von handwerklichen Heimarbeitern dar, die an fetischisiertem Material mit fetischisiertem Verfahren arbeiten und diese Verfahren gleich einem Heiligtum bewahren."[53]
Um den Fetischcharakter der selbstbegründeten Autonomie abzustreifen, wird eine künstlerische Praxis proklamiert, die ins Alltagsleben übergeht. Kunst soll als organisatorisches Prinzip alle Lebenssphären erfassen.
Ohne Zweifel liefert Tretjakov einen wesentlichen Beitrag zur Überwindung des kontemplativen Kunstideals; er benennt das Verdecken von Arbeit und Arbeitsverfahren als Mittel zur Erzeugung illusionärer Wirkung. Wenn es jedoch um die Transformation der Kunst ins praktische Leben geht, so droht sein Konzept, das Kind mit dem Bade auszuschütten. Das folgende Zitat über die Funktion von Schönheit und Sprache im Lebensprozeß mag das verdeutlichen: "Der Dichter schafft Worte und Wortverbindungen, aber er legt sie fiktiven Leuten in den Mund. Er ist genötigt, sein Suchen auf dem Gebiet der Sprachkonstruktion mit einer Fiktion zu rechtfertigen, während doch das einzige gerechtfertigte Motiv für den Gebrauch der Sprache die dialektische Wirklichkeit selbst sein sollte. (...) Nur dem praktischen Leben selbst soll durch die Kunst Schönheit verliehen werden. Nicht die Erzählung über Menschen, sondern lebendige Worte in der lebendigen Kommunikation der Menschen - das ist der neue Anwendungsbereich der Sprachkunst."[54]
Aufhebung der Kunst, wie sie hier verstanden wird, zerstört zwar den Schein der Autonomie, sie setzt sich jedoch der Konsequenz einer Funktionalisierung für bestimmte Interessen aus. Wird die sprachliche Ästhetisierung ausschließlich in den Dienst pragmatischer kommunikativer Bezüge gestellt, so erkauft man die Sensibilisierung des Ausdrucks mit einem Verlust des fiktionalen Charakters. Mit der beanspruchten Aufhebung der Kunst ins Leben und der Ablehnung alles Fiktionalen und Illusionären scheint ein Handlungsmechanismus eingeleitet, der sich einer kritischen Aufarbeitung des traditionell verfügbaren ästhetischen Materials verweigert. Denn das Praktischwerden der Kunst treibt zwar die Energien des Schöpferischen und der abgespaltenen Sinnlichkeit in die Organisationsweisen des Alltags, es überspringt jedoch eine mögliche Selbstreflexion der Gestaltungsmittel.
In der abstrakten Negation einer Reflexion traditioneller Gestaltungsmittel für eine zukünftige literarische Praxis haben Produktionskunst und Surrealismus einen gemeinsamen Berührungspunkt.[55] Die von ihnen geleistete Überwindung der bei Hegel festgestellten doppelten Einschränkung literarischer Produktivität (Geniekunst, geschlossene Formen) ist sicher als entscheidender Schritt zur Verallgemeinerbarkeit literarischen Schaffens zu werten. Sie bleiben

---
53 Ebd., S. 74.
54 Ders., Woher und Wohin? Perspektiven des Futurismus. In: Ästhetik und Kommunikation H. 4/1971,S. 84 - 89; Zitat: S. 87.
55 Vgl. hierzu ausführlicher B. Lindner, Aufhebung der Kunst in Lebenspraxis? Über die Aktualität der Auseinandersetzung mit den historischen Avantgardebewegungen. In: W. M. Lüdke (Hg.), "Theorie der Avantgarde". Antworten auf Peter Bürgers Bestimmungen von Kunst und bürgerlicher Gesellschaft. Frankfurt/M. 1976, S. 72 - 104.

jedoch im Vorfeld einer Praxis stecken, die theoretische Selbstvergewisserung der Tradition als notwendigen Bestandteil des künstlerischen Tuns begreift. Mit der Aufhebung des Autonomiestatus in eine totalisierende Praxis, in der "die Gesetze des Lebens zu den Gesetzen der Kunst werden"[56], verliert die Kunst gerade die Möglichkeit distanzierter und kritischer Realitätserkenntnis. Diese Aporie von Autonomie und Aufhebung sollte oben mit der Formulierung ausgesprochen werden, Tretjakovs Konzept schütte das Kind mit dem Bade aus.

Als eine wesentliche Kritik an den Aufhebungsintentionen der Avantgarde ist die ästhetische Position des späten Herbert Marcuse zu begreifen.[57] Sie liest sich in einer Passage wie eine direkte Antwort auf den exemplarisch von Tretjakov geforderten "neuen Anwendungsbereich der Sprachkunst". Bei Marcuse heißt es:

"Die Menschen würden höchstwahrscheinlich auch in ihm (dem Universum einer besseren Gesellschaft, H. R.) nicht poetisch sprechen, schreiben oder gar Gedichte verfassen: la prose du monde bestünde fort."[58]

Sieht man sich diese Überlegungen näher an, so widersprechen sie zwar der dezisionistischen Aufhebung von Kunst in Lebenspraxis, bleiben aber der Fragestellung des nicht auflösbaren Dualismus von Autonomie / Aufhebung verpflichtet. Unter umgekehrtem Vorzeichen verstrickt sich auch die Kritik aporetisch. Denn Marcuse sieht einzig in der autonomen Kunst - und Künstlerrolle - die Garantie eines Vorscheins humaner Lebenspraxis. Damit spitzt sich der Gegensatz von autonomer Kunst und Verallgemeinerung der Kunst noch einmal zu. Die Forderungen der Avantgarde werden nämlich ausschließlich mit den hergebrachten Kategorien der Autonomieästhetik angegriffen. Für Marcuse sichert einzig ein Genie den Fortbestand ästhetischer Produktion überhaupt.[59]

Einen Ausweg aus der genannten Aporie Autonomie / Aufhebung zeigt P. Bürgers Theorie an, indem sie die radikale Intention der Avantgarde als gescheitert und die Freilegung der Institution Kunst als deren Resultat begreift.[60] Die Institution Kunst hat die als Nicht-Kunst proklamierten Gegenstände als künstlerische Werke absorbiert. Auf der Grundlage der Integration ergibt sich das "Nebeneinander von 'realistischer' und 'avantgardistischer' Kunst, (...) ge-

---

56 B. Arvatov, Kunst und Produktion - Entwurf einer proletarisch-avantgardistischen Ästhetik (1921 - 1930). Hg. v. H. Günther u. K. Hielscher, München 1972, S. 87.
57 H. Marcuse, Konterrevolution und Revolte. Frankfurt/M. 1972. - Im Gegensatz dazu teilen frühere Schriften Marcuses die avantgardistische Aufhebung der Trennung von Ästhetischem und Wirklichem und feiern sie als "neue Sensibilität". (H. Marcuse, Versuch über Befreiung. Frankfurt 1969, bes. S. 54 ff.) Daß Marcuse nur drei Jahre nach diesem Essay die radikale Gegenposition einnimmt, läßt sich als ein Reflex auf die undialektische Zerstörung der ästhetischen Form während der westeuropäischen Studentenrevolte verstehen.
58 H. Marcuse, Konterrevolution und Revolte. A. a. O., S. 140.
59 Vgl. hier auch Marcuses anschließende Publikation: Die Permanenz der Kunst. München 1975.
60 Diesen Gedankengang hebt bes. B. Lindner hervor. Ders., Aufhebung der Kunst in Lebenspraxis? A. a. O., S. 89 ff.

gen das legitimerweise Einspruch zu erheben nicht mehr möglich ist"[61]. Der beanspruchte radikale Traditionsbruch der Avantgarde ist seinerseits zu einer bestimmten Form der Tradition geworden. Das avantgardistische Werk wird *als avantgardistisches* zu einem neuen Typus origineller Kunst. Aus der Negation der Kategorie der individuellen Produktion entwickelt sich ein erweiterter Kunstwerkbegriff, der traditionelle *und* avantgardistische Werke pluralistisch nebeneinanderstellt. In diesem Sinne wäre es dann in der Tat epigonal, die Mittel des Protestes der historischen Avantgarde heute erneut gegen die Institution Kunst ins Feld zu führen. So könnte eine Wiederentdeckung oder Wiederholung eines dadaistischen Gedichts kaum Anspruch auf Authentizität besitzen. Nichts spricht so sehr für eine fehlende kritische Auseinandersetzung mit den aktuellen Zeitproblemen literarischer Produktivität wie eine bloße Neuauflage des herkömmlichen Protestpotentials.

Unter anderm Vorzeichen hat die von der Avantgarde geforderte Aufhebung der autonomen Kunst in die Lebenspraxis als "falsche Aufhebung"[62] ihr aktuelles historisches Äquivalent gefunden. "Falsch" ist die Aufhebung der Trivialliteratur[63] und der Warenästhetik[64] in dem Maße, wie sie mit ästhetischen Mitteln eine kritische Distanz zur Praxis einebnet und alternativloses Denken und Fühlen befördert.

Die Mittel der Produktion stehen jedoch (trotz und neben ihres falschen Praktischwerden) erweitert zur Verfügung. Ein Beispiel dafür liefert die konkrete Poesie, in der die Kategorie des Zufalls bei der Anwendung von Konstruktionsprinzipien rehabilitiert wird. Sie setzt ihrerseits eine reflexive (wenn auch nicht unbedingt kognitive) Erfassung der Gesetzmäßigkeiten des Materials voraus. Ihre Bedeutung besteht nicht in einer intendierten Zerstörung der Institution Kunst, sondern in der Möglichkeit, ästhetische Normen in ihrer Distanz zur Lebenspraxis als Freiheitsspielraum erst einmal disponibel zu machen. Von dieser denkbaren Perspektive aus ergibt sich über die reflexive Beschäftigung und die produktive Anwendung des freigelegten und "aufgehobenen" Materials der Bruch mit der Illusion ausschließlich subjektiven Schöpfertums. Aufhebung ist hier im Sinne der Hegel'schen Dialektik zu verstehen, die den Dreischritt von Konservieren / Beendigen und Emporheben thematisiert. Die Polarisierung von Liquidierung und unkritischem Bewahren wird auf höherer Stufenleiter in den Bewußtseinstand der Selbstreflexion des Materialumgangs gehoben. Diese dialektische Gedankenfigur ist als eine *Methode* zu verstehen, die nicht mit den Bestimmungen zu verwechseln ist, die Hegel bekannterweise aus dem Ende der Kunst herleitet. Denn hier ergreift die Wissenschaft ja ausschließlich rezeptiv bzw. kommunikativ den Gegenstand, während der Dogmatismus der An-

---

61 P. Bürger, Theorie der Avantgarde. A. a. O., S. 122.
62 Zur Kategorie der "falschen Aufhebung" vgl. J. Habermas, Bewußtmachende oder rettende Kritik - die Aktualität Walter Benjamins. In: S. Unseld (Hg.), Zur Aktualität Walter Benjamins, Frankfurt/M. 1972, S. 173 - 223, bes. S. 194 ff.
63 Vgl. Peter Bürger, Theorie der Avantgarde. A. a. O., S. 72 f.; J. Schulte-Sasse, Literarische Wertung. A. a. O., S. 171 ff.
64 Vgl. W. F. Haug, Kritik der Warenästhetik. Frankfurt/M. 1971.

schauung eine produktive Anwendung verhindert. Wie ersichtlich wurde, erhebt die Avantgarde deutlichen Einspruch gegen Hegels doppelte Einschränkung (Genieproduktion, geschlossenes Werk) künstlerischen Produzierens. Aus dieser Negation ergibt sich erst der Ansatz universaler Verfügbarkeit und reflexiven Zugriffs auf die Kunstmittel. Wenn das Montieren isolierter Formen als Kunstmittel den Blick auf erkennbare Arbeitsstadien freigibt, die rational als bestimmte Form von Arbeit ausmachbar sind, dann lassen sie sich in der nach-avantgardistischen Periode kritisch und subjektiv handhaben. Die dialektisch "aufgehobenen" Kunstmittel können als *Ansatz*punkt gelten, schöpferische Subjektivität durch Lernprozesse zu unterstützen.

Unter Rückgriff auf die vorangegangenen Kapitel läßt sich zusammenfassend ausführen, daß die immanente Auseinandersetzung mit Hegels (aber auch Kants) theoretischer Position bereits auf eine Anzahl von Brüchen verwies. Gegen den Strich gelesen thematisieren die Brüche immer wieder den handwerklichen Anteil am künstlerischen Tun. Durch die Optik der Avantgarde betrachtet, lassen sich diese operativ als Indizien für eine mögliche Verallgemeinerbarkeit werten. Auch wenn Formexperimente gleichsam antizipierend als "genialer Unsinn" (Kant) oder als bloße "technische Kunststücke" (Hegel) gebrandmarkt werden, ist von einer Reflektiertheit des Produzenten die Rede. Allein sie muß verdeckt werden und darf im Werk nicht erscheinen. Mit der historischen Erkenntnis der Kunstmittel als Mittel der Werksetzung ist der Schein jedoch potentiell aufsprengbar.

Will man auf diesem Hintergrund die Frage von Lernprozessen diskutieren, die Verfügung über Kunstmittel initiieren könnten, so ist es entscheidend, die Produktions*mittel* nicht mit den Produktions*verhältnissen* zu identifizieren. Denn die geschichtlich mögliche universale Verfügbarkeit über Mittel und Verfahren sprengt keinesfalls notwendig die realen Verhältnisse, in denen Kunst produziert und rezipiert wird. Eher ist gegenwärtig davon auszugehen, daß die Produktionsverhältnisse die allgemeine Verfügbarkeit über die Kunstmittel fesseln. Denn die Herausdifferenzierung der Kunstmittel muß als das Produkt zunehmender gesellschaftlicher Arbeitsteilung gefaßt werden. Die Spezialisierung des Teilbereichs Kunst als Entwicklungsprinzip korrespondiert mit der Aussonderung der Masse der Nicht-Produzenten. Dem Fortschritt universaler Verfügbarkeit über die Kunstmittel steht die Entfremdung der Subjekte gegenüber, die von bloßem Unverständnis bis zur kategorialen Ablehnung reicht.

Auf diesen Verlust an produktiver Erfahrung sind historisch eine Zahl von Antworten gegeben worden. Die Antworten lassen sich global in zwei Gruppen einteilen. Erstens sind die Versuche besonders Brechts gemeint, literarische Technik in Konvergenz mit wissenschaftlicher Methodik zu bestimmen. Die zweite Gruppe thematisiert direkt die Möglichkeit schulisch zu initiierender Lernprozesse literarischer Produktion. Die Überlegungen produktionsorientierter Literaturdidaktik lassen sich kritisch problematisieren, wenn sie in einen

Zusammenhang mit dem historisch erreichten Stand der verfügbaren Kunstmittel rückt. Da sich aus Brechts Konzeption der Werksetzung als literarischer "Technik" erweiterte Perspektiven eines erlernbaren Umgangs mit Kunstmitteln eröffnen, können sie eine Einschätzung des schulischen Erwerbs literarischer Produktivität entscheidend mitbestimmen.

5.4 Literarische Produktion als literarische Technik (Brecht)

Brecht ist den Konzeptionen der künstlerischen Avantgarde vielseitig verpflichtet. Tretjakovs Funktionsbestimmung einer neuen Kunst, die gegen die verdinglichten Lebensverhältnisse eine phantasievolle und kreative Selbstorganisation der Individuen anführt, schließt er sich auf differenzierte Weise an. Dabei muß bereits einleitend betont werden, daß Brecht die Kritik der Avantgarde gegen den Schein der Autonomie der Kunst weitgehend teilt, es ihm aber darüber hinaus um eine Einsicht in die Ambivalenz der künstlerischen Autonomie geht.

Die Kritik richtet sich gegen die Abtrennung der Kunst vom gesellschaftlichen Lebensprozeß als Produkt der herrschenden Arbeitsteilung. Diese Organisation steht quer zu einer genuin menschlichen Schöpfungskraft:
"Man kann eher dafür Anhänger gewinnen, daß die Kunst menschlich und der Mensch ein Künstler sein soll, als dafür, daß die Kunst menschlich ist und der Mensch ein Künstler ist. Er ist übrigens bei weitem nicht der einzige Künstler unter den Tieren, aber einer der größten."[65]

Auf den ersten Blick liest sich der Angriff gegen die Herauslösung der Kunst aus dem gesellschaftlichen Arbeits- und Lebenszusammenhang wie ein egalisierendes Desiderat auf der Basis bloßer anthropologischer Versicherung. Über die Schranken der arbeitsteilig betriebenen Kunstkritik und -produktion hinaus soll Kunst zu den wesentlichen Merkmalen des Menschlichen gehören. Bei näherer Betrachtung deckt sich die Kritik mit dem in den Marx'schen Frühschriften entworfenen Menschenbild. Folgt man dem materialistischen Selbstverständnis, so unterscheidet sich der Mensch vom Tier u.a. dadurch, daß er "nach den Gesetzen der Schönheit" produziert.[66] Dieses spezifisch menschliche Vermögen ist stets historisch-konkret bestimmt. Unter den Bedingungen der Arbeitsteilung wird der Mensch an der Entfaltung seiner schöpferischen Kräfte gehindert. Daraus folgt in letzter Konsequenz, daß erst eine Einebnung der arbeitsteiligen Differenzen und ein mit den geistig-kulturellen Bedürfnissen abgestimmtes Bildungssystem zur freien Entfaltung der Talente und Fähigkeiten führen kann. Neben dieser idealtypischen Konzeption sieht Brecht jedoch im

---

65 Bertolt Brecht, (Das Gebiet der Kunst). In: Ders., Gesammelte Werke in 20 Bänden, Bd. 18. Frankfurt/M. 1967, S. 261 - 262; Zitat: S. 261. - In der Folge wird nach dieser Ausgabe zitiert: GW. N.N., S. N.N.
66 K. Marx, Ökonomisch-philosophische Manuskripte. A. a. O., S. 517.

herrschenden System der Vergesellschaftung die Möglichkeit der Durchsetzung zukunftsbestimmter Ansatzpunkte. Durch Einsicht in den historischen Stand des ästhetischen Materials soll das Desiderat, daß "der Mensch ein Künstler ist", vorangetrieben werden.

Brecht stimmt mit Walter Benjamins Position überein, das Kunstwerk habe sich "im Zeitalter seiner technischen Reproduzierbarkeit"[67] vom Fetisch der Aura und des Rituals gelöst. Wie Rüdiger Bubner betont, steht Benjamins Klage über den Verlust der Aura des Kunstwerks in Analogie zu der durch Hegel eröffneten Möglichkeit wissenschaftlicher Kunstbetrachtung.[68] Und es ist gerade die wissenschaftliche Betrachtung der Kunst, die Brecht zu der These führt, Kunst sei eine spezifische Weise der gesellschaftlichen Produktion, an der prinzipiell jeder Mensch teilhaben könne. Seine These unterscheidet sich aber in wesentlichen Punkten sowohl von Hegels Bestimmungen als auch von avantgardistischen Positionen. Man könnte sagen, sie nimmt beides in sich auf und treibt es dialektisch voran. Was ist damit gemeint?

Mit der Avantgarde teilt Brecht die (oben vorgetragene) Kritik der doppelten Einschränkung der Kunstproduktion. So entfällt die Bindung ans Genie ebenso wie die an das harmonisch in sich geschlossene Kunstwerk. Darüber hinaus werden Teile des kritischen Gehalts des bürgerlichen Autonomie-Begriffs beibehalten und entscheidend modifiziert. Kunst geht nicht unterschiedslos in Lebenspraxis auf. Sie beansprucht Eigenständigkeit durch ihre ästhetische Form. Mit der Reinstitutionalisierung des Kunstwerks und seines Scheincharakters muß sich Brechts ganze Kraft darauf konzentrieren, die Illusion der Unmittelbarkeit ästhetischer Erfahrung zu durchbrechen. Die Entwicklung einer kritischen Erkenntnis- und Aneignungsweise, die in Konvergenz mit wissenschaftlicher Methodik als "Denktechnik"[69] begriffen wird, bezeichnet heuristisch das aufgeworfene Problem.

In diesem Zusammenhang ergeben sich rezeptions- und produktionsästhetische Fragestellungen. Wie gelingt es dem Stückeschreiber, eine wissenschaftliche Haltung des Rezipienten voranzutreiben? Wie kann künstlerische Tätigkeit mit wissenschaftlicher Arbeit verglichen werden? Beide Fragen sind aufeinander verwiesen. Sie lassen sich sukzessiv in zwei Schritten beantworten. Hinweise auf Bedingungen dichterischen Hervorbringens setzen Einsicht in die intendierten Wege der Literaturaneignung voraus. Deshalb geht es zunächst um eine Analyse erkenntnistheoretischer Grundlagen der Verfremdungstechnik.

Zur Verfremdung führt Brecht grundsätzlich aus:

---

67 Vgl. Walter Benjamin, Das Kunstwerk im Zeitalter seiner technischen Reproduzierbarkeit. A. a. O.
68 R. Bubner, Über einige Bedingungen gegenwärtiger Ästhetik. In: neue hefte für philosophie, H. 5/1973, S. 38 - 73, vgl. hier bes. S. 47.
69 B. Brecht, Thesen zur Theorie des Überbaus. In: GW 20, S. 76 - 78; Zitat: S. 76.

"Einen Vorgang oder einen Charakter verfremden heißt zunächst einfach, dem Vorgang oder dem Charakter das Selbstverständliche, Bekannte, Einleuchtende zu nehmen und über ihn Staunen und Neugierde zu erzeugen."[70]
Kritische Distanz soll das scheinbar Bekannte in Frage stellen. Betrachtet man den gewählten Terminus des "Bekannten" genauer, so signalisiert er eine ganz bestimmte philosophische Tradition. Erkenntnistheoretisch geht die Methode der Verfremdung, wie auch die aktuelle Brecht-Forschung betont[71], auf Hegel zurück. In der bekannten Vorrede zur "Phänomenologie des Geistes" heißt es: "Das Bekannte überhaupt ist darum, weil es *bekannt* ist, nicht *erkannt*."[72] Erst die begriffliche Anstrengung des Analysierens und Unterscheidens hebt die Unmittelbarkeit der Alltagserfahrungen auf. Es bedarf der "Kraft und Arbeit des Verstandes"[73], um die vorhandene Evidenz der Wahrnehmung und der sinnlichen Gewißheit aufzuheben. Denn das unmittelbar Erfahrene kann aus sich heraus keinerlei Auskunft über die unter der Oberfläche verborgenen Gesetzmäßigkeiten und Strukturzusammenhänge geben. Diese problematische Konstellation führt Brecht im "Dreigroschenprozeß" illustrativ vor:
"Die Lage wird dadurch so kompliziert, daß weniger denn je eine einfache 'Wiedergabe der Realität' etwas über die Realität aussagt. Eine Photographie der Kruppwerke oder der AEG ergibt beinahe nichts über diese Institute. Die eigentliche Realität ist in die Funktionale gerutscht. Die Verdinglichung der menschlichen Beziehungen, also etwa die Fabrik, gibt die letzteren nicht mehr heraus. Es ist also tatsächlich 'etwas aufzubauen', etwas 'Künstliches', 'Gestelltes'."[74]
Die Technik der Verfremdung stellt durch den Aufbau von etwas "Künstlichem" jene distanzierende Sicht her, die die vertrauten Vorgänge des Alltäglichen als fremde hervortreten lassen. Dabei führt die Fremdheit die ins "Funktionale" gerutschte Realität als Ausdruck von Widersprüchen vor. Die Verhältnisse, die den Menschen in ihren entfremdeten Lebens- und Arbeitszusammenhängen wie eine fremde Macht beherrschen, verlieren den Schein ihrer Vertrautheit durch eine neue Zusammensetzung. Für die literarische Arbeit folgt daraus, einen geschlossenen Handlungsverlauf gezielt zu unterbrechen. Unterbrechungen lenken die unmittelbare Sinnfälligkeit der Wahrnehmung auf eine neue Zuordnung. Hier liegt der Berührungspunkt der Verfremdungstechnik mit einer film-ähnlichen Schnittechnik[75] als auch mit der Mon-

---

70   B. Brecht, Über eine nichtaristotelische Dramatik. In: GW 15, S. 301.
71   Vgl. J. Knopf, Brecht-Handbuch. Theater. Eine Ästhetik der Widersprüche. Stuttgart 1980, S. 378 ff.; J. Eckhardt, Das Epische Theater, Darmstadt 1983, S. 59.
72   G. W. F. Hegel, Phänomenologie des Geistes. A. a. O., S. 28 (Hervorhebung im Original). - J. Knopf macht darauf aufmerksam, daß Brecht in seiner "Neuen Technik der Schauspielkunst" fast wörtlich an die Hegel'sche Terminologie anknüpft: "Damit aus dem Bekannten etwas Erkanntes werden kann, muß es aus seiner Unauffälligkeit herauskommen (...)". Vgl. J. Knopf, Brecht-Handbuch. Theater. A. a. O., S. 379 und B. Brecht GW 15, S. 355.
73   G. W. F. Hegel, Phänomenologie des Geistes. A. a. O., S. 28.
74   B. Brecht, Der Dreigroschenprozeß. In: GW. 18, S. 161 f.
75   Vgl. dazu B. Lindner, Brecht / Benjamin / Adorno - über Veränderungen der Kunstproduktion im wissenschaftlich-technischen Zeitalter. In: H. L. Arnold (Hg.), Bertolt Brecht I, Sonderband aus der Reihe text + kritik. 2. Aufl. München 1978, S. 14 - 36.

tage der Avantgarde begründet. Ohne einen Bezug auf diese Tradition ist Brechts Verfahrensweise nicht erklärbar.

Brechts Methode bleibt im Gegensatz zur Montage der Avantgarde nicht bei einer Zerstörung der Form stehen. Sie nutzt die isolierten Elemente zur Durchsetzung sozialer Erfahrungen. Die nach außen gekehrten Konstruktionsprinzipien erweitern ihre Möglichkeit durch Verweise auf Sinndeutung. Erst mit dieser wirkungsästhetischen Intention erhält, Walter Benjamin zufolge, das Verfahren der Montage "sein vollendetes Recht".[76]

Brechts Montage erschöpft sich nicht im provokatorischen Element oder im Reizcharakter, sie organisiert funktional eine entdeckende und mitwirkende Haltung des Rezipienten. Das kritische Entdecken richtet sich nicht nur auf die entsprechenden Inhalte. Durch die Unterbrechung der Handlung tritt der formale Aspekt der Werkstruktur hervor. Mit dem Blick auf literarische Inhalte *und* Formen ist eine neue Beziehung zwischen künstlerischer Produktion und Konsumtion eingeleitet. Die Aktivität des Rezipienten fragt nicht nur nach der abgebildeten Wirklichkeit, sondern ebenso danach, *wie* die Wirklichkeit abgebildet worden ist.

Anders als bei der avantgardistischen Montage erheben die aus der Herrschaft des Werkganzen entlassenen Teile den Anspruch, ein *künstlerisches* Abbild der Wirklichkeit zu sein. Gegen die Integration der Kunst *in* Lebenspraxis steht das künstlerisch Montierte als Widerspruch *zur* Lebenspraxis.

Die kritische Betrachtungsweise des literarischen Abbildes als Anordnung literarischer Techniken entspricht einer wissenschaftlichen Verfahrensweise. Sie gründet im methodischen Zweifel und im Experiment. Analog zu einer experimentellen Situation unterliegen Kunstmittel und Gehalt der reflexiven Einschätzung. Die kritische Montage und ihre formalen Elemente -Distanz, Unterbrechung, Historisierung, Umfunktionierung -zielen auf ein Abstraktionsvermögen, das seine Entsprechung in theoretischer Kritik findet:

"Die Technik des Irritiertseins gegenüber landläufigen 'selbstverständlichen', niemals angezweifelten Vorgängen ist von der Wissenschaft sorgfältig aufgebaut worden, und es besteht kein Grund, warum die Kunst diese so unendlich nützliche Haltung nicht übernehmen sollte."[77]

Es würde den Rahmen vorliegender Arbeit sprengen, Brechts Theorieentwurf einer wissenschaftlichen Rezeptionshaltung umfassend darzustellen.[78] Exemplarisch kann auf die gestische Spielweise der Schauspieler im epischen Theater Bezug genommen werden. Der Schauspieler nimmt zu seiner Rolle den gleichen Abstand ein, wie der "Historiker (...) zu den Ereignissen und Verhaltensweisen der Jetztzeit".[79] So durchbricht die Technik der Historisierung die

---

76 W. Benjamin, Der Autor als Produzent. In: ders., Versuche über Brecht. 2. Aufl. Frankfurt/M. 1967, S. 95 - 116; Zitat: S. 112.
77 B. Brecht, Neue Technik der Schauspielkunst. In: GW 15, S. 347.
78 Vgl. dazu: H. Brüggemann, Literarische Technik ..., a. a. O., bes. S. 139 - 164; J. Eckhardt, Das Epische Theater. A. a. O., S. 180 ff.
79 B. Brecht, Neue Technik der Schauspielkunst. A. a. O., S. 347.

Identifikation des Schauspielers mit seiner Rolle sowie die Identifikation des Zuschauers mit der handelnden Figur. Die präsentierte Wirklichkeit gilt nicht länger als Ansammlung von allgemeiner Menschlichkeit. Sie wird in die Dialektik von Jetztzeit und Historie übersetzt. Gegenwart erscheint verfremdet als Geschichte, als veränderbare Praxis. Das auf der Bühne beobachtbare Verhalten der Figuren
"ist nicht ein schlechthin menschliches, umwandelbares, es hat bestimmte Besonderheiten, es hat durch den Gang der Geschichte Überholtes und Überholbares und ist der Kritik vom Standpunkt der jeweilig darauffolgenden Epoche aus unterworfen".[80]
Wenn Kunstrezeption in ihrer methodischen Fundierung wissenschaftlicher Verfahrensweise entspricht, so folgt daraus keinesfalls, daß es sich hier um ausschließlich verstandesgeleitete Tätigkeit handelt. Kunst geht als ästhetische Form des Bewußtseins nur um den Preis der eigenen Eliminierung in die totale Anstrengung des Begriffs über. Brecht überwindet die erkenntnistheoretischen Restriktionen des Dualismus von Sinnlichkeit und Begriff, indem er der Arbeit des Erkennens des scheinbar Bekannten eine hedonistische Bedeutung gibt. Sinnliche Erkenntnis und Erkennen durch Begriffe, Kunstgenuß und Verstandesarbeit, gehen eine Synthese ein:
"Überhaupt wird ja der Kunstgenuß (und der Genuß, den die Kunst an Erkenntnissen und Impulsen verschafft) dadurch gesteigert, daß das Publikum selber zum geistigen Produzieren, Entdecken, Erfahren gebracht wird."[81]
Obwohl sich Brecht die Bestimmung der Hegel'schen Denkmethode zu eigen macht, den Schein des alltäglich Vertrauten zu überschreiten, bricht er gleichzeitig radikal mit Hegels *Kunstbegriff*. Wie oben dargestellt wurde, läßt die Hierarchie der Selbsterkenntnisweisen des absoluten Geistes die Möglichkeit begrifflichen Denkens auf dem Gebiet der Kunst nur dann zu, wenn es sich der Anschauung fügt. Brecht hingegen überwindet diesen "Dogmatismus der Anschauung", indem er die philosophisch bestimmte "Kraft und Arbeit des Verstandes" (Hegel) für *künstlerische* Verfahren geltend macht.[82]
Ein wesentliches Dilemma der wissenschaftlichen Rezeptionshaltung liegt darin, daß ein urteilsfähiges Publikum nicht vorausgesetzt werden kann, sondern erst einmal herauszubilden ist. Kritische Rezeptionsvorgänge sind nicht mit den Mitteln der Verfremdung allein aufzubauen, sie setzen eine ästhetische Sozialisation voraus. Brecht spricht dieses Problem direkt aus: "Denn die Kunst

---

80 Ebd.
81 B. Brecht, (Anmerkungen zur Oper, "Das Verhör des Lukullus"). In: GW 17, S. 1151.
82 Es darf dabei allerdings nicht übersehen werden, daß die wissenschaftliche Betrachtung der Kunst für Hegel das Gebot der Stunde der bürgerlichen Gesellschaft ist. Sein Begriff der Kennerschaft drückt das entscheidend aus. Die 'Arbeit der Bildung' verschließt sich keinesfalls einer verstandesgeleiteten Anamnese wesentlicher künstlerischer Produktionsbedingungen. Allein sie bleibt an der Stelle stehen, wo der Scheincharakter kritisch reflektiert werden könnte. So muß sie sich der möglichen Konsequenz verweigern, die erkannten Gestaltungsmittel auch bewußt anwendbar zu machen.

braucht Kenntnisse."⁸³ Sie braucht Kenntnisse, die durch Bildungs- und Aufklärungsprozesse zu vermitteln sind. Literarische Bildung und Kunstkennerschaft verfolgen grundsätzlich ein demokratisches Prinzip: "Demokratisch ist es, den 'kleinen Kreis der Kenner' zu einem *großen* Kreis der Kenner zu machen."⁸⁴ Der zentrale Stellenwert einer erwerbbaren Kunstkennerschaft veranlaßt Brecht, die bereits oben vorgestellte anthropologische Konzeption, daß "der Mensch ein Künstler ist", entscheidend zu modifizieren. Erst durch *Lernprozesse* ist die menschliche Gattungskraft Kunst entwickelbar:
"So richtig es ist, daß in jedem Menschen ein Künstler steckt, daß der Mensch das künstlerischste unter allen Tieren ist, so sicher ist es auch, daß diese Anlage entwickelt werden kann und daß sie auch verkümmern kann. Der Kunst liegt ein Können zugrunde, und es ist ein Arbeitenkönnen."⁸⁵
Zum Begriff einer erlernbaren Kennerschaft gehört Einsicht in den *Arbeits*charakter der Kunst. Grundlage ist die positive Konnotation von Kunst und Arbeitenkönnen. Gilt Kunst als Arbeit, so sind Kenntnisse über den Herstellungsprozeß vermittelbar. Ganz im Sinne Tretjakovs geht es um eine Offenlegung des künstlerischen Arbeitsvorgangs. Hatte Tretjakov den Fetischcharakter des literarischen Werkes damit begründet, daß die Schriftsteller Material und Verfahren "gleich einem Heiligtum bewahren"⁸⁶, so knüpft Brecht an diesen Gedankengang an. Er unterscheidet zwei Arten von Kunstgenuß. Der eine richtet sich auf "das Resultat der Arbeit", während der andere "die Arbeit selber" ins Blickfeld rückt. Die Polarisierung führt einen deutlichen Angriff gegen jene kontemplative Rezeptionshaltung, die verdeckt, daß das Kunstwerk ein Hergestelltes ist. Gegen das resultathafte Einverständnis mit dem Fetisch der Formen beanspruchen pädagogische Prozesse, eine Einsicht in künstlerische Praxis zu vermitteln. Oppositionell gegen die Autonomie-Ästhetik gesetzte Akzente sind auch dort erkennbar, wo es um die Frage der Spezifik der künstlerischen Tätigkeit geht. Brechts Überlegungen, Kunst als eine Arbeit zu begründen, reflektieren die formalen Kriterien der Werksetzung. Schrittweise Erarbeitung der Details, Entwürfe und Korrekturen, geben Einblick in eine mühevolle Tätigkeit. Auf der Basis dieser Einschätzung ist es denkbar, künstlerische Verfahrensweisen kommunikativ zu rekonstruieren. Die Phantasie des Rezipienten greift in den aufgedeckten Schaffensprozeß ein:
"Wenn man zum Kunstgenuß kommen will, genügt es ja nie, lediglich das Resultat einer künstlerischen Produktion bequem und billig konsumieren zu wollen; es ist nötig, sich an der Produktion selbst zu beteiligen, selbst in gewissem Umfang produktiv zu sein, einen gewissen Aufwand an Phantasie zu treiben, seine eigene Erfahrung der des Künstlers zuzugesellen oder entgegenzuhalten

---

83 B. Brecht, Betrachtung der Kunst und Kunst der Betrachtung. In: GW 18, S. 272 - 278; Zitat: S. 273.
84 Ebd.
85 Ebd.
86 S. Tretjakov, Die Arbeit des Schriftstellers. A. a. O., S. 74.

(...). So ist es nötig, die Mühen des Künstlers mitzumachen, in abgekürztem Verfahren, aber doch eingehend."[87]

Brechts Versuch, eine wissenschaftliche Rezeptionshaltung zu initiieren, baut also auf einer doppelten Perspektive auf. Zum einen hebt die Methode der Verfremdung die freigesetzten Gestaltungsmittel auf den Prüfstand. Zum andern sollen erlernbare Prinzipien der Kunstkennerschaft einen sachkundigen Einblick in die innovativen literarischen Techniken unterstützen. Auf dem Hintergrund dieser Ergebnisse kann der literarische Arbeitsprozeß nach Bedingungen der Möglichkeit einer Verallgemeinerbarkeit untersucht werden. Brecht reflektiert künstlerisches Schaffen als eine Form schöpferischer, bewußter Tätigkeit, für die grundsätzlich gilt, daß der Einsatz von Arbeitsmitteln im Arbeitsprozeß das Resultat steuert und ideell vorwegnimmt. Auch wenn das teleologische Moment sich nicht mit der vollen Bedeutung handwerklichen Tuns deckt ("Der Künstler macht Entdeckungen, stößt auf Schwierigkeiten, verliert den Zusammenhang, konstruiert einen neuen, legt eine Ansicht ab, formuliert eine neue."[88]), so steht doch der Einsatz von Arbeitsmitteln außer Frage. Durch die Entscheidung, literarische Gestaltungsmittel als technische Möglichkeiten zu begreifen, kommt der Marx'sche Gedankengang zum Tragen, künstlerische Methodik in Zusammenhang mit menschlicher Arbeit überhaupt zu reflektieren. Marx begreift den Arbeitsprozeß eines Subjekts mit Hilfe der Kategorien Arbeitsgegenstand und Arbeitsmittel. Die Wahl der Arbeitsmittel ist dabei durch den Arbeitsgegenstand bedingt.[89] Will man diese Kategorien auf den künstlerischen Schaffensprozeß anwenden, so drängt sich die Frage auf, ob die begrifflich formulierbare Einsicht in Gestaltungszusammenhänge ausreicht, ästhetische Formung von Wirklichkeit angemessen zu erklären. Denn die Regeln für künstlerisch-gestalterische Arbeit lassen sich ebensowenig wie die besondere Wahl der literarischen Arbeitsmittel in ein verbindliches Schema pressen. Da handelnde und erlebende Individuen im Mittelpunkt des Schaffensvorgangs stehen, bleiben abstrahiert erarbeitete Schreibweisen stets vorläufig. Gegen eine verordnete Angemessenheit literarischer Gestaltung führt Brecht aus: "Nur Stiefel kann man nach Maß anfertigen."[90] Dennoch kann das schöpferische Subjekt nicht auf eine methodische Reflexion der ästhetischen Form verzichten. Vielmehr setzt ihn erst ein Studium verschiedener Arbeits-Kunstmittel in den Stand, mit ihnen zu operieren.

"Um ein Stück Lyrik zu formen, mag man zur Not noch ohne Studium auskommen, zur Not, denn mir ist kein Gedicht bekannt, das in unserer Zeit entstanden und einem durchaus ungebildeten Manne zuzutrauen wäre, jemandem, auf den nicht wissenschaftliche Erkenntnisse in der oder jener Form eingewirkt hätten. Für ein so weitläufiges vieldeutiges Werk wie ein Theaterstück, das es

---

87 B. Brecht, Betrachtung der Kunst ..., a. a. O., S. 274 f.
88 Ebd., S. 275.
89 Vgl. dazu die oben vorgenommenen ausführlichen Bestimmungen des Arbeitsprozesses (Kap. 3.2).
90 B. Brecht, Was haben wir zu tun? In: GW 19, S. 545 - 546; Zitat: S. 545.

unternimmt, das gesellschaftliche Zusammenleben der Menschen darzustellen, genügt bestimmt nicht das Wissen, das die eigene Praxis vermittelt. Die Handlungsweisen unserer Zeitgenossen sind ohne Zuhilfenahme von Ökonomie und Politik nicht zu verstehen. Es ist optimistisch, zu glauben, der Dichter könne auch heute noch etwas darstellen, ohne es zu verstehen. (...) Er benötigt in steigendem Maße Belehrung durch die Wissenschaften. Und langsam beginnt auch seine Kunst selber eine Wissenschaft, zumindest eine Technik zu entwickeln, und zwar eine Technik, die sich zu der früherer Generationen nicht viel anders verhält als die Chemie zur Alchemie. Die Mittel der Darstellung fangen an, etwas anderes zu werden als bloße Kunstgriffe."[91]

Geistiger Ideengehalt eines Stückes und künstlerische Gestaltung können sich den Erkenntnissen der Wissenschaft nicht entziehen. Die Erkenntnis der Zeitgenossenschaft (ausgedrückt in Ökonomie und Politik) prägt auch den Entwicklungsstand der Kunstmittel. Sie haben einen historischen Entwicklungspunkt erreicht, der es erlaubt, sie als Techniken zu bestimmen. Auf der Basis wissenschaftlicher Erkennbarkeit stehen sie universal zu Verfügung. Allerdings erfolgt diese Erkenntnis nicht automatisch. Sie muß durch Lernen erworben und entwickelt werden.

Das entworfene Bild einer erlernbaren Anwendung literarischer Technik läßt keinesfalls die Schlußfolgerung zu, es handle sich hier um den Entwurf einer in sich geschlossenen Programmatik für Schreibende. Bereits oben wurde betont, daß die Bestimmung literarischer Technik als "Denktechnik" vielmehr *Ansatzpunkte* und Voraussetzungen dafür bereitstellt. Dennoch widmen sich einige theoretische Aufsätze ganz gezielt dem Problem einer möglichen Ausbildung schriftstellerischer Kompetenz. Dabei spielen die "Notizen über realistische Schreibweise"[92] eine zentrale Rolle. Der Essay verweist direkt bzw. indirekt auf produktionsästhetische Theorieansätze. Deshalb eignet er sich besonders, Traditionen und Rahmenbedingungen des bewußten Umgangs mit dem ästhetischen Material aufzuzeigen. Um die Vorstellung reflexiver Materialbeherrschung zu entwickeln, polemisiert Brecht gegen das literarische Selbstverständnis seiner bürgerlichen Zeitgenossen. Im Gegensatz zu Musikern und Malern "lieben sie es immer noch nicht, ihre eigene Technik zu diskutieren"[93]. Sie versichern, die Werksetzung verlaufe notwendigerweise unbewußt. Allein Gefühle und Phantasien seinen der Motor ihrer produktiven Ideen. Diese epochale Produktionshaltung korrespondiert mit einer Literaturwissenschaft, die "Kunst als Zufluchtstätte der Illusionen"[94] begreift. Produktionsgeheimnis und illusionäre Verklärung machen den "Aberglauben der Künstler"[95] aus. Wo das Wissen über das Zustandekommen der Werke nicht ausreiche, enstehe der "Aberglauben" an künstlerische Omnipotenz. Die Polemik zielt gegen den

---

91 B. Brecht, Der Messingkauf. In: GW 16, S. 539 f.
92 B. Brecht, Notizen über realistische Schreibweise. In: GW 19, S. 349 - 373.
93 Ebd., S. 350.
94 Ebd., S. 351.
95 Ebd.

Autonomie-Status der Kunst, die autonome Künstlerrolle, das Verdecken von Arbeit und gegen die kultische Unnahbarkeit der Werke. Hier erlangt auch der antike produktionsästhetische Streit neue Relevanz. In den Schöpfungsvorstellungen "spuken noch die Urbilder, die Ideen des Plato".[96] Gegen den Spuk des Enthusiasmus richtet sich eine Textpassage, die sich als Reminiszenz an aristotelische Vorstellungen liest. Bekanntlich begreift Aristoteles Dichtkunst als eine, die der techne bedarf. Das teilt dichterisches Hervorbringen mit anderen Künsten / Arbeiten des Hervorbringens.[97] Auch Brechts Kunstbegriff weist Literaturproduktion als einen reflektierten Umgang mit adäquaten Techniken aus. In der objektiven Tradition des antiken poiesis-Begriffs betont er die Gemeinsamkeit der Dichtkunst mit den übrigen Künsten:
"Es wäre viel nützlicher, den Begriff 'Kunst' nicht zu eng zu fassen. Man sollte zu seiner Definierung ruhig solche Künste wie die Kunst des Operierens, des Dozierens, des Maschinenbaus und des Fliegens heranziehen."[98]
Den gewonnenen Kunst / Arbeitsbegriff konterkariert Brecht mit dem auf Originalität und Ursprünglichkeit pochenden künstlerischen Selbstverständnis. Die Auffassung voraussetzungslosen Empfindens habe mit dem aktuellen Entwicklungsstand der literarischen Techniken und deren theoretischer Begründbarkeit nicht Schritt halten können. Was als spontaner Einfall erscheint, ist in Wirklichkeit das Ergebnis einer geistigen Auseinandersetzung mit bewußten oder vorbewußten Lebenserfahrungen und mit bereits vorliegenden Materialgehalten. Würde der Schriftsteller seine postulierte Ursprünglichkeit nachprüfen, dann "würde er erkennen, daß sie eine recht irdische Sache ist, und der Ort, wo das Etwas entsprungen ist, würde ihm, wenn er ihn zu Gesicht bekäme, nicht sehr gefallen".[99]
Betrachtet man die Kritik genauer, so zeichnet sich Nietzsches Angriff gegen die künstlerische Intuition als eine Traditionslinie ab. Sprach Nietzsche von einem "Haß" der Künstler gegenüber einer wissenschaftlichen Reflexion ihres Tuns, so knüpft Brecht fast wörtlich an diese Formulierung an. Er bescheinigt

---

96 Ebd., S. 355.
97 Vgl. dazu grunds. oben Kap. 1. - Daß Brecht Kunst als bestimmte Technik auffaßt, steht nur scheinbar im Widerspruch zum epischen Theater, das sich als "nichtaristotelisch" definiert. Denn das bezieht sich vornehmlich auf die *Rezeption* durch Einfühlung. Zwar unterscheiden sich die beabsichtigten Wirkungsqualitäten des epischen und aristotelischen Theaters diametral; die theoretische Reflexion der *Produktions*seite ist jedoch in beiden Fällen rationalen Erklärungen verpflichtet. Das betrifft nicht nur die Auffassung der Kunst als einer Technik. So findet auch Brechts anthropologische These, daß "der Mensch ein Künstler ist", in Aristoteles einen Vorläufer. Die "Poetik" hebt hervor, das Nachahmen sei dem Menschen angeboren, und jedermann habe an Nachahmungen sein Vergnügen. Hinzuweisen wäre auch auf die spezifische Auffassung künstlerischer poiesis als mimesis der praxis. Dem antiken Philosophen geht es ebenso wie dem modernen Theoretiker darum, Kunst nicht in einer Realität-Abbild-Konstellation aufzulösen, sondern ihren Gegenstand nach ihren menschlichen *Möglichkeiten* zu bestimmen. - Die aktuelle Brecht-Forschung hat bislang zu den genannten Bezugspunkten kaum Zugang gefunden. Eine gewisse Ausnahme bildet die Theorie der Lehrstücke. Aber auch die Lehrstücktheorie begreift literarische Produktion vornehmlich als eine Modifikation der Texte durch Textinterpretation. Die Trennungslinie Rezipient / Produzent bleibt auf hermeneutischer Ebene festgeschrieben.
98 Ebd., S. 350.
99 B. Brecht, Notizen über realistische Schreibweise. A. a. O., S. 352.

171

der autonomen Künstlerrolle einen "Horror vor der Wissenschaft".[100] Allein ihre Abwehr rational erklärbarer Bezugspunkte halte die existenzsichernde Vorstellung ursprünglichen und genialen Produzierens aufrecht.
Wie sind aber literarische Praxis und Reflexion vermittelbar? Welcher Art der Auseinandersetzung bedarf es, um aus den technischen Möglichkeiten zu lernen, sie zu verwenden und zugleich umzufunktionieren? Oder, mit Brecht gefragt: "Wie wäre also eine Technik aufzubauen?"[101]
Die Antwort liegt im *Studium* des historisch entwickelten ästhetischen Materials, in der kritischen Auseinandersetzung mit den Gestaltungsmitteln des Kulturerbes. Dabei genügt es nicht, bestimmte Darstellungsmittel mit entsprechenden Epochen zu identifizieren. Offenbar richtet sich der Gedankengang auf die relative Autonomie und ungleichzeitige Entwicklung der Kunstmittel, wenn es von den zeitgenössischen literarischen Techniken heißt, sie seien als geschichtlich gewordene
"eine Ansammlung von Kenntnissen und Praktiken vieler Jahrhunderte, das heißt, vieles an früherer Technik ist noch lebendig in der unsrigen, sie ist eine Fortführung, wenn auch keine gradlinige, wenn auch keine bloße Addition".[102]
Historische Kunstmittel geben ein unverzichtbares Erkenntnismedium für literarische Gestaltungen an. Über den Zeitpunkt ihrer Entstehung hinaus greifen sie in das Wirklichkeitsverständnis der Gegenwart ein.
Stehen die traditionellen Gestaltungsmittel dem Studium zur Verfügung, so zeichnen sich damit Rahmenbedingungen ab, wie sie auch aus dem Scheitern der avantgardistischen Intentionen für nach-avantgardistische Kunst ableitbar sind. Im Entwicklungsstadium des legitimen Nebeneinander von Stilen und Formen haben Tradition und mechanische Produktionsanweisungen ihren Verbindlichkeitscharakter eingebüßt. Literarisches Schaffen kann sich allseitig auf das wissenschaftliche Erfassen und Anwenden von Kunstmitteln beziehen. In gewisser Weise deckt sich dieser Spielraum mit Hegels Einschätzung der "tabula rasa"; er emanzipiert sich jedoch von der klassischen Vorstellung einer geschlossenen Form-Inhalt-Dialektik. Die literarische Form wird flexibel gegenüber inhaltlicher Darstellung. In der Auseinandersetzung mit den traditionellen Gestaltungsmitteln eröffnet sich die historische Perspektive, "Technisches von Inhaltlichem ab(zu)lösen".[103] Diese Auffassung erlaubt es, aus den vorliegenden technischen Möglichkeiten zu lernen: sie zu abstrahieren, zu verwenden und zugleich umzufunktionieren. Brecht führt die ästhetische Transformation des Produktionswissens anhand der Methode eines Literaturvergleichs vor. Dabei geht es um einen Vergleich verschiedener Texte und ihrer Darstellungsmittel. So haben z.B. sowohl Balzac als auch Dickens ein Gerichtsverfahren beschrieben. Hält man beide Texte nebeneinander, so kann unter-

---

100 Ebd. - Zu Nietzsches Position vgl. oben den 2. Abschnitt vorliegenden Kapitels.
101 Ebd., S. 358.
102 Ebd., S. 359 f.
103 Ebd., S. 360.

sucht werden, welche spezifischen Mittel die jeweilige Wirkung erzielen. Es ist ersichtlich, daß Brechts Methode auf das analytische Erfassen der Darstellungsmittel setzt. Dabei knüpft er im objektiven Sinne an rationale Überlegungen der Textproduktion an, die bereits Nietzsche geltend gemacht hatte. Neu ist der Vorschlag des Textvergleichs. Er unterstreicht noch einmal die Möglichkeit einer bewußten Auswahl der zu Verfügung stehenden literarischen Stile und Formen. Nicht zuletzt bezeichnet die vorgestellte Arbeitsmethode einen entscheidenden Schritt auf dem Wege zur Auflösung der Wahrnehmungstäuschung genialen Produzierens. Brechts "Denktechnik" legt es nahe, die Erkenntnis- und Aneignungsweise der Kunst als *Arbeit* zu begreifen. Der Begriff der "Denktechnik" bildet einen Ansatzpunkt, den Schein autonomen Produzieren zu kritisieren. Wird literarisches Produzieren in einem Zusammenhang mit der Anwendung einer Technik begriffen, so zeichnet sich eine demokratische Öffnung des Produktionswissens ab.

Führt man sich diese Möglichkeit im Spannungsverhältnis zur Wirklichkeit vor Augen, so stößt man auf eine Aporie gesellschaftskritischer künstlerischer Vorhaben. Sie betrifft Rezeption und Produktion gleichermaßen. Hinsichtlich des Anspruchs auf Durchsetzung eines literarischen Ideengehaltes gibt es keine Garantie für die Verlängerung des Protestpotentials vom Werk auf die alltägliche Lebenspraxis.[104] Bereitgestellt werden lediglich *Bedingungen* der Erkenntnis. Mit literarischer Produktion verhält es sich nicht anders. Auch die geschichtlichen Bedingungen der Selbstkritik des gesellschaftlichen Teilsystems Kunst sehen Verallgemeinerung der Kunstmittel lediglich als eine *Möglichkeit* vor. Wissenschaftliche Erkenntnis und Anwendung stoßen an die Grenzen der institutionellen Rahmenbedingungen. Darauf sind alle historischen Möglichkeiten der Entwicklung produktiver Subjektivität bezogen. Dieser Zusammenhang soll in den folgenden Kapiteln diskutiert werden. Dabei spielt es eine gewichtige Rolle, daß die mit Brecht erreichte Verfügbarkeit über Gestaltungsmittel auf utopischer Folie *denkbar* ist.

Fassen wir die Ergebnisse zusammen. Über die Selbstkritik der Kunst im Stadium der Avantgarde sind die Kunstmittel universell verfügbar geworden. Die Avantgarde verstrickt sich in unausweichliche Aporien, die das Verhältnis von Kunst und Lebenspraxis betreffen. Dabei laufen ihre Konzeptionen Gefahr, das Kind mit dem Bade auszuschütten, d.h. Kunst unterschiedslos in die Lebenspraxis einzuebnen. Brecht greift die Kritik auf. In seiner Konzeption sind die Kunstmittel als *Kunst*mittel wissenschaftlich erfaßbar und stehen dem Subjekt produktiv zur Verfügung. Kunstkennerschaft impliziert rezeptive und produktive Fähigkeiten. Bei Nietzsche findet sich dieser Sachverhalt bereits als ein Desiderat vor. Darüber hinaus erfolgt die Bestimmung künstlerischer Gestaltungsvorgänge als eine Form bewußter Arbeit, die sich schöpferisch auf die ausdifferenzierten Gestaltungsmittel bezieht. Wissenschaftliche Erfassung und

---

104 Vgl. hier grunds. J. Knopf, Brecht-Handbuch. A. a. O., S. 382.

die Möglichkeit einer gezielten Gestaltung geben einen Paradigmenwechsel literarischer Produktivität von naturbedingter Unmittelbarkeit zum Einsatz literarischer Technik an.
Die Durchsetzung dieser Erkenntnis stellt einem schulischen Umgang mit Literatur zentrale Aufgaben. Wenn es richtig ist, daß die Unmittelbarkeit ästhetischer Erfahrung durch eine Kunstkennerschaft, die sich am historischen Stand des ästhetischen Materials orientiert, an Überzeugungskraft verliert, dann ist zu fragen, in welchem Maße literaturdidaktische Theoriebildung das neue Paradigma reflektiert. Wie stellen sich die pädagogischen Bemühungen zur Zeit der Avantgarde bzw. zur Zeit Brechts auf dieses Problem ein? Wie wird diese produktionsästhetische Voraussetzung in der Gegenwart begriffen? Auf diese beiden Fragen soll in den folgenden Kapiteln eingegangen werden.

6. Literarische Produktion und Literaturpädagogik der Jahrhundertwende

In den vorausgegangenen Kapiteln konnte aufgezeigt werden, wie sich die utopische Folie einer Verallgemeinerbarkeit literarischer Produktion entwickelt. Bereits in der Antike kommt es zu der bis heute aktuellen Kontroverse, ob Naturanlage (Platon) oder regelgeleitetes Tun (Aristoteles) als Grundlage des Schaffens anzusehen seien. Das 18. Jahrhundert in Deutschland gibt der Fragestellung ein entscheidendes Gewicht. Während die Frühaufklärung öffentliches Räsonnieren durch allgemeine literarische Produktion zu fördern sucht, unterstützt der Sturm und Drang das Freiheitspostulat des bürgerlichen Subjekts durch Rekurs auf eine angenommene Sonderpersönlichkeit des Dichters. Den elitären Bezugspunkten der Genieästhetik des Sturm und Drang setzen Kant und Schiller (bei aller Widersprüchlichkeit) das Problem des notwendigen Verdeckens von Arbeit im künstlerischen Herstellungsprozeß entgegen. Genialität wird zwar weiter als unabdingbare Triebkraft des literarischen Produzierens behauptet, sie steht jedoch in einer Beziehung zu Regelbefolgung und Studium. Die Fähigkeit, bestimmte künstlerische Absichten durch Arbeit zu verwirklichen, gewinnt durch Hegels Einsicht in das zur Verfügung stehende Material der Gestaltung an Kontur. Auch wenn Hegels Ästhetik weiterhin einem Geniebegriff verpflichtet ist, so liefert sie jedoch eine Reihe von Bezugspunkten, die es der Nachwelt (Nietzsche, künstlerische Avantgarde, Brecht) erlauben, die produktionsästhetisch relevanten Fragen nach einer Verallgemeinerbarkeit literarischer Produktivität radikal zu stellen.

Die Utopie einer freien produktiven Entfaltung zeichnet sich ebenfalls in den pädagogischen Reformbewegungen der Jahrhundertwende ab. Auf eine umfassende Darstellung der Reformpädagogik muß verzichtet werden, da das den Rahmen vorliegender Arbeit sprengen würde.[1] Es sei hier nur darauf hingewiesen, daß der entscheidende Gedanke, das Leben als Ganzes zu erneuern, seine Vorläufer in einer umfassenden Kultur- und Gesellschaftskritik findet. Auf sie werden wir in dem Maße einzugehen haben, wie sie den *literaturpädagogischen* Raum bestimmen. Läßt man zunächst einmal die Vielzahl der einzelnen Bewegungen (Kunsterziehungs-, Arbeitsschul-, Erlebnisschul-, Volksbildungs- und Jugendbewegung) beiseite, so ist als das Gemeinsame eine Bildungsidee zu erkennen, die an die produktiven Kräfte im Menschen appelliert. Schöpferische Kraft und künstlerisches Schaffen seien kein Vorrecht des Genies; im Gegenteil: Zum Wesen des Kindes gehöre es, wie der Künstler zu arbeiten und zu schaffen. Die Wesensverwandtschaft von künstlerischem und kindlichem Schaffen ließe sich in dem Maße feststellen, wie man es dem Kind im Unterricht erlaube, unter den gleichen Bedingungen wie der Künstler zu schaffen.

---

1 Vgl. hier die zusammenfassende Darstellung: W. Flitner, G. Kudritzki (Hg.), Die Deutsche Reformpädagogik, Bd. 1, Die Pioniere der pädagogischen Bewegung; dies., Die Deutsche Reformpädagogik, Bd. 2, Ausbau und Selbstkritik. Düsseldorf u. München 1962; W. Scheibe, Die Reformpädagogische Bewegung 1900 - 1932. Eine einführende Darstellung. Weinheim / Berlin / Basel 1969.

Es soll in der Folge der Versuch unternommen werden, die positive Bewertung der poetischen Erzeugnisse von Kindern und Jugendlichen in einen Bezug zu der oben vorgestellten produktionsästhetischen Diskussion zu stellen. Erst auf diesem Hintergrund erscheint es m.E. sinnvoll, die subjektiven Intentionen der Reformpädagogik in eine Beziehung zu den verschiedenen Bedingungen literarischen Produzierens zu setzen. Die Frage nach Einflüssen und Parallelen zwischen reformpädagogischen Gedankengängen und ästhetischer Theorie scheint mit zwei grundsätzlichen Vorteilen verbunden zu sein. Zum einen wird der Untersuchungsgegenstand aus einer rein "binnenpädagogischen" Dimension befreit, die lediglich verschiedene Methoden oder Vorsätze gegeneinander ausspielt. Zum andern wird ästhetische Sozialisation nicht einem Sonderbereich mit der Bezeichnung Didaktik überantwortet, der nach der Tradition alter Handwerkslehre sich nur um Umsetzung und Ausführung vorgefertigter Anleitungen zu kümmern hat, ohne die Bedingungen des eigenen Zustandekommens kritisch zu prüfen. Erst als integrativer Bestandteil von Literaturwissenschaft kann Literaturdidaktik die Fragen nach Funktion und Wirkung der Literatur vorantreiben. Auch wenn ihr hierbei der Status einer relativen Autonomie zukommt (Probleme der Bildungsinhalte und der Lernbereichskonstruktion verlangen nach fachdidaktischen Lösungen), so ist doch das literarische Phänomen der Textproduktion nicht von seinem literaturgeschichtlichen Kontext abtrennbar.

Für die reformpädagogische Bewegung an der Wende zum 20. Jahrhundert nehmen die literaturwissenschaftlichen Schriften Wilhelm Diltheys einen hervorragenden Stellenwert ein. Die Lebensphilosophie Diltheys, Bergsons, Simmels u.a. gibt eine Art Filter an, durch die reformpädagogische Aussagen über literarische Produktivität von Kindern und Jugendlichen gelaufen sind. Mit O. F. Bollnow läßt sich der Zusammenhang methodisch wie folgt präzisieren: "Das soll nicht bedeuten, daß diese Reformer ausdrücklich von den Anschauungen der genannten Denker abhängig seien. Wenigstens bei einigen von ihnen wird man solche direkten Einflüsse sogar als unwahrscheinlich bezeichnen müssen. Es ist vielmehr der allgemeine Geist dieser Zeit, der sich auf den verschiedenen Lebensgebieten in einer ähnlichen Weise ausspricht und der auch in der Pädagogik zur Entdeckung des Lebensbegriffes führte."[2]

Die Traditionslinie zu Dilthey erfolgt also im objektiven Sinn. Unabhängig von den Erklärungen der einzelnen Reformpädagogen gibt sie die Stoßrichtung von

---

2   O. F. Bollnow, Vorwort. In: K. H. Günther / H. Roche / K. Mohr / A. Stenzel, Erziehung und Leben. Vier Beiträge zur pädagogischen Bewegung des frühen 20. Jahrhunderts. Heidelberg 1960, S. 7 - 9; Zitat: S. 8. - Bollnow und eine Reihe anderer Geschichtsschreiber der Reformpädagogik fügen auch Friedrich Nietzsche *nahtlos* in die Reihe der Lebensphilosophie ein. Auf dem eben erfolgten Hintergrund der produktästhetischen Bestimmungen des *späten* Nietzsche muß dieser Zusammenhang als fraglich angesehen werden. Denn die produktionsästhetischen Bestimmungen, wie sie in "Menschliches, Allzumenschliches" erfolgen, verweisen auf das gerade Gegenteil. Unabhängig davon besteht in der Tat eine enge Beziehung zwischen Nietzsche und Dilthey. Allein sie scheint nur behauptbar zu sein, wenn man gewisse Teile Nietzsches Spätwerk ausklammert. Zum Einfluß Nietzsches auf Diltheys Philosophie vgl. die materialreichen Belege bei R. Hamann / J. Hermand, Gründerzeit. A. a. O.

Darstellung und Kritik an. Was hier für die Ästhetik Diltheys gilt, läßt sich auch hinsichtlich der direkt erziehungswissenschaftlich ausgewiesenen Darstellung der Bewegung sagen. Die pädagogische Theorie Herman Nohls kann "als die methodische Konsequenz des lebensphilosophischen Ansatzes begriffen werden".[3] Auch hier kommen entscheidende Motive der Reformpädagogik zum Ausdruck, die ggf. unabhängig vom Selbstverständnis einzelner Protagonisten den Rahmen des Zeitgeistes abstecken. Eine Einschätzung der reformpädagogischen Konzeptionen des Schreibens in der Schule ist also an eine Analyse der Theorien Diltheys und Nohls gebunden. Welche grundsätzlichen Aussagen werden hier über die Bedingungen literarischen Produzierens gemacht? Und wie verhalten sie sich zu den bereits aufgezeigten Linien produktionsästhetischer Tradition?

6.1 Zur Lebensphilosophie Wilhelm Diltheys

Im Jahre 1906 erschien unter dem Titel "Das Erlebnis und die Dichtung" eine Sammlung von Essays zu Gestalten und Problemen der deutschen Geistesgeschichte. Der Autor, Wilhelm Dilthey, hatte die hier vorliegenden Essays über Lessing, Goethe und Novalis bereits in den 60er und 70er Jahren des 19. Jahrhunderts gesondert veröffentlicht. Neu geschrieben wurde einzig der Aufsatz über Hölderlin. Zur dritten Auflage (1910) schrieb Dilthey ein zusammenfassendes Vorwort mit dem Titel "Gang der neueren europäischen Literatur". Die Bedeutung des Vorwortes ist nicht zu unterschätzen, da hier Dichtung grundsätzlich als eine Entwicklung der Phantasie begriffen wird.
Geistesgeschichtlich hat man sich das so vorzustellen: Bis in die Mitte des 14. Jahrhunderts schafft die Phantasie "typisch und konventionell"[4], d.h. sie ist an eine geschlossene Weltanschauung (Dilthey: "seelische Gemeinsamkeit"[5]) eines Kulturkreises gebunden. Mit der Renaissance wird die Epoche der "Phantasiekunst" eingeleitet, die mit Shakespeare ihren Kulminations- und Endpunkt zugleich hat. Da in diesem historischen Zeitabschnitt die Fesseln transzendenter Ordnung gesprengt sind - und die ebenfalls als Fesseln begriffenen wissenschaftlichen Systeme noch über keinen verbindlichen Geltungsanspruch verfügen -,
"erhält so das Individuum ein direktes Verhältnis zur göttlichen Kraft. Aus ihrer schaffenden Tiefe scheinen die persönlichen Energien unmittelbar hervorzutreten, und uneingeschränkt von den bindenden Verhältnissen des Daseins durchlaufen sie ihren Weg, quer durch das Leben, nach dem Gesetz ihres Wesens."[6]

---

3 O. F. Bollnow, Vorwort. A. a. O., S. 9.
4 W. Dilthey, Das Erlebnis und die Dichtung. Lessing, Goethe, Novalis, Hölderlin. 16. Aufl. Göttingen 1985, S. 8.
5 Ebd., S. 7.
6 Ebd., S. 9.

Wie bereits an dieser Stelle ersichtlich, scheint das Hervorbringen von Dichtung primär auf Unmittelbarkeit zu gründen. Eine mögliche Beziehung zu wissenschaftlichem Denken bringe den schöpferischen Prozeß zum Erliegen. So ist es nur konsequent, wenn die Aufklärung für das Versiegen der "Phantasiekunst" verantwortlich gemacht wird. Erst Goethe befreie die Dichtung wieder "von der Herrschaft des abstrakten Verstandes".[7] In seinem Werk soll die Reflexion in der darstellenden Kraft des lebendigen Wortes sublimiert sein. Als treibender Motor dieser angenommenen Schaffenskraft wird das persönliche Erlebnis aufgefaßt. Wenn die Poesie "Darstellung und Ausdruck des Lebens" ist, dann kann auch nur das Leben selbst, ein "Gefühl meines Daseins, ein Verhalten und eine Stellungnahme zu Menschen und Dingen um micht her"[8] die Quelle des poetischen Schaffens sein.

Auf den ersten Blick besticht diese Argumentation. Sie erscheint folgerichtig. Wenn der literarische Stoff ein Abbild des Lebens ist, so folgt daraus die Einsicht, daß er eben nur aus den Zusammenhängen des Lebens entnommen werden kann. Bereits die Theorie der mimesis des Aristoteles führt diesen Gedankengang vor. Allein sie setzt zwischen Abbild und Abbildungsprozeß die Notwendigkeit der techne. Dilthey selbst hat die Problematik hinreichend reflektiert. Sie scheidet jedoch als "objektivistisch" aus seinem Gedankensystem aus, da er mimesis ausschließlich als ein "Prinzip der Nachahmung" auffaßt. Gegen sie setzt er "das subjektive Vermögen der Menschennatur", "vertiefte" und "selbständige Kraft"[9] entwickeln zu können. Besagte "Kraft" vermag es, Subjekt und Objekt der Erkenntnis zu synthetisieren. So heißt es von Goethe, daß in seinem Werk "die lebendigste Erfahrung vom Zusammenhang unserer Daseinsbezüge in dem Sinn des Lebens zum Ausdruck (kommt)".[10] Vernunft und Leben, Wissenschaft und Intuition sollen mit Hilfe des Begriffs des Lebens versöhnt werden. Aus dem Erlebnis heraus entwickele sich der Reichtum der subjektiven Welt, die die objektive in sich einschließe.

Es scheint einiges dafür zu sprechen, die hier vorgestellte synthetische Lösung als illusionär zu bezeichnen. Das gewinnt an Klarheit, wenn man sich von Augen führt, wie die Synthese hergeleitet wird. Dilthey beruft sich direkt auf Goethes Selbstzeugnisse. So wird Goethes Versicherung, er folge einem "poetischen Bildungstrieb", der sich nach außen kehre, ungeprüft für bare Münze genommen:

"Aus solchem Streben seiner (Goethes, H. R.) Bildungskraft, nach außen zu wirken, leitet dies Selbstbekenntnis seine Beschäftigungen mit der bildenden Kunst, dem tätigen Leben, den Wissenschaften ab."[11]

---

7 Ebd., S. 124.
8 Ebd., S. 126.
9 W. Dilthey, Die Einbildungskraft des Dichters. Bausteine für eine Poetik. In: Ders., Gesammelte Schriften, Bd. VI, 4., unveränderte Aufl. Stuttgart, Göttingen 1962, S. 103 - 241; Zitate: S. 115.
10 W. Dilthey, Das Erlebnis ..., a. a. O., S. 127.
11 Ebd., S. 125.

An einer anderen Stelle wird das noch deutlicher. Hier zitiert Dilthey Goethes Erklärung, seine schöpferische Kraft sei "ganz als Natur" zu betrachten. Und er folgert daraus eine "Universalität der poetischen Begabung", die sich in einer "Inspiration"[12] entlade. In dieser Intuitionstheorie sind nun alle rationalen Erklärungen fallengelassen, die z.B. so deutlich vom späten Nietzsche formuliert wurden. Man hat es vielmehr mit einem übersteigerten Selbstbewußtsein des geistig Schaffenden zu tun, der alle Bezüge zu einer erklärbaren Verfahrensweise negiert. Die subjektive Deklaration Goethes, an keinerlei Voraussetzungen und Vorgegebenheit gebunden zu sein als an angeborene Begabung, wird zur objektiven Methode literarischen Schaffens erklärt.

Hier stößt man deutlich auf jene produktionsästhetischen Vorstellungen, die der Sturm und Drang entwickelt hatte. Natur, Originalität und Ganzheit, Leben und Bildungstrieb, Persönlichkeit und Erlebnis: Dilthey zieht noch einmal das ganze Register der Genieperiode hervor. Die Kritik der Spätaufklärung an diesen Positionen hat für ihn offenbar nicht stattgefunden; er hat sie zwar in gewisser Weise wahrgenommen, integriert sie aber teils durch fragwürdige Streichungen, teils durch gewagte Neuinterpretationen in sein eigenes System. Das kann exemplarisch aufgezeigt werden, wenn man danach fragt, wie Dilthey die Ausführungen von Kant und Hegel über den Anteil der *Arbeit* am Werksetzungsprozeß aufnimmt. Zum anderen ist es aufschlußreich einzusehen, welche bestimmte Position Dilthey zur Rolle des Dichters als Seher und Verkünder einnimmt.

In Kants Kritik der Urteilskraft geht es darum, eine Abgrenzung gegen die Unmittelbarkeit des Genies vorzunehmen. Wie bereits oben ausführlich dargestellt, bestimmt Kant das Unnennbare genialen Produzierens als "Natur". Er macht jedoch deutlich, daß es nur "Genieaffen" sein können, die sich vom "Schulzwang aller Regeln" freisprechen. Als zentrales Problem stellt sich die Notwendigkeit des Verdeckens von Arbeit. Arbeit und Studium, so wird deutlich hervorgehoben, dürfen um der Wirkung willen nicht erscheinen.[13]

Für Dilthey scheint der Sachverhalt, daß in der künstlerischen Produktion Bewußtes (planbare Arbeit) und Unbewußtes zusammentreten, kein philosophisch relevantes Problem zu sein. Von Kant erfährt man im Goetheessay lediglich, er habe eine "Verknüpfung der organischen Natur mit dem Schaffen des Künstlers"[14] herbeigeführt. Durch diese defizitäre Auslegung wird es dann möglich, das mythisierte Leben gegen Kants rational bestimmte Anteile an der Werksetzung auszuspielen. Anhand eines längeren Zitates kann das präzisiert werden. Es leitet zugleich über zu Diltheys Bestimmung der Dichterpersönlichkeit:

---

12 Ebd., S. 136.
13 Vgl. dazu oben Kap. 3 u.4.
14 W. Dilthey, Das Erlebnis ..., a. a. O., S. 167. - Vgl. hier auch Diltheys Ausführungen zu Kant in der Schrift über "Die Einbildungskraft der Dichter". Hier geht es ihm ausschließlich um eine Bestimmung des Geschmacksurteils, während die produktionsästhetisch relevanten Bestimmungen über das Verdecken von Arbeit keinerlei Berücksichtigung finden.

"So weicht also der Dichter in einem weit höheren Grade von allen anderen Klassen von Menschen ab, als man anzunehmen geneigt ist, und wir werden uns, einer philisterhaften Auffassung gegenüber, welche sich auf biedere Durchschnittsmenschen vom dichterischen Handwerk stützt, daran gewöhnen müssen, das innere Getriebe und die nach außen tretende Handlungsweise solcher dämonischen Naturen von ihrer Organisation aus aufzufassen, nicht aber von einem Durchschnittsmaß des normalen Menschen aus. Von diesem gewaltigen ganz unwillkürlichen Bautrieb aus will auch Goethes Leben und Schaffen verstanden werden."[15]

Von der Dilthey'schen Positionsbestimmung aus ergibt sich notwendig die zentrale Rolle der Intuition. Sie setzt ein Organ der Erkenntnis voraus, das dem begrifflichen, rationalen Denken unversöhnlich gegenübersteht. Dabei signalisieren die "dämonischen Naturen" mit ihrem "gewaltigen ganz unwillkürlichen Bautrieb" soziale Hierarchie. Sie weichen, wie es heißt, "von allen anderen Klassen von Menschen ab". Von besonderem Interesse ist es hier, wie Diltheys These von der Sonderpersönlichkeit des Dichters direkt gegen die Ergebnisse der Aufklärung und Klassik gerichtet ist. Denn vergegenwärtigt man sich noch einmal die Positionen Kants und Hegels, in denen (bei aller Einschränkung) von gewissen handwerklichen Bezügen im künstlerischen Produktionsprozeß die Rede ist, so zeigt sich, daß diese Traditionslinie eindeutig aufgekündigt wird. Fortan soll die Rede vom "dichterischen Handwerk" nur noch als eine "philisterhafte Auffassung" gelten dürfen. Bei einer solch brüsken Grenzziehung zwischen Arbeit und künstlerischer Tätigkeit ist es kein Zufall, wenn der Dichter mit dem Terminus der "dämonischen Natur" belegt wird. Diese Bezeichnung erlaubt einen deutlichen Rückschluß auf die vorgenommene Statuszuweisung.

Man wird die Statuszuweisung deutlicher verstehen, wenn man sie auf dem Hintergrund der oben vorgetragenen Problematik der Konstitution von Selbstbewußtsein liest (vgl. Kap. 4).[16] Selbstbewußtsein konstituiert sich durch intersubjektive Verständigung mit anderen und in der intrasubjektiven Verständigung mit sich selbst. Friedrich Schillers Differenzbestimmung vom "glücklichen" und "unglücklichen Künstler" konnte in dieses Bezugssystem integriert werden. Auch bei Schiller ist von einer dämonischen Natur des Künstlers die Rede; die "Freiheit des Dämons" wird zur Grundlage des dichterischen Selbstbewußtseins. Der "glückliche" Dichter läßt sich auf dem Hintergrund der theoretischen Bestimmungen Schillers als jener bestimmen, der seine "Freiheit" und Anerkennung in der sozialen Verantwortung gewinnt. Die durch das Ideal angezeigte Versöhnung von Subjekt und Objekt bezieht sich eindeutig auf eine Wiederherstellung der durch die Arbeitsteilung zerrissenen Harmonie der

---

15 W. Dilthey, Das Erlebnis ..., a. a. O., S. 133.
16 Die folgenden Zitate aus Schillers Schrift "Über die notwendigen Grenzen beim Gebrauch schöner Formen" (in: Sämtliche Werke, Bd. 5. A. a. O., S. 693) sind bereits oben für vorliegende Problematik ausführlich diskutiert worden. Sie müssen jedoch an dieser Stelle noch einmal aufgegriffen werden, um sie in einen direkten Bezug zu Diltheys Position zu rücken.

menschlichen Anlagen. So wird die Statuszuweisung des Dichters als "berufenes Subjekt" (Schiller) vom künstlerischen Vorschein einer zu verwirklichenden Humanität abhängig gemacht. Diesem Regulativ ist auch der "unglückliche" Künstler unterworfen. Als "Statthalter der Vernunft" ist es ihm jedoch nicht vergönnt, "die Freiheit des Dämons noch als Mensch zu beweisen", da an die Stelle einer gelungenen intersubjektiven Verständigung mit anderen seine tragische Vereinsamung tritt.

Halten wir unmißverständlich fest: Auch die Selbstbeobachtungen des unglücklichen Bewußtseins bleiben trotz seiner Isolation an das verbindliche Prinzip der Vernunft und der Humanität gebunden.

Eben dieses entscheidende Prinzip der Aufklärung, *Vernunft*-ideen zu versinnlichen, wird von Dilthey aufgekündigt. Seinen "dämonischen Naturen" geht es nur noch um eine erlebnisreiche Selbstbespiegelung des eigenen Seelenlebens. An die Stelle von Schillers Verknüpfung von Berufung und Wahrheit tritt ein wiederholt deklariertes "Sehertum" des Dichters, das nur noch nach persönlichem Erlebnis Ausschau hält. Von Goethes "Sehertum, seine(r) Weisheit" heißt es, es liege "jenseits der Moral und jenseits des ästhetischen Verhaltens".[17] Es sei den Abstraktionen der Moral und der Ästhetik unendlich überlegen, da es das Leben in seiner Totalität begreift und aus dem "Ganzen der Lebensaufgaben"[18] schöpft. Diese Ganzheit des seelischen Zusammenhanges setzt Dilthey unmittelbar voraus. Leben und Wissen, Bewußtsein und Gegenstand sollen in den großen "Seelendichtungen" auf ihren ursprünglichen Nenner kommen.

Aus der lebensphilosophischen Opposition gegen die Aufklärung wird von Herman Nohl direkt die pädagogische Konsequenz gezogen. Die pädagogische Reformbewegung gilt als Ausdruck des Lebens. Sie gibt erklärtermaßen den philosophischen - und pädagogischen - Anspruch auf, Erkenntnis durch Begriffe zu gewinnen:

"Im Gegensatz gegen die Aufklärung und eine bloße Wissenskultur mit ihrem Individualismus, ihrer Veräußerlichung jedes menschlichen Gehaltes zu Nutzen und Leistung, ihrer Trennung aller Einheiten des Lebens sucht diese Bewegung die neue Einheit eines höheren geistigen Lebens, die schließlich in einem neuen Verhältnis zum metaphysischen Grunde unseres Daseins wurzelt und aus dieser letzten Einheit alle jene Trennungen aufhebt und die toten Formen der Kultur wieder belebt und von innen neu gestaltet."[19]

---

17 W. Dilthey, Das Erlebnis ..., a. a. O., S. 176. - Bereits die Wortwahl Diltheys verrät eine eindeutige Affinität zu Nietzsches frühen Schriften. In der Psychologisierung der Wertungskriterien treffen sich Nietzsche und Diltheys Theorie des Verstehens. Jost Hermand hat diesen Zusammenhang direkt nachgewiesen. Kamen wir oben zu dem Ergebnis, Diltheys Sinn für das Erlebnis in der Dichtung richte sich auf erlebnisreiche Selbstbespiegelung des eigenen Seelenlebens, so macht Hermand für Nietzsche geltend, seine Empfindsamkeit äußere sich nirgends stärker "als in seinem Mitleiden mit sich selbst und dem Wichtignehmen seiner pathologischen Zustände". (Vgl. R. Hamann / J. Hermand, Gründerzeit. A. a. O., S. 168).
18 W. Dilthey, Das Erlebnis ..., a. a. O., S. 176.
19 H. Nohl, Die pädagogische Bewegung in Deutschland und ihre Theorie. 8., unveränderte Aufl. Frankfurt/M. 1978, S. 12.

Wo alles aufklärerische Gedankengut nicht mehr zählt, bleibt nur noch ein Augenblick verzweifelnden Suchens nach der Intensität einer "letzten Einheit" übrig. Das moderne unglückliche Bewußtsein setzt auf Sinnlichkeit statt Sinn. Da Sinnstiftung durch Reflexion auf Wahrheit nicht mehr möglich scheint, soll die Kultur "von innen neu gestaltet" werden. Nohl gibt hier die Argumente, die eine neue Innerlichkeit gegen den Anspruch autonomer Aneignung der geistigen Welt ausspielen. Dem entspricht die Abwendung von wissenschaftlichem Denken. An seine Stelle treten Belebungsversuche durch subjektivistische Projektionen. Ist expressis verbis die Verbindung zu den tragenden Ideen der Aufklärung verloren, so liegt die für unseren Zusammenhang entscheidende Konsequenz klar auf der Hand. Hegels "Arbeit der Bildung", die einen besonderen Ausdruck in einer erwerbbaren Kunstkennerschaft findet, scheidet von vorne herein aus der reformpädagogischen Zielsetzung aus.

In diesem Zusammenhang ist es aufschlußreich einzusehen, daß Diltheys Konzeption aber sehr wohl über einen Begriff des "Kenners" verfügt. Dem "Kenner" ist es möglich, die Grundzüge eines Kunstwerks zu erfassen und einen bestimmten "Stil" eines Künstlers einer bestimmten Epoche zuzuordnen. Bei der Rezeption verzichte er jedoch ausdrücklich auf die Notwendigkeit, auf Begriffe und Regeln zurückzugreifen. Ihm komme eine ästhetische Empfängnis zu, die seinem "Seelenleben", seiner "Kraft" und seinem "Gefühl"[20] eigen sei. Sieht man sich diese Rezeptionshaltung einmal näher an, so kann sie auf dem Hintergrund der Bestimmungen des Geschmacksurteils bei Kant problematisiert werden. Kant hatte das ästhetische Urteil mit Merkmalen des Kunstwerkes verbunden und gefolgert: Arbeit muß verdeckt werden, das Kunstwerk muß erscheinen, *als ob* es ein Naturprodukt sei. Hier ist der Ursprung der Bildung noch eindeutig identifizierbar. Sie *erscheint* als Natur, realiter liegen ihr aber Studium und Mühe zugrunde. Auch an dieser Stelle wird deutlich, wie Dilthey Kant um seine rationalen Bezüge bringt. Er ebnet die Differenz von Wesen und Erscheinung widerspruchslos ein. Kennerschaft und Bildung werden als eine Naturanlage ausgegeben, die dem "Seelenleben des Auffassenden"[21] wesentlich sein soll. Arbeit und Natur schließen sich dabei wechselseitig aus. Entsprechend ist Kennerschaft durch Arbeit nicht erwerbbar; sie ist dem vorbehalten, den die Natur mit einer entsprechenden Begabung ausgestattet habe.

Dilthey und sein Schüler Nohl sind sich also darüber einig, das Verstehen von Literatur im "Seelenleben" zu verankern und in uneingreifbare Opposition zu intellektueller Bildung zu setzen. Die Folgen für die Ausrichtung schulischer literarischer Bildung werden weiter unten zu untersuchen sein. Sie lassen sich jedoch nur dann hinreichend kritisieren, wenn die erkenntnistheoretischen Grundlagen der Vorstellungen von der Entstehung und dem Auffassen dichterischer Werke noch schärfer ins Blickfeld geraten. Wie kann sich das

---

20 W. Dilthey, Die drei Epochen der modernen Ästhetik und ihre heutige Aufgabe. In: Ders., Gesammelte Schriften, Bd. VI. A. a. O., S. 242 - 287; Zitat: S. 271.
21 Ebd.

"Sehertum" des Produzenten und das "Seelenleben" des Rezipienten so selbstgewiß vernunftgeleiteten Argumentationen entziehen bzw. für sich beanspruchen, sie in sich zu verkörpern? Oder anders gefragt: Was legitimiert den Produzenten bzw. Rezipienten, das "Ganze" der Erkenntnis für sich in Anspruch nehmen zu können?

Eine Antwort läßt sich in den Grundaussagen Diltheys Wissenschaftslehre finden. In seinen "Ideen über eine beschreibende und zergliedernde Psychologie", die gegen die naturwissenschaftliche Methode in der damaligen zeitgenössischen Psychologie gerichtet sind, steht der zentrale Satz: "Die Natur erklären wir, das Seelenleben verstehen wir."[22] Die Differenzbestimmung sagt aus, daß in den Geisteswissenschaften die Gegenstände "von innen, als Realität und als ein lebendiger Zusammenhang originaliter auftreten", während die Naturwissenschaften "zu ihrem Gegenstande Tatsachen haben, welche im Bewußtsein von außen, als Phänomene und einzeln gegeben auftreten".[23] Im Gegensatz zur zergliedernden Methode der Naturwissenschaften sei geistiges Verstehen an einen inneren Nachvollzug des Ganzen gebunden. Für das Schaffen und Verstehen folgt daraus: Ebenso wie der Dichter seinen Ausdruck aus dem Ganzen der Lebenserfahrung vollende, müsse sich auch das Gefühl des Aufnehmenden auf eine entsprechende Kraft einlassen. Der Ganzheitsbegriff schließt kategorisch fremdgeleitete Bestimmungen aus, wie sie in theoretischen Sätzen oder in Regelreflexion vorliegen. Dabei bleibt der Punkt der Verschmelzung von Erfahrung und Wirklichkeitserkenntnis - gestreng der geisteswissenschaftlichen Hypothese - notwendigerweise offen, da er eben nur zu "verstehen" sei. Dennoch gibt Dilthey wichtige Anhaltspunkte, die Werksetzung zu erfassen, auch wenn er sie nicht "erklären" will. Es sind die "großen Menschen"[24], in denen das Prinzip des Ganzen als eine Art Naturkonstante vorkomme. Mit dieser Bestimmung knüpft Dilthey nahtlos an die Position des jungen Goethe an. Wie oben ausführlich beschrieben, setzt Goethe in seinem Baukunstessay bei Künstlern eine "ganze, große Empfindung in den Seelen" voraus. Im Gegensatz dazu steht das Unverständnis der "Ameisen", des "Pöbels". Derartige Bezeichnungen tauchen in der genannten Deutlichkeit al-

---

22 W. Dilthey, Ideen über eine beschreibende und zergliedernde Psychologie. In: Ders., Gesammelte Schriften, Bd. V. A. a. O., S. 139 - 240; Zitat: S. 144. - Vgl. hier die detaillierte Interpretation Diltheys Philosophie von O. F. Bollnow. Ders., Dilthey. Eine Einführung in seine Philosophie. 3. Aufl. Stuttgart / Berlin / Köln / Mainz 1967, S. 101 ff.
23 Ebd., S. 143.
24 W. Dilthey, Das Erlebnis ..., a. a. O., S. 186.

lerdings bei Dilthey nicht auf.[25] Es liegt dennoch nahe, ein analoges Menschenbild anzunehmen. Denn Herstellung und gehaltvolles Auffassen von Dichtung beruhe auf der exklusiven Seelenverfassung der "großen Menschen". Die Terminologie knüpft ungebrochen an die Genieästhetik an. Zudem teilt Diltheys Ganzheitsbegriff seine wesentlichen Voraussetzungen mit Shaftesburys Auffassung vom Genie. Bei Shaftesbury, auf den sich Dilthey in seiner Ablehnung der aristotelischen Mimesistheorie ausdrücklich beruft[26], taucht als entscheidende Kategorie des Produzierens die "inward form" des Genies auf. Eine nur ihm zukommende Gemüts- und Naturkraft könne Dichtung als ein Ganzes ("Whole") empfinden und hervorbringen.[27] Auch die Geisteswissenschaften setzen auf entsprechende innere Gemütsverfassungen. Hier wird die Fähigkeit zum Auffassen und Hervorbringen eines Werkes als "Stimmung" ausgegeben:

"Wir nennen ein Aggregat von Gefühlen, dessen Bestandteile nicht heftig und stark auftreten, aber längere Dauer und große Expansivkraft haben, eine Stimmung. Gefühlsverbindungen solcher Art sind nach ihren Eigenschaften für poetisches Schaffen und poetischen Eindruck geeignet. Wir nennen sie dann *poetische Stimmungen*. Die Stimmung, die in der Hervorbringung eines Werkes wirkt, wird auch durch das Auffassen desselben hervorgerufen."[28]

Produktionsästhetisch gesehen bleibt die einseitige Berufung auf "poetischen Stimmungen" bei den Vorstellungen des Sturm und Drang stehen. Fallengelassen wird allerdings das politische Ideal der Geniezeit, gegen geistige Bevormundung aufzubegehren. Das ist keinesfalls Zufall, vielmehr drückt es eine ganz bestimmte Geisteshaltung aus. Das ins Kunstgemäße gesteigerte Verstehen ist nicht mehr an einer Problematisierung der gesellschaftlichen Verhältnisse interessiert. In der erlebnishaltigen Rekonstruktion symbolischer Zusammenhänge spielt nur noch das Nachfühlen eines poetischen Seelenzustands eine Rolle. Diltheys geisteswissenschaftliche Hermeneutik läßt sich als eine erlebende Wirklichkeit der Schöpfung des Dichters verstehen. Auch wenn die Phantasie und das Erlebnis des Rezipienten ungleich "schwächer"[29] sind als beim Produzenten, so nimmt er doch seinerseits am genial ausgewiesenen

---

25 Es bleibt Lagarde und Langbehn vorbehalten, diesem Bezug eine zeitgenössisch aktuelle Bestimmung zu geben. In ihren Schriften ist deutlich von einer "Geniearistokratie" die Rede, die sich von der mittelmäßigen Masse der "Halb-Charaktere" absetzt. Vgl. J. Langbehn, Rembrandt als Erzieher. Von einem Deutschen. Berlin o.J.; Ders., Der Geist des Ganzen. Freiburg im Breisgau 1930; P. de Lagarde, Deutsche Schriften. Göttingen 1885. - Die "Geschichte des Genie-Gedankens" von J. Schmidt, a. a. O., widmet sich eingehend der Position Langbehns und bezeichnet sie treffend als "Stammtisch-Größenwahn" (ebd., S. 190). Eine Beziehung zu Dilthey wird jedoch nicht hergestellt. - In der Reformpädagogik kommt es besonders bei Lichtwark zu einer Würdigung Langbehns. Es muß jedoch betont werden, daß dieser Bezug bei Lichtwark sehr differenziert ist. Ihm geht es ebenso wie Langbehn um eine geistige Wiederbelebung der deutschen Kultur. Dabei setzt er sich aber eindeutig vom menschenverächtlichen Vokabular ab. Schließlich geht es ihm nicht um elitäre Bildung, sondern um den Gedanken einer Volksbildungsbewegung.
26 W. Dilthey, Die Einbildungskraft des Dichters ..., a. a. O., S. 115.
27 Vgl. hierzu oben Kap. 2.2.
28 W. Dilthey, Die Einbildungskraft ..., a. a. O., S. 212 f.
29 Ebd., S. 192.

Schaffensprozeß teil. Im Kontinuum gleichartiger Stimmungen wird der Rezipient über seine Schwäche des Nicht-Produzierens hinweggehoben. Er kann doch versichert sein, daß seine Auslegung "als das *kunstmäßig* nachbildende Verstehen immer etwas Genialisches"[30] in sich trägt.
Wie legitim es auch immer sein mag, durch subjektives Nacherleben zum ästhetischen Genuß zu kommen, so fragwürdig muß es jedoch werden, wenn man diese Art der Literaturaneignung zur einzig möglichen verabsolutiert. Legen die geisteswissenschaftlichen Grundaussagen das Kunstgemäße des Verstehens im Sinne innerer Empfindungen aus, dann ist es nur noch ein Schritt, unmittelbare Ergriffenheit als subjektive Leistung auszugeben. Mit dieser (Selbst)-versicherung nimmt die bereits bei Schiller auftretende Parallelisierung von genialem Schaffen und genialem Genießen die Funktion sozialer Hierarchisierung ein. Denn wenn das Verstehen von Literatur auf einer geistigen Wahlverwandtschaft zwischen Produzent und Rezipient ("poetische Stimmungen") beruht, dann haben offenbar weniger gefühlsbetonte Individuen (Goethe: "schwache Geschmäckler") ihre jeweilige Situation persönlich zu verantworten; sei es nun in ästhetischer oder sozialer Hinsicht. Auf der anderen Seite legitimiert die geniale Rezeptionshaltung ein (vermeintliches) Dazugehören zu den Auserlesenen des Geistes.[31] Entscheidend dabei ist, daß die "poetischen Stimmungen" nicht analytisch hergeleitet sondern subjektiv gesetzt werden. Über Empfindungen und Wahrnehmungen könne das Subjekt einzig mit sich selbst beraten.
Die aktuelle Dilthey-Forschung betont besonders diesen Sachverhalt. So kennzeichnet beispielsweise J. Habermas die geisteswissenschaftliche Hermeneutik treffend als "monadologische Auffassung".[32] Der gewählte Begriff der Monade führt illustrativ vor, wie sich Erlebnis und geniales Genießen von vorne herein gegen diskursive Relativierung abschotten. Als autarkes Gefühl erfolgt ästhetische Sinngebung unabhängig von einem kommunikativen Bezugssystem. Ähnlich argumentiert auch Gadamer. Ihm zufolge bleibe dem genialen Genießen einzig die Bekundung, ein "kongeniales intuitives Verbundensein"[33] mit dem geistigen Vorbild zeichne gerade ihn aus. Georg Lukács bringt die Exklusivität dieser Bewußtseinsanlage auf den Begriff der "aristokratische(n) Erkenntnistheorie". Genialisches Verstehen werde zu einem nicht mehr hinterfragbaren "Privileg", zu einer "Geheimlehre einer bestimmten ästhetisch-historizistischen

---

30 W. Dilthey, Beiträge zum Studium der Individualität. In: Ders., Gesammelte Schriften, Bd. V. A. a. O., S. 241 - 316; Zitat: S. 278. Vgl. hierzu ebenso: Ders., Die drei Epochen der modernen Ästhetik ..., a. a. O., S. 275 ff.
31 Bereits im Zusammenhang mit der Genieästhetik Kants und Schillers konnte herausgestellt werden, daß einzig ein Genie befähigt sei, ein anderes Genie adäquat anzuerkennen. Bei Dilthey liegt eine analoge Behauptung vor, wenn man an sein Verhältnis zu Treitschke denkt. Vgl. dazu: R. Hamann / J. Hermand, Gründerzeit ..., a. a. O., S. 111.
32 J. Habermas, Erkenntnis und Interesse. Frankfurt/M. 1973, S. 186.
33 H.-G. Gadamer, Wahrheit und Methode. A. a. O., S. 220.

geistigen Aristokratie".[34] Mit diesen Stichworten trifft Lukács die geistige Situation der Gründerzeit. Diltheys Modell der einfühlenden Beobachtung bringt das Verlangen der Zeit nach Ausgewähltheit und Vornehmheit zum Ausdruck. Der vornehme Mensch arbeitet nicht; seine ästhetische Bildung bestehe in einem in sich ruhenden Vermögen geistigen Verstehen. Die Voraussetzungen, Kunstwerke angemessen aufnehmen zu können, sollen unmittelbar in der Natur des Gebildeten vorhanden sein. Von der Mühe der (geistigen) Arbeit befreit, gewinnt er das Anrecht, sich als Mitglied eines höheren Standes auszuweisen. Zwischen dem genial genießenden und dem arbeitenden Menschen gebe es keine geeignete Vermittlungsebene. Diesen Unterschied macht die Kulturgeschichtsschreibung von R. Hamann und J. Hermand besonders deutlich: "Arbeit, vor allem Handarbeit, ist immer unvornehm. (...) Die Haltung des Menschen als Arbeiter, auch des geistigen Arbeiters, wird stets durch die Arbeit bestimmt, nicht durch den Rang. Sie ist mit Vornehmheit nicht zu vereinbaren."[35]

Die Abwehr handwerklicher Bezüge literarischen Verstehens und Schaffens verweist darüber hinaus auf die Tradition der Autonomie-Ästhetik. Auch hier sind mit dem Selbstverständnis genialen Genießens und genialen Schaffens die Anzeichen geistesaristokratischer Verklärung sichtbar. Dennoch bestehen gravierende Unterschiede. Das spätaufklärerisch-klassische Denken des 18. Jahrhunderts verfolgt durch das Verdecken von Arbeit im ästhetischen Schein das Ziel einer Ausbildung harmonischer Persönlichkeiten. Erinnern wir uns an Schiller, so ist nicht zu übersehen, daß er dabei *auch* die Handarbeiter im Auge hat. Im späten 19. und frühen 20. Jh. übernimmt das Ideal der Arbeitsabstinenz dagegen die Funktion, sich absolut von den arbeitenden Menschen abzusondern. Sie erscheinen nicht einmal mehr als Adressaten der Kunst. Wie bereits wiederholt aufgezeigt werden konnte, ist Diltheys Erkenntnisinteresse nur noch auf das Erlebnis eines isolierten Individuums gerichtet. Das zur Kunst gesteigerte Verstehen suggeriert den ästhetischen Genuß als Leistung jenseits von Moral und Arbeit.

Die Differenz zur Aufklärung ist nicht zuletzt in der philosophischen Herleitung abzulesen. Verfügen die ästhetischen Schriften von Kant und Schiller über theoretische Gedankensperren, die es erlauben, willenloses Nacherleben und Einfühlen reflexiv zu hinterfragen, so stellt die Dialektik von Sein und Schein des Kunstwerks für Dilthey kein ernstzunehmendes Problem mehr dar. Der ästhetische Schein hat die ästhetische Theoriebildung eingeholt. Eine reflexive Erkenntnis der künstlerischen Arbeit und des Werksetzungsprozesses wird, da

---

34 G. Lukács, Die Zerstörung der Vernunft, Bd. 2, Irrationalismus und Imperialismus. Darmstadt / Neuwied 1974, S. 108 f. - Vgl. hier auch J. Schulte-Sasse, der Diltheys Verstehenslehre - offenbar in Anlehnung an Lukács' Terminologie - unter der Kapitelüberschrift "Zum geistesaristokratischen Erkenntnisinteresse der 'Metaphysiker'" abhandelt. (Ders., Literarische Wertung. A. a. O., S. 64 u. S. 68).
35 R. Hamann / J. Hermand, Gründerzeit. A. a. O., S. 168.

sie eben "verstanden" und nicht "erklärt" sein will, zugunsten subjektivistischen Erlebens unterschlagen.

Fassen wir die Ergebnisse zusammen. Diltheys Lebensphilosophie basiert auf der Hypothese, literarisches Verstehen sei nur durch den Ausschluß theoretischer Erklärungen möglich. Dabei kommt es zu einer Neubelebung des Geniebegriffs, der geniales Schaffen und geniales Genießen an Positionen des Sturm und Drang bindet. Nicht die Erklärung, sondern die Verehrung des künstlerischen Meisters ist das Ziel. In diesem Sinne ist auch der Bezug zum spätaufklärerisch-klassischen Denken zu verstehen. Die Vorstellung vom "kongenialen" Anempfinden teilt mit Kant und Schiller das Regulativ, einzig ein Genie könne ein anderes Genie interpretieren. Gleichzeitig setzt sich aber Dilthey über die produktionsästhetischen Einsichten hinweg, daß der ästhetische Schein auf einem Verdecken von Arbeit beruht. Den bei Kant auftretenden Gegensatz zwischen regelgeleitetem und freiem Produzieren löst Dilthey durch die Annahme eines simultanen Erfassens auf. Das Modell einer einfühlenden Beobachtung neutralisiert alle Versuche, Kunst mit Arbeit und reflexivem Wissen in Beziehung zu bringen.

Bollnows einleitend vorgestellte These, die pädagogische Theorie Herman Nohls könne als "methodische Konsequenz des lebensphilosophischen Ansatzes begriffen werden", ließ sich im Zusammenhang unserer Ausführungen verifizieren. Nohl bestimmt die pädagogische Reformbewegung programmatisch "im Gegensatz gegen die Aufklärung". Unmittelbarkeit und Natürlichkeit, so läßt sich schließen, sollen auch im schulischen Umgang mit Dichtung einem Erarbeiten der literarischen Gestaltung und ihrer Mittel unvergleichlich überlegen sein. Das führt zu den literaturpädagogischen Vorstellungen der Jahrhundertwende über. Es wird zu prüfen sein, wie man hier die Annahme einer unmittelbaren schöpferischen Kraft begründet.

6.2 Literarische Produktion und Erlebnis (Kunsterziehungsbewegung)

Folgt man einer aktuellen Geschichtsschreibung des Deutschunterrichts, so liegt die Wirkung von Diltheys Ästhetik auf die pädagogische Reformbewegung vornehmlich in einer Absage an analytische Interpretationen von Dichtung im Unterricht. Der Begriff des "Erlebnisses" führt zu einem Literaturunterricht, der das Verstehen von Dichtung an eine nicht methodisierbare Rezeption bindet (Stichwort: "Erlebnispädagogik"). Setzt Dilthey das "Nacherleben" der Dichtung in eine analoge Beziehung zum "Schaffen des Künstlers", "so hatten die Reformer keine Bedenken, das kindliche Auffassen einer Dichtung als

einen 'schöpferischen Akt' des 'Künstlers im Kinde' zu deuten, der sich dann im eigenen Ausdruck des Kindes vollende."[36]
So stichhaltig diese Ableitung ist, so sehr scheint es doch angezeigt, sie um einen wichtigen Punkt zu erweitern. Es gibt nämlich bei Dilthey eine entscheidende Passage, die sich direkt mit der künstlerischen Produktivität des Kindes auseinandersetzt. Betrachtet man sie einmal näher, dann läßt sich die einleitend skizzierte These der Reformer, Auffassung und Ausdruck des Kindes sei dem künstlerischen Tun verwandt, genauer belegen. Die Stimmungen und Gemütskräfte, die in der Hervorbringung eines Werkes wirken, werden von Dilthey als "ein großer Zug" begriffen, "der von den untersten Vorgängen des Seelenlebens aufwärts Naturen, die dazu organisiert sind, zum dichterischen Schaffen vorwärtszieht".[37] Diese Auffassung wurde bereits oben näher dargestellt. Jetzt kommt es auf den entscheidenden Satz an, daß der "große Zug" mit "höchster Stärke *im Kind*, im Naturmenschen, in den Menschen des Affekts und der Träume, in den Künstlern (wirkt)".[38]
Aufgrund dieser Positionsbestimmung ist der Einfluß Diltheys auf die reformpädagogische Bewegung unmittelbar abzulesen. Er läßt sich nicht nur herleiten, sondern kann aus dem zitierten Text wörtlich belegt werden.
Dieses Ergebnis ist durch einen weiteren Befund abstützbar. In der einschlägigen "Monatsschrift für pädagogische Reform", "Der Säemann", findet sich im Jahr der Erstveröffentlichung von Diltheys Essaysammlung "Das Erlebnis und die Dichtung" eine Rezension. Die ausnahmslos positive Beurteilung gipfelt in der Einschätzung, daß in "Diltheys Buche nicht von Ästhetik geredet und über sie gedacht (wird)". Im Gegensatz zu theoretischer Analyse betreibe der Verfasser eine "angewandte Ästhetik".[39] In dieser Auslegung sind die Konsequenzen der Lebensphilosophie auf unterrichtspraktische Verfahren bereits erkennbar. Es geht *nicht* um Deutschdidaktik als eine *wissenschaftliche* Disziplin, die u.a. über mögliche Bezüge ästhetischer Theoriebildung auf Lernprozesse reflektiert. Der Vorteil Diltheys Verstehenslehre für schulische Praxis bestehe gerade darin, daß über Ästhetik weder "geredet" noch "gedacht" wird. Eine "angewandte Ästhetik", so folgt daraus, wendet sich unmittelbar an die individuellen Kräfte der Wahrnehmung. Das "Erlebnis" erhält für die Bildungsarbeit die Bedeutung eines unterrichtsmethodischen Prinzips. Aus dem eigenen Erleben heraus soll es dem Kind möglich werden, seine natürliche Sprachkraft zu entwickeln. Theoretisches Wissen und Systemdenken hindere hingegen die freie Entfaltung des inneren Erlebnisses und der natürlichen Erkenntnisweisen.

---

36 H. J. Frank, Dichtung, Sprache, Menschenbildung. Geschichte des Deutschunterrichts von den Anfängen bis 1945, Bd. 1. München 1976, S. 336. Diese Einschätzung teilt grundsätzlich auch A. Beinlich. Ders., (Hg.), Das schriftsprachliche Gestalten und die Stilpflege. In: Ders. (Hg.), Handbuch des Deutschunterrichts im ersten bis zehnten Schuljahr, 1. Bd. 3. Aufl. Emsdetten (Westf.) 1963, S. 327 - 413, bes. S. 334.
37 W. Dilthey, Das Erlebnis ..., a. a. O., S. 130.
38 Ebd., (Hervorhebung, H. R.).
39 W. Waetzoldt, Rezension zu Wilhelm Dilthey: Das Erlebnis und die Dichtung. Leipzig 1906. In: Der Säemann. Monatsschrift für pädagogische Reform, II. Jahrgang 1906, S. 187 -188; Zitat: S. 188.

Die Qualität des Unterrichts hänge in erster Linie nicht von einem Zuwachs an Wissen und methodisch fundiertem Denken ab, sondern von den Gefühlswerten, die die Darbietung auslöst. Wie unterschiedlich auch der Erlebnisbegriff in den dominierenden Reformvorstellungen ausgelegt wird[40], wie unterschiedlich auch die Interpretationen über den Begriff "des Kindes"[41] gewichtet sind, so eindeutig fällt auf der anderen Seite die Negation eines - wie auch immer gearteten - Wissenschaftssystems aus. Auf lerntheoretischer Ebene betrifft das die Ablehnung eines systematischen Lehrplans. Auf der Ebene des Textverständnisses kommt das durch die Hypothese zum Ausdruck, theoretische Erkenntnis hintertreibe die Möglichkeit einer erlebnisreichen Rezeption. Hier haben die verschiedenen historischen Erscheinungsformen der Reformpädagogik, vom Kaiserreich bis zur Gegenwart, gemeinsame Bezugspunkte.[42]

Deutlich ablesbar ist die Grundhaltung der Anti-Aufklärung bereits in den Anfängen. Zu nennen ist hier besonders der Einfluß Berthold Ottos, der unter Hinweis auf die Prinzipien der "Lebensnähe" und der "Ganzheitlichkeit" das Unterrichtsgeschehen ausdrücklich dem "natürlichen Erkenntnistrieb"[43] der Schüler überlassen will. Und schon 1898 formuliert Ernst Linde die in der Nachfolge geradezu klassisch gewordene Dichotomie von wissenschaftlicher Methode und subjektivem Erlebnis. Sein "Mahnwort wider die Methodengläubigkeit unserer Tage"[44] wird lange Zeit pädagogisches Gehör finden. Gemüts- und Persönlichkeitsbildung sei nur dann zu befördern, wenn sich die Pädagogik vom "Irrweg" der "Methode" und des "Wissens"[45] lossage. Lindes Schüler, Ernst Weber, verdeutlicht die unterrichtspraktischen Konsequenzen. Er versucht, über die genannten Bestimmungen hinaus, die Dichotomie von Kunst, Wissenschaft und Leben in einen Gegensatz von Schule und Leben umzumünzen:

---

40 Vgl. hierzu die Darstellung von E. Neuhaus, Muttersprachliche Bildung im Raum der Reformpädagogik. Sprachgestaltung und Sprachbetrachtung. Ratingen 1963, S. 19 ff.

41 Vgl. die materialreiche Darstellung von G. Wilkending, Volksbildung und Pädagogik "vom Kinde aus". Eine Untersuchung zur Geschichte der Literaturpädagogik in den Anfängen der Kunsterziehungsbewegung. Weinheim u. Basel 1980.

42 Vgl. hier die historischen Standortbestimmungen von H. Helmers und J. Eckhardt, Reform des Aufsatzunterrichts. Rezeption und Produktion pragmatischer Texte als Lernziel. Stuttgart 1980, S. 33 ff. - Die Autoren erkennen fünf "Wellen" der bürgerlichen Reformpädagogik: 1. Reformpädagogik im Kaiserreich (ca. 1890 - 1918), 2. Reformpädagogik in der Weimarer Republik (1918 - 1933), 3. Reformpädagogik unter dem Faschismus (1933 - 1945), 4. Reformpädagogik in der Nachkriegszeit (1945 - 1966), 5. Reformpädagogik in der Gegenwart (1966 bis heute). Im Hinblick auf diese historischen Epochen wird besonders der aufgezeigte Zusammenhang zwischen den Anfängen der Reformpädagogik im Kaiserreich und der aktuellen literaturdidaktischen Diskussion von besonderem Interesse sein. Vgl. dazu Kap. 7.

43 B. Otto, Die Schulreform im 20. Jahrhundert. Leipzig 1898. - Der Einfluß Berthold Ottos auf die Reformpädagogik kann dann besonders deutlich werden, wenn man sich vergewissert, daß er es war, der im pädagogischen Standardwerk der Weimarer Republik den Beitrag "Die Spracherziehung" lieferte. (Vgl. H. Nohl, L. Pallat (Hg.), Handbuch der Pädagogik, Bd. 3, Allgemeine Didaktik und Erziehungslehre. Berlin / Leipzig 1930, S. 304 - 324). - Aufgrund dieses Befundes scheint einiges dafürzusprechen, daß die anti-aufklärische Haltung der reformpädagogischen Ursprünge eine direkte Fortsetzung zwischen den Weltkriegen erlebt. Auch wenn Eckhardt und Helmers diese Traditionsstiftung nicht extra hervorheben, so ist sie besonders geeignet, die genannte These (vgl. vorherige Anmerkung) zu unterstützen.

44 E. Linde, Persönlichkeits = Pädagogik. Ein Mahnwort wider die Methodengläubigkeit unserer Tage, zt. nach der 5. durchgesehenen Auflage, Leipzig 1922.

45 Ebd., Vorwort zur "Ersten Auflage 1896", S. III.

"Jede Unterrichtsstunde soll zum Erlebnis werden. Das Leben muß in die Schule getragen und die Schule verlegt werden ins lebendige Leben."[46]
Durch die Synthese von Schule und Leben soll der erkenntnistheoretische Widerspruch zwischen begrifflicher Aneignung der Wirklichkeit und sinnlicher Gewißheit aus der Welt geschaffen sein. Innerhalb dieser Bestrebungen erhält die Erlebniswelt des unterrichtenden Lehrers einen kaum zu überbietenden Stellenwert:
"Durch die Beschäftigung mit dem Stoff kommt dem Pädagogen die künstlerische Stimmung. (...) Das Neue, das zu Gestaltende, tritt als Begriff an seine Seele heran und klopft an. 'Wer ist draußen?'"[47]
Dem Lehrer ist damit eine Mittlerfunktion in der Einstimmung der "Seelen" gegeben. Zwar bleibt ungeklärt, wie er sich in die entsprechende Gemütsstimmung versetzen könne; auf der Grundlage von Diltheys Ästhetik ist es jedoch evident. Der Lehrer nimmt die Position des "genialen" Kunstgenießers ein, und seine Aufgabe ist es, in seinen Eleven eine analoge Stimmung zu erwecken. Eine theoretische Aufarbeitung der individuellen "künstlerische(n) Stimmung" wird mit dem Verweis abgetan, sie beeinträchtige das genußreiche Erleben. Besonders deutlich spricht das Otto Anthes aus. Stellvertretend für viele seiner Generation formuliert er:
"Alle gelehrte Ästhetik, die ihre Grundlagen aus der Philosophie, einer mehr oder weniger spekulativen Psychologie oder sonstwoher nimmt, geht mich gar nichts an. Was ich von Kunst weiß, ist mein eigenes Erlebnis. Und wenn ich mit der besonderen Art dieses Erlebnisses ganz allein stünde, so würde ich es als Lehrer doch für mein Recht und meine Pflicht halten, gerade dieses genußreiche Erleben meinen Schülern zu vermitteln und nichts anderes, wenn ich vor mir selbst als erzieherische Persönlichkeit und nicht als bestellter Handwerker gelten wollte."[48]
Handwerkliche Bezüge gelten also auch in der Reformpädagogik als Makel. Mit den "bestellten Handwerkern" und ihrer offenbar kunstlosen Tätigkeit der Weitergabe reproduzierbarer Kenntnisse will man nichts zu tun haben. Bei der Persönlichkeitsbildung des Erziehers darf Studium und Arbeit nicht ersichtliche sein. Bereits im vorherigen Abschnitt dieses Kapitels konnten die Ursprünge eines derartigen Bildungsideals transparent werden. Diltheys Erlebnisbegriff ebnet die rationalen Bezüge des ästhetischen Urteils ein und begreift Bildung als Intuition. Die Auswirkungen auf den Unterricht treten hier deutlich hervor. Zwar verfügt der Lehrer über Wissen und Kenntnisse, die sein Erlebnis objektiv unterstützen, die Rezeptionshaltung der Schüler soll jedoch gegenüber

---

46 E. Weber, Ästhetik als pädagogische Grundwissenschaft, Leipzig 1907, S. 97. - Der Autor widmet sein Buch ausdrücklich seinem "lieben Freund und pädagogischen Glaubensgenossen Herrn Ernst Linde = Gotha". (Vgl. ebd., S. IV).
47 Ebd., S. 341.
48 O. Anthes, Der papierne Drachen, 5. - 7. Tausend Leipzig 1907, S. 15.

theoretischen Einflüssen immunisiert werden.[49] Bei Anthes ist dieser Zusammenhang nicht zu übersehen. Er referiert sachkundig bestimmte Positionen ästhetischer Theoriebildung; fragt er jedoch nach möglichen didaktischen Schlußfolgerungen, so folgt ein Plädoyer für eine uneingeschränkte Sinnlichkeit. In dem folgenden Zitat ist unschwer zu erkennen, daß es um Probleme der Hegel'schen Ästhetik geht. Allein in den Verstehenshorizont der Schüler sollen sie nicht eingehen:
"Das Verhältnis des Sinnlichen zum Seelischen in der Poesie wurde bisher meist aufgefaßt als ein Ineinander. Man sprach von einer Verkörperung oder Veranschaulichung der 'Idee', von Form und Inhalt, die einander decken sollten u. dgl. mehr. Und dagegen richten sich die Angriffe neuerer Ästhetiker, die die Wirkung der Poesie überhaupt nicht nur an Sinnliches gebunden wissen wollen. Uns geht der ganze Streit nichts an."[50]
Nimmt man einmal an, das aufgezeigte Problembewußtsein sei dem Unterrichtenden präsent, so folgt daraus, daß er sich gleichsam atavistisch um den erreichten Erkenntnisstand zu bringen hat, wenn es um schulpraktische Belange geht. Hier soll nur noch jenes "genußreiche Erleben" vorherrschen dürfen, für das der Lehrer als Garant auch "ganz allein" dastehen könne. Er darf nur nicht zu erkennen geben, daß er über die "Stimmung" hinaus über ein theoretisches Wissen verfügt. Das würde den "fruchtbaren Moment im Bildungsprozeß"[51] empfindlich beeinträchtigen. Denn nur durch das direkte Absehen von der "gelehrte(n) Ästhetik" sei ein Erlebnis möglich, das einen Zusammenhang mit dem Leben eingehen könne. Als ein dominierendes Merkmal des Literaturunterrichts der Reformpädagogik bleibt demzufolge festzuhalten, daß der erklärte Verzicht auf ästhetische Theoriebildung zum Erlebnis der Dichtung führen soll. Erst durch die Abspaltung theoretischer Erklärungen sei eine Verbindung von Kunst und Leben herstellbar. Diese theoriefeindlichen Grundaussagen einer Erziehung zur rezeptiven Genußfähigkeit bestimmen ebenso die Einschätzungen der kindlichen Produktivität. Das Kind, so heißt es, könne nur dann schöpferisch und gestaltend arbeiten, wenn es aus sich heraus, d.h. ohne den als störend empfundenen Einfluß theoretischer Bezüge wirke. Wir werden die produktionsdidaktische These der Reformpädagogik im einzelnen vorführen. Wichtig ist an dieser Stelle, daß sie direkt mit rezeptionsdidaktischen Überlegungen verknüpft ist.
Mit den Schwerpunkten Rezeption und Produktion sind die beiden aufeinanderfolgenden Entwicklungslinien der Kunsterziehungsbewegung genannt. Von

---

49 Ein analoges Problem ergibt sich bei der hochsprachlichen Ausbildung für die Schüler. Während die reformpädagogischen Theoretiker sehr wohl sich der Vorteile der Hochsprache bewußt sind, indem sie diese selber benutzen, soll die Volksbildung auf der Stufe einer "kindgemäßen" Sprache (Berthold Otto) stehen bleiben. Die Glorifizierung sprachlicher Defizite hat H. Helmers wiederholt kritisch dargestellt. Vgl. u.a.: Ders., Zur gesellschaftlichen Funktion der bürgerlichen Reformpädagogik. In: J. v. Maydell (Hg.), Bildungsforschung und Gesellschaftspolitik. Wolfgang Schulenberg zum 60. Geburtstag. Oldenburg 1982, S. 119 - 130.
50 O. Anthes, Der papierne Drachen. A. a. O., S. 16.
51 F. Copei, Der fruchtbare Moment im Bildungsprozeß. 9. Aufl. Heidelberg 1969 (Erstveröffentlichung 1930).

dieser Phaseneinteilung geht die aktuelle Geschichtsschreibung der Reformpädagogik übereinstimmend aus.[52] Direkt ablesbar ist das in den "Ergebnissen und Anregungen" der drei Kunsterziehungstage aus den Jahren 1901, 1903 und 1905.[53] Auf dem ersten Kunsterziehungstag in Dresden 1901 fordert Alfred Lichtwark als ein Ziel des Kunstunterrichts "die Erweckung und Stärkung der Beobachtungskraft und des Empfindungsvermögens als Grundlage der Geschmacksbildung und der Empfindung für Werte".[54] Aber auf der gleichen Tagung tritt auch die Forderung nach produktiver künstlerischer Tätigkeit auf. Carl Götze, der bereits drei Jahre zuvor (1898) im Zusammenhang mit einer Ausstellung von Kinderzeichnungen die Begleitbroschüre "Das Kind als Künstler"[55] ediert hatte, untermauert seine Thesen, indem er die Unmittelbarkeit des Lebens auf das Spiel des Kindes zurückführt:

"Es gibt kein Geschöpf, das zahlreichere Anläufe zum Schaffen und Produzieren nimmt als das sich selbst überlassene Kind; es malt, formt und baut. Sein natürlicher Schaffens-, Erfindungs- und Entdeckungstrieb bedarf nur des Anstoßes, um stets Besseres hervorzubringen. Das ist die Aufgabe: die empfindenden und schaffenden Kräfte zu bilden an dem, was Natur und Menschenhand Großes, Schönes und Starkes in die Umgebung des werdenden Menschen gerückt hat."[56]

Betrachtet man die Ausführungen Götzes zum "Zeichnen und Formen" einmal näher, so läßt sich eine interessante Parallele zum Literaturunterricht feststellen, die auf dem zweiten Kunsterziehungstag zwei Jahre später in Weimar von Stephan Waetzoldt gezogen wird. Auch Waetzoldt geht es darum, die ursprüngliche Schöpferkraft des Kindes herauszustellen. Es heißt:

"Das Kind ist auch ein Dichter, wie denn die Kindesnatur der künstlerischen Natur auf das Innigste verwandt ist. Der Künstler ist ein Kind, und das Kind ist eine Art Künstler. Ein Vorwiegen des Phantasielebens, ein Vorwiegen des schaffenden Dranges, ein Vorwiegen auch der Triebseele, der Leidenschaft, das Alles haben Kind und Künstler gemein; und dieses dunkle Wogen des Rhythmus, mit dem jede dichterische Tätigkeit beginnt, ehe sie Laut und Form gewinnt, lebt in dem Kinde wie in dem Künstler, ein erstes unfertiges Stammeln, aus dem das Gebild sich losringt."[57]

---

52 Vgl. J. Gebhardt, Alfred Lichtwark und die Kunsterziehungsbewegung in Hamburg. Hamburg 1947, S. 197 ff.; E. Neuhaus, Muttersprachliche Bildung ..., a. a. O., S. 13; H. Nohl, Die pädagogische Bewegung ..., a. a. O., S. 35.
53 Kunsterziehung. Ergebnisse und Anregungen des Kunsterziehungstages in Dresden am 28. und 29. September 1901. Leipzig 1902; Kunsterziehung. Ergebnisse und Anregungen des zweiten Kunsterziehungstages in Weimar am 9., 10., 11. Oktober 1903. Deutsche Sprache und Dichtung. Leipzig 1904; Kunsterziehung. Ergebnisse und Anregungen des dritten Kunsterziehungstages in Hamburg am 13., 14., 15. Oktober 1905. Musik und Gymnastik. Leipzig 1906.
54 A. Lichtwark, Die Anleitung zum Genuß der Kunstwerke. Bericht. In: Kunsterziehung. Ergebnisse und Anregungen des Kunsterziehungstages in Dresden am 28. und 29. September 1901. A. a. O., S. 183.
55 C. Götze, Das Kind als Künstler. Hamburg 1898.
56 C. Götze, Zeichnen und Formen. Bericht. In: Kunsterziehung. A. a. O., S. 152.
57 St. Waetzoldt, Der Deutsche und seine Muttersprache. In: Kunsterziehung. Ergebnisse und Anregungen des zweiten Kunsterziehungstages in Weimar am 9., 10., 11. Oktober 1903. A. a. O., S. 251.

Fragt man nach der spezifischen Kommunikationsform, in der sich das Kind analog zum Künstler betätigen kann, so kristallisiert sich besonders der *Aufsatz* heraus. In der bereits genannten "Monatsschrift für pädagogische Reform", "Der Säemann", findet sich 1906 ein Aufsatz von Otto Anthes, der mit "Der Schulaufsatz ein Kunstwerk"[58] überschrieben ist. Das Wesen künstlerischen Schaffens wird hier maßgeblich durch eine Intuition begründet; gemeint ist ein "plötzlich, blitzartig sich einstellende(r) künstlerische(r) Einfall". Der Schulaufsatz könne sich zum Kunstwerk emanzipieren, wenn man ganz auf die Intuition des Kindes vertraue:
"Und gerade hierin, in dem Vorherrschen des Einfalls gegenüber dem mühselig herausgequälten und künstlich zusammengezimmerten Ausdruck, scheint mir das Kind dem Künstler sehr nahe zu stehen."[59]
Anthes trägt seine These in zahlreichen Veröffentlichungen wiederholt vor und stützt sie durch eine große Anzahl von Schüleraufsätzen praktisch ab.[60] Fast die gleiche Einstellung herrscht in den Schriften von Münch, Krause, Reiff, Scharrelmann und Gansberg vor.[61] Alle bestätigen den angenommenen Zusammenhang zwischen der künstlerischen und der kindlichen Natur. Von besonderer Bedeutung sind die Ausführungen von Gansberg und Scharrelmann. Denn hier kommt über eine psychologische Begründung schöpferischer Fähigkeiten hinaus die *Kulturkritik* der Reformpädagogen deutlich zum Ausdruck. Bei Gansberg wird sie exemplarisch vorgeführt. Da sich hier Welt- und Erziehungsbild der Reformpädagogik zusammenfassend darstellen lassen, spricht einiges dafür, ausführliche Zitate anzuschließen.
Gansberg erzählt anschaulich von einem Besuch auf einem Heidegehöft. Fiktiv stellt er sich den Heidebauern vor, der sein Tagewerk verrichtet. Alle notwendigen Tätigkeiten vereinigt er in seiner Person:
"Stellmacher und Schmied, Tischler und Maurer, ja auch Bäcker und Schlachter und Weber und Viehdoktor und Wetterprophet - alles in einer Person. Und ich denke an die Kinder. Sie leben in einer Kultur auf, die ein in sich ruhendes, selbständiges Ganzes ist. Da wachsen die Kinder in einen großen Zusammenhang hinein, sie müssen bald zugreifen, sie werden auf Schritt und Tritt vom 'Ernst des Lebens' erfaßt. Die Tiere müssen auch am Sonntag gefüttert werden, der Brunnen muß endlich einmal gereinigt werden. Überall ein hartes, undis-

---

58 O. Anthes, Der Schulaufsatz ein Kunstwerk. In: Der Säemann, Monatsschrift für pädagogische Reform. Leipzig 1906. S. 234 - 241.
59 Ebd., S. 235.
60 O. Anthes, Deutsche Sprachlehre für deutsche Kinder. Leipzig 1909. Ders., Der papierne Drachen. Leipzig 1912.
61 F. Gansberg, Der freie Aufsatz. Seine Grundlagen und seine Möglichkeiten. 4. verbesserte Auflage, Berlin / Bonn / München 1954 (Die erste Auflage erschien 1914); P. Krause, Der freie Aufsatz in den Unterklassen. (Theorie und Praxis). Leipzig 1907; P. G. Münch, Rund ums rote Tintenfaß. Essays über den Schüleraufsatz. 3. Tausend Leipzig 1909; Ders., Dieses Deutsch! Ein froher Führer zu gutem Stil. 6. - 10. Tausend Leipzig 1926; P. Reiff, Praktische Kunsterziehung. Neue Bahnen im Aufsatzunterricht. 3. Aufl. Leipzig und Berlin 1910; H. Scharrelmann, Herzhafter Unterricht. Gedanken und Proben aus einer unmodernen Pädagogik. 11. - 13. Tausend Hamburg 1910; Ders., Erlebte Pädagogik. Gesammelte Aufsätze und Unterrichtsproben. Hamburg und Berlin 1910.

kutierbares Muß. Aber überall auch der Lohn der Arbeit sichtbar und fühlbar. Aus der Feldfrucht wird unter ihrer Hände Arbeit Brot, sie haben den 'Segen' der Arbeit schwer und gewaltig auf dem Boden des Hauses aufgehäuft, sie fühlen mit den Alten Ruhe und tiefste Befriedigung, wenn bald nach vollbrachter Ernte die Herbstwetter gegen die Scheiben schlagen. Und wie sicher greifen die Kinder, diese natürlichen Gehilfen des Vaters, das Handwerk des Alten auf! (...) Im Ganzen: Die Kinder lernen, was notwendig ist, und daß es notwendig ist, können sie sich an den fünf Fingern herzählen."[62]

Die traditionellen bäuerlichen Lebens- und Arbeitsverhältnisse, begriffen als "ein in sich ruhendes, selbständiges Ganzes", werden zum Muster produktiver Erziehungsarbeit. Das "Ganze" ist überschaubar, notwendig und wirklich zugleich; Lernen erfolgt durch unmittelbare Adaption der Fertigkeit der "Alten". An einem solchen Zusammenhang von Leben und Lernen habe sich die "Schule der Zukunft" zu orientieren. Nun ist es interessant zu verfolgen, wie Gansberg seine utopischen Energien gewinnt. Dem nicht-entfremdeten Alltag auf dem Heidegehöft hält er das kulturelle Leben seiner Gegenwart entgegen. Dabei deckt sich seine Bestandsaufnahme durchaus mit Kriterien, die auch eine kritische Theorie der Gesellschaft hervorhebt. Das mag die große Anziehungskraft seiner pädagogischen Programmatik für seine Zeitgenossenschaft - und auch für Teile der aktuellen Didaktik[63] - erklären. Mit den (allerdings nicht ausdrücklich genannten) Klassikern der Gesellschaftstheorie von Marx bis Max Weber ist er sich darin einig, daß die Struktur der bürgerlichen Gesellschaft durch abstrakte Arbeit und durch einen anonymen Markt geprägt ist. Die Spannungen und Entzweiungen zwischen dem Individuum und seiner Lebenswelt werden als Entfremdung begriffen: "(...) keiner fühlt noch so recht eindringlich die Notwendigkeit seiner Arbeit, ihm geht die Übersicht verloren."[64] Und an anderer Stelle heißt es: "Und die Kultur rollt ihr fabelhaftes Spiel ab - und niemand versteht es und weiß es zu ergründen."[65]

Dem konstatierten Zustand allgemeiner Orientierungslosigkeit und Unübersichtlichkeit wird ein Konzept lebensnahen Unterrichts gegenübergestellt, das die einzelnen, voneinander geschiedenen Teile des Lebens erneut zu einem Ganzen bringen soll. Gansberg propagiert einen Schultyp, der einer "'Miniatur = Gesellschaft'" nachzubilden sei, "die ihre Aufgaben aus sich selbst gewinnt und alle Kräfte auf ihre Zwecke vereinigt".[66] Eine solchermaßen hervorgerufene Selbsttätigkeit des Kindes wendet sich gegen die Vorherrschaft fremden Wissensstoffes. Das Kind soll im Unterricht nichts passiv hinnehmen. Schöpferisches Tun entwickle sich nur im Erfahrungshorizont der erlebten Welt.

---

62 F. Gansberg, Produktive Arbeit. Beiträge zur neuen Pädagogik. Leipzig 1909, S. 6 f.
63 Vgl. dazu das nächste Kapitel.
64 F. Gansberg, Produktive Arbeit ..., a. a. O., S. 7.
65 Ebd., S. 8.
66 Ebd., S. 11.

Aus diesen Grundgedanken gehen die Überlegungen zum "freien Aufsatz" hervor. Als Stofflieferant der Schüleraufsätze tritt der Erfahrungs- und Erlebniskreis der Kinder auf. Ihre Aufsätze sollen ein Spiegelbild der Lebenserfahrung sein. Das Unterrichtsgeschehen habe sich an der *tatsächlichen* Erfahrungswelt zu orientieren. Das "Schulwissen", so heißt es bei Scharrelmann, habe keinen Anteil am wirklichen Empfinden der Kinder. Und er formuliert diesen Gedankengang eindeutig in lebensphilosophischer Tradition, wenn er festlegt, es habe "noch keinen Teil erlangt am Seelenleben".[67] Nur in der Alltäglichkeit könne das Leben in seiner Unmittelbarkeit erfaßt werden. Um die in der Alltagserfahrung gebundene Phantasie nicht den entfremdeten Verhältnissen zu opfern, müsse eine lehrplanmäßig festgelegte Wissenstradition überwunden werden. Das Alltagswissen organisiere die Erfahrung authentisch, während ein Systemdenken das Vorstellungsvermögen außer Kraft setze. So kommt es zu einer eindeutigen Bewertung:
"Das Haus- und Straßenwissen ist reichhaltiger, als man gewöhnlich meint; das Kind beginnt schon von der Geburt an es zu erwerben. So ist es ein altes und geläufiges Wissen und eignet sich deshalb besonders zur Verdichtung im Aufsatze."[68]
Bis in die Wortwahl hinein unterstützt Fritz Gansberg diese Grundlegung. Die "Erfahrungen und Erlebnisse des Kindes auf seiner Straße"[69] seien aufgrund ihrer Unmittelbarkeit zum Leben die geeigneten Voraussetzungen zur Entfaltung schöpferischer Kräfte. Beide Reformpädagogen wenden sich also gegen Erkenntnisse, die nicht unmittelbar aus der Wirklichkeit ableitbar sind. Sprachliche und literarische Fähigkeiten seien nicht zu erlernen; das Kind bringe bereits von Haus und Straße aus geeignetere Voraussetzungen mit. Der lebendige Inhalt dieser Erfahrungswelt liefere die Bestimmungsgründe, das Leben zu erweitern und zu erfassen. Was erlebt und dargestellt werden soll, sei immer im Leben selbst vorhanden; eine Wissensvermittlung, die den Erfahrungskreis der Schüler transzendiere, sei untauglich, in die Zusammenhänge der schöpferischen Gestaltung und des Lebens einzudringen.
Betrachten wir dazu einige Aufsatzthemen. Als Beispiele seien genannt: "Was ein Pfennig erzählt", oder "Wie man einen Kaninchenstall zimmert".[70] Auch "'Abhandlungen' aus dem Gebiet der Physik", aus Industrie und Technik, den

---

67 H. Scharrelmann, Im Rahmen des Alltags. 800 Aufsätze und Aufsatzthemen für das erste bis fünfte Schuljahr. Dreizehntes bis fünfzehntes Tausend Hamburg 1907, S. 12. Zum Verhältnis Scharrelmann / Dilthey vgl. die allerdings ganz aus affirmativer Sicht formulierte Schrift von K. H. Günther, Der lebensphilosophische Ansatz der Bremer Schulreformer Gansberg und Scharrelmann. In: K. H. Günther u.a., Erziehung und Leben ..., a. a. O., S. 13 - 36. Auch Günther spart allerdings Diltheys direkten Bezug vom dichterischen Schaffen auf das Wesen des Kindes aus. Er übernimmt zudem ungeprüft den Begriff des "Lebens", um durchgängig Erleben gegen Bildung auszuspielen.
68 Scharrelmann, Im Rahmen des Alltags. A. a. O., S. 12.
69 F. Gansberg, Demokratische Pädagogik. Leipzig 1911, S. 84. Zur Kritik an der Schule ohne Lehrplan vgl. R. Alt, Über unsere Stellung zur Reformpädagogik. In: Pädagogik, H. 5/6. Berlin 1956, S. 345 - 367.
70 H. Scharrelmann, Im Rahmen des Alltags. A. a. O., S. 84.

sog. "Realien"[71], können den freien Aufsatz bestimmen, soweit sie im "Rahmen des Alltags" anzutreffen sind. Da das Erlebnis immer individueller Ausdruck von Erfahrungen ist, mag das Thema ebenso der subjektiven Wahl der Schüler überlassen bleiben.[72] Dabei kann es zu einer phantasievollen Erweiterung der wirklichen Lebenszusammmenhänge kommen. Zu den Quellen der kindlichen "Schaffensfreude" gehören "ihre Erinnerungen, ihre Wünsche, Neigungen und Träume".[73] Sie sind nicht an die Form eines Aufsatzes gebunden, sie lassen sich genausogut als Gedicht oder als Tagebuch verfassen.[74] In diesem Sinne ist auch der Vorschlag zu verstehen, daß die Kinder "eine Geschichte oder ein Märchen dichten sollen". Eine "lustige Aufsatzproduktion" sei "aus dem Stegreif" in Gang zu setzen.[75] Methodisch geht Gansberg mit Hilfe von "Einführungssätzen" vor. Aus seinen Unterrichtserfahrungen berichtet er dazu: "Ich diktiere also: Als die Mutter am Morgen die Kinder wecken wollte, o Schrecken, da fand sie die Betten leer ... Erzähle weiter!"[76]

Der vorgenommene Überblick zeigt zusammenfassend, daß sowohl reale als auch phantasiegeleitete Erlebnisse bzw. Projektionen das Schreiben bestimmen. Dabei steht der Aufsatz gleichberechtigt neben der Möglichkeit, auf poetische Formgebung zurückzugreifen.

Von besonderer Bedeutung ist die Organisations- und Kommunikationsform der aufgeschriebenen Erfahrungen und Erlebnisse. Gansberg hatte kulturkritisch festgestellt, daß in der Lebenspraxis die Arbeit in keiner spezifischen Beziehung zum Ganzen der Gesellschaft steht. Diesen Entfremdungsmechanismen, so kann gefolgert werden, soll im Schreibunterricht durch einen Austausch und durch ein Miteinander der Gedanken und Ideen begegnet werden. In der propagierten "Miniatur = Gesellschaft" der Schule kommt es zu einer Form von Miniatur-Öffentlichkeit. Im Zentrum steht eine kollektive Vermittlung der entstandenen Arbeitsergebnisse.[77] Korrektur und Auswertung der Aufsätze erfolgen nicht durch den vorgeordneten Maßstab des jeweils Unterrichtenden, sondern durch die Gemeinschaft der am Schreibprozeß Beteiligten. So richtet sich das Schreiben nicht mehr nach dem althergebrachten Blick auf die (Zensuren-) Gunst des Lehrers aus. Vielmehr schreiben die Schüler in erster Linie für ihre Mitschüler; ihre Arbeiten werden vom Mitteilungswert bestimmt. Um die Mitteilungsfreude nicht zu unterdrücken, habe der Unterricht

---

71 F. Gansberg, Der freie Aufsatz. A. a. O., S. 34 f.
72 Ebd., S. 186.
73 F. Gansberg, Schaffensfreude. Anregungen zur Belebung des Unterrichts. 2. Auflage Leipzig u. Berlin 1907, S. XI.
74 Vgl. hier Gansbergs "Sammlung von Kinder = Dokumenten". Ebd., S. 109 ff. Zur Rezeption und Produktion von Gedichten im Unterricht vgl. die großangelegten Ausführungen von A. M. Schmidt, Kunsterziehung und Gedichtbehandlung. Erster Band: Ästhetik der deutschen Dichtung / Behandlung der deutschen Dichtung im Unterricht; Zweiter Band: Natur und wir. Erläuterungen und Lehrbeispiele; Dritter Band: Menschentum. Erläuterungen und Lehrbeispiele. Leipzig 1907 ff. - Schmidt knüpft an aktuelle Erfahrungen der Kinder an, indem er die Gedichte an Jahreszeiten und ihren Festen orientiert.
75 F. Gansberg, Produktive Arbeit. a. a. O., S. 48.
76 Ebd.
77 Vgl. hier F. Gansberg, Der freie Aufsatz. A. a. O., S. 48 ff.; H. Scharrelmann, Im Rahmen des Alltags. A. a. O., S. 116 ff.

davon abzusehen, "in der Orthographie und Grammatik Fehlerlosigkeit an(zu)streben".[78] An die Stelle der roten Korrekturtinte tritt eine kurze Stellungnahme des Lehrers zum inhaltlichen Aufbau der Arbeit. Sie sollen zur Weiterarbeit motivieren; kurze Verbesserungsvorschläge verfolgen das grundsätzliche Ziel, den "Schüler zur Besinnung auf die geleistete Arbeit (zu) führen".[79] Dabei geht es vor allem um eine Stärkung der sinnlich-praktischen Momente im Lernprozeß. Erfahrungen, die für alle Beteiligten nachvollziehbar sind, überwinden in der Tat die Isolation der Individuen. Das betrifft nicht nur die Einschätzung der abgeschlossenen Aufsätze. Auch der Schreib*prozeß* ist in das kommunikative Geschehen eingebunden. Zur Unterstützung der "Produktionskraft" regt Scharrelmann die Schüler an, Ideen und Zwischenergebnisse zu besprechen:
"Jedes Kind arbeite für sich, doch dürfen Zwiegespräche nicht unterdrückt werden. Durch diese sollen die Kinder gegenseitige Anregung empfangen. Das Absehen muß gestattet sein, denn kleine Stockungen in der Produktionskraft, die auch bei den besten Schülern eintreten können, müssen so rasch wie möglich überwunden werden. Wer etwas Gutes aufgeschrieben zu haben glaubt, darf sich zum Vorlesen melden. Vorgelesen wird viel, um in den wenig regsamen Schülern Assoziationen zu wecken."[80]
Die methodischen Anregungen zeigen, wie auch die schärfsten Kritiker der Reformpädagogen betonen, ein tiefes Einfühlungsvermögen in die Welt des kindlichen Schreibvorgangs.[81] Aber nicht nur das. Sie spannen zugleich einen entscheidenden Bogen zur literarischen Ideenfindung, wie er von den Größten der deutschen Dichtung überliefert ist. In Heinrich von Kleists Schrift "Über die allmähliche Verfertigung der Gedanken beim Reden"[82] war bereits von der motivierenden Kraft eines Gegenüber die Rede. Produktionsstockungen (Kleist: "ein vielleicht stundenlanges Brüten") können durch die Anwesenheit eines Zuhörers überwunden werden. Was der isolierten Produktion (Kleist: "Meditation") nicht möglich schien, entwickelt sich durch den Reiz, den das Gemüt durch Geselligkeit erfährt. Auf einem solchen Sachverhalt baut auch Scharrelmann auf, wenn er Gespräche und Vergleiche beim Schreiben ausdrücklich befürwortet. Aber an einer entscheidenden Stelle transzendieren seine Überlegungen das zwischenmenschliche Verhältnis, wie es in Kleists Kommunikationssituation zum Ausdruck kommt. Es konnte oben in Kap. 4.3 ausführlich die These entwickelt werden, daß die bei Kleist auftretenden Figuren Molière und seine Magd ein Verhältnis von Herrschaft / Knechtschaft repräsentieren. Molière instrumentalisiert den Rezipienten zum Objekt seiner Gedankenspiele. In diesem Modell spiegelt sich exemplarisch der elitäre Status des autonomen Schriftstellers, den Korrektur und Urteil der Rezipienten nie-

---
78 F. Gansberg, Der freie Aufsatz. A. a. O., S. 49.
79 Ebd.
80 H. Scharrelmann, Im Rahmen des Alltags. A. a. O., S. 15.
81 R. Alt, Über unsere Stellung zur Reformpädagogik. A. a. O., S. 363.
82 Vgl. dazu direkt oben Kap. 4.3.

mals gleichberechtigt erreichen können. Erst auf *diesem* Hintergrund lassen sich die literaturpädagogischen Vorschläge von Scharrelmann und Gansberg historisch einordnen und würdigen. Gansbergs Vorschläge zum Lernen in der "Miniatur-Gesellschaft" als auch Scharrelmanns Überlegungen zur Förderung der "Produktionskraft" sind als Versuche zu werten, die antagonistischen Beziehungen von Rezeption und Produktion zu überwinden. Sie lassen sich als Entwürfe eines literarischen Lebens deuten, in dem es herrschaftsfrei zu einem produktiven, einander wechselseitig befruchtenden Miteinander kommen kann. Schreiben und Zuhören, Literatur und Geselligkeit stehen in enger Wechselbeziehung. Die Rollen Rezipient / Produzent sind flexibel gegenseitig ersetzbar. Sie werden bestimmt durch das gegenseitige Interesse am Austausch von Erfahrungen und Erlebnissen. Gegenseitige Korrektur und gemeinschaftliche Kritik beruhen auf der vollberechtigten Mitwirkung jedes einzelnen Mitglieds der Schreibgemeinschaft. Sie sind, so läßt sich vorläufig zusammenfassend sagen, vom utopischen Ideal bestimmt, die Isolation der Privatproduzenten durch gebrauchswertorientierte Gemeinsamkeit zu ersetzen.[83] Die institutionalisierte Trennung von Kunst und Leben soll durch das Unterrichtsgeschehen aufgehoben werden.

Wir haben bereits gesehen, daß Gansbergs pädagogische Utopie am Modell eines autarken Heidegehöfts orientiert ist, also einer vorbürgerlichen Form der Vergesellschaftung. Betrachtet man den Entwurf des literarischen Lernens in der "Miniatur-Gesellschaft" noch einmal auf diesem historischen Hintergrund, so ist es auffällig, daß er sich in der Tat in weiten Zügen mit vorbürgerlichen Beziehungen zwischen literarischer Produktion und Rezeption deckt. Zur Erklärung dieses Sachverhalts ist es aufschlußreich, auf Ausführungen der vorangegangenen Kapitel zurückzugreifen. Für die sog. "ursprüngliche Kommunikationsgemeinschaft"[84] konnte eine annähernde Identität zwischen Produktion und Rezeption ausgemacht werden. Beide Tätigkeiten sind hier kaum voneinander zu trennen. So erfährt der Erzähler die Mitarbeit seiner Zuhörer. Er schafft nicht isoliert, sondern improvisiert seinen Vortrag nach den Bedürfnissen und Erfahrungen seiner jeweiligen Rezipienten. Hier sind zwei entscheidende Parallelen zur Reformpädagogik feststellbar:

1. Bereits Aristoteles macht geltend, Dichtung habe sich sukzessive aus Stegreifversuchen entwickelt. Auf Stegreifversuchen bauen erklärtermaßen auch Gansbergs Anleitungen auf, die Schüler zu poetischen Produktionen zu motivieren.
2. Auch in der "ursprünglichen Kommunikationsgemeinschaft" gab es keine Spezialisierung und Professionalisierung literarischer Kompetenz. Jeder Angehörige des Kollektivs konnte das Vorgetragene mit seinen Lebenserfahrungen identifizieren.

---

83 In dieser Utopie sind eine ganze Anzahl von Momenten genannt, die Teile der aktuellen Schreibdidaktik in ihre Reflexionen aufgenommen haben. Vgl. dazu das nächste Kapitel.
84 Vgl. dazu oben Kap. 1.2.

Auf der Basis unserer Ergebnisse ist es jetzt möglich, die Frage zu stellen, ob der Rekurs auf vorbürgerliche Formen der Vergesellschaftung tragfähig sein kann, die von Gansberg beklagten Mechanismen der Entfremdung und der Abstraktheit zu überwinden. Unter dem Einfluß der Lebensphilosophie kommen die Reformer zu der Überzeugung, Selbsterfahrung und Selbsterlebtes könne die Welt jenseits der Arbeitsteilung neu synthetisieren. Für sie kann sich die genannte Frage also auch immer nur von einem Begriff des "Lebens" her stellen, der eine universelle Gleichzeitigkeit des menschlichen Erlebnisses annimmt. Der historisch erreichte Stand des Wissens, Könnens und Wertens geht für sie damit in einen nicht mehr dialektisch vermittelbaren Dualismus von Entweder / Oder unter. Entweder Verstandeskultur - oder Erlebniskultur; tertium non datur. Wenn es bei Gansberg heißt, Lernen entwickle seine Aufgaben "aus sich selbst", so kann das nur soviel heißen, daß Handeln auf die gegebene Situation begrenzt wird und seine Konkretheit aus dem hier und jetzt Erlebten gewinnt. Dieser oberste pädagogische Gesichtspunkt muß sich notwendigerweise jeden Abstraktionen und systematischen Begriffsbildungen verschließen. Das Wissen kreist damit ausschließlich um den bereits verordneten Ausschnitt der Wirklichkeit und die sich unmittelbar ergebenden Lösungswege.

Einen deutlichen Ausdruck findet das in der Ablehnung einer unterrichtsspezifischen Systematik. So fragt man sich, wie die Schüler die gestellte Aufgabe erfüllen können, "eine Geschichte oder ein Märchen" zu schreiben. Denn eine auf literaturwissenschaftlichen Gesichtspunkten aufbauende Anleitung, die ggf. die einfachsten Grundzüge eines Genres vorführen könnte, gilt von vorne herein als Exponent der nicht statthaften Verstandeskultur. Natürlich ist es auch möglich, das Nachgestalten von ästhetischer Literatur unabhängig von verstandesgeleiteter Analyse zu vollziehen. Man denke nur an das hinreichend diskutierte Verhältnis von Text und Textvorlage (Kant). Hier spielt die mimetische Adaption eine wichtige Rolle.[85] Auch unabhängig von kognitiven Lernprozessen kann es zu einer Reproduktion bestimmter literarischer Grundelemente kommen. Voraussetzung dabei ist allerdings der Rückgriff auf entsprechende Erfahrungen im Textumgang. Gansberg setzt diese literarischen Erfahrungen ungeprüft voraus. Da sich sein Unterricht gerade dagegen ausspricht, bestimmte Textsorten grundsätzlich festzulegen, ist es auch nur bestenfalls *anzunehmen*, daß dem Schüler entsprechende Strukturen bekannt sind. Unabhängig von einer Textsortenkenntnis (ob bewußt oder vorbewußt erworben) bleibt das Gestalten auf seine Ausgangsposition festgeschrieben. Der Vorschlag, Geschichten aus dem Stegreif zu formulieren, macht da keine Ausnahme. Zur Textsorte "Märchen" heißt es ausdrücklich, sie sei aus dem Stegreif entwickelbar. Bei Aristoteles waren die Stegreifversuche an einen historischen Augenblick gebunden, in dem sich bestimmte Bauformen der Dichtung noch nicht ausgebildet hatten. Dieser Sachverhalt macht deutlich, daß

---

85 Vgl. oben Kap. 3.3.

Gansberg ganz auf den erreichten Stand des historisch herausdifferenzierten ästhetischen Materials verzichten will. Auf der anderen Seite beruft er sich aber gerade darauf, indem er das Genre "Märchen" beim Namen nennt. Der Widerspruch wird offensichtlich: Ohne festgelegte Kenntnisse soll der Schüler - man weiß nicht wie - aus dem Stegreif die entsprechenden Kenntnisse anwenden.
Natürlich ist es möglich, Geschichten aus dem Stegreif zu erzählen. Hier liegt unbestritten eine wesentliche Quelle literarischer Produktion. Sie kann auch ganz neue Gestaltungswege einschlagen, die eine noch nicht vorgenommene Auslegung verlangen. Die Genrebezeichnung "Märchen" ist aber nur dann für Stegreifversuche angebracht, wenn entsprechende Grundzüge beachtet werden. So schlägt die Befreiung von stilistischen Normen um in ein völliges Außerachtlassen der Textsortenspezifik. Und es ist kein Gegensatz, wenn Gansberg an anderer Stelle formuliert:
"Aus dem Stegreif kann kein Mensch ein Erlebnis reproduzieren oder einen Gedanken herstellen; erst durch das Hin und Her einer Unterhaltung über einen aus der Luft gegriffenen Gegenstand werden größere Vorstellungsmassen und Gedankenreihen in Bewegung gesetzt."[86]
Das zweifellos unabdingbare Prinzip der Assoziation wird einseitig gegen die Analyse von Gestaltungsmitteln ausgespielt.
Dieses grundsätzliche Dilemma gilt für literarästhetisches Nachgestalten ebenso wie für den Aufsatzunterricht. Bewegen sich Themenstellung und Darstellungsweise ausdrücklich "Im Rahmen des Alltags", so kann das Denken weder Inhalt noch Formgebung sachgemäß erfassen. Mit der direkten Verflechtung von Denken und tatsächlicher Wirklichkeit wird das entscheidende Moment von Kritik, nämlich die Differenz von Wesen und Erscheinungsform der Dinge zu bestimmen, letztendlich nivelliert. Der Mitteilungswert der Schülerprodukte reduziert sich demgemäß auf einen pragmatischen Funktionszweck oder auf subjektivistische Projektionen.
Legt man diese Bestimmungen von Denken und Verhalten frei, so wird es einsichtig, warum der Rekurs auf vorbürgerliche Formen der Vergesellschaftung keinesfalls nur ein illustratives Einsprengsel der Reformer ist. Er bildet vielmehr die *notwendige* Voraussetzung ihrer Argumentation. Denn hier fallen Denken und Wirklichkeit in der Lebenspraxis zusammen. Sinn-Besetzung erfolgt gleichsam innerhalb dieser Praxis und muß nicht von außen reflexiv hergeleitet werden. Der erkenntnistheoretisch formulierbare Übergang vom naiven Anschauen des an sich seienden Gegenstandes zum reflexiven Wissen taucht hier erst gar nicht als Problem auf.
Daß die geschichts- und reflexionslose Idylle des Heidegehöfts keinesfalls nur bei Gansberg zum Leitbild der Überwindung entfremdeter Lebensverhältnisse fungiert, sondern vielmehr repräsentativ für große Teile der reformpädagogi-

---

86 F. Gansberg, Der freie Aufsatz. A. a. O., S. 187.

schen Bewegung ist, macht noch einmal Nohls affirmative Bestimmung deutlich, sie stehe "im Gegensatz gegen die Aufklärung". Bereits die aufklärerische Geschichtsphilosophie hatte bekanntlich die Kategorie der "Idylle" entwickelt. Schiller benutzt die Idylle, um Entfremdungserscheinungen entgegenzuwirken. Vergegenwärtigt man sich noch einmal seinen Gedankengang, so treten die regressiven Züge der Reformpädagogen um so deutlicher hervor. Schiller begreift die dem idyllischen Naturzustand entgegengesetzte Entfremdung in der fortschreitenden Zivilisation als einen (notwendigen) Durchgangspunkt. Nur so sei die Totalität der menschlichen Vermögen auf höherer Stufe wieder herstellbar. Gegen Naturmythos und Flucht aus der Geschichte steht eine Analyse der Entfremdungserscheinungen, die Ansätze einer materialistischen Gesellschaftskritik verraten. Ein voraussetzungsloses Zurück zur Idylle werde weder der Wirklichkeit noch dem kulturellen Ideal gerecht. Ähnlich verhält es sich mit den reformpädagogischen Aussagen über die schöpferischen Kräfte des Kindes. Auf dem Hintergrund von Schillers Bestimmungen bedeuten sie nicht zuletzt eine neue Herausforderung an die ästhetische Phantasie. Hier ist kindliche Natürlichkeit ohne den dahinterstehenden Freiheitsbegriff undenkbar. Kindheit erscheint als utopische Chiffre, als Vor-Schein einer nicht-entfremdeten Wirklichkeit. Sie wird eindeutig als Begriff der Vernunft und nicht des Verstandes vorgeführt. Innerhalb der entfremdeten Wirklichkeit kann sich künstlerisches Schaffen nicht einfach auf eine Nachahmung der Empirie einlassen; sie ist an ein Korrektiv gebunden, das sich mit - geistiger - Arbeit identifizieren läßt. Diese Argumentation scheinen die Kunsterzieher überspringen zu wollen, wenn sie Erlebnis und Alltagsphantasie zum einzigen Agenten des Schöpferischen erheben. Es ist nicht ausgeschlossen anzunehmen, daß ihnen der gesamte Prozeß der Zivilisation als ein Irrweg des Geistes vorschwebt. Von der Hoffnung enttäuscht, den Entfremdungserscheinungen könne rational begegnet werden, wenden sie sich der angenommenen Unverbildetheit kindlicher Energien zu. Entfremdung sei nur dann aufzuheben, wenn man dem Subjekt die Gelegenheit gebe, seine Gefühls- und Erlebniswelt unmittelbar zu bekunden. Mit diesem Naturgefühl der absoluten Ungebundenheit des Empfindens erfährt Diltheys Lebensphilosophie im Bereich der Literaturpädagogik eine eindeutig positive Bewertung. Eindrucksvolles Beispiel dafür ist das Prinzip der "Lebensnähe", das den Ablauf des Unterrichts den Augenblickseinfällen und -erfahrungen der Schüler überträgt. Innerhalb dieses Bezugssystems liegt es nahe, das reformpädagogische Erkenntnisdefizit gegenüber Entfremdungserscheinungen (Gansberg: "(...) niemand versteht es und weiß es zu ergründen"), als *Remythologisierung* der Wirklichkeit zu bezeichnen. Wo eine begriffliche Erfassung und Kritik der Entfremdung ausscheidet, entstehen romantische Gegenentwürfe. Statt dialektischer Aufhebung der Arbeitsteilung kommt es zur bloßen Zurücknahme. Der wachsenden Abstraktheit menschlicher Verhältnisse wird ein romantischer Antikapitalismus entgegengehalten. In der Nestwärme des Oikos ("Heidegehöft") soll sich die Sehnsucht einer "neuen Geborgenheit"[87] erfüllen. Es darf jedoch nicht unterschlagen werden, daß der Kulturkritik der Reformer ein gewisser *Wahrheitsgehalt* zukommt. In ihr ist ein utopisches Moment unverstellter Wirklichkeitserfahrung aufgehoben, das gegen den Mangel des Bestehenden Einspruch erhebt. Im Namen des Subjekts wird gegen die Ent-Sinnlichung des Lebenszusammenhangs protestiert. Das gleiche gilt für verschiedene Schreibversuche, die die Gefühls- und Erlebniswelt des Kindes in eine Beziehung zu schöpferischer Produktivität des Künstlers stellen. Natürlich werden hier die emotionalen und affektiven Bestandteile des Seelenlebens unzulässig totalisiert. Dennoch wäre es verfehlt, hier ausschließlich regressive Bezugspunkte zur Genieästhetik des 18. Jahrhunderts und zu Diltheys Neuauflage des Geniekults festmachen zu wollen. Die Genieauffassungen gehen durchgängig von einer Übersteigerung des Künstlers zur Sonderpersönlichkeit aus. Dieses Paradigma wird von den Reformern theoretisch und praktisch in Frage gestellt. Wenn es vom Kind heißt, es sei auch ein Dichter, so kommt trotz mancher Verzerrungen der emanzipatorische Gedanke zum Ausdruck, daß potentiell *alle* Menschen schöpferische Fähigkeiten besitzen. Der Verklärung des genialen Individuums steht die Utopie allgemeiner literarischer Produktivität gegenüber. Auch wenn die Kunsterziehungsbewegung mit den verschiedenen Erscheinungsformen des Geniekults irrationale und subjektivistische Grundannahmen teilt, so treffen ihre Entwürfe doch erstmals auf die Schaffenskraft des *empirischen* Subjekts. Künstlerisches Produzieren wird nicht länger als ein Vorrecht auserlesener Persönlichkeiten begriffen, vielmehr erscheint Kunst als ein menschliches Gattungsvermögen, das jedermann zukomme.

Wie vorläufig und fragwürdig der erreichte Stand literarischen Produzierens jedoch ist, soll abschließend anhand der Diskrepanz zwischen Intentionalität und Ausführung der Gestaltungsversuche problematisiert werden. Den Kunsterziehern scheint die Einheit von Kunst und Leben schon allein durch die Projektion von Subjekterfahrung sinnvoll zu sein. Dabei erkauft man das Aufschreiben von Erlebnissen jedoch durch eine totale Indifferenz gegenüber Werturteilen. Das Erlebnis kann im Dienst von Repression oder Fortschritt, Unterdrückung oder Aufklärung stehen, einer Unterscheidung im objektiven Sinne ist es unzugänglich. Denn für das Urteil, ob ein Erlebnis als ein wirkliches auch ein vernünftiges sei, gibt es keine anzurufende Instanz der Vernünf-

---

87 In der Sinn-Besetzung der romantischen Idylle zeigt sich ein wesentliches Motiv der Dilthey-Schule. Fünfzig Jahre nach Gansberg führt der Dilthey-Schüler O. F. Bollnow den Ganzheitsbegriff illustrativ anhand einer Verklärung alltäglicher Lebenspraxis vor: "Der Sonntag beginnt eigentlich schon am Sonnabend-Abend. Wenn der Handwerker seine Werkstatt aufräumt, wenn die Hausfrau das ganze Haus in einen sauber glänzenden Zustand versetzt hat und sogar noch vor dem Haus die Straße gefegt und von dem in der Woche angesammelten Schmutz befreit wird, wenn zum Schluß auch noch die Kinder gebadet werden, auch die Erwachsenen in einer gründlichen Reinigung den Staub der Woche von sich abspülen und die neue Kleidung schon bereit liegt - wenn das alles in aller ländlichen Ausführlichkeit und Bedächtigkeit besorgt wird, dann zieht eine tiefbeglückende Stimmung des Ausruhns bei den Menschen ein." (O. F. Bollnow, Neue Geborgenheit. Stuttgart 1955, S. 205).

tigkeit. Da keinerlei objektive Beurteilungskriterien gelten sollen, kein objektives Ziel an sich bleibt, begibt sich das Urteilsvermögen auf die Basis des vermeintlich gesunden Menschenverstandes.
Wohin die Indifferenz des Urteils führen *kann*, belegen die Überlegungen von O. Karstädt. Hatte sich dieser in den Anfängen der reformpädagogischen Diskussion durchaus für die freie und vorurteilslose Entfaltung von Subjektivität eingesetzt, ergreift er jedoch im Ersten Weltkrieg die Gelegenheit, die "Kinderseelenkunde"[88] in den Dienst einer aggressiven Politik zu stellen. Der "freie Aufsatz" wird hier in die Pflicht genommen, phantasiereiche Darstellungen von Fronterlebnissen zu simulieren. Bot bislang der Alltag die Gelegenheit, Erlebnisse darzustellen, so lehrt fortan "der größte Lehrer Krieg"[89] eine Steigerung, die "Tiefen des Lebens" zu erfassen und zu gestalten. Gleichsam richtungsweisend wird da vorgetragen:
"Mindestens während des Krieges, aber auch in berechtigtem Umfang noch nach dem Kriege, soll der Weltkrieg Stützpunkt des dichterischen und geschichtlichen Erlebens und des darstellenden Nachschaffens in der deutschen Schule sein. (...) Man knüpfe hier an das äußere Erlebnis, aber auch vor allem an die rein geistige, künstlerisch = dichterische, an die Gefühlsumwelt der Kinder an, und das ist jetzt der Weltkrieg. Nicht nur heute, sondern noch Jahrzehnte hindurch!"[90]
Man erkennt auch hier noch das erlebende Nachschaffen des Rezipienten, wie es Dilthey postuliert hatte. Karstädt will es fortan auf vorgestellte Inhalte ausgedehnt wissen. Authentisches Erleben und phantasiemäßiges Erleben ("Phantasie-Erlebnisse") sollen dabei ineinander übergehen. Als "Kriegsaufsatzquellen" dienen:
"Eigene Erlebnisse, Erzählungen, Erlauschtes, Bilder, schriftliche Berichte aus Feldpostbriefen, Zeitungen, Büchern- und auf Grund dieser Anregungen: Phantasie = Erlebnisse, angenommene Ereignisse und Handlungen."[91]
Mehrere hundert Aufsatzthemen hält der Verfasser dazu bereit. Vom ersten Schuljahr an erzählen oder schreiben die deutschen Schüler in den Kriegsjahren z.B. über Themen wie: "Wenn ich 18 Jahre alt wäre!", "Ein Feldgrauer aus

---

88 O. Karstädt, Kinderaug' und Kinderaufsatz im Weltkriege. Der freie Aufsatz grundsätzlich und an vielen Hunderten von praktischen Proben und Aufgaben entwickelt. Osterwieck und Leipzig 1916; Zitat: S. V. - Karstädt nimmt mit seiner der Kriegstüchtigkeit dienenden Aufsatzdidaktik eine Sonderstellung innerhalb der reformpädagogischen Bewegung ein. Es zeigt sich aber deutlich, welche Kräfte mit der genannten Indifferenz der Erlebnisbewertung aufbrechen können. Aufschlußreich in diesem Zusammenhang ist es allerdings, daß Karstädt kein Außenseiter der Bewegung war, sondern gerade zu ihren führenden Köpfen zählte. Das bestätigen zahlreiche wissenschaftliche Untersuchungen zur Reformpädagogik. So schätzt ihn K. Fahn als "zweifellos die stärkste Stütze für den freien Aufsatz in der arbeitsschulmäßigen Ausprägung" ein. (Dies., Der Wandel des Aufsatzbegriffes von 1900 bis zur Gegenwart ..., a. a. O., S. 104.) Vgl. hier auch E. Neuhaus, Muttersprachliche Bildung ..., a. a. O., S. 32; H. J. Frank, Dichtung, Sprache, Menschenbildung ..., Bd. 1. A. a. O., S. 369 ff. - Die genannten Referenten setzen sich hier mit Karstädts Position in der Zeit *vor* dem Ersten Weltkrieg auseinander. Sie lassen übereinstimmend seine Kriegsaufsätze unberücksichtigt.
89 O. Karstädt, Kinderaug' und Kinderaufsatz im Weltkriege ..., a. a. O., S. 1.
90 Ebd., S. 3 f.
91 Ebd., S. 4.

dem Osten und einer aus dem Westen treffen sich in Nordhausen auf Urlaub. Schreib das Zwiegespräch auf!" oder über "Ein ehrenvolles Kriegerbegräbnis".[92]

Auf diesem Hintergrund überrascht es nicht, daß Karstädt im nationalsozialistischen "Handbuch für den Deutschunterricht" zum Verfasser des Artikels "Aufsatzunterricht"[93] bestellt wird. Sein Einfluß bleibt allerdings auch während der Weimarer Republik ungebrochen. Während dieses Zeitraums tauscht er das regulative Prinzip der *Kriegs*erlebnisse wieder gegen das Prinzip des Alltagserlebnisses aus. Als Anlässe zum Schreiben werden in der 4./5. Auflage seiner "Vorbereitungen für den Deutschunterricht" im Jahre 1926 anempfohlen: "Wochen-, Tages-, Stunden-, Schulausschußberichte, Berichte in Stichworten, Berichte der Gruppen an die Klasse, an den Lehrer über Gemeinschaftsarbeit, während der Abwesenheit des Lehrers, über Führung der Vertrauensämter, Proben aus selbstgeschaffenen Lesebüchern, Natur- und Wetterkundliche Ta-

---

92 Zwei bei Karstädt abgedruckte Aufsatzproben aus dem 7. Schuljahr sollen hier einmal vorgestellt werden (a. a. O., S. 53):
"Über Gräben und Hecken auf den Feind.
Wenn ich achtzehn Jahr als wäre, würde ich mich freiwillig zu den Jägern zu Pferde melden. Ich komme mit anderen Kameraden, die mit mir auch erst ausgebildet werden, in die Kaserne nach Langensalza. Hier werde ich ausgebildet in 4 Wochen, bekomme nochmals Urlaub, und wenn dieser vorüber ist, komme ich nach Westen. Ich will gerne zu den Jägern, weil ich immer ein Pferd haben wollte. Wie werden verladen nach Brüssel, wo es zu Pferde weiter geht. Wenn wir an der Front angelangt sind, geht's tüchtig auf die Franzosen und Briten, daß die Schwarte platzt. Da heißt es: 'Lanze fällt zum Sturm! Zur Attacke marsch, marsch!' Da werden dem Pferde die Sporen in die Weichen gedrückt, daß es sich hoch aufbäumt. Und dann geht's über Gräben und Hecken auf den Feind. Wenn ich verwundet wäre, geht's zurück nach der Heimat, um mich zu erholen. Wenn ich wieder felddienstfähig wäre, ging's wieder hinaus, um das Vaterland gegen die vielen Feinde zu verteidigen.
P. Wittwer."
"Wie ein Pfeil durch die Luft ...
Wenn ich achtzehn Jahre alt wäre, würde ich mich als Freiwilliger bei den Fliegern melden. Dort müßte ich zu allererst den ganzen Apparat kennen lernen, im Falle, daß nicht alles funktioniert. Dann müßte ich flicken lernen, wenn mal am Flügel ein Loch ist; dann werden auch Probefahrten unternommen, wo ich vielleicht Bomben abwerfen müßte. Wie schön muß es doch sein, wie ein Pfeil durch die Luft zu sausen, unter sich das herrliche Landschaftsbild. Auch Erkundungsfahrten würde ich dann unternehmen, und würde den Feinden deutsche Grüße in die Städte senden.
U. Wiegel."
93 O. Karstädt, Artikel: Aufsatzunterricht. In: Handbuch für den Deutschunterricht. Hg. v. Rudolf Murtfeld. 2. Aufl. Langensalza, Berlin, Leipzig 1941, Bd. 1, S. 39 - 46. - Das Verhältnis vom Deutschunterricht der Reformpädagogik zum Gedankengut des NS-Regimes soll damit keineswegs als ungebrochen behauptet werden. Die Mehrzahl der Reformpädagogen standen den Nationalsozialisten ablehnend gegenüber, viele ließen im Widerstand ihr Leben. Das darf keinesfalls vergessen werden. Für unseren Zusammenhang soll lediglich darauf hingewiesen werden, daß das "Erlebnis" als unterrichtsmethodisches Prinzip sich erklärtermaßen einer vernunftgeleiteten Argumentation entzieht und somit der Gefahr ausgesetzt ist, von menschenfeindlichen Weltanschauungen mißbraucht zu werden. Diese Indienstnahme zeigt exemplarisch die im Jahre 1938 erschienene Artikelserie "Der Schulaufsatz" von Fritz Blättner. (In: Die Erziehung. Monatsschrift für den Zusammenhang von Kultur und Erziehung in Wissenschaft und Leben. Leipzig 1938, I. Teil: Darstellung und Kritik, S. 75 - 86; II. Teil: Darstellung und Kritik, S. 112 - 125; III. Teil: Die Neugestaltung, S. 211 - 225.) Blättner setzt die reformpädagogische Aufsatzliteratur in direkte Beziehung zu Diltheys Erlebnisbegriff. Er läßt das "Erlebnis" für den Aufsatz aber fortan nur noch gelten, wenn sich darin "ein Absolutes" (ebd., S. 115) ausspricht. Ohne Zweifel ist damit bei Blättner der autoritäre Staat gemeint, in dessen Dienst Erlebnis und Leben zu stellen sind (vgl. hier auch S. 118, S. 121, S. 220). Zum Problem "Deutsche Reformpädagogik und Faschismus" liegt das gleichnamige Buch von H. Kunert vor (Hannover / Darmstadt / Dortmund / Berlin 1973). Auf den Deutschunterricht wird hier allerdings nicht gesondert eingegangen.

gebuchblätter, Proben aus Klassen- und Elternzeitungen, Andenkenblätter für scheidende Mitschüler, wirkliche Briefwechsel mit dem Lehrer, mit auswärtigen Schulen, mit Freunden und Helfern der Schule, mit der Bahnverwaltung und Gasthäusern wegen Schulreisen usw."[94]
Schon eher überrascht es, daß eine so reflektierte Studie wie die von Gundel Mattenklott sich direkt auf die Methodik von Karstädt beruft. Für eine aktuelle Schreibdidaktik, so führt sie aus, seien lediglich einige Schreibanlässe zu modernisieren. Ansonsten könne auf das Organisationsprinzip der Schreibanlässe zurückgegriffen werden. Schließlich, und damit spricht sie einen realen Zusammenhang aus, der weiter unten erneut aufgegriffen wird, diskutiere die gegenwärtige Deutschdidaktik "das gleiche Problem unter dem Stichwort eines 'kommunikationsorientierten Unterrichts'".[95] Es darf jedoch nicht übersehen werden, daß Mattenklott das Problem inhaltlicher Leere und Beliebigkeit an anderer Stelle kritisch aufgreift. Hinsichtlich aktueller Kreativitätskonzeptionen im Deutschunterricht, die die Fähigkeit zur Innovation und Originalität als Selbstzweck begreifen, führt sie aus:
"Die Gefahr, inhaltlich leere und für alles mögliche brauchbare, aber originelle Ideen zu produzieren, ist bei allen experimentell-spielerischen Formen der Phantasie-Förderung groß. (...); es ist deshalb nötig, die dabei entstehenden Texte immer wieder auf ihre Inhalte, ihre realistischen Implikationen hin zu diskutieren."[96]
Es ist also ersichtlich, daß das Problem inhaltlicher Indifferenz in der aktuellen Schreibdidaktik durchaus erkannt ist. Eine Kritik an den historischen Ansätzen des reformpädagogischen Aufsatzunterrichts ergibt sich daraus jedoch noch nicht.
Verfolgt man die Richtungen der Reformpädagogik, so zeigt sich, daß es keinesfalls an Bestrebungen gefehlt hat, den irrationalen Strömungen entgegenzuwirken. Es kommt zu Versuchen, die Sprachkraft des Kindes durch Gesichtspunkte der Gestaltung und des Stils zu beeinflussen. Sie lassen sich unter dem Begriff des "Arbeitsschulgedankens" zusammenfassen. Nicht mehr das genialische Drauflos-Schreibenlassen der Kunsterziehungsbewegung und ihre absolute Präferenz für Erlebnis und Phantasie, sondern eine Berücksichtigung des Denkens und der Stilanalyse soll fortan den Weg "Vom Kinderaufsatz zum Kunstwerk"[97] richtungsweisend bestimmen. Hier wird zu fragen sein, ob diese Programmatik grundsätzlich eine neue Qualität literarischer Produktivität stiften kann. Wie steht der zugrundegelegte Arbeitsbegriff zum Schaffen aus dem

---

94 O. Karstädt, Vorbereitungen für den Deutschunterricht. 7. Teil: Oberstufe. Freie Aufsätze und Niederschriften aus Erfahrung und Unterricht. 4./5. Auflage Osterwieck und Leipzig 1926. S. VIII.
95 Gundel Mattenklott, Literarische Geselligkeit - Schreiben in der Schule. Mit Texten von Jugendlichen und Vorschlägen für den Unterricht. Stuttgart 1979, S. 38.
96 Ebd., S. 49 - Vgl. hier auch S. 46.
97 Vgl. die gleichlautende Kapitelüberschrift bei A. Jensen / W. Lamszus, Der Weg zum eigenen Stil. Ein Aufsatzpraktikum für Lehrer und Laien. Hamburg und Berlin 1912, S. 172 ff.

Erlebnis? Welches Verhältnis nimmt er zu Traditionen ästhetischer Theoriebildung ein, die den *Arbeits*charakter künstlerischen Tuns hervorheben?

6.3 Literarische Produktion zwischen Erlebnis und Arbeit (Jensen / Lamszus)

In der Geschichtsschreibung des Deutschunterrichts der Reformpädagogik geht man übereinstimmend von einer Periodisierung aus, die die "Arbeitsschulbewegung" als Fortsetzung der "Kunsterziehungsbewegung" begreift. In der Periodisierung kommt ein historischer Abfolgeprozeß zum Ausdruck. Die Gemeinsamkeiten der beiden Bewegungen seien aber so vielseitig, daß man über ihr zeitliches Nacheinander hinaus von keinem antithetischen Verhältnis ihrer Zielvorstellungen sprechen könne. Belegt wird diese These in der Regel mit dem Verweis auf den "freien Aufsatz". Auch die Arbeitsschule betrachte es als vordringlichste Aufgabe, die Schüler zur sprachlichen Gestaltung ihrer eigenen Erlebnisse anzuregen.[98]

Man wird der These aus gewissen Gründen zustimmen müssen. Dennoch ist sie nicht unproblematisch. Denn auf dem Hintergrund unserer bisherigen Untersuchungen über den Geniebegriff zeigt sich, daß der entscheidende Einspruch gegen geniales Produzieren mit dem Begriff der Arbeit erfolgt. Das Aufdecken des *Arbeits*charakters künstlerischen Tuns zielt gegen die irrationale Annahme, das Erlebnis bringe von sich aus die entsprechende sprachliche Form hervor. Bereits in der Antike (Aristoteles) und später bei Kant, Schiller, Hegel, Nietzsche und der künstlerischen Avantgarde der Jahrhundertwende kommt das - jeweils unterschiedlich - zum Ausdruck. Wenn also die "Arbeitsschulbewegung" mit dem Begriff der Arbeit beim schöpferischen Tun operiert, so ist zu vermuten, auch hier werde die Notwendigkeit bewußter Arbeit an der Sprachgestaltung betont. Es wird zu prüfen sein, welchen Beitrag sie zu einer Fundierung literarischen Gestaltens auf Arbeit leistet. Wie ist hier das Verhältnis der Bildungsprinzipien "Arbeit" und "Leben" zueinander bestimmt? An welche Positionen der Kunsterziehungsbewegung knüpft man an, bzw. wo kommt es zu einem Bruch?

Die folgenden Ausführungen erheben nicht den Anspruch, eine dezidierte Darstellung der "Arbeitsschulbewegung" leisten zu wollen. Von Bedeutung sind vielmehr ihre Aussagen zur möglichen Erlernbarkeit literarischen Produzierens. Aus diesem Grund genügt hier der Hinweis, daß der Begriff der "Arbeitsschule" von G. Kerschensteiner (1908) unter direktem Einfluß der Gedanken Pestalozzis in die pädagogische Diskussion des frühen 20. Jahrhunderts eingeführt wird. Folgt man der Einteilung von G. Wilkending, so "begründet"[99]

---

98 Vgl. K. Fahn, Der Wandel des Aufsatzbegriffs ..., a. a. O., S. 100 ff.; K. H. Günther, Der lebensphilosophische Ansatz ..., a. a. O:, S. 15 f.; E. Neuhaus, Muttersprachliche Bildung ..., a. a. O., S. 31 ff.; H. J. Frank, Dichtung, Sprache, Menschenbildung ..., Bd. 1. A. a. O., S. 367 ff.; A. Beinlich, Das schriftsprachliche Gestalten und die Stilpflege. A. a. O., S. 333 ff.
99 G. Wilkending, Volksbildung und Pädagogik "vom Kinde aus". A. a. O., S. 328.

das zwei Jahre später erscheinende Buch von A. Jensen und W. Lamszus "Unser Schulaufsatz ein verkappter Schundliterat"[100] den *Literatur*unterricht als Arbeitsunterricht. Hier werden die wesentlichen Bestimmungen vorgenommen. Daher bietet es sich an, auf die Position von Jensen und Lamszus dezidiert und gleichsam exemplarisch einzugehen.

Bereits in Teilströmungen der Kunsterziehungsbewegung zeichnet sich eine Opposition ab, die die Position von Jensen und Lamszus antizipiert. So treten auf dem 2. Kunsterziehungstag in Weimar (1903) Stimmen hervor, den *Arbeits*charakter literarischen Produzierens zu problematisieren. Hier ist besonders Diez zu nennen. Diez wendet sich eindeutig gegen eine individualistische Auslegung der schöpferischen Sprachkraft des Kindes. Er spricht sich ausdrücklich dafür aus, beim schriftlichen Ausdruck den formellen Unterschied der Stile zu berücksichtigen: "(...) es sollte (...) der rein erzählende Stil als solcher geübt werden, ebenso der lyrische Stil, der beschreibende Stil u.s.f., der Gesprächsstil". Und Diez setzt sich nachdrücklich für ein systematisches Üben verschiedener literarischer Kommunikationsformen ein. Erst so könne das sinnliche Vorstellungsvermögen emanzipatorisch gefördert werden:
"Endlich würde ich auch einigermaßen das Wort wieder reden poetischen Übungen. Ich weiß nicht, es kann nicht ganz falsch gewesen sein, wenn die Alten einen solchen Wert darauf gelegt haben, daß der Schüler auch Versübungen machte; entweder in einfacher Form, so, daß etwas, was in Prosa umgeschrieben ist, in Poesie wieder übertragen wird, oder daß man dem Schüler Gedanken, den Gegenstand gibt und ihn auffordert, ihn in Verse zu bringen. Ich glaube, daß dadurch der Produktionstrieb und die Produktionslust außerordentlich gesteigert wird."[101]

Diez' Plädoyer für "poetische Übung" und Stilanalyse als geeignetes Mittel zur Förderung literarischer Produktivität in der Schule kann die Tagungsteilnehmer in Weimar nicht überzeugen. Sie interpretieren es als Einengung und Regelzwang, der die Spontaneität des Ausdrucks ersticke.[102] Erst Jensen und Lamszus knüpfen wieder an Diez' Grundsätze an. Dabei teilen sie allerdings mit den Kunsterziehern gewisse Bedenken gegen vorgegebene Stilmuster und Regelsysteme. Wie läßt sich das vereinbaren?

Beide Positionen gewinnen ihr Selbstverständnis durch eine Kritik am Aufsatzunterricht, wie er im späten 19. und frühen 20. Jahrhundert vorherrscht. Gemeint ist der sog. Reproduktionsaufsatz. In ihm sehen beide die Gefahr begründet, der Gestaltungsarbeit beim Schreiben keinen Raum zu lassen. Denn hier werden Regeln des Schreibens einseitig in den Dienst mechanischer Reproduktion gestellt. Man kann sich diese kritisierte Aufsatzmethodik so vor-

---

100 A. Jensen / W. Lamszus, Unser Schulaufsatz ein verkappter Schundliterat. Ein Versuch zur Neugründung des deutschen Schulaufsatzes für Volksschule und Gymnasium. Hamburg 1910. (Zitiert wird in der Folge nach dem 4. bis 6. Tausend Hamburg 1910).
101 Diez, Der schriftliche Ausdruck (der Aufsatz). In: Kunsterziehung. Ergebnisse und Anregungen des zweiten Kunsterziehungstages in Weimar, am 9., 10., 11. Oktober 1903. A. a. O., S. 94 - 105; Zitat: S. 103.
102 Vgl. ebd., S. 113 ff.

stellen: Ein im Unterricht erarbeiteter Text soll möglichst wortgetreu von den Schülern noch einmal aufgeschrieben werden. In der Phase der Erarbeitung sind neben dem Thema und dem Stoff auch die Gliederung, die Argumentation, der Satzbau, die Wortwahl und der Umfang genau festgelegt. Die Niederschrift hat sich in Form und Inhalt dieser Vorbereitung anzupassen. Jensen / Lamszus bestimmen diesen Aufsatz terminologisch als "alten" Aufsatz[103]. Zu den Vertretern des "alten" Aufsatzes gehören u.a. K. Dorenwell, P. Th. Hermann, J. A. Seyfferth, G. Mosengel, J. Venn, E. Lüttge und J. Naumann. Die Liste ließe sich um einige Repräsentanten fortsetzen. Alle Aufsatzmethodiker befürworten eine einseitig formale Zielsetzung, die im Verhältnis von Muster / Reproduktion zum Ausdruck kommt. Betrachtet man dieses Verhältnis grundsätzlich, so ergibt sich eine eindeutige Werteskala. Der erstellte Musteraufsatz gilt als Vorbild und Maß aller Dinge, während die Reproduktion in die Rolle des Epigonen gedrängt ist. Illustrativ führen Jensen / Lamszus dazu aus, der Schulaufsatz sei ein "Gebilde", das "mit ausgestreckter Zunge, die Peitsche des Lehrmeisters hinter sich, vergebens rennt, das Ideal zu erreichen".[104] Die Metaphorik spricht für sich. Dem Ideal hat sich der schreibende Schüler unpersönlich anzupassen. Auch die möglicherweise gelungenste Reproduktion beschränkt sich immer auf das bereits Vorgegebene. Eigene Gedanken, individuelle Ausdrucksweise, flexible Gestaltung und Kritik fallen durch die Maschen der als unübertrefflich ausgewiesenen Musteraufsätze. Auf dem Hintergrund dieser Anweisungen kann es einsichtig werden, den "alten" Aufsatz als "gebundenen Aufsatz"[105] zu bezeichnen.

Werfen wir einen näheren Blick auf die aufsatzmethodischen Ansichten der Vertreter des gebundenen Aufsatzes, wie sie von Jensen / Lamszus angeführt werden. Da empfiehlt Ernst Lüttge für den Anfangsunterricht in der Volksschule zum Thema "Am Abend" die folgende Vorgabe einer Gliederung durch den Lehrer: "Der Ofen wärmt. Die Lampe leuchtet. Der Vater ruht, die Mutter näht und strickt. Die Kinder spielen. Die Tiere schlafen."[106] Aufgabe des Schülers ist es nun, zu den einzelnen Gliederungspunkten passende Sätze zu finden. Nach der Korrektur sind die Sätze auswendig zu lernen und als Aufsatz niederzuschreiben. In diesen Anleitungen sehen Jensen und Lamszus wesentliche Parallelen zur "Schundliteratur". Auch sie zeichne sich durch eine verfälschte Wiedergabe der Wirklichkeit aus. An die Stelle wirklicher Lebens-

---

103 A. Jensen / W. Lamszus, Unser Schulaufsatz ..., a. a. O., S. 12 ff.
104 Ebd., S. 10.
105 Einen ausführlichen Überblick über die Vertreter des gebundenen Aufsatzes liefert die Dissertation von K. Fahn, Der Wandel des Aufsatzbegriffes ..., a. a. O., S. 5 ff. - Vgl. auch die materialreiche Zusammenstellung von G. Sorgenfrei, Über den Volksschulaufsatz ..., a. a. O., S. 9 ff.
106 Jensen / Lamszus, Unser Schulaufsatz ..., a. a. O., S. 69.

erfahrung setze sie ein verzerrtes und klischeegebundenes Abbild.[107] Gegen "Schundliteratur" und gebundenen Aufsatz fordern Jensen und Lamszus den "neuen" Aufsatz. Er habe die Wirklichkeit nicht aus zweiter Hand zu reproduzieren, sondern sich auf das "Leben", den "Urquell jeder Kunst"[108] zu beziehen. Die Argumentation deckt sich in wesentlichen Zügen mit den Ansichten der Kunsterzieher. Einheitlichkeit herrscht also in der *Negation* der bisherigen Aufsatzpraxis und in der Fundierung des "neuen" Aufsatzes auf das individuelle Erlebnis. Bei Jensen und Lamszus führt die Erschließung des Erlebnis- und Erfahrungsbereiches der Schüler aber darüber hinaus zu Ansätzen einer Entwicklung künstlerischer Darstellungsweisen. Sie bleiben nicht auf der Stufe kindertümlicher Aufsätze stehen, sondern beabsichtigen, den Stil des Kindes zu künstlerischen Leistungen zu entwickeln. Ihre Kritik ist nicht gegen *jede* Normierung der Sprache gerichtet; sie richtet sich vielmehr gegen die besondere historische Erscheinungsform des gebundenen Aufsatzes. Setzen die Kunsterzieher die kindliche Produktion mit der des Künstlers als wesensgleich an, so begreifen Jensen / Lamszus diesen postulierten Zusammenhang als eine *Potentialität*. Die Ausgangsthese, das Kind *ist* ein Künstler, modifiziert sich demzufolge entscheidend. Über die bloße Annahme einer analogen Seinsstruktur hinaus ist in der Folge von einer schrittweisen Emanzipation zu Formen künstlerischer Arbeit die Rede. Das neue Paradigma lautet: "Das Kind arbeitet wie ein Künstler."[109] Es arbeitet dann wie ein Künstler, wenn das jedermann zukommende schöpferische Vermögen entsprechend geweckt und gefördert werden kann.

Zur Untermauerung der These wird für die Schulpraxis ein Weg vorgeschlagen, der als methodischer *Drei-Schritt* zu bezeichnen ist. Untersucht man diesen Vorschlag zur Textherstellung, so läßt sich konkret aufzeigen, daß Jensen und Lamszus nicht bereit sind, die von der Kunsterziehungsbewegung über Bord geworfenen Stilregeln ebenso unreflektiert fallenzulassen. Im *ersten* Schritt geht man direkt von den Stoffen und Erlebnissen aus: "Lasset das Kind arbeiten aus seiner Welt, laßt es aus seinem Leben schöpfen (...). Laßt das Kind die Menschen, deren Wesenheit es in sich sog, in den sprachlichen Raum zu spannen versuchen. Laßt es Charakteristiken nach dem Leben schreiben."[110]

Dem experimentellen Durchlaufen verschiedener Beobachtungen und ihrer sprachlichen Gestaltungen schließt sich der *zweite* Schritt an:

---

107 Diese Einschätzung teilen namhafte Schriftsteller (vgl. Rezensionsstimmen. In: Jensen / Lamszus, Die Poesie in Not. Hamburg 1913, S. 105). Hier nehmen u.a. Thomas Mann, Heinrich Mann, Arno Holz und Hermann Hesse positiv zur Kritik von Jensen und Lamszus Stellung. Nicht zuletzt dieses Echo in der literarischen Öffentlichkeit zeigt, daß es sinnvoll erscheint, produktionsästhetische Fragestellungen im Zusammenhang mit einer Literaturwissenschaft zu diskutieren, die Literaturdidaktik als eines ihrer Teilgebiete begreift.
108 Jensen / Lamszus, Unser Schulaufsatz ..., a. a. O., S. 19.
109 Ebd., S. 146 ff.
110 Ebd., S. 143.

"Dann hernach, wenn es wacker mit seinem Stoffe gerungen hat, so wacker, daß es ausruhen möchte auf seinen Lorbeeren, dann haltet ihm die klassische Form vor. Und siehe da, sie wird wie eine Offenbarung wirken. All das, wonach das Kind begehrlich die Arme reckte, hier hangen die Früchte in köstlicher Reife."[111]

Der Produzent wird zum Rezipienten. Er vergleicht sein Werkstück mit der vergegenständlichten Tätigkeit des Dichters. Und im *dritten* Schritt verbindet sich das Spielerische (die Skizze oder der Einfall des ersten Schritts) mit der vergleichenden Erkenntnis (des zweiten Schritts) zum mühevollen Ausarbeiten: "Nun gehe hin und versenke dich aufs neue in das Leben, studiere und vertiefe deinen Blick!"[112] Es geht also um Komposition und Kompositionszusammenhänge, um Korrektur, Streichung und Ergänzung. Der Schreibende muß seinen Entwurf "verdichten"; er ist aufgefordert, das Uferlose der ersten freien Skizze in die Ansprüche einer konsequenten Begrenzung zu überführen. Didaktisch gesehen spricht man sich folglich gerade für Stilmuster aus. Im Vergleich zum "alten" Aufsatzunterricht ändert sich jedoch ihr Stellenwert: "Das ist das ganze Geheimnis. Behaltet all eure Stilmuster. Aber gebt sie nicht als Vorbilder, sondern als Nachbilder."[113]

Jensen und Lamszus wenden hier das didaktische Problem der Existenzberechtigung von Stilmustern somit zu einer Frage der *Methodik* um. Entscheidend ist der *Zeitpunkt* ihres Einsatzes ins Unterrichtsgeschehen. Emanzipatorische Bedeutung komme den Mustern nur dann zu, wenn sie ihren am Ideal gemessenen Vorbildcharakter verlieren, d.h. wenn sie den Schreibversuchen der Schüler zeitlich nachgeordnet sind. Als "Nachbilder" lassen sie zunächst dem Einfallsreichtum des Schreibenden freien Raum, um dann zur Selbstkorrektur und Weiterarbeit zu motivieren. Damit ergibt sich eine Wechselwirkung von Reflexion und Produktion. Der Gegensatz zum freien Aufsatz der frühen Kunsterziehungsbewegung ist evident. Schreiben gilt nicht mehr als ungezügelter Drang zum Ausdruck eines Erlebnisses, sondern als ein Strukturierungsvorgang, in dem das Gestaltete erneut bedacht, geprüft und geordnet wird. Der Kanon der Schreibmöglichkeiten wird dabei grundsätzlich über den Erlebnisaufsatz hinaus in dem Maße aufgebrochen, wie entsprechende Formen als Nachbilder im Unterricht auftauchen. Daß das bei Jensen und Lamszus allerdings nur in Ansätzen geschieht, hat uns weiter unten zu beschäftigen. Entscheidender ist erst einmal die grundsätzliche *Perspektive* einer Schreibdidaktik, wie sie hier hervortritt. Denn sie verläßt die Bahnen der Kunsterziehungsbewegung. In ihr treten Züge hervor, die bereits in der Antike den Streit um die Ursprünge und Quellen künstlerischen Schaffens beherrschen. Wie im

---

111 Ebd., S. 144. - Die Autoren identifizieren die "klassische Form" keinesfalls mit Formen der Klassik. Diese mögliche Verwechslung scheidet aus, wenn man sich klar macht, daß sie für ihre Stilmuster sowohl auf die Klassik als auch auf Beispiele ihrer Gegenwartsliteratur zurückgreifen. Offenbar argumentieren sie mit Mustern, die von der Literaturkritik *anerkannt* sind.
112 Ebd.
113 Ebd.

vorherigen Abschnitt dieses Kapitels ersichtlich wurde, sind die Auffassungen vom "Kind als Künstler" (Götze) und vom "Genius im Kinde" (Hartlaub), von den urwüchsig vorhandenen Schaffenskräften im Kinde, eine pädagogische Neuauflage der durch Shaftesbury und den Sturm und Drang vermittelten platonischen Enthusiasmuslehre. Bekanntlich setzt Aristoteles dem ein Verwiesensein der Kunst auf techne und poiesis entgegen. Jensen und Lamszus rücken in einen analogen Argumentationszusammenhang ein. Sie setzen den subjektivistisch bestimmten Eigenschöpfungen aus den Kräften des Kindes sprachliche Strukturierung und Komposition entgegen. Ohne dabei allerdings die antiken Wurzeln direkt zu nennen, bestimmen sie den Schreibprozeß ausdrücklich als Anwendung von "Technik" und "Handgriffe(n)". Die "Nachbilder" der Stilmuster liefern Beispiele einer gelungenen Werksetzung. So erscheint der Herstellungsprozeß nachvollziehbar. Das eröffnet einen Blick in die "Werkstatt des Künstlers": "Hier kann ich eindringen in die Technik, kann dem Schüler die Handgriffe zeigen."[114] Mit der Anwendung einer Technik beim Schreiben und der Lehrbarkeit des Formalen knüpfen die genannten Reformer also in gewisser Weise an die poiesis-Tradition des Aristoteles an. Der Anteil der Arbeit im Schreibprozeß wird direkt thematisiert. Er wird weder geleugnet noch verdeckt.

Von besonderer Bedeutung ist dabei das Verhältnis zwischen Schülerprodukt und Nachbild. Es entspricht dem zwischen Lernenden und ausgewiesenen Dichter. Jensen und Lamszus begreifen es als eine Beziehung zwischen Schüler und "Meister". Der Blick auf das Nachbild läßt die "am Stoffe webende Hand des Meisters erkennen".[115] Vorliegende Bestimmung enthält einen weiteren Bezug zum handwerklichen Charakter des Schreibens. Auch Kant hebt diesen bekanntlich hervor, wenn er mit dem Begriffspaar von "Schüler" und "Meister" operiert. Die Einführung des Schein- und Geniebegriffs hindert ihn jedoch daran, die Abhängigkeit des Produzenten von Regeln durchgängig zu behaupten. Auf diesem Hintergrund erscheint es folgerichtig, wenn sich Jensen und Lamszus auf ihrem Weg, den Stil des Kindes zu künstlerischen Leistungen zu entwickeln, einer Kritik des Geniebegriffs zuwenden. Das "Schaffen", so heißt es, ist "keineswegs das Reservatrecht des Genies, sondern eine Angelegenheit jeglichen menschlichen Gehirns, in dem Sinnesherde, Phantasie- und Sprachzentren angelegt sind."[116] Das egalitäre Desiderat wird jedoch durch einen Arbeitsbegriff wieder in Frage gestellt, der die erreichten Aussagen über den Stellenwert der literarischen "Nachbilder" untergräbt. Wenn der "Begriff der Arbeit als eine Erfüllung des Tätigkeitstriebes, als eine Auslösung des Schaffensdranges"[117] definiert wird, so tritt mit der einseitigen Betonung des subjektiven Vollzuges die Möglichkeit des reflexiven Umgangs mit den

---

114 Ebd., S. 144 f.
115 Ebd., S. 145.
116 Ebd., S. 155.
117 Ebd., S. 159.

Gestaltungsmitteln in den Hintergrund. Damit scheinen sich die Reformer um ihren bereits erreichten Erkenntnisstand zu bringen, der ja gerade den notwendigen Anteil handwerklicher Fertigkeiten hervorhebt. Sie betonen erneut die dem Kinde innewohnenden natürlichen Sprachkräfte. Der Grund für die Überbewertung der Individualität liegt auch bei Jensen und Lamszus in der Ansicht, ein Erlebnis selbst wirke spracherzeugend. Abermals bemüht man die Triebstruktur, um die Gemeinsamkeit von Kind und Künstler zu begründen. Da ist beispielsweise von Goethe die Rede:
"Und so wie er haben auch die Kinder die wortbewegende, die worterfüllende, die sprachschaffende Phantasie, daß sie sich selber sprechen und schreiben können."[118]
Auf diese Weise bleibt das sinnlich-phantastisch gefaßte Vorstellungsvermögen von rationalen Bezügen abgetrennt. Es nimmt die Gestalt einer treibenden Kraft inneren Ursprungs an, die nach Durchsetzung und Erfüllung verlangt.
Als Vorbild läßt sich unschwer Dilthey erkennen, der dichterisches Schaffen mit dem Hervorquellen eines inneren Erlebnisses identifiziert.[119] Die genannten handwerklichen Bezüge des Schreibens scheinen dem allerdings diametral zu widersprechen. Und es ist in der Tat bei Jensen und Lamszus eine eigentümliche Ambivalenz zwischen Erlebnis und Arbeit auszumachen. Das oben dargestellte Verhältnis von Schüler / Meister tendiert zu der Annahme, die beiden Reformpädagogen seien in der Lage, einen Arbeitsbegriff zu entwickeln, der sich von der Lebensphilosophie emanzipieren könne. In der Folge dominiert jedoch ein Arbeitsbegriff, der das Verhältnis von Schüler / Meister abermals frei von allen reflexiven Bezügen auf die Gestaltung ausgibt. Das Produzieren des "Meisters" folge seiner "Kraft der inneren Gesichte", und die Wirkung auf die Schüler komme einem "beseelende(n) Hauch"[120] gleich. Diltheys Spekulation einer analogen Gemütsstimmung zwischen Dichter und Leser wird hier zu einer literaturpädagogischen Devise. Sie läßt sich noch deutlicher herausstellen, wenn man sich in Erinnerung ruft, daß Dilthey der erhebenden Wirklichkeit der Schöpfung eine "schwächere" Phantasie des Rezipienten nachordnet. Jensen und Lamszus drücken das vorgestellte Verhältnis entsprechend aus:
"In der Kraft und Harmonie der Darstellung ist der Künstler dem Kinde unendlich überlegen, aber in der Art zu träumen, zu fühlen und zu schreiben sind sie wesensgleich."[121]
Versteht Dilthey das "Nacherleben" der Dichtung als eine produktive Aktivität der "Seele", so stimmen Jensen und Lamszus der Erlebnistheorie an einer weiteren Stelle zu. Auch sie nehmen beim Kind einen Trieb an, der es zu einem

---

118 Ebd.
119 Die Einflüsse der Erlebnispädagogik auf Jensen und Lamszus skizziert W. Neubert. Sie läßt dabei allerdings die von uns aufgezeigten Ansätze eines reflexiven Umgangs mit den "Nachbildern" unberücksichtigt. Dies., Das Erlebnis in der Pädagogik. Göttingen 1925, S. 22 ff.
120 Jensen / Lamszus, Unser Schulaufsatz ..., a. a. O., S. 162.
121 Jensen / Lamszus, Der Weg zum eigenen Stil, ..., a. a. O., S. 206.

unbefangenen Ausdruck motiviere. Das klang bereits im letzten Zitat an. Noch deutlicher formulieren sie:
"Der Aufsatz ist - und das hat er mit jeder echten Kunst gemein - einem natürlichen Ausdrucksbedürfnis entsprungen. Er ist nichts weiter als eine natürliche Seelenreaktion."[122]
Und: "Es sind die inneren Spannungen, die nach sprachlichen Entladungen drängen."[123]
Die methodische Konsequenz liegt auf der Hand. Erst die *Wahlfreiheit* des Themas ermögliche die freie "Entladung" des individuellen Erlebnisses. Erneut wird der Erfahrungs- und Erlebniskreis der Kinder zum entscheidenden Stofflieferanten:
"Das Leben bringt uns nicht nur die Stoffe für unsere Aufsätze dar, sondern es dichtet uns den ganzen Aufsatz. Es dichtet den Aufsatz mit Einleitung, Ausführung und Schluß und gestaltet mit seiner natürlichen Logik Aufsätze in makellos organischer Gliederung."[124]
Nimmt man folglich an, der Stil und die Darstellungskraft seien bereits im Leben selbst vorhanden, beides brauche sich nur noch zu entladen, so sind die positiven Ausführungen über einen Lehr- und Lernzusammenhang des Schreibens auch hier in Frage gestellt. Das betrifft gleichermaßen die vorgetragene Kritik am Geniebegriff. Wird nämlich Sprache einseitig als "Entladung" psychischer Spannungen begriffen, so knüpft man damit unter der Hand an Platons Enthusiasmuslehre und an die Ästhetik des Sturm und Drang an. Auch hier gilt ein angenommener Gestaltungsdrang als Ventil, sich innerer Spannungen zu entledigen.
Wir haben aufgezeigt, daß die Aussagen von Jensen und Lamszus zur Erlernbarkeit literarischen Produzierens widersprüchlich sind. Sie schwanken zwischen reflexiven Bezügen auf literarische "Nachbilder" und der Annahme, das Leben selbst wirke organisch auf die Generativität der Sprache. Diese Spannung skizziert den Hintergrund, auf dem die Reformer ihren spezifischen "Weg zum eigenen Stil" einschlagen. Er besteht weniger in der Aneignung des künstlerischen Materials; vielmehr soll ein bestimmtes *Verhalten* erworben werden. Auf dem Programm steht die Anwendung einer der natürlichsten Techniken des Schreibprozesses: das *Beobachten*. Das Beobachten wird zweifach thematisiert. Einmal richtet es sich auf *innere* Vorgänge, zum andern auf *äußere* Geschehnisse. Es umfaßt subjektive Eindrücke und objektive Erscheinungen der Umwelt. Durch das innere Beobachten sollen Spontaneität des Ausdrucks und Assoziationsvermögen gefördert werden. Hier kommt es darauf an,
"einen *Augenblick*, einen gesteigerten, vom Leben durchpulsten Augenblick in aller Sinnlichkeit, d.h. mit allen starken Worten, die gesprochen wurden, mit

---

122 Ebd., S. 22.
123 Ebd., S. 73.
124 Ebd., S. 90.

jeder charakteristischen Gebärde, mit jedem Mienenspiel, mit jedem Atemzug womöglich festzuhalten und zu vergegenwärtigen."[125]
Das persönliche Erlebnis bleibt aber nur bedingt in seiner Unbefangenheit bestehen. Geprüft werden soll die Übereinstimmung der subjektiven Beobachtung mit dem objektiven Geschehen. Es schließt sich das "Arbeiten an sich" an, ein Vergleich des Erlebten mit den äußeren Ereignissen:
"Das Erschließen der Umwelt, das Belauschen der Natur, das bewußte Studium der Natur, das Studium ihrer Gebärden, ihrer Farben, ihrer Gerüche, ihrer Geräusche, das Studium des ganzen lebendigen Spiels."[126]
Aufsatzmethodisch ist damit die Entwicklung vom "Erlebnisaufsatz" zum "Beobachtungsaufsatz" gegeben. Der "Beobachtungsaufsatz" soll Schritt für Schritt zu einer reicheren Gestaltung führen und in die Welt der "Stilformen" einführen. Das erscheint aber nur dann möglich, wenn sich das Schreiben von Aufsätzen nicht auf die Anzahl der Schuljahre in der Volksschule beschränkt. Daß diese Perspektive an die Grenzen des herrschenden Schulsystems stoßen muß, wird von Jensen und Lamszus in aller Deutlichkeit gesehen. Sie setzen dem eine Forderung entgegen, die bis in die Gegenwart nichts an Aktualität verloren hat. Bereits im Jahre 1910 entwerfen sie einen "Übersichtsplan" mit Grundzügen einer Gestaltungslehre, die unterschiedslos für *alle* Schularten gelten soll.[127] Stilschulung könne nur dann sinnvoll betrieben werden, wenn sie "vom Hosenmatz bis zum Primaner"[128] erfolge. Diese emanzipatorische Einsicht nimmt innerhalb der Arbeitsschulbewegung eine Sonderstellung ein. Die Vielzahl ihrer Vertreter spricht sich dagegen aus und beabsichtigt, nur solche Bildungsinhalte in den Volksschulunterricht aufzunehmen, die einem angeblichen Verständnisvermögen der Schüler entsprechen.[129] Da Jensen und Lamszus sich eben nicht darauf beschränken, das Schreiben einzig nach methodischen Lösungswegen zu untersuchen, sondern ihre Kritik auf die institutionellen Bedingungen schulischer Sozialisation ausdehnen, sind sie einer heftigen

---

125 Ebd., S. 52.
126 Ebd., S. 7 f.
127 Jensen und Lamszus, Unser Schulaufsatz ..., a. a. O., S. 181 ff.
128 Ebd., S. 165.
129 Hier ist beispielsweise Severin Rüttgers zu zitieren. Er bestimmt das Schaffen des Künstlers zunächst rational als einen erlebnisreichen Eingriff in "Stoff und Technik" der Tradition. Und er folgert, der Schüler müsse "denselben Weg der Arbeit gehen". Den Weg könne er aber nur so weit beschreiten, "als seine eigene poetische Kraft ihn tragen kann". Entscheidend ist, daß die ins Feld geführte "eigene poetische Kraft" nicht analytisch hergeleitet wird. Sie erfolgt als eine ontologische Setzung. Als solche nimmt sie die Form einer Naturkonstante an, die sich gerade pädagogischen Prozessen entzieht. Der Gedanke einer *Förderung* literarischer Produktivität schließt sich demzufolge von selber aus: "Und weil die Schule niemals vorauswissen wird, wie weit diese Kraft bei dem einzelnen reicht, kann sie auch nicht jedem die Bücher geben, die ihn bis zu dieser Grenze begleiten." (S. Rüttgers, Über die literarische Erziehung als ein Problem der Arbeitsschule. Leipzig und Berlin 1910, S. 8) - Zurück bleibt die Betonung des Volkstümlichen und einer lebensschwangeren Natürlichkeit. In der Volksschule solle sich die Rezeption und Produktion von Literatur von klassischen Vorbildern lossagen und ihr Gewicht auf das "gewachsene" Volksgut (auf epische Kurzformen, Volks- und Heldensagen) legen. Hier sind bereits Züge des nationalsozialistischen Welt- und Menschenbildes vorgezeichnet. Und Rüttgers wird Jahre später zu einem der einflußreichsten Literaturpädagogen der NS-Zeit gehören. Vgl. dazu G. Kleinschmidt, Theorie und Praxis des Lesens. In der Grund- und Hauptschule. 2. Aufl. Frankfurt/M. / Berlin / München 1971, S. 42.

Polemik der gymnasialen Deutschmethodiker ausgesetzt. Offenbar fürchtet die "höhere" Bildung um ihre angestammten Privilegien.[130] Heben wir den Übergang vom Erlebnisaufsatz zum Beobachtungsaufsatz noch einmal heraus. Im genannten "Übersichtsplan" ist er für das 6. Schuljahr vorgesehen.[131] Die Stoffe der Aufsätze können dabei dieselben sein wie in früheren Schuljahren. Entscheidend ist die neue Vorgehensweise. An das Beobachten und den Entwurf von Skizzen schließt sich das korrigierende Gestalten an. Der "methodische Grundsatz für alles Aufsatzschreiben" lautet: "Beobachte, um die Beobachtung nachher zu gestalten!"[132] Eine wesentliche Voraussetzung findet dieser Imperativ in der Annahme, auch der Künstler gehe nach dem Prinzip des Ausprobierens von Zusammenstellungen vor. Da er sich im Schreibprozeß nicht an literarischen Stilmustern orientiere, sondern durch seine Beobachtungen einen eigenen Stil entwickele, liege der Weg, vom "Kinderaufsatz zum Kunstwerk" im Üben des genauen Beobachtens. Eine deduktive Vermittlung eines Regelschemas hemme hingegen die sprachliche Entwicklung. Vielmehr erwachse die sprachliche Angemessenheit zur Bewältigung einer Darstellungsaufgabe aus dem Ringen der Schüler um einen besseren Stil. Ein guter Stil lasse sich nicht "von außen her lehren und üben", er müsse "von innen her wachsen".[133] Dem widerspricht keinesfalls die Tatsache, daß der "Übersichtsplan" eine Reihe von Anregungen zur Gestaltung enthält. In ihm kommen unterschiedliche Textsorten zur Geltung: Märchen, Erzählungen, Fabeln, Rätsel, Anekdoten etc. Entscheidend für unseren Zusammenhang ist die Aussage, die Übersicht wolle "auf keinen Fall (...) irgendwie als Lehrplan aufgefaßt sein".[134] Der Grund der Ablehnung eines verbindlichen Lehrplans soll noch einmal verdeutlicht werden. Er liegt in der bereits oben formulierten Annahme, auch dem Künstler gehe es im Prozeß der Werksetzung nicht um das Nachahmen bestimmter Muster oder um die Verwirklichung eines Plans. Adäquates künstlerisches Gestalten wachse aus sich selbst heraus. Es unterliege weder einer Absicht noch einer Regel.

Man wird den grundsätzlichen Aussagen auf den ersten Blick kaum widersprechen können. Dennoch liegt ein entscheidendes Mißverständnis zugrunde. Es

---

130 Auf dem bildungspolitischen Hintergrund des vertikal gegliederten Schulsystems eröffnen Jensen und Lamszus eine *Perspektive*, den Deutschunterricht des Gymnasiums in seiner Privilegierungsfunktion in Frage zu stellen. Die Antwort der gymnasialen Deutschmethodiker spiegelt deutlich ihre Befürchtung wider, die eigene elitäre Tradition reflektieren zu müssen. Dementsprechend entzieht sich die Kritik einer sachlichen Auseinandersetzung um den neuen Aufsatzunterricht. Ohne die Argumente der Reformer im einzelnen zu prüfen, kommt es zu einem polemischen Verriß. - Vgl. P. Geyer, Sturm und Drang in der Aufsatzlehre. Zur Abwehr gegen die neue Aufsatzschule. Berlin 1913; W. Schneider, Deutscher Aufsatz- und Stilunterricht. Frankfurt/M. 1926.
131 Im Bereich des Erlebnisaufsatzes berufen sich Jensen und Lamszus ausdrücklich auf Scharrelmann und Gansberg (vgl., dies., Unser Schulaufsatz ..., a. a. O., S. 182). Scharrelmanns Aufsätze über Situationen "Im Rahmen des Alltags" (a. a. O.) sind für die ersten fünf Schuljahre vorgesehen. Im Gegensatz dazu sehen Jensen und Lamszus dieses aufsatzmethodische Prinzip bis zum Abitur vor. Es steht gleichbedeutend neben anderen.
132 Jensen / Lamszus, Der Weg zum eigenen Stil ..., a. a. O., S. 194.
133 Ebd., S. 197. - Vgl. hier auch S. 213.
134 Jensen / Lamszus, Unser Schulaufsatz ..., a. a. O., S. 181.

bezieht sich auf das Verhältnis von subjektivem Vorgehen und objektiv vorhandenen Stilen und Formen. Offenbar nehmen Jensen und Lamszus an, die Verbindlichkeit eines Lehrplans führe automatisch zu mechanischem Kopieren. Das führt sie dazu, die *Methode* des Schreibens gegenüber *didaktisch* bestimmbaren Bildungsinhalten zu totalisieren. So geraten die überlieferten Gestaltungsmittel aus dem Blickfeld. Da sie der Lehrplan nicht repräsentieren soll, kommen sie nur zufällig im Unterricht vor. Aufgabe einer Schreibdidaktik *könnte* es jedoch sein, bestimmte Stile und Formen mit Hilfe eines Lehrplans zu systematisieren. Seit Hegels Bestimmung des ästhetischen Materials als "tabula rasa" ist das historisch denkbar. Der Zweck eines solchen Lehrplans bestünde dann nicht in einer Anpassung der subjektiven Spontaneität an vorgegebene Produktionsmuster. Vielmehr liefert er eine Einsicht in bestimmte Möglichkeiten des Schreibens; er stellt *Vor*kenntnisse zur Verfügung, die im aktuellen Schreibprozeß anwendbar bzw. modifizierbar sind. Das skizzierte Verhältnis zwischen subjektivem Vorgehen und objektivem Material, zwischen Methode und Didaktik des Schreibens, scheint zu den Grundproblemen literarischer Produktion (in der Schule) zu gehören. Bei der Auseinandersetzung mit aktuellen Konzeptionen des Schreibens wird es uns erneut zu beschäftigen haben.[135]

Zusammenfassend kann festgehalten werden, daß Jensen und Lamszus durch den methodischen Lösungsweg des "Beobachtens" sachspezifische Aspekte und Kenntnisse literarischen Produzierens vernachlässigen. Ihr Versuch, die Bildungsprinzipien "Leben" und "Arbeit" zu vermitteln, setzt auf einen Vergleich mit literarischen "Nachbildern". Damit ist zweifellos ein wichtiger Punkt erreicht, literarisches Produzieren mit bewußter Tätigkeit zu verbinden. Es spricht jedoch einiges dafür, daß die bereits erreichten Ergebnisse durch eine individualistische Auslegung der schöpferischen Sprachkraft rückgängig gemacht werden. Deutlicher Ausdruck dafür ist die positive Indienstnahme einiger Grundzüge von Diltheys Lebensphilosophie.

Innerhalb der "Arbeitsschule" liefern Jensen und Lamszus die wegweisenden Signale. Immer wieder hebt man hier hervor, theoretisches Wissen habe sich der sinnlichen Erfahrungen unterzuordnen. Unter Arbeit versteht man dann auch nur noch eine subjektive Einstellung zur Arbeit, die Arbeits*freude*. Rezeption und Produktion von Literatur inszenieren eine ästhetische Sinnlichkeit, die nicht mehr nach den Werten kultureller Überlieferung und ihrer Ausdrucksformen fragt. Arbeit mit Literatur soll zu einem Erlebnis werden, das mit unmittelbarer Wirklichkeitserfahrung einhergeht.[136] Dennoch wäre es unangemessen, die Gedanken der "Arbeitsschule" als eine Folge von Niederlagen zu begreifen. Denn die Methode des "Beobachtens" läßt sich nicht abstrakt durch das entgegengesetzte didaktische Programm eines systematischen

---

135 Vgl. dazu das nächste Kapitel.
136 Vgl. hier grunds. L. Müller, Vom Deutschunterricht in der Arbeitsschule. 2. Aufl. Leipzig 1922, bes. S. 70 ff. (Die erste Auflage erschien 1921).

Lehrplans ästhetischer Gestaltungsmittel außer Kraft setzen. Produktionsästhetisch befindet sie sich auf der Höhe ihrer Zeit. Denn sie thematisiert Fragen literarischer Produktion, die auch die zeitgenössische Kunst aufgreift. Entsprechende Zusammenhänge untersucht der nächste Abschnitt.

6.4 Zum Bezug der Literaturpädagogik auf avantgardistische Intentionen literarischer Produktion

Die Geschichtsschreibung der Reformpädagogik betont wiederholt Entsprechungen des aufsatzmethodischen Regulativs "Beobachten" mit zeitgenössischer Kunst. Als Beispiele gelten die Vorbilder des Impressionismus und Expressionismus.[137] Von besonderer Bedeutung sind die unterrichtspraktischen Versuche von Paul Georg Münch. Münch bezeichnet die Beobachtungen seiner Schüler als "impressionistische Übungen". Die Schüler sollen Eindrücke (Impressionen) des Augenblicks in Notizbüchern und Listen sammeln. Mit der Malerei des Impressionismus beginnt der Auszug aus dem Atelier ans Licht des Tages. Auf diese Wahrnehmungsweise spielt Münch offensichtlich an, wenn er seine Schüler motiviert, vom Fenster des Klassenzimmers aus die Umwelt zu beobachten:
"Ich lasse sechs oder acht mit Stift und Papier ans Fenster des Klassenzimmers treten, lasse sie die Dinge ihrer Umwelt im freien Lichte, nicht der Beleuchtung des Schulateliers schauen und das Erschaute, Auge in Auge mit der Natur, im Fensterbrett schreiben. Die einfachsten Lebenserscheinungen auf der Straße sollen sie benennen und sollen erkennen, wie der Augenblick die Dinge der Gasse zueinander in Beziehung setzt."[138]
Organisator des Schreibprozesses sind die Bewegungsabläufe der Außenwelt, die spontan notiert und protokolliert werden. So sei es dem Kinde möglich, die Perspektive des subjektiven Erlebnisses gegen die herkömmliche Perspektive des Reproduktionsaufsatzes auszutauschen:
"Ohne Gängelung mögen sich da ihre Gedanken in die Sprache einkörpern, die Sinne mögen ohne Verzug ihre Erlebnisse der Feder diktieren, ganz unbekümmert darum, ob sich die Sätze für einen 'guten' Aufsatz verwerten lassen."[139]
Diese Unbekümmertheit, so Münch, teile der freie Aufsatz mit der Malerei des Impressionismus.[140]

---
137 Vgl. u.a. F. Blättner, Der Schulaufsatz ..., a. a. O., S. 84; E. Neuhaus, Muttersprachliche Bildung ..., a. a. O., S. 24; Th. Wilhelm, Theorie der Schule. Hauptschule und Gymnasium im Zeitalter der Wissenschaften. Stuttgart 1967, S. 88; W. Scheibe, Die Reformpädagogische Bewegung 1900 - 1932. A. a. O., S. 144.
138 P. G. Münch, Rund ums rote Tintenfaß. Essays über den Schulaufsatz. 3. Tausend Leipzig 1909, S. 97.
139 Ebd.
140 Vgl. ebd., S. 96.

E. Neuhaus interpretiert Münchs "impressionistische Übungen" als Erlebnisgehalt, dessen "Reiz" im "Neuen und Unerwarteten"[141] liege. Gerade diese Formulierung verweist indirekt darauf, wie sehr die Beobachtungsaufsätze der Reformer nicht nur in einer Beziehung zur impressionistischen Kunst stehen. Sie rücken darüber hinaus in eine Nähe zum Stilprinzip der *Montage*. In Kap. 5.3 konnte dargestellt werden, wie eine solche künstlerische Technik vorgeht. Sie überläßt die Konstruktion der zufälligen Zuordnung von Erfahrungspartikeln. Vergegenwärtigt man sich hier, daß Peter Bürger das avantgardistische Kunstwerk mit Hilfe der Kategorien "Das Neue" und "Der Zufall" analysiert, so signalisiert das bereits auf der Ebene der Wortwahl eine Analogie zu Neuhaus' Einschätzung des Beobachtungsaufsatzes, der seinen "Reiz" im "Neuen und Unerwarteten" habe. Die Geschichtsschreibung des Deutschunterrichts der Reformpädagogik findet jedoch keinen Zugang, die Aufsatzmethodik in eine Beziehung zum avantgardistischen Kunstwerk und einer ihr entsprechenden ästhetischen Theoriebildung zu setzen.[142] Unsere These hingegen lautet, erst eine Einsicht in diese Relation ermögliche es, Wahrheit und Unwahrheit der produktionsdidaktischen Konzeption historisch zu bestimmen.

Vergleicht man die von den Reformern geforderte Beobachtung der Innen- und Außenwelt mit den bereits oben angeführten Passagen aus dem "Dadaistischen Manifest", so ergeben sich gewisse Gemeinsamkeiten. Sie betreffen die Einschätzung des literarischen Abbilds und den gegebenen Schreibanlaß. Den Dadaisten gilt die Wirklichkeit in der Form ihrer allgemeinen Beobachtbarkeit als entscheidende Produktivkraft. Die Erscheinungen des Lebens in ihrem "simultanen Gewirr von Geräuschen, Farben und geistigen Rhythmen" sollen "unbeirrt (...) übernommen werden".[143] Dem entspricht das von Jensen und Lamszus aufgestellte aufsatzmethodische Prinzip, einen "vom Leben durchpulsten Augenblick" aufzuschreiben. Und besonders deutlich tritt die Übernahme des simultanen Alltagsgeschehens in den Schülerprotokollen bei Münch hervor. Hier ist das literarische Abbild unmittelbar auf die Schreibanlässe verwiesen. Beides gründet, wie die Dadaisten betonten, in der "Alltagspsyche"[144]. Bekanntlich dient auch den Reformern der alltägliche Erfahrungs- und Erlebniskreis der Schüler als entscheidender Stofflieferant und als Motor der sprachlichen Produktion. Scharrelmanns Themenvorschläge für Aufsätze "Im Rahmen des Alltags", die seit den Anfängen das reform-

---

141 E. Neuhaus, Muttersprachlicher Unterricht ..., a. a. O., S. 24.
142 Eine gewisse Ausnahme macht hier R. Geißler. (Ders., Die Erlebniserzählung zum Beispiel. Versuch einer fachdidaktischen Erörterung. In: A. Schau (Hg.), Von der Aufsatzkritik zur Textproduktion. Hohengehren 1974, S. 35 - 48.). Geißler verweist auf die historische Entsprechung der reformpädagogischen Aufsatzmethodik mit der "Revolution der Kunstauffassung", die "man heute die Moderne nennt" (ebd., S. 39). Als Ergebnis seiner Untersuchung hält er jedoch fest, *allein* Diltheys Subjektivismus bestimme die Kunsterziehungs- und Arbeitsschulbewegung. Die Moderne bliebe bezugslos. Damit ist das gerade Gegenteil unserer These ausgesagt.
143 Dadaistisches Manifest. A. a. O., S. 32. - Vgl. dazu Kap. 5.3
144 Ebd.

pädagogische Selbstverständnis prägen, erschließen noch einmal diesen Zusammenhang. Als das entscheidende Anliegen der Avantgarde konnte oben ihr Angriff gegen den mit dem Begriff der Autonomie beschriebenen Status der Kunst in der bürgerlichen Gesellschaft festgehalten werden. Ihre Werke widersetzen sich der Herauslösung der Kunst aus der Lebenspraxis. Die Synthese von Kunst und Leben entläßt das Vermögen, die Wirklichkeit wahrzunehmen und zu gestalten, aus der traditionellen Bindung an den Geniekult. Besonders Tretjakov formuliert die emanzipatorische Entfaltung einer verallgemeinerbaren künstlerischen Produktivität. Sein Credo, in der Kindheit zeichne, tanze, phantasiere jeder Mensch ursprünglich, soll hier noch einmal hervorgehoben werden. Denn auch die Pädagogik "vom Kinde aus", die Kunsterziehungs- und Arbeitsschulbewegung bedient sich eben dieser Argumentation.

Auf dem Hintergrund des aufgezeigten Zusammenhangs zwischen künstlerischem und literaturpädagogischem Denkens in der ersten Hälfte des 20. Jahrhunderts gerät eine Zentralthese der reformpädagogischen Geschichtsschreibung ins Wanken. Denn hier beruft man sich einseitig auf die Romantik und den Sturm und Drang, auf einen "metaphysischen Grund unseres Daseins" (Nohl) als geistige Vorläufer der pädagogischen Reformbewegung. Über die Analogiebildung von Einzelmotiven hinaus können produktionsästhetische Kategorien historisch nur ungenau bestimmt werden. Denn ungeprüft bleibt, warum gerade zu Beginn des 20. Jhs. wieder an Vorstellungen des späten 18. Jhs. angeknüpft wird.[145] Natürlich ist es möglich, auf der Basis von Analogien auszumachen, daß die Ansicht vom "Kind als Künstler" (Hartlaub) und die Betonung von Individualität, Originalität und gestaltender Phantasie mit Bildungsauffassungen des Sturm und Drang und der Romantik übereinstimmen. Der freie Aufsatz wendet sich analog zur Genie-Ästhetik diametral gegen stoffliche und syntaktische Vorbilder. Originalität in Form und Sprache, Echtheit des Erlebnisses und des ursprünglichen Ausdrucks, Seelenempfindungen; all das ist fast deckungsgleich belegbar. Auf der Ebene der *Oberflächenbeschreibung* sind eine Reihe von Entsprechungen also unzweifelhaft vorhanden. Nur, wie ist es möglich, daß z.B. aus Goethes ganz "große(n) Empfindungen in

---

145 Hier rächt sich die von Nohl zum Programm erhobene Stellung "gegen die Aufklärung". (Ders., Die Pädagogische Bewegung in Deutschland ..., a. a. O., S. 12). Sie spiegelt sich eklatant in seinem eigenen Entwurf wider. Setzt er die geschichtlichen Bestimmungen literarischer Produktion des Sturm und Drang isoliert und absolut fest, um sie auf die reformpädagogische Bewegung zu übertragen, so geht jeder Bezug zu den Ursprüngen und Besonderheiten der kulturellen Arbeit verloren. Zurück bleiben abstrakte und beziehungslose Traditionslinien. Den Gedanken der Aufklärung wird jeder Bezug zur geistigen Entwicklung abgesprochen. Sie erscheinen als unvermittelbare Größen zum historischen Prozeß. Kulturgeschichtsschreibung wird bei Nohl zum Kampf zweier todfeindlicher Brüder, die "Wissenskultur" und "Leben" (ebd.) heißen. Eins soll das andere ausschließen, entweder Rationalität oder Emotionalität. Eine Synthese ist nicht zu haben. Überspitzt formuliert: Es entsteht ein Begriff von Geschichte, der zwischen emotionalen und rationalen Strömungen unterscheidet, die, man weiß nicht wie, einander wechselseitig ablösen. An das eine oder andere kann dann ganz unvermittelt angeknüpft werden, als sei inzwischen nichts geschehen.

den Seelen" der Genies auf einmal die Seelen der ganz kleinen Kinder geworden sind?
Die besonderen geschichtlichen Voraussetzungen liegen in der Entwicklung der Kunst. Auf dem Hintergrund von Peter Bürgers "Theorie der Avantgarde" konnte oben skizziert werden, daß die Kunst nach dem im 19. Jh. erreichten Stadium des Ästhetizismus zur Selbstkritik fähig ist. Die Avantgarde proklamiert universelles Experimentieren mit dem freigelegten Gegenstandsbereich. Künstlerische Produktivität emanzipiert sich vom Eingebundensein in ein System stilistischer Normen. Als organisatorisches Prinzip soll sie alle Lebenssphären erfassen. Aus diesem Kontext entwickelt sich die Utopie, potentiell alle Menschen könnten die Energien des Schöpferischen und der Spontaneität entfalten.
Auch die Reformpädagogen problematisieren den Status der Kunst außerhalb der Lebenspraxis. Sie rebellieren gegen einen Kunstbegriff, der künstlerisches Rezipieren und Produzieren aus der Lebenstotalität aussondert und ihr abstrakt gegenüberstellt. Der Funktionsmodus von Kunst soll durch eine schulische Praxis neu bestimmt werden, die das "Leben" absorbiert und gleichzeitig "ins lebendige Leben" zurückwirkt. Subjekterfahrung könne die sedimentierten Teile des zweckrational bestimmten Alltags resynthetisieren. In der Natur des Kindes seien entsprechende schöpferische Kräfte angelegt. Auf der Basis einer angenommenen Wesensverwandtschaft von künstlerischem und kindlichem Schaffen zeichnet sich die Vision einer Verallgemeinerbarkeit literarischer Produktivität ab.
Wenn es richtig ist, daß sowohl die künstlerischen Avantgardebewegungen als auch die Reformpädagogik ihre Positionen aus der Kritik am autonomen Status der Kunst gewinnen und eine freie Entfaltung des Schöpferischen propagieren, dann bleibt zu fragen, ob sie darüber hinaus nicht auch analogen Erkenntnis*restriktionen* unterliegen. Wir waren oben zu dem Ergebnis gekommen, daß die avantgardistische Intention, Kunst ins praktische Leben zu transformieren, der Gefahr ausgesetzt ist, den kritischen Freiheitsspielraum der ästhetischen Form preiszugeben. Nicht zuletzt das Beispiel Tretjakov führte zu der illustrativen These, mit der Negation fiktionaler Gestaltung werde das Kind mit dem Bade ausgeschüttet. Werden "die Gesetze des Lebens zu den Gesetzen der Kunst" (Arvatov), so bleiben die Alternativen zum Bestehenden auf den gegebenen Ausschnitt der Wirklichkeit begrenzt. Vergleicht man diesen Sachverhalt mit der im vorigen Abschnitt ausführlich geübten Kritik an Gansbergs Idee des Geschichtenerzählens und des freien Aufsatzes in der "Miniatur-Gesellschaft", dann treten deutliche Entsprechungen hervor. Auch die Kunsterziehungsbewegung erkauft die Emanzipation des Subjekts zum Schreibenden durch einen Verzicht auf reflexiven Umgang mit dem ästhetischen Material. Die intendierte Aufhebung der Entfremdungsmechanismen (Aufhebung von Schule und Leben) reduziert die freigesetzte Sinnlichkeit auf den Status des Hier und Jetzt. Diese Erkenntnisrestriktionen können auch durch die beson-

ders bei Jensen und Lamszus auftretenden Verweise auf den *Arbeits*charakter des Schreibens nur bedingt überwunden werden. Ihre Argumentation deckt sich ebenfalls in vielen Bezügen mit Tretjakov. Benannte dieser das Verdecken von Arbeit als wesentliche Bedingung der Hypostasierung des genialen Individuums, so stimmt das mit den Vorbehalten der Reformer gegen esoterisches Produzieren überein. Ihre Vorschläge, literarische "Nachbilder" zu prüfen und in den Schreibprozeß einzuschmelzen, liefern einen entscheidenden Beitrag zum Aufdecken von Arbeitsverfahren. Was die Kritik an der Genie-Ästhetik angeht, so stimmen reformpädagogische und avantgardistische Strömungen in der Einschätzung überein, daß die Kategorie des Genies historisch obsolet geworden ist. Die historisch denkbare Verallgemeinerung literarischen Schaffens entzieht sich jedoch einer theoretischen Selbstvergewisserung über den erreichten Stand des ästhetischen Materials und die daraus ableitbaren Bedingungen einer universellen Verfügbarkeit. Jensen und Lamszus liefern zwar Ansätze zur Analyse literarischer Gestaltungsmittel ("Nachbilder"), sie schließen jedoch eine umfassende Konzeption zugunsten isolierter Fragen der Lernmotivation aus. Mit dem Hinweis auf erlebnisgeleitetes Beobachten wird eine systematische Wissensvermittlung aus dem Unterrichtsgeschehen verbannt. Deutlichsten Ausdruck findet das in der reformpädagogischen Negation eines Lehrplans. Der Eingriff ins ästhetische Material bleibt der subjektiven Beliebigkeit überlassen. Denn er erfolgt ausschließlich unter *methodischem* Gesichtspunkt. So richtig es ist, daß es künstlerischer Produktion, die sich von Regelpoetiken befreit hat, nicht um das entsprechende Ausfüllen von Formen geht, so fragwürdig muß es erscheinen, die Auswahl der Bildungsinhalte von der Methode abhängig zu machen. Da sich das Subjekt ausschließlich der propagierten Methode des "Beobachtens" verpflichtet sieht, kann es sich nicht an einem durch Material und Aufgabe Vorgegebenen abarbeiten. Hier liegt, wie aufgezeigt, das Grundmißverständnis der reformpädagogischen Schreibansätze. Sie schließen einen Lehrplan aus, da sie befürchten, er diene ausschließlich den Zwecken der Nachgestaltung vorgegebener Muster. Mit dem totalen Protest gegen jedes Moment des Regelhaften übersehen sie aber die Möglichkeit, die ein Lehrplan besitzt, der sich an den Darstellungsarten der Literatur orientiert. Diese Möglichkeit läßt sich erst dann erschließen, wenn man den Lehrplan als eine *Voraussetzung* für Lernprozesse begreift und ihn nicht mit dem konkreten Vollzug des Schreibens identifiziert. Als jene Voraussetzung wäre ein Lehrplan *denkbar*, der eine gezielte Auswahl von Kompositions- und Gestaltungsbesonderheiten vorführt, um sie dem Schüler zum Zwecke der Analyse und des Studiums an die Hand zu geben. Denn nur derjenige kann literarische Kommunikationsformen gestalten, auswählen und ggf. modifizieren, der sie zunächst einmal kritisch erfaßt hat.[146]

---

146 Fragen der Lehrplantheorie werden im nächsten Abschnitt auf dem Hintergrund dieser Bestimmungen aufgegriffen.

Ist aber die Idee einer solchen Lehrplankonstruktion zur Zeit der reformpädagogischen Bemühungen überhaupt formulierbar? Müssen sie nicht notwendigerweise mit der Avantgarde das (*historisch bedingte*) Erkenntnisdefizit der theoretischen Selbstvergewisserung der Produktion teilen? Eine Antwort auf diese Fragen läßt sich nur dann geben, wenn noch einmal der Blick auf die durch die Avantgarde geschaffenen Voraussetzungen des Produzierens geworfen wird. Es konnte oben aufgezeigt werden, daß die Avantgarde die doppelte Einschränkung der Kunstproduktion (Genie, geschlossene Form) überwindet. Seit den historischen Avantgardebewegungen können die einzelnen Verfahrensweisen als Kunst*mittel* erkannt werden. Diese Zentralthese wurde von uns mit Hilfe von Hegels erkenntnistheoretischer Metapher vom Flug der Eule der Minerva zusätzlich belegt. Erst post festum - also *nach* dem avantgardistischen Protest - tritt die produktionsästhetische Konsequenz der universellen Verfügbarkeit über die Kunstmittel voll ins Bewußtsein. Die Post-Avantgarde erntet die Früchte der Entwicklung. Sie macht die Utopie denkbar, daß allen Menschen nicht nur schöpferische Kräfte innewohnen, sondern daß sie darüber hinaus auch die Kunstmittel erkennen und ungebunden an epochale Vorschriften über sie verfügen können. Auf diesem Hintergrund erscheint das avantgardistische Defizit der theoretischen Selbstvergewisserung des Tuns als historisch notwendig. Diese Notwendigkeit gilt für die reformpädagogischen Bemühungen zur Förderung literarischen Produzierens in dem Maße, in dem es richtig sein sollte, daß beide kulturellen Strömungen eine zeitgenössische Entsprechung haben.

Bezieht man sich auf diese Entsprechung, nimmt man also an, daß die pädagogische Reformbewegung dem Gebiet der Kunst verpflichtet ist, dann werden auch die Grenzen deutlich, die es erlauben, sich *heute* unbefragt der historischen Konzeptionen zu bedienen. So epigonenhaft es aktuell wäre, das Projekt der Avantgardebewegungen zu wiederholen, so unangemessen ist heute eine Propagierung des freien Aufsatzes oder des Beobachtungsaufsatzes zur *einzigen* Aufgabenstellung. Peter Bürgers "Theorie der Avantgarde" leitet für die nachavantgardistische Kunst "das legitime Nebeneinander von Stilen und Formen (ab), von denen keine mehr den Anspruch erheben kann als die avancierteste zu gelten".[147] Für eine *gegenwärtige* Schreibdidaktik folgt daraus, daß freie Produktion und das Ausnutzen bestimmter Gestaltungsmittel in keinem Konkurrenzverhältnis stehen. Beides muß als "legitim" erscheinen. Eine *einseitige* Propagierung des freien Aufsatzes kann mit dem erreichten Stand des ästhetischen Materials nicht Schritt halten.[148] Denn die Gesamtheit der künstlerischen Mittel ist als Mittel verfügbar. Sie steht allseitig zur Disposition. So wird es vorstellbar, diese Gesamtheit zu analysieren und lehrplanmäßig zu systema-

---

147 P. Bürger, Theorie der Avantgarde. A. a. O., S. 130.
148 Einen solchen Vorwurf muß sich ein Aufsatzunterricht gefallen lassen, der heute *voraussetzungslos* an den Ergebnissen der Reformer anknüpft. Besonders deutlich trifft das auf G. Sennlaub zu. (Ders., Spaß beim Aufsatz oder Aufsatzerziehung. 3. Aufl. Stuttgart / Berlin / Köln / Mainz 1985).

tisieren. Das Subjekt kann sich in der Freiheit seiner Gestaltung am vorliegenden Material abarbeiten. Es kann unter verschiedenen Verfahrensweisen auswählen, einige bevorzugen, andere als unbrauchbar zurückweisen. Eine dem Stand der Entwicklung des ästhetischen Materials angemessene didaktische Theoriebildung wird im abschließenden Kapitel vorliegender Arbeit zu diskutieren sein.

Wenn wir zu dem Ergebnis gekommen sind, daß die Reformpädagogik zu Beginn des 20. Jahrhunderts die Frage nach allseitiger Beherrschung von Gestaltungsmitteln - historisch bedingt - nicht hinreichend stellen konnte, dann sagt das allerdings noch nichts darüber aus, warum gerade im Bereich der *Volksbildung* der Verzicht auf Allseitigkeit und systematische Wissensvermittlung auf so fruchtlosen Boden fallen konnte. Die gymnasiale Bildung legte bekanntlich schon früh ihren Protest gegen den "Sturm und Drang im Aufsatzunterricht" (Geyer) ein. Hier war man nicht bereit, mit den reformpädagogischen Zielprojektionen des freien Aufsatzes und den dabei bewußt in Kauf genommenen Erkenntnisdefiziten (u.a. Absage an grammatisch richtiges Sprechen und die Grundregeln der Hochsprache) übereinzustimmen. Zu untersuchen wird folglich sein, ob die Reformpädagogik durch die Betonung des Prinzips der Lebensnähe zuungunsten einer systematischen Vermittlung von Bildungsinhalten nicht gerade eine *pädagogische* Tradition fortschreibt, die bereits zu Beginn des 20. Jahrhunderts hätte kritisiert werden können. Der folgende Exkurs soll diesen Sachverhalt problematisieren.

6.5 Exkurs: Literarische Produktion und Volksbildung

Das theoretische Selbstverständnis der Reformpädagogik ist in Rudolf Hildebrands klassischem Buch "Vom deutschen Sprachunterricht in der Schule und von deutscher Erziehung und Bildung überhaupt" (erschienen 1867) vorgezeichnet. Hildebrands Vorstellungen vom Deutschunterricht vereinen alle Teilströmungen der reformpädagogischen Bewegung in der Kernforderung, die seelischen Kräfte des Kindes durch ein *Erlebnis* sprachlich zu aktivieren. Deutlichsten Ausdruck findet das in der methodischen Absichtserklärung, den "Sieg des Naturverfahrens über die Weisheit des abstracten Verstandes"[149] herbeizuführen. Spielt Hildebrand ein "Naturverfahren" gegen den "Verstand" aus, so ist damit für den Bereich des Deutschunterrichts die Traditionslinie bestimmbar, die zur reformpädagogischen Dichotomisierung von "Leben" und "Wissenskultur" führt. Innerhalb dieser Traditionslinie nimmt das bereits oben zitierte "Mahnwort wider die Methodengläubigkeit unserer Tage" von Ernst Linde die Rolle eines Vermittlers ein. Linde sieht in Hildebrands Schrift den

---

149 R. Hildebrand, Vom deutschen Sprachunterricht in der Schule und von deutscher Erziehung und Bildung überhaupt. Leipzig 1867. Im folgenden zitiert nach dem 6. - 10. Tausend der Volksausgabe, Leipzig 1928; Zitat: S. 54.

entscheidenden Schritt begründet, den Deutschunterricht von der "öden Wissenschaftlichkeit" zu befreien. Als dem "'getreue(n) Eckardt des deutschen Volkes'" sei es Hildebrand zu verdanken, zur "Erneuerung unseres Volkes"[150] die wichtigsten pädagogischen Weichen gestellt zu haben. Richtungsweisend seien sie fortan auf die Prinzipien der Subjektivitäts- und Gemütsbildung ausgerichtet.

Die bei Linde festzustellende Rezeption Hildebrands bestimmt nachhaltig die Einschätzungen der Reformer. Um das zu belegen, sollen die methodischen Regulative Hildebrands (ausgedrückt in vier "Sätzen") im einzelnen benannt werden. Sie entsprechen jeweils bestimmten reformpädagogischen Paradigmen.[151]

Hildebrands erster "Satz" lautet:

"Der Sprachunterricht sollte mit der Sprache zugleich den Inhalt der Sprache, ihren Lebensgehalt voll und frisch und warm erfassen."[152]

Hier zeichnet sich das reformpädagogische Paradigma der Überbetonung des *Inhaltsaspektes* zu Lasten formaler Analyse ab. Im zweiten "Satz" heißt es:

"Der Lehrer des Deutschen sollte nichts lehren, was die Schüler selbst aus sich finden können, sondern alles das sie unter seiner Leitung finden lassen."[153]

Erinnert man sich an die oben besonders bei Gansberg proklamierte *Selbständigkeit* des Kindes und die damit einhergehende Ablehnung fremden Wissensstoffes, so sind die Bezüge nicht zu übersehen. Die Präferenz für den Erfahrungs- und Erlebniskreis des Kindes "Im Rahmen des Alltags" (Scharrelmann) überdeckt die Möglichkeit einer Bildung auf wissenschaftlichem Niveau.[154]

Hildebrands dritter "Satz" bezieht sich auf das Verhältnis zwischen gesprochener / gehörter Sprache und Schriftsprache:

"Das Hauptgewicht sollte auf die gesprochene und gehörte Sprache gelegt werden, nicht auf die geschriebene und gesehene."[155]

Das entsprechende reformpädagogische Paradigma lautet: *Kindgemäßheit* des mündlichen Sprachgebrauchs. Man gibt hier der ursprünglichen Erzählweise des Kindes einen eindeutigen Vorzug gegenüber der Schriftkultur. Eng damit hängt der vierte "Satz" zusammen, in dem allerdings auch Differenzbestimmungen zur Reformpädagogik ausmachbar sind:

---

150 E. Linde, Persönlichkeits = Pädagogik ..., Vorwort zur ersten Auflage 1896, a. a. O., S. V.
151 Einen Ansatz zum Vergleich Hildebrands Vorstellungen mit den methodischen Diskussionen der Reformer liefern E. Beckers und E. Richter. Dies., Kommentierte Bibliographie zur Reformpädagogik. A. a. O., S. 255. Bei Scheibe (Die Reformpädagogische Bewegung 1900 - 1932. A. a. O., S. 149) kommt es zu einer bloßen Nennung der vier "Sätze". Sie machen Hildebrand zu einem "bedeutenden Vorläufer" der Reformpädagogik. Allein den Beweis bleibt er schuldig. Ebenso beschränkt sich K. Fahn (Der Wandel des Aufsatzbegriffs ..., a. a. O., S. 16) auf einen Verweis, Hildebrand gehöre zur "geistigen Vorhut" der Reformer.
152 R. Hildebrand, Vom deutschen Sprachunterricht ..., a. a. O., S. 6.
153 Vgl. ebd., S. 21 ff.
154 Bezeichnenderweise hebt Nohl positiv an Hildebrand hervor, er arbeite "die neue Lebensform aus den Bedingungen des Alltags" hervor (H. Nohl, Die pädagogische Bewegung ..., a. a. O., S. 98).
155 Vgl. R. Hildebrand, Vom deutschen Sprachunterricht ..., a. a. O., S. 32 ff.

"Das Hochdeutsche, als Ziel des Unterrichts, sollte nicht als etwas für sich gelehrt werden, wie ein anderes Latein, sondern im engsten Anschluß an die in der Klasse vorfindliche Volkssprache oder Haussprache."[156]
Richtet Hildebrand seine Zielvorstellung des Unterrichts am Erlernen der Hochsprache aus, so berufen sich die Reformpädagogen einseitig auf die "Volks- und Haussprache". Hildebrands *Ausgangspunkt* des Sprachunterrichts wird von ihnen zum durchgängigen Programm erhoben. Man denke hier an die oben vorgestellte Forderung B. Ottos nach Ausrichtung des Unterrichtsgeschehens an der "Kindesmundart"[157] und an Gansbergs bzw. Scharrelmanns Glorifizierung des "Straßenwissens". Diese Bewertung führt zum reformpädagogischen Leitbild, die *Alltagssprache* und das Alltagswissen gegen das Erlernen der Hochsprache auszuspielen. In gewisser Weise ist der Rückgriff auf die Sprachsphäre im Haus und auf der Straße aber bereits bei Hildebrand so angelegt, daß das Hochdeutsch als Ziel des Unterrichts zur Fassade verkommt. Sowohl Hochsprache als auch Haus- und Volkssprache werden nur unzureichend definiert. Klaus Doderer spricht in diesem Zusammenhang von einer "Verwaschenheit des Hildebrandschen Denkens über Sprache" und verweist auf seine spätromantische Auffassung, in der Volkssprache liege der "eigentliche Kraftquell" zur Erneuerung der Sprache und Bildung.
"Dem Romantiker ist die Arbeit des weiteren Nachdenkens insofern abgenommen, weil er sich ja gegen Definitionen und Abstraktionen sperrt und dem Denken in Bildern als letzter Ruhestelle vertraut."[158]
Vorliegender Verweis auf die romantischen Wurzeln Hildebrands ist auch insofern von besonderer Bedeutung, als unsere Ausführungen oben zu dem Ergebnis kamen, die Kulturkritik der Reformpädagogik betreibe eine romantische Remythologisierung. Dennoch muß festgehalten werden, daß bei Hildebrand das Erlernen der Hochsprache als *Desiderat* auftaucht, während die Überlieferung diese Zielvorstellung erst gar nicht mehr formuliert.
Wenn es richtig ist, daß Hildebrands Regulative in weiten Teilen mit reformpädagogischen Paradigmen (Überbetonung des Inhaltsaspekts, proklamierte Selbständigkeit zur Ablehnung fremden Wissensstoffs, Kindgemäßheit des mündlichen Sprachgebrauchs, Alltagssprache contra Hochsprache) übereinstimmen, dann liegt es nahe zu prüfen, ob und wie diese Gemeinsamkeiten

---

156 Vgl. ebd., S. 66 ff.
157 Vgl. dazu oben Kap. 6.2 - Zum Verhältnis Hildebrand / Otto vgl. H. J. Frank, Dichtung, Sprache, Menschenbildung ..., Bd. 2. A. a. O., S. 590; E. Beckers / E. Richter, Kommentierte Bibliographie zur Reformpädagogik. A. a. O., S. 255.
158 K. Doderer, Kritische Bemerkungen zu Rudolf Hildebrands Schrift "Vom deutschen Sprachunterricht in der Schule und von deutscher Erziehung und Bildung überhaupt". In: W. L. Höffe (Hg.), Sprachpädagogik. Literaturpädagogik. Festschrift für Hans Schorer. Frankfurt/M. / Berlin / Bonn / München 1969, S. 16 - 25; Zitat: S. 23. - E. Wolfrum und H. Helmers machen jeweils auf den Weg des romantischen Bildungsbegriffs Hildebrands über die Reformpädagogik bis zur positiven Aufnahme im Deutschunterricht der NS-Zeit aufmerksam. Vgl. E. Wolfrum, Einleitung: Tradition und Aktualität im Deutschunterricht. In: Ders. (Hg.), Taschenbuch des Deutschunterrichts. Grundfragen und Praxis der Sprach- und Literaturpädagogik. Esslingen 1972, S. XXIII - XXXII; bes. S. XXVIII. J. Eckhardt / H. Helmers, Reform des Aufsatzunterrichts. A. a. O., S. 29.

im Aufsatzunterricht auftreten. Hildebrand bestimmt die "allein (...) wahre Aufgabe der Stilübung" darin,
"erst den eigenen Inhalt der Schülerseele heraus zu locken, und daran die Form zu bilden; jeder andere Weg hat etwas von dem Sprachunterricht, den man Papageien gibt. Am besten gelingen denn auch solche Arbeiten, (...) in denen man die Schüler etwas erzählen und frei gestalten läßt, was sie selbst erlebt und erfahren haben."[159]
Die Ausführungen legen den Schluß nahe, es handle sich um eine Vorwegnahme des freien Aufsatzes der Reformer. Denn die Kampfansage gilt auch hier einem vermeintlichen Formalismus ("Papageien"). Sie betont demgegenüber den notwendigen Rekurs auf subjektive Erlebnisse und Erfahrungen. Und zum entscheidenden Stofflieferanten für die Produktionen der Schüler werden neben den "innere(n) Erlebnisse(n)"[160] ihre realen Lebenszusammenhänge. Doch bei Hildebrand erschöpft sich der Aufsatzunterricht nicht im Stofflichen. Denn es heißt ja gerade, die Schüler sollen an dem durch den Erfahrungsbereich bereitgestellten Stoff "die Form (...) bilden". Hildebrand bleibt also nicht beim ersten Entwurf von Schüleraufsätzen stehen. Er betont die Notwendigkeit, stilistische Gestaltungskraft durch Korrektur zu fördern. Auch an dieser Stelle wird einsichtig, wie die Kunsterziehungsbewegung Hildebrands Grundlegungen *einseitig* übernimmt. Besitzt für sie der freie Aufsatz bereits künstlerische Originalität, so hat bei Hildebrand der Aufsatz immer auch etwas mit planmäßig zu fördernder Sprachbildung zu tun.[161]
Dennoch treten wesentliche Züge des freien Aufsatzes der Reformer gleichsam heuristisch hervor. Wird eine Generation später die Differenzierung von "Erlebnis-" und "Beobachtungsaufsatz" vorgenommen, so unterscheidet Hildebrand zwischen "Verinnerlichung" und "Beschreibung":
"Ein treffliches und völlig auslangendes Gegengewicht gegen etwaige zu große Verinnerlichung, zu welcher manche Naturen geneigt sind, bieten Beschreibungen bekannter Dinge, Gegenstände, Erscheinungen aus Haus und Hof, Stadt und Land; da lassen sich die Schüler fassen, daß sie ihre Sinne bilden, und denkend, sinnend zuerst sehen und hören lernen!"[162]
Entscheidend ist, wie sehr Hildebrand die fachspezifischen Aspekte seiner "Stilübungen" primär von der *Methode* des Schreibens abhängig macht. Um die Angemessenheit des Stils beim Ausarbeiten zu prüfen, gilt als "oberste Regel" für die Schüler, "sich es laut vor(zu)sagen, was sie schreiben wollen oder geschrieben haben". Sie sollen "das Ohr entscheiden lassen".[163] Für die Praxis des Deutschunterrichts folgt daraus ein rückhaltloses Erzählen:

---

159 R. Hildebrand, Vom deutschen Sprachunterricht ..., a. a. O., S. 55.
160 Ebd.
161 Auf diesen Zusammenhang verweist die differenzierte Einschätzung Hildebrands durch H. Zabel. Ders., Rudolf Hildebrands Hinweise zum Aufsatzunterricht. In: Mitteilungen des Germanistenverbandes, H. 4/1976, S. 13 - 21.
162 Ebd., S. 56 f.
163 Ebd., S. 57.

"Also reden und reden und wieder reden, und reden lassen unermüdlich, und reden von Dingen, die das Kind völlig fassen kann, ja die seine stets empfängliche Seele gleichsam voll machen, reden auch von der Gestalt und Farbe, die in der Kinderseele sich an die Weltdinge von selbst ansetzen, und das *berichtigen*: das allein ist der rechte Durchgang zum Schreiben, das allein ist der Boden aus dem ein Stil erwachsen kann, das allein der Weg, auf dem auch die hochdeutsche Syntax aus der volksmäßigen, kindlichen sich heraus entwickeln läßt."[164]
Ohne Zweifel liegen die pädagogischen Vorteile einer solchen Methode auf der Hand. Und bis heute ist sich jede Theorie des Lernens und Lehrens in dem Punkt einig, ein Ansatz bei den aktuellen (Sprach) -erfahrungen der Schüler ergebe eine gesteigerte Lernmotivation und -intensität. Hildebrand macht sich Fragen einer Motivationsgenese zu eigen, um mit ihrer Hilfe die Lernzielvorstellung des Erlernens der Hochsprache zu formulieren. Gerade das unterscheidet seine Konzeption von den reformpädagogischen Aufsatzvorstellungen und von den sich daran anschließenden Ideologien der "volkstümlichen" Bildung[165]. Es ist deshalb undifferenziert gesehen, will man Hildebrand *einseitig* als "früh Glied der bildungskritischen Bewegung und Vorläufer der Reformpädagogik"[166] in Anspruch nehmen. Eine solche Auslegung unterschlägt die emanzipatorischen Desiderate der klassischen Schrift zum Deutschunterricht, um ihren Traditionsgehalt im Sinne eines Niedrighaltens der Volksbildung zu totalisieren.

Wie stimmig auch die Entsprechung von Hildebrands "Sätzen" mit den reformpädagogischen Paradigmen sein mögen, so unstreitig enthält jedoch die Forderung nach Entwicklung der Hochsprache die *Bedingung* der Möglichkeit einer allseitigen Sprachbildung. Indem die Reformpädagogik gerade diese Möglichkeit fallenläßt, schreibt sie die positiven Einsichten in die Motivationsgenese auf ihren Ausgangspunkt fest. Bei Hildebrand ist die "oberste Regel", die Angemessenheit des Stils mit dem "Ohr" zu prüfen, an das Korrektiv des *Unterrichtenden* gebunden. Setzt man das allerdings außer Kraft und erhebt ein unzensiertes Erzählen und Berichten zur *durchgängigen* Methode des Unterrichts, so kann es bestenfalls zu einer quantitativen - aber nicht zu einer qualitativen - Anreicherung des Gestaltens kommen. Der Punkt, an dem Quantität in Qualität umschlagen könnte, ist zwar prinzipiell nicht auszuschließen, er bleibt aber dem Zufall und der Beliebigkeit überlassen. Auf sich allein gestellt kann das Ohr in seiner Schiedsrichterfunktion über keinerlei Instanzen verfügen als die jeweils unmittelbar gegebenen.

Hier zeichnen sich grundsätzlich die Ansatzpunkte ab, die die Reformpädagogen veranlassen, das "Beobachten" zum geeigneten Weg einer Entwicklung des Stils vorzuschlagen. Gegen einen formalistischen Sprachunterricht und die Re-

---

164 Ebd., S. 85 (Hervorhebung, H. R.).
165 Bezeichnenderweise *kritisieren* die Protagonisten einer "volkstümlichen" Sprachbildung noch in den 50er Jahren des 20. Jahrhunderts, Hildebrand strebe die Hochsprache für alle Schüler an. (Vgl. H. Freudenthal, Volkstümliche Bildung. München 1957).
166 A. Beinlich, Das schriftsprachliche Gestalten ..., a. a. O., S. 329.

produktion vorgefertigter Aufsatzmuster (Reproduktionsmethode) verweist Hildebrand auf die lebendige und geschichtliche Entwicklung der Sprache: "Alle syntaktischen Formen im Periodenbau sind geschichtlich entstanden nicht durch Ausklügelung am Schreibtisch der Gelehrten, nicht als angewandte Logik, wie es die einseitige Verstandesrichtung ansah, sondern in lebendiger Rede, in der redenden Reibung der Geister, als Ausdruck einer gewissen Bewegung der Stimme, mit der man dem Gedanken eine gewisse Wendung oder Beziehung gibt, eine Spitze wider den Gegner u. dgl."[167]
Betrachtet man die Aussagen immanent, so scheinen sie schwer angreifbar. Denn die Muttersprache - das macht bereits Hildebrands vierter "Satz" deutlich - wird nicht wie eine tote Sprache ("anderes Latein") erworben. Zudem läßt sich der Verweis auf die "lebendige Rede" und die dialogische Struktur der Sprach- und Gedankenentwicklung (die "redende Reibung der Geister") mit den Argumenten abstützen, die bereits Heinrich von Kleist in seinem Essay zur "allmählichen Verfertigung der Gedanken beim Reden" vortrug. Sowohl Hildebrand als auch die Reformer können sich zu recht auf die methodischen Grundlagen zum Reden und Schreiben stützen, wie sie bei Kleist vorgezeichnet sind.
Verläßt man hingegen die immanente Sichtweise dieser Methode, so treten ihre *bildungspolitischen* Hintergründe hervor. Hildebrands Kritik am Formalismus richtet sich primär auf die Schulpraxis des Gymnasiums und seine rhetorische Tradition. Hier werden die methodischen Lösungswege der Rhetorik streng formal gehandhabt und auf das Gliederungsprinzip des Aufsatzes übertragen. Auch wenn vereinzelte Forderungen ausmachbar sind, selbständiges produktives Denken und Kritik in den oberen Gymnasialklassen zu fördern (Laas)[168], so ist jedoch generell davon auszugehen, daß der Aufsatz im gymnasialen Deutschunterricht zu einem rhetorisch-abstrakten und schematischen Bild erstarrt.[169] In diesem Zusammenhang ist Hildebrands Gewichtsverlagerung auf die gesprochene und gehörte Sprache angebracht. Betrachtet man den zeitgenössischen Lehrplan des Deutschunterrichts an Volksschulen, so erkennt man jedoch eine Festschreibung der traditionell unwissenschaftlichen Bildungsvorstellungen. Juliane Eckhardt hat das in ihrer umfassenden Studie zum "Lehrplan des Deutschunterrichts" so zusammengefaßt:
" Die relativ fortschrittliche Bedeutung, die diese Aussage damals für den Deutschlehrplan an Gymnasien hatte, muß allerdings auch in ihrer negativen Rückwirkung auf den Volksschullehrplan gesehen werden, wo die Verlagerung

---

167 R. Hildebrand, Vom deutschen Sprachunterricht ..., a. a. O., S. 85.
168 Vgl. E. Laas, Der deutsche Aufsatz in den oberen Gymnasialklassen. 2. Aufl. Berlin 1877.
169 Vgl. hier bes. P. Geyer, Der deutsche Aufsatz. In: A. Mathias (Hg.), Handbuch des deutschen Unterrichts an Höheren Schulen. Erster Band. Zweiter Teil. 2. Aufl. München 1911. - Daß sich die deutsche Schulrhetorik im Bereich des Gymnasiums dem Bereich der öffentlichen Redekunst entzieht und so zum funktionslosen System erstarrt, belegen die Befunde von V. Merkelbach. Ders., Eine höhere Schreiblehre in der Muttersprache. Von den Anfängen des gymnasialen Aufsatzunterrichts. In: D. Boueke / N. Hopster (Hg.), Schreiben - Schreiben lernen. Rolf Sanner zum 65. Geburtstag. Tübingen 1985, S. 200 - 216.

des Deutschunterrichts auf das Mündliche angesichts der ohnehin schon knapp bemessenen (privilegierenden) schriftsprachlichen Bildung zur Niederhaltung der Volksbildung beitrug, zumal mündliche Gestaltungsübungen dort nicht auf eine grammatisch und artikulatorisch sichere Kompetenz der Schüler fußen konnten und somit ihr Bildungswert höchst zweifelhaft war."[170]
Da Hildebrand keine Unterscheidung zwischen gymnasialem Deutschlehrplan und Volksschulmethodik vornimmt, werden im Bereich der Volksbildung die Defizite der Vermittlung formaler Kompetenzen zementiert. Bezeichnenderweise haben Hildebrands Ideen keinen nennenswerten Einfluß aufs Gymnasium, während sie sich der herkömmlichen Praxis des Deutschunterrichts an Volksschulen tendenziell anpassen. Objektiv schreiben sie für den Volksschulunterricht den Bildungsauftrag fort, wie er gut zwanzig Jahre zuvor in den "Stiehlsche(n) Regulative(n)" definiert ist:
"Der Gedanke einer allgemein menschlichen Bildung durch formelle Entwicklung der Geistesvermögen an abstraktem Inhalt hat sich durch die Erfahrung als wirkungslos oder schädlich erwiesen."[171]
Es bleibt Hildebrands Zeitgenossen überlassen, die Absage an eine auszubildende Abstraktionsfähigkeit im Deutschunterricht der Volksschule direkt zu betonen. Deutlich ablesbar ist das in dem grundlegenden und einflußreichsten Werk zur Volksschularbeit von Carl Kehr: "Die Praxis der Volksschule".[172]
Unter Berufung auf die zukünftige Berufs- und Lebenspraxis der Volksschüler spricht Kehr von einer Abwegigkeit, ihnen selbständiges Denken und Produzieren lehren zu wollen. Ein solches Vorhaben scheitere an der Untauglichkeit des auszubildenden Subjekts. Hinsichtlich der Bildungsinhalte kommt es zu einer deutlichen Trennung zwischen höherer und volkstümlicher Bildung:
"Die Gelehrtenschule baut ihren Lehrgang der Grammatik nach objektiven Rücksichten auf, sie hat ihr bestimmtes System, das aus einem obersten, allgemeinen, abstrakten Princip, aus der Natur des Lehrobjektes, abgeleitet wird. Mit der Volksschule ist dies anders. Diese richtet sich nicht nach den objektiven Rücksichten der Wissenschaft, sondern lediglich und allein nach dem Subjekte des Unterrichts, d.h. nach dem Kinde, nach dessen Sprachreichthum, Wort- und Satzvorrath."[173]
Der Volksschulaufsatz hat sich demzufolge am Lebensumfeld der Schüler zu orientieren. Ebenso hat er einen Bezug zu den "Realien" und zur "biblische(n) Geschichte", "Welt- und Naturgeschichte", "Geographie und Physik"[174] herzustellen. Mit Kehr sind sich alle Vertreter des gebundenen Aufsatzes darin einig,

---

170 J. Eckhardt, Der Lehrplan des Deutschunterrichts, ..., a. a. O., S. 120.
171 Grundzüge betr. Einrichtung und Unterricht der evangelischen einklassigen Elementarschule. 3. Regulativ (1854). Abgedruckt in: W. Scheibe (Hg.), Zur Geschichte der Volksschule, Bd. 2. Bad Heilbrunn / Obb. 1965, S. 19 - 27; Zitat: S. 21.
172 C. Kehr, Die Praxis der Volksschule. Ein Wegweiser zur Führung einer geregelten Schuldisziplin und zur Ertheilung eines methodischen Schulunterrichts für Volksschullehrer und solche, die es werden wollen. Gotha 1868. (Zt. wird nach der 7. Aufl. Gotha 1875). Kehrs Werk erreicht bis zum Ende des Ersten Weltkrieges 13 Auflagen.
173 Ebd., S. 196.
174 Ebd., S. 204.

Volksschüler nach der Reproduktionsmethode zu unterrichten, da sie die selbständige Produktion eines Aufsatzes überfordere. In Frage kommen folglich Nacherzählungen literarischer Vorlagen und Sprichworterörterungen, die einer vorgeordneten Moral gehorchen. In allen Fällen richtet sich die Reproduktion nach der unter der Leitung des Lehrers geschaffenen Vorlage.[175]
Auf den ersten Blick erscheint es paradox, von einer Affinität Hildebrands mit Kehrs Position sprechen zu wollen. Denn Hildebrand ist der strengste Kritiker der Reproduktionsmethode, da er sich ja nachhaltig von formalen Aufsatz- und Sprachübungen abwendet. Trotz seiner Abkehr vom unpersönlichen Schüleraufsatz und dem problematischen Verhältnis von Muster und Nachahmung teilt er jedoch mit Kehr die theoriefeindlichen Vorstellungen der Volksbildung. Kehr verweigert dem Volksschüler den Zugang zu abstraktem und wissenschaftlichem Denken unter dem Vorwand, am "Sprachreichthum" des Kindes anzuknüpfen. Hildebrand spricht das zwar nicht direkt aus, sein Plädoyer für die "lebendige Sprache" und gegen die "Weisheit des abstracten Verstandes" transportiert jedoch die Tradition der unwissenschaftlichen Volksbildung. Hier zeigen sich noch einmal deutlich die Auswirkungen seiner undifferenzierten Einschätzung des Deutschunterrichts an Gymnasien bzw. an Volksschulen. Die generelle Negation formaler Kompetenzen und die damit einhergehende einseitige Orientierung der Stilübungen an *methodischen* Fragestellungen paßt sich der antiwissenschaftlichen Ausrichtung der Volksbildung an.
Konnten bereits eine Anzahl von Berührungspunkten von Hildebrands "Sätzen" mit reformpädagogischen Paradigmen nachgewiesen werden, so liegt in Hildebrands falscher Praxisanalyse die entscheidende Voraussetzung des reformpädagogischen Deutschunterrichts vor. Auch hier unterscheidet man nur ungenau zwischen dem jeweiligen Bildungsauftrag der Schularten. Das kommt beim freien Aufsatz besonders zum Ausdruck. Er fügt sich lückenlos in die antiaufklärerische Tradition der Volksbildung ein. Bereits in den Anfängen des reformpädagogischen Deutschunterrichts ist ein solcher Zusammenhang deutlich ablesbar.
Um diese These zu belegen, kann als ein Musterbeispiel das von Wilhelm Rein herausgegebene "Encyklopädische Handbuch der Pädagogik" angeführt werden. Hier begrüßt man den "freien Aufsatz" für den Bereich der Volksbildung lebhaft, während es im Bereich der "höheren" Bildung zu einer scharfen Ablehnung kommt. Unter dem Stichwort "Deutscher Unterricht in höheren Knabenschulen" verfolgt man streng formalistisch die methodischen Lösungswege der Rhetorik. Es heißt dazu:
"Nur an Mustern können die Schüler lernen, ihren Stil zu bilden. Strenge Reproduktion anschaulicher Vorbilder ist das einzige Mittel, das hier zum Ziel führt. (...) Aber überhaupt wird der Unterricht, wenn er es mit der Ausbildung der elementaren stilistischen Fertigkeiten ernst nehmen will, gut tun, (...) na-

---

175 Vgl. hier die vielzahligen Beispiele bei G. Sorgenfrei, Über den Volksschulaufsatz ..., a. a. O., S. 12 ff.

mentlich alle die sonstigen Anforderungen, die unter dem hochklingenden Namen Entwickelung der Phantasie und des Anschauungsvermögens an ihn herantreten, abzulehnen. (...) Von Schilderungen und Beschreibungen ist wenig zu erwarten, wenn sie sich nicht an Vorbilder aus der Lektüre anlehnen; und noch weniger ergiebig pflegen 'Erzählungen von Selbsterlebtem' zu sein, - auch in Briefform nicht (...)."[176]

Es ist unschwer einzusehen, wogegen sich die Polemik der gymnasialen Aufsatzdidaktik richtet. Die Forderungen und Impulse des zweiten deutschen Kunsterziehungstages in Weimar sollen bereits im Vorfeld einer kritischen Prüfung fürs Gymnasium pauschal abgelehnt werden. Für diese Annahme spricht das Erscheinungsdatum des Beitrags in Reins Handbuch. Da es 1904, also ein Jahr nach dem Treffen in Weimar erschien, kann es als eine Antwort der gymnasialen Fachmethodik auf reformpädagogische Aufsatzvorstellungen interpretiert werden.

Hinsichtlich des Aufsatzunterrichts in der Volksschule stellt sich auf der anderen Seite direkt die Frage: "Freie Gestaltung des Aufsatzes oder gebundener, für die ganze Klasse gleicher Aufsatztext?" Und: "Kultur der Phantasie oder logische Schulung? Naive oder bewußte Gestaltung?"[177] Die aufgeworfenen Fragen werden keinesfalls in jener apodiktischen Weise beantwortet, wie das für den Bereich der "höheren" Bildung ersichtlich ist. Die reformpädagogische Aufsatzmethodik, so argumentiert man, komme dem Bedürfnis des Kindes nach Phantasietätigkeit entgegen. Dennoch könne auf die Reproduktionsmethode nicht verzichtet werden. So spricht man sich für ein gewisses Sowohl - Als auch aus. Sowohl freier als auch gebundener Aufsatz gehen in den Lehrplan ein. Bei den stilistischen Mustern, aus denen nachahmend stilistischer Ausdruck gelernt werden soll, greift man namentlich auf Lüttge zurück. Im Unterschied zur rhetorischen Imitation lehnen sich die Muster an "Gedankenkreise" an, die die kindliche Erfahrungswelt widerspiegeln, die dem Kind "lieb" sind. Zum "Erlebten" gehören die Bereiche "Außer der Schule" und "In der Schule". Sie sind jeweils untergliedert in: "Außerm Haus" und "Im Haus", bzw. "Schulleben". Neben dem "Erlebten" tritt das "Erlernte" als Gegenstand der schriftlichen Darstellung.

Die Affinität zu den Vorstellungen C. Kehrs ist nicht zu übersehen. Ohne Kehr namentlich aufzuführen, tauchen seine Stoffquellen in fast wörtlicher Wiederholung auf:

"Das, was die Schüler im Sachunterricht aufgenommen haben in biblischer und Welt-Geschichte, in Geographie und Naturgeschichte kann Gegenstand der schriftlichen Darstellung werden."[178]

---

176 R. Lehmann, Deutscher Unterricht in höheren Knabenschulen. In: W. Rein (Hg.), Encyklopädisches Handbuch der Pädagogik, 2. Bd. 2. Aufl. Langensalza 1904, S. 147 - 168; Zitat: S. 164.
177 F. Lehmensick, Unterricht in der Muttersprache. In: W. Rein (Hg.), Encyklopädisches Handbuch der Pädagogik, 6. Bd. 2. Aufl. Langensalza 1907, S. 31 - 68; Zitat: S. 47.
178 Ebd., S. 48.

Daß der Lehrplan der Volksschule als Mischform von gebundenem und freiem Aufsatz aufzufassen ist, zeigt die folgende tabellarische Übersicht "Fortschritt im Aufsatz-Unterrichte":

Schuljahr	Stilform	Veränderung	Stütze
4	Erzählung	Ausdrücke	Fragen für Sätze
5	Auch Erlebnisdarstellung	Auch Sätze	Sätze für kleinere Abschnitte
6	Auch Vergleichung	Auch Gliederung	Sätze für größere Abschnitte
7	Auch Beschreibung	Auch Standpunkt	Stichworte für kleinere Abschnitte
8	Auch Schilderung	Auch Themastellung	Stichworte für größere Abschnitte

[179]

Ausdrücklich wird auf die Reformpädagogik Berthold Ottos und Scharrelmanns Bezug genommen. So heißt es:
"Für den Aufsatz-Unterricht hat Scharrelmann die lebendige Sprache der Kinder und ihre Eigengedanken fruchtbar gemacht. Er regt die freie Entfaltung eigenen Stils durch frisches Aussprechenlassen in geschickter Weise an und wirkt äußerst befruchtend auf die Förderung der Methodik des Aufsatz-Unterrichts. Wir halten das freie Gestalten auch nach frei gewählten Themen besonders aus einem vom Lehrer abgegrenzten Gebiete bei geförderten Kindern für äußerst wertvoll."[180]

Wie deutlich die "freie Entfaltung eigenen Stils durch frisches Aussprechenlassen" die *objektive* Funktion übernimmt, Defizite der Volksbildung erneut festzuschreiben, verrät ein Blick auf die durch Sprachbildung vorgenommene gesellschaftliche Rollenzuweisung: "Im gebildeten Hochdeutsch sprechen die Besten der Nation - aber das Kind gehört nicht zu diesen Größen."[181] Gemeint ist hier allerdings nicht generell "das Kind", sondern vielmehr das Kind der Volksschule. Die Kinder des Gymnasiums sollen ja gerade, wie oben ersichtlich, durch die Übernahme stilistischer Fertigkeiten zur Hochsprache befähigt werden.

Die Analyse des schulartenspezifischen Aufsatzunterrichts anhand von Reins "Handbuch" ergibt noch einmal deutlich, daß die jeweilige Einseitigkeit der stilistischen Übungen nicht auf einen gemeinsamen Nenner zu bringen ist. Der rhetorisch-abstrakte Schulaufsatz des Gymnasiums steht dem Volksschulaufsatz

---
179 Ebd., S. 51.
180 Ebd., S. 52 f.
181 Ebd., S. 52.

gegenüber, der das Ziel anstrebt, Ergebnisse der freien Gestaltung in seine trivialen Muster einzuschweißen.
Fassen wir die Ergebnisse des Exkurses zusammen. Hildebrands "Sätze" und seine methodischen Lösungswege der Gestaltungslehre entsprechen in weitem Umfang den reformpädagogischen Paradigmen. Beiden Konzeptionen liegt eine ungenaue Berücksichtigung der schulartenspezifischen Verteilung der Bildungsinhalte zugrunde. So werden die traditionellen Mängel der Volksbildung (Stichwort: Subjektivismus contra abstraktes Denken) konserviert. Objektiv dient der freie Aufsatz dem Niederhalten der Volksbildung auf jenem unwissenschaftlichen Niveau, wie es die Stiehl'schen Regulative und Carl Kehr formulieren. Exemplarisch ist anhand W. Reins "Encyklopädische(m) Handbuch der Pädagogik" analysierbar, wie bereits in der Frühphase der Reformbewegung die progressiven Ansätze subjektbetonter Darstellungskraft ins regressive Fahrwasser volkstümlicher Bildung umgeleitet werden. Das pädagogische Votum für eigene Gedanken und individuelle Ausdrucksweise läßt Hildebrands Ziel des Erlernens der Hochsprache und seine Ausführungen zur Förderung stilistischer Gestaltungskraft einseitig fallen und entspricht dem Auftrag des hierarchisch angeordneten Schulsystems, durch Sprachbildung entsprechende gesellschaftliche Rollenzuweisungen vorzunehmen. Die reformpädagogischen Bemühungen zu Beginn des 20. Jahrhunderts als auch ihre Vorläufer können keinen Zugang zu einer Konzeption finden, die sowohl die besonderen Mängel des gymnasialen aus auch des Volksschulaufsatzes überwindet. Der Schritt von der Reproduktion zur Produktion läßt die didaktischen und methodischen Möglichkeiten unberücksichtigt, die die tradierten Gestaltungsmittel einer kritischen Reflexion und einer schöpferischen Neubelebung zuführen könnten.
Die Reformpädagogik in der Weimarer Republik schreibt diese Tradition fort. Das soll abschließend knapp skizziert werden. Freier Aufsatz und Erlebnisbericht spielen bei der schriftlichen Gestaltungslehre der gymnasialen Deutschmethodiken keine wesentliche Rolle. Der "sprachschaffende Aufsatz" (Seidemann)[182] knüpft an die elitäre Tradition des rhetorischen Systems an. Er sieht idealtypische Reinformen vor, während die Textsortenvielfalt der Wirklichkeit unberücksichtigt bleibt. Die begrifflich festgelegten Textstrukturen sollen vom Schüler reproduziert und stofflich gefüllt werden. Zwar ist die Konzeption auf eine Hinführung zur Dichtung angelegt, man geht jedoch durchgängig von der Vorstellung aus, jedes anerkannte Kunstwerk sei dem Schülerprodukt unendlich überlegen. Seidemanns Schrift macht idealtypisch einsichtig, daß die von Jensen und Lamszus auf alle Schularten ausgerichtete Kritik auch in der Weimarer Republik den gymnasialen Aufsatzunterricht nicht erreicht. Eine Infragestellung des genialen Produzierens findet hier nicht statt. Die geforderten Grundtypen schriftlichen Sprachverhalten überlappen von Anfang

---

182 W. Seidemann, Der Deutschunterricht als innere Sprachbildung. Heidelberg 1927.

an die Möglichkeit einer Entwicklung des individuellen Sprachbildungsprozesses und einer Bedürfnisartikulation des Schreibenden. Besonders aufschlußreich sind die Ausführungen zur Gestaltungslehre in der Volksschule, wie sie in der "Methodik des deutschen Unterrichts" der Gymnasiallehrerin Susanne Engelmann auftreten. Ihre Methodik erhebt den Anspruch, auf der theoretischen Grundlage der Kinder- und Jugendpsychologie zu stehen. Vom lebendig gesprochenen Wort und von den Schülererfahrungen aus solle der Unterricht weiterführen zu selbständigem Schreiben. Die als jugendpsychologisch ausgegebenen Überlegungen zur Umstellung des Unterrichts auf selbständige geistige Arbeit werden aber von der Verfasserin soziologisch (besser: sozialdarwinistisch) umfunktioniert. Denn sie dienen eindeutig zur Legitimation, den Volksschülern systematische Wissensvermittlung vorzuenthalten. Im strengen Gegensatz zum gymnasialen Deutschunterricht habe sich der Volksschulaufsatz auf Erlebnisberichte zu beschränken. Mit direktem Verweis auf Rudolf Hildebrand setzt Susanne Engelmann noch einmal auf die Trivialität des Alltags: "Über diese Aufgaben der Erzählung (von Selbsterlebtem und von Gelesenem), der Beschreibung (von Bild, Bauwerk, Landschaft, Spiel- und Arbeitsvorgang), des einfachen Phantasieaufsatzes und des Briefes verschiedenen Inhalts sollten die Lehrer der Volksschule ihre Schüler *nicht* hinausführen."[183]

Den genannten Vorstellungen sind die Reformpädagogen der Weimarer Republik durchgängig verpflichtet. Als charakteristische Beispiele seien abschließend die Unterrichtsvorschläge von Richard Alschner und Karl Linke genannt. Alschners "Lebensvolle Sprachübungen in Sachgruppen des Alltags" versammeln subjektivistisch ausgewählte Inhalte (z.B. "Haus und Wohnung", "Die kleinen Geschwister"), um den Deutschunterricht als "Wirklichkeitsunterricht"[184] zu begründen. Der "Wirklichkeitsunterricht" setzt die einseitige Orientierung der frühen Reformer auf den engen Erfahrungs- und Erlebniskreis der Schüler fort und propagiert die faktische Aufhebung des Deutschunterrichts als Fachunterricht. Das Besondere des Faches Deutsch - die *Möglichkeit*, sprachliche und literarische Formen zu systematisieren und zu vermitteln - wird zugunsten allgemeiner und inhaltlich beliebiger Wirklichkeitsausschnitte nivelliert. Die unterrichtsorganisatorische Konsequenz ziehen dann Karl Linkes Überlegun-

---

183 S. Engelmann, Methodik des deutschen Unterrichts. 5. erweiterte Aufl. Berlin / Hannover / Darmstadt 1957, S. 184. Hervorhebung im Original. (Die 1. Auflage erschien 1925). Vgl. hier auch S. Rauh, Prosa und Poesie im deutschen Unterricht, München / Leipzig 1923. Rauh möchte das Schreiben in der Volksbildung auf die "gemeine Welt" (ebd., S. 42) beschränkt wissen. So erfülle das Schaffen des Kindes seinen eigentlichen Zweck, nämlich "Jungbrunn der Arbeitskraft" (ebd., S. 44) zu sein. Die "höhere Welt" der Künstler, "jene im gemeinen Sinne unwirkliche Welt" (ebd., S. 42) zu erschließen, könne kein Erziehungsziel der Volksbildung sein. Rauhs Argumentation macht zudem klar, daß man mit den tragenden Ideen von Jensen und Lamszus zur Überwindung des Genie-Gedankens radikal gebrochen hat. Die Dichotomisierung von "gemeiner Welt" des Kindes und "höherer Welt" des Künstlers reinstitutionalisiert das Genie als Produzenten. Literarische Produktion von Jugendlichen beschränkt sich auf die Borniertheit des Alltags. Sinnliches Vorstellungsvermögen soll fortan in den Dienst zur Verbesserung bzw. Erhaltung der Arbeitskraft gestellt werden.
184 R. Alschner, Lebensvolle Sprachübungen in Sachgruppen des Alltags. Der Deutschunterricht als Wirklichkeitsunterricht im Sinne der Arbeitsschulidee. 6. u. 7. Aufl. Leipzig 1928.

gen zum "Gesamtunterricht und Deutschunterricht".[185] An die Stelle einer Trennung des Unterrichts nach Fächern treten sog. "Lebensgebiete". In ihnen soll der Schüler die verlorengegangene Ganzheit von Lebenserfahrung zurückgewinnen. Im Prinzip trägt Linke noch einmal die lebensphilosophisch motivierten Vorstellungen Gansbergs vor: Die Abstraktheit menschlicher Beziehungen spiegele sich in der Trennung der Unterrichtsfächer wider; sie könne durch sinnliche Erfahrung eines ganzen "Lebensausschnitts" zurückgenommen werden. Auf der Basis dieser direkten Übereinstimmung trifft unsere oben formulierte Kritik an den Bahnbrechern der Reformpädagogik auch auf Linkes zwanzig Jahre später erschienene Schrift direkt zu. Den gesellschaftlich herrschenden Erscheinungen der Entfremdung soll mit einer Remythologisierung der Wirklichkeit begegnet werden. Reflexives Wissen und Fachkenntnisse werden einem individuell verstandenen Lebensbezug geopfert. Ganz in diesem Sinne fallen auch Linkes produktionsdidaktische Überlegungen aus. Sie sind ein Rückschritt auf ganzer Linie. Denn sie beschwören noch einmal die usprüngliche "sprachliche Schöpferkraft des Kindes" und den "Zusammenhang von Kind und Künstler"[186] der Kunsterziehungsbewegung. Damit werden alle zwischenzeitlich erfolgten *Ansätze* zur Reflexion des ästhetischen Materials - wie sie beispielsweise bei Jensen und Lamszus vorliegen - wieder rückgängig gemacht.

Im abschließenden Teil vorliegender Arbeit soll untersucht werden, wie das Problem literarischer Produktion in der Schule gegenwärtig diskutiert wird. Welche Voraussetzungen der Reformpädagogik gehen in aktuelle produktionsdidaktische Modelle ein? In welchem Maße unterscheidet man zwischen den regressiven und den progressiven Bezügen der Tradition? Welche Gesichtspunkte können unabhängig davon geltend gemacht werden?

---

185 K. Linke, Gesamtunterricht und Deutschunterricht vom ersten bis zum achten Schuljahr. Braunschweig / Berlin / Hamburg 1927. Linkes Argumentation für den Deutschunterricht als Gesamtunterricht entspricht den allgemeinen reformpädagogischen Vorstellungen zur Unterrichtsorganisation. Genannt seien hier die fachaufhebenden Lehrplankonzeptionen von Peter Petersen und der "Projekt-Plan" von Dewey und Kilpatrick. Vgl. dazu ausführlich: H. Rudloff, Literaturunterricht in der Diskussion. Köln 1979, S. 57 ff., S. 105 ff.
186 Ebd., S. 119.

7. Literarische Produktion und Literaturdidaktik in der Gegenwart

Die Diskussion um literarische Produktion in der Schule findet in den späten sechziger Jahren einen Neuanfang. Sie betrifft die Lernbereiche Aufsatzunterricht und Literaturunterricht gleichermaßen. Wie bereits die Konzeptionen von Jensen und Lamszus nahelegen, läßt sich eine strikte Trennung der beiden Lernbereiche nicht durchhalten. Denn geht es um das Schreiben von Texten, die den Anspruch von Nähe zu künstlerischem Produzieren erheben, so trifft der Terminus "Aufsatz" den Vorgang nur vorläufig. Geht es auf der anderen Seite neben dem Verstehen von Literatur um ein selbständiges Anfertigen von Texten, dann sind die traditionell auf Textverständnis festgelegten Aufgaben des Literaturunterrichts überschritten. Die notwendige Verbindung von Schreiben und Literatur kommt offenbar in der aktuellen Entwicklung des Literatur- und Aufsatzunterrichts zum Vorschein, wenn der Begriff "Aufsatz" durch den der "Textproduktion" ersetzt wird. Für eine Theorie schriftlicher Sprachproduktion heißt es richtungsweisend: "Von der Aufsatzkritik zur Textproduktion".[1] Im Zuge der Infragestellung herkömmlichen Aufsatzunterrichts setzt sich neben der Lernbereichsbezeichnung "Textproduktion" zunehmend die Bezeichnung "Schreiben"[2] durch. Damit ist eine allgemeine Entwicklungslinie des Aufsatzunterrichts benannt.[3] Es kann darauf verzichtet werden, die einzelnen Etappen nachzuzeichnen, die zur Verbindung vom Aufsatzunterricht mit literarischem Schreiben geführt haben. Zahlreiche Forschungsberichte haben das zusammengefaßt.[4] Unverkennbar ist, daß alle Konzeptionen, ob sie nun "Textproduktion" oder "Schreiben" genannt werden, das Erkenntnisinteresse verfolgen, dem Subjekt Gelegenheit zu geben, sich schöpferisch in den Schreibprozeß einzubringen. Kreativitäts- und Phantasieentwicklung, Anleitung zu personalem Schreiben -diese Bezugspunkte stecken zunächst einmal grob den Rahmen der literatur- und aufsatzdidaktischen Zielvorstellungen ab. Unsere Frage an die aktuelle Schreibbewegung lautet, welchen Beitrag sie liefert, die herkömmliche Vorstellung genialen Produzierens zu relativieren. Mit welchen Argumenten diskutiert man einerseits das ich- und gefühlsbetonte Erleben, andererseits das erkenntnisbezogene Erfahren im Schreibprozeß? In welchem Maße legen sich die jeweiligen Protagonisten Rechenschaft über die

---

1 A. Schau, Von der Aufsatzkritik zur Textproduktion. Beiträge zur Neugestaltung schriftlicher Sprachproduktion. Hohengehren 1974.
2 Vgl. hier den Basisartikel zu Praxis Deutsch (in der Folge PD) 9/1975 von O. Ludwig u. W. Menzel, der die ästhetischen und pragmatischen Aspekte der Textproduktion zusammenfassend unter der Bezeichnung "Schreiben" abhandelt. In einem gleichen Sinn trägt der Basisartikel von W. Menzel in PD 65/1984 "Schreiben über Texte" den Untertitel "Ein Kapitel zum Aufsatzunterricht". Die herkömmliche Trennung von Aufsatz- und Literaturunterricht scheint also unter der Bezeichnung "Schreiben" in dem Umfang aufgehoben zu sein, wie es um das Herstellen von Texten geht.
3 Damit soll nicht gesagt werden, daß *alle* aktuellen Teilströmungen der Aufsatzdidaktik das Lernziel ästhetischer Textproduktion verfolgen. Für unseren Zusammenhang kommt es aber nur auf jene Richtungen an.
4 Vgl. exemplarisch D. Boueke / N. Hopster (Hg.), Schreiben - Schreiben lernen. Rolf Sanner zum 65. Geburtstag. Tübingen 1985.

theoretische Tragfähigkeit ihrer Beiträge ab? Von besonderer Bedeutung ist die Stellung der aktuellen Schreibbewegung zur Reformpädagogik, denn hier liegen ja die Wurzeln der produktionsdidaktischen Intentionen. Ist der Erlebnisbegriff Diltheys in der Theorie und Praxis des Deutschunterrichts überwunden, oder feiert er eine (heimliche) Auferstehung?

7.1 Zum Verhältnis von Kontinuität und Diskontinuität der Erlebnispädagogik

Man könnte geneigt sein, die Erlebnispädagogik der Dilthey-Schule als überwunden anzusehen, nachdem Rolf Geißlers "Prolegomena zu einer Theorie der Literaturdidaktik"[5] radikal mit ihr abrechnet. Geißlers Schrift, erschienen im Jahre 1970, gehört zu den ersten kritischen Angriffen gegen den traditionellen Deutschunterricht. Sie begreift Diltheys Theorie ganzheitlich-intensiven Nacherlebens als Ideologie angeborener Empfänglichkeit. Schulischer Umgang mit Literatur, der sich auf diese Konzeption stützt, komme in den Verdacht, "zutiefst undemokratisch und snobistisch"[6] zu sein. Denn vertritt man die Auffassung, das Verstehen von Literatur setze eine besondere Subjektivität voraus, so scheiden methodisierbare Lösungswege aus dem Lernprozeß aus. Nur wenige scheinen berufen, Literatur adäquat rezipieren zu können. Aus der elitären Position des nacherlebenden Lesers, der allein befähigt scheint, das dichterische Bekenntnis zu verstehen, leitet Geißler drei literaturdidaktische Hauptströmungen der 50er und 60er Jahre her. Zwar vertrete kein Literaturdidaktiker oder -methodiker Diltheys theoretische Position "in idealer Reinheit"[7], dennoch komme jeweils unterschiedlich eine Affinität zum Vorschein. Das betreffe das Postulat überzeitlicher literarischer Werte, die Auffassung von Literatur als Offenbarung von Sinn und Ordnung des Daseins ("Lebenshilfedidaktik")[8] und schließlich die werkimmanente Interpretation im Literaturunterricht.[9]

Gegen diese Konzeptionen setzt Geißler auf einen pädagogischen Umgang mit Literatur, der über das Erkennen von Textstrukturen Werk und Wirklichkeit historisch vermittelt. Eine Orientierung an Dilthey könne eine solche Erkenntnis nicht leisten, da das "Punktuelle des Erlebnisses"[10] der zeitlichen Abfolge literarischer Wirkung widerspricht. Da Literatur im Gegensatz zur Malerei

---

5 R. Geißler, Prolegomena zu einer Theorie der Literaturdidaktik. Bestandsaufnahme - Kritik - Neuansatz. Hannover / Berlin / Darmstadt / Dortmund 1970.
6 Ebd., S. 47.
7 Ebd., S. 29.
8 Vgl. dazu ergänzend: O. Schober, Studienbuch Literaturdidaktik. Neuere Konzeptionen für den schulischen Umgang mit Texten. Analysen und Materialien. Kronberg/Ts. 1977, S. 34 ff.
9 Vgl. dazu ergänzend: F. Hassenstein, Literaturwissenschaft und Literaturpädagogik. In: E. Wolfrum (Hg.), Taschenbuch des Deutschunterrichts. A. a. O., S. 231 - 247; bes. S. 237 ff.
10 R. Geißler, Prolegomena ..., a. a. O., S. 47.

Stück für Stück wahrgenommen werde[11], müsse eine erlebnishafte Auffassung bei der angenommenen Einheit der Gefühlslage stehenbleiben. Geißler bleibt jedoch - dem grundsätzlichen Charakter einer "Prolegomena" entsprechend - bei einleitenden Ausführungen stehen. Neben der Kritik an Diltheys Ganzheitsbegriff und den Auswirkungen auf den Literaturunterricht der Nachkriegszeit erfährt der Leser in erster Linie programmatische Vorschläge, Literatur im Unterricht rational vermittelbar zu machen. Erst die letzte Seite der "Prolegomena" gibt zu erkennen, an welchen philosophischen Vorstellungen ein Literaturunterricht über Dilthey hinaus anzuknüpfen hätte. Die durch den Erlebnisbegriff erzwungene irrationale Trennung zwischen musischer und intellektueller Bildung sei überwindbar, wenn man im Sinne Hegels Verstand und Schönheit versöhnt. Denn, so schließt Geißlers Schrift mit einem Zitat aus der "Phänomenologie des Geistes", nur die "kraftlose Schönheit haßt den Verstand, weil er ihr etwas zumutet, was sie nicht vermag".[12]

Vergewissert man sich einmal über Geißler hinaus, wem Hegel die "kraftlose Schönheit" zuschreibt, so fällt das Licht auf spätromantisches Literaturverständnis. Hier, so Hegel an anderer Stelle, berufe sich das erkennende Bewußtsein einseitig auf "das Gefühl, sein inwendiges Orakel", und es habe dem nichts weiter zu sagen, "der nicht dasselbe in sich finde und fühle".[13] Subjektivistische Projektionen ersetzen diskursive Erkenntnis. Legt man diesen Dualismus frei, so ist ein weiterer Beleg für unsere These erbracht, Diltheys Lehre folge romantischen Prämissen.

Der Rekurs auf Hegels Synthese von "Schönheit" und "Verstand" liefert ein kategoriales Bezugssystem, das es erlaubt, schulisches Verstehen und Herstellen literarischer Texte aktuell einzuordnen. Skizziert man nämlich die Entwicklung der gegenwärtigen Literaturdidaktik, so heben sich zwei konkurrierende Modelle ab, die jeweils einen Teilaspekt der in Aussicht gestellten Synthese abstrakt totalisieren. Nicht zufällig fällt die Entstehung beider Modelle ins Jahr 1970; sie folgen also direkt Geißlers "Prolegomena". Auf das erste Modell muß hier nur am Rande verwiesen werden. Es handelt sich dabei um einen Literaturunterricht, der das Verstehen von Texten primär als Ideologiekritik angeht. Sinnliche Erkenntnis und Genuß am Lesen soll in rationaler Erkenntnis über Weltbilder und Rollenklischees aufgehen.[14] Entscheidend für unsere Problemstellung sind die Konsequenzen des zweiten Modells. Denn hier treten die produktionsdidaktischen Aspekte deutlich hervor. Sie entwickeln sich aus

---

11 Geißler spielt hier offensichtlich auf Lessings Unterscheidung von Malerei und Dichtung im "Laokoon" an. Diese Kritik an Diltheys Ganzheitsbegriff findet man ausführlich bei G. Kleinschmidt, Theorie und Praxis des Lesens. A. a. O., S. 119 - 122.
12 G. W. F. Hegel, Phänomenologie des Geistes. Hg. v. J. Hoffmeister. Leipzig 1949, S. 29; zt. n. Geißler, Prolegomena ..., a. a. O., S. 101.
13 G. W. F. Hegel, Phänomenologie des Geistes. Frankfurt/M., Berlin, Wien 1970, S. 50.
14 Vgl. hier die Literaturdidaktik des Bremer Kollektivs. In ihrer 1970 erschienenen "Bestandsaufnahme Deutschunterricht" führt Heinz Ide richtungsweisend aus, der Literaturunterricht solle "nicht der inneren Bereicherung der Individualität dienen, sondern den Lernenden zu rationaler Einsicht in den gesellschaftlichen Werdegang führen". H. Ide (Hg.), Bestandsaufnahme Deutschunterricht. Ein Fach in der Krise. Stuttgart 1970, S. 18.

einem literaturwissenschaftlichen Selbstverständnis, das die rationalen und erkennbaren Elemente eines Textes in Frage stellt. Die Rede ist von der Rezeptionsästhetik (Jauß, Iser, u.a.). Ihre schulische Umsetzung zur sog. Rezeptionsdidaktik ebnet den Weg vom rezeptiven zum produktiven Textumgang. Die Rezeptionsästhetik von Jauß und Iser ist wiederholt dargestellt und in entscheidenden Passagen kritisiert worden. So kamen wir oben zu dem Ergebnis, die von der Autonomieästhetik (Kant) formulierte sprachliche Inadäquatheit des Verstehens werde hier in eine Unverbindlichkeit und Indifferenz des ästhetischen Urteils uminterpretiert. Jauß als auch Iser gehen davon aus, ein literarischer Text verfüge erst durch die aktuelle Einbildungskraft eines Lesers über Objektivität. Von Bedeutung sei primär die Wirkung der Werke. Im Mittelpunkt steht die Lesersubjektivität, seine Selbsterfahrung, kurz, die "Adaptiertheit des Textes an höchst individuelle Leserdispositionen" (Iser). "Unbestimmtheit" und "Fiktion" als "Form ohne Realität" sollen die soziale und individuelle Bedeutung eines literarischen Werkes konstituieren und begründen. Wirkung entstehe durch den Zusammenschluß subjektiver Bewußtseins- und Erfahrungsinhalte des Lesers "mit den Zeichen des Textes zu einer Sinnkonfiguration".[15] Die Einbildungskraft des Lesers stellt den Raum dar, in dem das Werk seine Realität stiftet. Diese Autonomie des Rezeptionssubjekts begründet den Umgang mit der kulturellen Tradition und Gegenwart durch Hinwendung zu subjektiver Befindlichkeit, zu privaten, spontanen Erfahrungen, Stimmungen und Empfindungen. Sie hypostasiert Freiheit ohne Notwendigkeit. Denn die auf "freie" Verfügbarkeit der Werke ausgerichtete Subjektivität begreift sich als unantastbare fiktionale Größe, der mit objektiver Wahrheit oder Bedeutung nicht beizukommen sei. Wahrheit - im emphatischen Sinne - ist aber ohne Reflexion, ohne Anstrengung des Begriffs und ohne ästhetische Theoriebildung nicht zu haben. Den Einwänden, Textgehalt und Textbedeutung rational zu begründen, begegnet die Rezeptionsästhetik mit Argumenten, die prima vista plausibel klingen. Sie verweist - gegen das werkimmanente Verfahren und Staigers "Kunst der Interpretation" gerichtet - auf die Geschichte von Werk und Interpretation. Zu unterschiedlichen Zeiten und Epochen habe es eine Vielfalt von Deutungen gegeben. So verbiete es sich, von *einem* im Werk verborgenen Sinn auszugehen.[16] Zudem decke ein literarischer Text niemals empirische Figuren oder Handlungen ab, so daß er über eine Vielzahl von "Unbestimmtheitsstellen" (Roman Ingarden)[17] verfüge, die erst durch den individuellen Akt der Aneignung ("Konkretisation") mit Bedeutung gefüllt werden. Hier liegt der Funken Wahrheit der Rezeptionsästhetik. Denn natürlich basiert der Akt des Lesens auf der Einbildungskraft des Lesers. Ein Kunstwerk bildet

---

15 W. Iser, Der Lesevorgang. In: R. Warning (Hg.), Rezeptionsästhetik. Theorie und Praxis. 2. Aufl. München 1979, S. 253 - 276; Zitat: S. 264.
16 Vgl. hier W. Iser, Die Appellstruktur der Texte. In: R. Warning (Hg.), Rezeptionsästhetik. A. a. O., S. 228 - 252; bes. S. 229 ff.; H. R. Jauß, Literaturgeschichte ..., a. a. O., S. 171 ff.
17 Vgl. R. Ingarden, Konkretisation und Rekonstruktion. In: R. Warning (Hg.), Rezeptionsästhetik. A. a. O., S. 42 - 70.

kein reales Geschehen deckungsgleich ab und läßt sich ebensowenig auf Aussagesätze reduzieren. Lesen ist immer ein aktiver und produktiver Handlungsvorgang, in dem ein Individuum seine Erfahrungen, Phantasien, Stimmungen etc. mit ins Spiel bringt. Und unbestritten belegt die Wirkungsgeschichte literarischer Werke eine geschichtlich jeweils unterschiedliche Auslegung. Uneinsichtig bleibt allerdings, welche historisch-gesellschaftlichen Bedingungen zu den unterschiedlichen Konkretisationsleistungen geführt haben. Übertragen auf einen konkreten Akt der Rezeption wäre zu fragen, durch welche Mechanismen die rekonstruierbare historische Bedeutung eines Werkes in der jeweiligen Vorstellung modifiziert wird. Diese Fragen kann die Rezeptionsästhetik nur vorläufig beantworten, da sie sich mit der Oberflächenbeschreibung bestimmter Konkretisationen begnügt.

Unter Anlehnung an den oben eingeführten Begriff der Fetischisierung ist es zulässig, den hier vorgestellten Weg der Literaturaneignung zu präzisieren. Von einem Fetisch kann bekanntlich dann gesprochen werden, wenn eine fertige Gestalt die Züge ihres Gewordenseins verdeckt. Die verdeckte Kausalität der Determinanten des Lesens und Verstehens ist ein wesentliches Dilemma der Rezeptionsästhetik. Ebensowenig wie man die Werke in einen objektiven Traditionszusammenhang einrückt, ist man bereit, die subjektiven Rezeptionsakte einer Bedeutungszuweisung zu unterziehen. Sie werden zwar in ihrer jeweiligen Faktizität registriert, als historisch unterschiedliche bewertet, offen bleiben jedoch die Rahmenbedingungen und Bestimmungsgründe ihres Zustandekommens. So kann auch die Frage, welches Erkenntnisinteresse einem aktuellen Rezeptionsvorgang zugrundeliegt, erst gar nicht sinnvoll gestellt werden. Individuelle Sinnentnahme ersetzt beides: Analyse der Werke und Analyse der Entstehungsbedingungen der Rezeption. Von diesem doppelten Fetisch geblendet, besteigt der Leser mit seinen subjektivistischen Projektionen als regulative Instanz den Thron der Literatur. Niemand scheint befugt, sein eingebrachtes Sinnpotential einem Wert- oder Normensystem zu unterwerfen. Auf dieser Stufe der Selbsterfahrung und des isolierten Textverständnisses ist erneut jenes Verhältnis der Unmittelbarkeit zwischen Werk und Rezipient erreicht, das die - vorgeblich zu überwindende - werkimmanente Interpretation auszeichnet.

Besonders aufschlußreich ist es in diesem Zusammenhang einzusehen, wie Jauß einer Vermittlungsebene des Textverständnisses durch theoretisches Wissen schon im Vorfeld das Wasser abgräbt. An einer anderen Stelle haben wir diese Vorgehensweise als einen "Taschenspielertrick"[18] gekennzeichnet. Er besteht in der postulierten Versicherung, daß "kein Text je verfaßt worden (ist), um philologisch von Philologen oder (...) historisch von Historikern gelesen

---

18 H. Rudloff, Zur Bedeutung von Rezeptionsästhetik und Rezeptionsdidaktik für den Literaturunterricht. In: J. Eckhardt (Hg.), Zeitgenössische Literatur im Deutschunterricht. Braunschweig 1981, S. 40 - 56; Zitat: S. 44. - Der Beitrag läßt die hier zu entwickelnden Auswirkungen auf produktionsdidaktische Fragestellungen unberücksichtigt.

und interpretiert zu werden".[19] So zutreffend diese Aussage offensichtlich ist, so bedenklich müssen doch die daraus gezogenen Schlußfolgerungen sein. Denn für Rezeption und Textverständnis ergibt sich daraus die Voraussetzung, philologische und historische Kriterien außer acht zu lassen. Die Bedeutungszuweisungen des Rezeptions-Subjekts sollen unabhängig von den genannten wissenschaftlichen Bezugspunkten in ihrer bloßen Faktizität festgestellt werden. "Sinn und Form des literarischen Werks"[20] bestehe in den Wirkungen und Reaktionen, die es auf verschiedene Leser bzw. Lesergruppen (Publikum) oder auf zukünftige Produkte desselben oder eines anderen Autors habe. Unter der Geschichte der Literatur versteht man folglich nur noch eine Geschichtlichkeit, die in einem dialogischen und zugleich prozeßhaften Dreiecksverhältnis von "Werk, Publikum und neuem Werk" zum Ausdruck kommt, "das sowohl in der Beziehung von Mitteilung und Empfänger wie auch in der Beziehung von Frage und Antwort, Problem und Lösung erfaßt werden kann".[21] Dabei entzieht sich der Begriff des Publikums der Differenzierung im sozialen Prozeß. Jauß klammert den sozialen Prozeß aus, um den "Erwartungshorizont" der Rezipienten ausschließlich als Verhältnis von vergangener und aktueller Literaturaneignung zu bestimmen. Dieser Sachverhalt muß noch einmal in aller Deutlichkeit unterstrichen werden, denn er unterschlägt die schichtenspezifische Verteilung der literarischen Bildung innerhalb des Publikums. Auch dürfte die soziale und ethische Weltanschauung innerhalb eines historisch fixierbaren Publikums keinesfalls als homogen anzusehen sein. Es wird mit Sicherheit innerhalb eines Publikums Rezeptionsaktivitäten geben, die sich dem vorgestellten Reiz-Reaktionsschema ("Frage und Antwort, Problem und Lösung") durch normative Begründungen verweigern. Da Jauß eine solche Möglichkeit undiskutiert läßt, bleibt seine Theorie indifferent gegenüber Wertungen. Jede Rezeption wird unterschiedslos sanktioniert - sie muß nur ausmachbar sein. Dennoch ist es sicher von historischem Interesse, die verschiedensten historischen Rezeptionsweisen zu sichten. Erst so können sie ja schließlich auf den Prüfstand von Wahrheit und Unwahrheit gehoben werden. Da Jauß einen solchen Schritt nicht beabsichtigt, ist es ihm nicht möglich, manipulierte Leserinteressen kritisch zu bestimmen. So ist auch die Schlußfolgerung nicht abwegig, daß er Rezeption mit subjektivistischer Beliebigkeit gleichsetzt. Ein derartiger Vorwurf kann allerdings das immanente Selbstverständnis der Rezeptionsästhetik nicht treffen, denn sie gibt die Beliebigkeit des ästhetischen Urteils als "Instanz der Freiheit menschlichen Bewußtseins"[22] aus. Gingen wir einleitend von der These aus, die Rezeptionsästhetik hypostasiere Freiheit ohne Notwendigkeit, so kann das hier verifiziert werden. Unabhängig von rationaler Kritik und normativer

---

19 H. R. Jauß, Literaturgeschichte ..., a. a. O., S. 168.
20 Ebd., S. 189.
21 Ebd., S. 169.
22 H. R. Jauß, Racines und Goethes Iphigenie. In: R. Warning (Hg.), Rezeptionsästhetik. A. a. O., S. 353 - 400; Zitat: S. 390.

Begründung realisiert das Rezeptions-Subjekt seine subjektivistischen Bedeutungszuweisungen.

Auch wenn die Rezeptionsästhetik nur vermittelt mit Dilthey in Beziehung gebracht werden kann[23], so taucht doch erneut ein Literaturverständnis auf, das begriffliche Erkenntnis systematisch ausschließt. Macht man sich einmal unmißverständlich klar, daß Jauß alle Verstandeskräfte aus dem ästhetischen Urteil verbannt, dann tritt die Tradition der Erlebnisphilosophie in neuem Gewande hervor. Unter solchen Voraussetzungen liegt die Vermutung nahe, ein der Rezeptionsästhetik verpflichteter Literaturunterricht teile wesentliche Bestimmungen mit der Erlebnispädagogik.

Betrachtet man die Auswirkungen der Rezeptionsästhetik auf den schulischen Prozeß literarischer Bildung unter dem Blickwinkel einer möglichen Entsprechung mit reformpädagogischen Entwicklungslinien, dann fällt eine entsprechende Phaseneinteilung auf. Der reformpädagogische Deutschunterricht ordnet der Phase eines genußreichen Verstehens der Literatur die Hinwendung zu produktiven Gestaltungsversuchen nach.[24] In den 70er und 80er Jahren kann man eine schrittweise Entwicklung von der Rezeptions- zur Produktionsdidaktik verzeichnen. Auf die Positionen der Rezeptionsdidaktik soll hier nur skizzenartig eingegangen werden. Sie besteht im wesentlichen aus einer affirmativen Übernahme der Rolle des Lesers und der Konstitution von Textbedeutung, wie sie die Rezeptionsästhetik richtungsweisend vorzeichnet. Im Zentrum steht die subjektive Textrezeption und -gebrauchsweise des lesenden Schülers, der "Privattext"[25], den er sich aus der Textvorlage bildet. So viele Schüler, so viele Textverständnisse, so viele unterschiedslos gültige Interpretationen: "Fünf Köpfe, fünf Verständnisse", so resümiert eine empirische Erhebung, die aus einer solchen Oberflächenbeschreibung unterschiedliche Lesegebrauchsabsichten gewinnt.[26] Analog zur Rezeptionsästhetik begnügt man sich mit einer äußerlichen Zuordnung von praktizierten Aneignungsformen. Und auch hier beansprucht man die individuellen Leserdispositionen, um die Realität und soziale Funktion der Literatur allererst zu stiften.[27] Zur Realität wird der literarische Text durch die beliebigen Deutungsprojektionen der beteiligten Schüler. Der Lehrer übt nur noch die Funktion eines Organisators aus, die Schüler zur Veröffentlichung ihrer Leseergebnisse zu motivieren. Polemisch formuliert könnte man auch sagen, er übernimmt die Rolle eines Animateurs. Da ihm kei-

---

23 Vgl. R. Warning, Rezeptionsästhetik als literaturwissenschaftliche Pragmatik. In: Ders. (Hg.), Rezeptionsästhetik. A. a. O., S. 9 - 41; bes. S. 19 ff.
24 Vgl. dazu oben Kap. 6.2.
25 Dieser Terminus ist von Eggert / Berg / Rutschky in die literaturdidaktische Diskussion eingeführt worden. Dies., Schüler im Literaturunterricht. Ein Erfahrungsbericht. Köln 1975.
26 Baurmann / Nündel / Schlotthaus, Textrezeption und Textgebrauch. In: PD, H. 41/1980, S. 4 - 14; Zitat: S. 4. - Eine kritische Sicht des hier entworfenen Literaturunterrichts ist vom Autor bereits verschiedene Male vorgelegt worden. Auf eine detaillierte Darstellung kann deshalb verzichtet werden. Vgl. H. Rudloff, Zur Bedeutung von Rezeptionsästhetik ..., a. a. O., bes. S. 45 ff.
27 Vgl. J. Baurmann, Textrezeption und Schule. Grundlagen - Befunde - Unterrichtsmodelle. Stuttgart / Berlin / Köln / Mainz 1980.

nerlei Sach-Autorität zugesprochen wird, ästhetische Eigenart und Traditionszusammenhang eines Textes zu vermitteln, um die Konkretisationsleistungen zu relativieren, bleibt seine Funktion auf das Animieren zur Veröffentlichung der subjektivistischen Textbedeutungen beschränkt. Abgestützt durch das rezeptionsästhetische Selbstverständnis, die Wirkung der Texte gegen Bezugspunkte der Wahrheit im objektiven Traditionszusammenhang auszuspielen, ist er nicht befugt, ästhetische Theorieansätze und Methoden ins Textverständnis einzubringen. Literarische Kommunikation beschränkt sich auf den Austausch und die gegenseitige Mitteilung von Leseerfahrungen. Unter Kritikfähigkeit versteht man dabei offensichtlich das argumentative Durchhalten der subjektiven Textauslegung; die Kraft, andere von seinen Dispositionen durchgängig zu überzeugen. In aller Deutlichkeit heißt es: "Kritikfähigkeit ist also *nicht* gleich Theorie, sondern auf eine Stufe mit Überzeugungen zu stellen."[28]
Die Folgen der Rezeptionsdidaktik für den Deutschunterricht zeichnet Christa Bürger präzisiert auf. Der Verzicht auf einen "wissenschaftlichen Status" und die "subjektivistische Auflösung des Postulats der Selbstreflexion von Wissenschaft" hintertreibt Textaneignung und Vermittlung im Sinne einer kritischen Hermeneutik, die der Literatur von einem reflektierten Erkenntnisinteresse aus eine Bedeutung zur Selbstaufklärung des aneignenden Subjekts geben könnte. Selbstaufklärung, verstanden als "Rekonstruktion des Überlieferungszusammenhangs *als* Arbeits- und Herrschaftszusammenhang"[29], werde aufgegeben zugunsten eines neopositivistischen Kritikverständnisses. Der rezeptionsdidaktische Subjektbegriff blende gerade die Voraussetzungen kritischen Verstehens aus, da er die vorgängige Normenbestimmtheit des verstehenden Subjekts unberücksichtigt lasse. Vorgegebene und verinnerlichte Normen, die das Subjekt im Prozeß seiner Sozialisation erworben hat und die es in der Veröffentlichung seines Leseergebnisses reproduziert, bleiben in ihrer unbegriffenen Gestalt der Unmittelbarkeit stehen. Weder die Frage nach den Entstehungsbedingungen von Normensystemen noch die nach den Prinzipien ihrer Gültigkeit könne in eine tragfähige didaktische Theoriebildung übersetzt werden. So verkomme der rezeptionsdidaktische Interpretationspluralismus zu einer "Scheinliberalität".[30] Unter der Vorspiegelung, allen Interpretationen in gleichem Maße zu ihrem Recht zu verhelfen, lasse er jedoch nur *eine* Form des Textumgangs zu: die rezeptionsästhetische. Interpretationsansätze, so stellt Bürgers Kritik heraus, die den Wirklichkeitsgehalt der Werke durch Aneignung und Aktualisierung kultureller Traditionen bestimmen, werden als unzulässiger Eingriff in die Verstehensautonomie abgewiesen. Die Zunahme an Autonomie und der Abbau von Fremdbestimmung steht, wie auch J. Förster betont, in der Gefahr, "scheinhaft zu geraten":

---

28 O. Hoppe, Kritikfähigkeit durch literarisches Verstehen. In: Ders. (Hg.), Kritik und Didaktik des literarischen Verstehens. Kronberg/Ts. 1976, S. 275.
29 Ch. Bürger, Tradition und Subjektivität. Frankfurt/M. 1980, S. 47.
30 Ebd., S. 52.

"Scheinhaft (...), weil man das rezipierende Subjekt abstrakt zur verfügenden Instanz erklärt, anstatt es zum Verstehen des historischen Gehalts der Werke und deren Geschichte, die stets auch die Geschichte des rezipierenden Subjekts ist, anzuleiten und zu befähigen."[31]
Wenn es richtig ist, daß mit der Rezeptionsdidaktik ein deutlicher Trend zur Theorie- und Wissenschaftsfeindlichkeit des Literaturunterrichts erkennbar ist, dann stützt das unsere These von einer Entsprechung mit reformpädagogischen Entwicklungslinien in einem wichtigen Punkt ab. Denn auch die Reformpädagogen weisen den Einfluß ästhetischer Theoriebildung im Prozeß literarischen Verstehens strikt ab, um uneingeschränkte Sinnlichkeit und subjektivistische Projektionen durchzusetzen. Kann für sie nur der erklärte Verzicht auf die Anstrengung des Begriffs zum Erlebnis der Dichtung führen, so gelten der Rezeptionsdidaktik jegliche Theorieansätze als ein Hemmschuh, die Freiheit der individuellen Leserdispositionen durchzusetzen. In beiden Fällen liegt ein Erfahrungsbegriff zugrunde, der sich ausschließlich an der *tatsächlichen* Erfahrung der Beteiligten orientiert, um den Gehalt von historischem Werk und aktueller Rezeption von Normenbestimmtheit abzukoppeln. Die Rede von der Befindlichkeit des Subjekts, von seinen Bedürfnissen und authentischen Erfahrungen verdrängt eine begriffliche Auseinandersetzung mit Tradition und Gegenwartsbestimmung.
Kann man aber die festgestellte Kongruenz in Fragen der Literaturaneignung auch auf die Produktion von Texten im Unterricht übertragen? Sind die gegenwärtigen Ansätze einer Produktionsdidaktik mit der reformpädagogischen Phase produktiver Gestaltungsversuche vergleichbar? Ist die Kompetenz zum ästhetischen Produzieren ähnlich "frei" bestimmt wie beim rezeptiven Umgang mit Literatur? Eine vorläufige Antwort auf solche Fragestellungen liefert ein Beitrag, der im Untertitel für sich in Anspruch nimmt, "Ein Essay über die siebziger Jahre"[32] zu sein. Vorläufig ist die Antwort deshalb, da hier nur eine bestimmte, wenngleich nicht zufällige oder außergewöhnliche Variante vorliegt. Dem Autor, Michael Rutschky, erscheint das Schreiben "als die einzige Handlung, die überhaupt ausgeführt zu werden verdient". Und zwar deshalb, weil das Schreiben sich nicht auf die Welt einlassen müsse, wie sie ist. Hier könne sich ästhetische Sinnlichkeit inszenieren, ohne verbindlich nach der Legitimität des Handelns Auskunft zu geben:

---

31 J. Förster, Rezeptionsästhetik und Literaturdidaktik. Zur Problematik der Aneignung rezeptionsästhetischer Theoreme in der Literaturdidaktik. In: WW 5/1983, S. 295 - 309; Zitat: S. 305. Vgl. hier auch: Ders., Literaturunterricht zwischen Aufklärung und Gegenaufklärung. Zur Kritik restaurativer Tendenzen in der gegenwärtigen Literaturdidaktik und Möglichkeiten ihrer Überwindung. Düsseldorf 1980. - Die für unseren Zusammenhang gebotene Kürze von Darstellung und Kritik der Rezeptionsdidaktik veranlaßt, auf Försters materialreiche Untersuchungen gesondert hinzuweisen.
32 M. Rutschky, Erfahrungshunger. Ein Essay über die siebziger Jahre. Frankfurt/M. 1982. (Erste Veröffentlichung in gebundener Ausgabe 1980).

"Denn in den siebziger Jahren ging es uns weniger darum, die Wahrheit zu sagen und den Irrtum zu vermeiden, eher ging es darum, die Wirklichkeit zu berühren, die sich im Nebel zu verlieren droht."[33]
Dem hier vorgestellten Schreiber geht es offenbar wie jenem Helden in Wim Wenders faszinierendem Film "Alice in den Städten" (1973), der immer rückhaltloser Photos von sich und der Umwelt schießt, um zu beweisen, daß er noch existiert. Wenigstens in den Abbildungen sollen die Spuren subjektiver Erfahrungen der Wirklichkeit trotzen, die sich "im Nebel zu verlieren droht". Ein erfolgreicher Roman der 70er Jahre bringt die Funktion des Schreibens als orientierungslose Suche nach Sinn und Identität innerhalb der entfremdeten Verhältnisse auf den Begriff. Der Prozeß des Schreibens wird zur "Stunde der wahren Empfindung" (Peter Handke). Umgangssprachlich kommen zur selben Zeit Redeweisen auf, die die Sehnsucht nach Subjekterfahrung und authentischem Leben ausdrücken. Man möchte sich einbringen, Betroffenheit artikulieren, Nähe spüren.[34] Im Schreiben entsteht ein Medium, Wahrnehmungen und Erfahrungen subjektiv zu organisieren, um sie den herrschenden Symbolbedeutungen entgegenzuhalten. Gegen die zweckrationale Logik des Alltags entsteht der Wunsch, seine ganze Person phantasievoll zu reorganisieren. Er zeichnet sich dadurch aus, fremdbestimmte (Konsum-) bedürfnisse und Interessen durch eigene Empfindungen und Erfindungen abzuwehren. "Im Schreiben", so heißt es, "trägt meine Tätigkeit vielleicht am deutlichsten die Spuren von mir selbst."[35] Schreibend möchte man den Innenraum von den Schlacken der unwirtlichen Lebensverhältnisse befreien.
Der Pädagoge Thomas Ziehe hat die Hinwendung zu sinnlicher Selbsterfahrung und -verwirklichung einer grundsätzlichen Analyse unterzogen. Seiner These zufolge bringe die zunehmende gesellschaftliche Arbeitsteilung und Technokratisierung, die dem Maßstab technischer Effizienz unterworfen ist, gleichzeitig einen Gegenpol hervor. Das Subjekt antworte auf die Zerfaserung und Unüberschaubarkeit der Lebenszusammenhänge mit dem projektiven Desiderat, "sich noch als ein Ganzes irgendwo wiederzufinden"[36]. Je mehr die Tradition kein zuverlässiger Garant ist, der eigenen Lebensgeschichte einen Sinn zu geben, müssen die eigenen Erfahrungen noch einmal strukturiert werden. Die Ich-Entwicklung ist der Zielvorstellung unterstellt, biographische Sinnbildung für sich selbst leisten zu müssen. Mit dem Aufweichen tradierter Kulturgehalte eröffnen sich über die neue Form der psychischen Anstrengung, Lebenszusammenhänge subjektiv zu stiften und sinnvoll zu ordnen, Alternativ-

---

33 Ebd., S. 95.
34 Vgl. alternative H. 127'28/1979. Das Heft trägt den Titel: Der Wunsch nach Nähe. Die abgedruckten Beiträge und Unterrichtsvorschläge v. K.-M. Bogdahl, J. Kasper, J. Volmert u. I. Scheller betonen die hier vorgestellte Subjektseite des literarischen Produzierens. - Auf die in diesem Heft abgedruckten kritischen Einwände wird weiter unten gesondert eingegangen.
35 H. Boueke / J. Humburg, Schreiben kann jeder. Handbuch zur Schreibpraxis für Vorschule, Schule, Universität, Beruf und Freizeit. Reinbek bei Hamburg 1980, S. 75.
36 Th. Ziehe, Lebensgeschichte und politisches Bewußtsein. In: F. Maurer (Hg.), Lebensgeschichte und Identität. Beiträge zu einer biographischen Anthropologie. Frankfurt/M. 1981, S. 133 - 150; Zitat: S. 136.

und Wunschfelder. Überträgt man Ziehes Ergebnisse auf das Problem des freien literarischen Produzierens, so ergibt sich prinzipiell die Möglichkeit, eigene Erfahrungen, Wünsche und Bedürfnisse darzustellen. Schreiben wird zum Verarbeitungs- und Projektionsmechanismus des beschädigten Lebens. Ängste können sich aussprechen, Utopien von einem besseren Sein erwachen. Mit ihren Bildern überlistet die Einbildungskraft die verstellte Wirklichkeit. Als "Selbstverwirklichung in spielerischer Absicht und ästhetischem Genuß"[37] hält das Schreiben die Hoffnung auf ein zukünftig Besseres aufrecht.

Mit der Funktionsbestimmung des Schreibens als Therapie[38] von Beschädigungen und als Entwurf utopischen Vor-Scheins schüttet Theorie und Praxis des freien literarischen Produzierens die traditionell regressiv bestimmten Gräben zwischen sog. Berufs- und Privatschriftstellern zu. Das arbeitsteilig bestimmte Spezialvermögen wird als eine allgemeine Fähigkeit propagiert.[39] Dabei könnte man sich auch auf Zeugnisse aus der sog. "hohen" Literatur berufen. Als ein Beispiel von vielen seien hier Rilkes "Aufzeichnungen des Malte Laurids Brigge" angeführt, in denen der fiktive Held räsonniert:

"Ich habe etwas getan gegen die Furcht. Ich habe die ganze Nacht gesessen und geschrieben, und jetzt bin ich so gut müde wie nach einem weiten Ritt über die Felder von Ulsgaard."[40]

Real gestützt wird die These von der Verallgemeinerbarkeit literarischen Produzierens (und ihren Funktionen der Therapie und Utopie) durch Beiträge zeitgenössischer Schriftsteller. Im "Literaturmagazin 11" von 1979 plädiert Hermann Peter Piwitt für den "Gelegenheitsschriftsteller".[41] Die kritische Frage lautet hier, wem denn überhaupt die Gelegenheit gegeben werde, die Poesie des eigenen Lebens aufzuschreiben. Ein herkömmliches Privileg (Piwitt spielt hier auf den Geniebegriff an), reserviere den Traum vom unentfremdeten Leben für Personen, die mit einem entsprechenden Naturtalent ausgestattet werden. Allein ihnen erkenne man auch das Recht zu, den Akt des Schreibens als Befreiung von Existenzbedrohung zu deklarieren:

"Der bekannteste deutschsprachige Autor der jungen Generation behauptete vor einigen Jahren von einem seiner Bücher, es zu schreiben sei für ihn eine Sache auf Leben und Tod gewesen. Jeden Wechselschichtler, jeder Löterin geht es bei der Arbeit um Leben und Tod. Aber nicht deren Worte, sondern

---

37 G. Mattenklott, Literarische Geselligkeit ..., a. a. O., S. 5.
38 Vgl. dazu grunds. A. Muschg, Literatur als Therapie? Ein Exkurs über das Heilsame und Unheilsame. Frankfurter Vorlesungen. Frankfurt/M. 1981. - Schreiben erfüllt therapeutische Funktion schon allein in Geschriebenwerden. Besonders einfühlsam sei das bei Kagerer beschrieben. Ihre Schreibversuche an Hauptschulen zeigen exemplarisch auf, wie sich innere Spannungen auflösen können, wenn sich der Schreibende durch einen Text sinnlich ausdrückt. (Dies., In der Schule tobt das Leben. Berlin 1978).
39 Vgl. J. Hein / H. H. Koch / E. Liebs (Hg.), Das ICH als Schrift. Über privates und öffentliches Schreiben heute. Winfried Pielow zum 60. Geburtstag. Baltmannsweiler 1984.
40 Rainer Maria Rilke, Die Aufzeichnungen des Malte Laurids Brigge. Roman. München 1962, S. 15 f.
41 H. P. Piwitt, Plädoyer für den Gelegenheitsschriftsteller. In: N. Born / J. Manthey / D. Schmidt (Red.), Literaturmagazin 11. Schreiben oder Literatur. Reinbek bei Hamburg 1979, S. 19 - 27. Vgl. hier auch die Aussagen zeitgenössischer Lyriker zu den Möglichkeiten lyrischen Schreibens in der Schule. In: PD 11/1975, S. 3 - 12.

die des Schriftstellers druckt die ZEIT unter 'Worte der Woche' ab; und niemand lachte."[42]

Der verwaltete Kulturbetrieb und seine regressiv-selektive Veröffentlichungspraxis[43] sei schon allein deshalb revisionsbedürftig, da man verkenne, daß jedes Schreiben, auch das später anerkannter Schriftsteller, zunächst ein Schreiben aus Gelegenheit war; ein Einschreiben des Individuums in Lebensumstände. Dem "durchschnittlichen Kulturkonsumenten" sei kaum bekannt, daß das "sich selbst und seine Umwelt tyrannisierende 'Genie'" als Kategorie erst seit 150 bis 200 Jahren existiere:
"Vergessen ist, daß alle Dichtung davor Gelegenheitsdichtung war, geschrieben von Bürgermeistern (Grimmelshausen), Hauslehrern (Hölderlin) oder Pfarrern (Mörike)."[44]

Dieses Vergessen stabilisiere die überlieferte Rollenzuweisung und Anerkennung des Dichters zum "Repräsentanten", der mehr zu sagen habe als der Durchschnittsmensch. Die eigenen Ideen, Erfahrungen und Phantasien verflüchtigen sich, ehe sie aufgeschrieben werden. Sie bleiben unbearbeitet liegen, verdampfen im Privaten, da das Subjekt sie weder ernst noch für artikulationswürdig hält.

Der vorgestellte Gedankengang deutet in essayistischer Form an, was wir oben grundsätzlich über den Konstitutionsprozeß des genialen Dichterbewußtseins ausgeführt hatten. Er gewinnt seine Anerkennung durch die Masse der Nicht-Produzenten, die den Spielraum literarischer Erfahrungsartikulation ans Genie delegiert.

Als eine Möglichkeit, Einschüchterung vor literarischer Produktion und individueller Wirklichkeitsverarbeitung rückgängig zu machen, konnten die Bemühungen der Avantgarde (besonders Tretjakov) gesichert werden. Für die neue Schreibbewegung gilt Tretjakov als Kronzeuge. So verweist schon das Editoral des "Literaturmagazins" auf die "Tretjakov-Rezeption", die den operativen Anspruch des Schreibens überliefert habe.[45] Von Tretjakov übernimmt man sowohl die Einschätzung des zu emanzipierenden Subjekts als auch die propagierte Schreibweise bzw. Textsortenspezifik. In deutlicher Anlehnung an

---

42 H. P. Piwitt, Plädoyer ..., a. a. O., S. 22.
43 Vgl. zur Stützung von Piwitts These: J. Greven, Bemerkungen zur Soziologie des Literaturbetriebs. In: H. L. Arnold (Hg.), Literaturbetrieb in Deutschland. Stuttgart / München / Hannover 1971, S. 21 - 32; H.-J. Heise, Von Maklern und Machern. Über den Aktualitätenmarkt des Literaturbetriebs. In: H. L. Arnold (Hg.), Literaturbetrieb in der Bundesrepublik Deutschland. Ein kritisches Handbuch. 2., völlig veränderte Aufl. München 1981, S. 284 - 287. - Zu den Auswirkungen auf den Literaturunterricht vgl. A. C. Baumgärtner, Literarisches Leben - Literaturbetrieb - Literaturunterricht. Basisartikel. In: PD 7/1974, S. 17 - 21.
44 H. P. Piwitt, Plädoyer ..., a. a. O., S. 22.
45 N. Born / J. Manthey / D. Schmidt (Red.), Literaturmagazin 11. A. a. O., S. 7. - Zur Tretjakov-Rezeption im Bereich schulischen Schreibens vgl. G. Waldmann, Überlegungen zu einer kommunikations- und produktionsorientierten Didaktik literarischer Texte. In: H. Mainusch (Hg.), Literatur im Unterricht. München 1979, S. 328 - 347, bes. S. 339; G. Mattenklott, Literarische Geselligkeit. A. a. O., S. 4 ff.; G. Haas, Lesen in der Schule, Deutsches Bibliotheksinstitut-Materialien 40. Berlin 1985, S. 16; H: Koch / W. Pielow, Schreiben und Alltagskultur. Voraussetzungen und Haltungen des Schreibens in Schule, Hochschule und in außerschulischen Bereichen. Baltmannsweiler 1984, S. 77 ff.

die These, jedermann verfüge über eine ästhetische Produktivkraft, die im Prozeß der Vergesellschaftung verschüttet werde, formuliert Paul Schuster: "'Talent' und 'Genialität' (...) ist nichts Ererbtes und nicht vererbbar. Sie ist nichts anderes als gut konservierte kindliche Unbefangenheit, Sinnlichkeit, Denkbeweglichkeit über Pubertät und Wahlmündigkeit hinaus. Daß sie so selten ist, liegt daran, daß diese jedem gesunden Menschen angeborenen Eigenschaften einem Erosionsprozeß ausgesetzt sind, der die ganze sogenannte Sozialisation begleitet."[46]

Schusters Schreibversuche mit Strafgefangenen belegen auf eindrucksvolle Weise, wieviel sie zu sagen - resp. zu schreiben -haben, wenn man sie motiviert, die *eigenen* Erfahrungen und Anschauungen rauszulassen. Geschrieben wird ohne verbindliche Themenstellung, ohne die dem schulischen Aufsatz gehorchenden Regeln von Einleitung, Hauptteil und Schluß. Die Texte entstehen mit Hilfe der Schreibweisen der erzählenden Prosa, der ungeordneten Ansammlung von Stichwörtern, des Briefs oder des Dialoges. Ganz im Sinne Tretjakovs vollzieht sich der Anwendungsbereich nicht auf fiktive Figuren oder Handlungen. Im Mittelpunkt stehen tatsächliche Erlebnisse und Ereignisse, die die Schreibenden als Betroffene der eigenen Lebensgeschichte darstellen. Hier artikuliert sich das "praktische Leben", die "lebendigen Worte in der lebendigen Kommunikation" (Tretjakov). Oft einsilbig, skizzenartig, Assoziationen folgend, entfaltet sich der Schreibprozeß im Jargon der Umgangssprache.

Aber auch das freie Schreiben ist keineswegs voraussetzungslos zu initiieren. Gerade Schusters Ausführungen zeigen, wie sehr es erst einmal bestimmter Motivation dazu bedarf. Gruppendynamische Prozesse (das Schaffen einer positiven Arbeitsatmosphäre) spielen eine wichtige Rolle. Das gilt für schulische[47] und außerschulische Schreibversuche gleichermaßen. Schreibhemmungen scheinen überwindbar, wenn sich Teilnehmer einer Schreibgruppe bereits im Vorfeld als Gleichgesinnte *anerkennen*. Man verständigt sich schreibend über das subjektive Anliegen, das zugleich das aller Teilnehmer ist. Dem entspricht dann auch der Begriff der "Verständigungstexte". Als spontane offene Form der Textherstellung ist sie besonders geeignet, Unterdrückte und Außenseiter zu Wort kommen zu lassen.. In Schreibgruppen organisieren sich zunehmend Frauen, Arbeiter, Studenten, sexuelle Randgruppen. Die Literatur wird zu einer Sache des Ich, das sich selbst noch gar nicht kennt, noch gar nicht kennen konnte, da es bisher nie wagte, sich schreibend zu benennen. In der Verständigung mit den anderen Schreibern überwindet man die Formen des undialogischen Produzierens.

Seit Kleist ist hinreichend bekannt, daß Schreib- und Formulierungsschwierigkeiten durch die physische Anwesenheit eines Partners über-

---

46 P. Schuster, Sinnlichkeit und "Talent". Zu einer Hauptbedingung des Schreibens. In: Literaturmagazin 11. A. a. O., S. 152 - 169; Zitat: S. 152.
47 Für den Abbau von Schreibschwierigkeiten und -ängsten in der Schule stehen die Ausführungen von A. Diem u.a., Schreibweisen. Ein Arbeitsbuch für den Deutschunterricht der Sekundarstufe II. Stuttgart 1983, S. 6 - 20.

windbar sind. Die Verständigungstexte der neuen Schreibbewegung begründen eine literarische Geselligkeit, die mit der traditionellen Statuszuweisung (Produzent / Rezipient) bricht und gleichzeitig das Herrschafts- / Knechtschaftsver-hältnis der Kommunikation in Frage stellt. Teilweise konnte das bereits für die "Miniatur-Öffentlichkeit" der Reformpädagogik (besonders bei Gansberg) festgestellt werden, so daß die Berufung auf reformpädagogische Schreibversuche[48] hier ihre positive Berechtigung findet. Im Sinne von Negt / Kluge entsteht eine besondere Form von "Gegen-Öffentlichkeit"[49], in der die Schreibenden Verdrängtes wiederaneignen und ihre Identität gegenüber fremdgeleiteten Erwartungen und Zwängen darstellen und verteidigen.

Daß eine derartige Reorganisation von Erfahrungen nicht zwangsläufig emanzipatorisch wirkt, zeigt allerdings das folgende Beispiel. Gegenöffentlichkeit und produktive Gegenerfahrung sollen im Bereich des Deutschunterrichts "durch zwangsfreie, d.h. spontaneitätsgeleitete Handlungen" ermöglicht werden, die "situativ (...) ästhetische Sinnlichkeit (inszenieren)".[50] Auf der Basis der avantgardistischen Zielvorstellung von der Einebnung von Kunst und Leben geht man davon aus, "die unterrichtlichen Handlungen selbst" zu "ästhetischen Handlungen" werden zu lassen.[51] Mit Hilfe eines Rasters unterscheidet N. Hopster verschiedene Bereiche ästhetischen Handelns. Zu ihnen gehören: "Spontaneität bewirkende Handlungen", "Utopische Dimension erzeugende Handlungen", "Spiel-Handlungen", "Erfahrungen vermittelnde Handlungen", "Erklärung bewirkende Handlungen".[52] Aus den genannten Handlungsbereichen werden ästhetische Handlungen abgeleitet, die über die Dimension von Spiel, Spontaneität und Utopie "eine Lösung von den internalisierten Normen abstrakter Arbeit intendieren".[53] Unsere gestellte Frage nach einer Entsprechung reformpädagogischer Gestaltungsversuche mit aktuellen produktionsdidaktischen Ansätzen kann durch eine Untersuchung der hier vorliegenden Konzeption in einem entscheidenden Punkt vorangetrieben werden. Da ist zunächst der Schlüsselbegriff der "Situation". Ästhetische Sinnlichkeit soll "situativ" inszeniert werden. Seit der "kommunikativen Wende der Sprachdidaktik"[54] zu Beginn der siebziger Jahre knüpft die Aufsatz- resp. Schreibdidaktik an das reformpädagogische Paradigma der "Situation" an. Sie thematisiert das situative und soziale "Umfeld"[55] der Schreibenden. In den allgemeinen Zielen stimmt man mit der Reformpädagogik überein, "komplexe

---

48 G. Mattenklotts "Literarische Geselligkeit" baut maßgeblich auf den Schreibversuchen der Reformpädagogik auf.
49 O. Negt, Öffentlichkeit und Erfahrung. A. a. O. - Vgl. dazu ausführlich: H. Koch / W. Pielow, Schreiben und Alltagskultur. A. a. O., S. 20 ff.
50 N. Hopster, Deutschunterricht als ästhetische Erziehung? Zur Frage der Möglichkeit einer unterrichtstheoretischen Begründung für den "Umgang mit Texten". In: P. Stein (Hg.), Wieviel Literatur brauchen Schüler? Kritische Bilanz und neue Perspektiven des Literaturunterrichts. Stuttgart 1980, S. 115 - 128 Zitat: S. 120.
51 Ebd., S. 116.
52 Vgl. ebd., S. 126.
53 Ebd., S. 124.
54 Vgl. D. C. Kochen, Schreiben für sich und über sich. Basisartikel. PD 26/1977, S. 11 - 17.
55 Vgl. Boettcher / Firges / Sitta / Tymister, Schulaufsätze - Texte für Leser. Düsseldorf 1973.

Schreibsituationen"[56] aus dem Erfahrungsbereich der Schüler zu gewinnen. Auch hier geht es darum, die Intention zum Schreiben möglichst nahe ans Leben anzubinden. Unterrichtsorganisatorisch entscheidet man sich für "Projekte"[57], die fächerübergreifend bestimmte Situationen und Inhalte des Lebens simulieren. Stellen die Kunsterzieher die herkömmliche Reproduktionsmethode in Frage, so richtet sich die Zentralkritik nun auf die besonders seit Seidemann vorherrschende Idealtypik von Aufsatzarten. In beiden Fällen haben wir es mit einer Denkweise zu tun, die als eine abstrakte Negation begriffen werden kann. Man negiert einen an Textsorten ausgerichteten Lehrplan, um in der Folge *alle* Kenntnisse zu vernachlässigen, die sich nicht aus der vorhandenen Erfahrungswelt der Schüler ableiten lassen. Im Lernbereich "Textrezeption und Textproduktion" spielen Fragen der Textsortenspezifik nur dann eine erkennbare Rolle, wenn sie von den Schülern selbst thematisiert werden. Ein dermaßen auf Zufälligkeit und Beliebigkeit ausgerichteter Unterricht verwischt die Grenzen zwischen fiktiven und realen Schreibanlässen bzw. Schreibweisen, ehe ihre Besonderheiten hinsichtlich Gestaltung und Wirkung ins Bewußtsein kommen. Der sicher für jede Schreibdidaktik unverzichtbare Aspekt, für eine Bedeutung der situativen Bedingungen der Textproduktion zu sensibilisieren, wird um das Aneignungsproblem literarischer Ausdrucks- und Kommunikationsmittel verkürzt. Der Akt des Schreibens verdoppelt lediglich die ausgewählten pragmatischen Lebenssituationen in ihrer Abstraktheit, ohne ihnen einen *theoretisch* fundierten Sinn und eine Einsicht in die Möglichkeiten ästhetischer Ausdrucksformen zu geben.

Auf dem Hintergrund des hier skizzierten literaturdidaktischen Leitbegriffs der "Situation" muß es zunächst fraglich erscheinen, ob auch Hopsters Konzeption analogen Erkenntnisrestriktionen unterliegt. Schließlich spricht er ja eindeutig von "*ästhetischer* Sinnlichkeit", die sich situativ inszenieren soll, und er intendiert ausdrücklich "eine Lösung von den internalisierten Normen abstrakter Arbeit". Zudem zeichnet sich sein Ansatz durch eine Vergewisserung der historischen Bedingungen des ästhetischen Produzierens aus. "Bürgerliche Kunst" werde durch die Entwicklungen der Avantgarde, durch entauratisierte Massenkunst und Ideologiekritik "aufgehoben".[58] Aufschlußreich ist es, welche Gewährsleute Hopster zu Rate zieht, um die genannte "Lösung von den internalisierten Normen abstrakter Arbeit" voranzutreiben. Zentrale Autorität ist Alfred Krovoza, der eine Prädisposition für Wahrnehmung und Erfahrung mit Hilfe des Marx'schen Entfremdungsbegriffs herleitet.[59] Ohne Zweifel ist Krovozas Zustandsbestimmung der "inneren Enteignung" der Arbeitskraft materialistisch stringent. Die Universalität der Tauschwertproduktion treibt ästhetische

---

56 Vgl. S. Weinmann, Schaffung komplexer Schreibsituationen. In: DU, H. 5/1970, S. 47 - 62; E. Haueis / O. Hoppe, Aufsatz und Kommunikation. Düsseldorf 1972.
57 Vgl. hier z.B. Behr u.a., Folgekurs für Deutschlehrer. Didaktik und Methodik sprachlicher Kommunikation. Weinheim 1975.
58 N. Hopster, Deutschunterricht als ästhetische Erziehung? A. a. O., S. 119.
59 A. Krovoza, Die Verinnerlichung der Normen abstrakter Arbeit ..., a. a. O.

Produktivität in die Enklave des privilegierten Künstlers, während die Sinnlichkeit der Massen verkümmert. Es ist hier nicht nötig, die Auswirkungen der Entfremdung auf literarisches Schaffen noch einmal zu referieren, zumal wir in Kap. 4 zu Befunden gekommen sind, die sich durchaus mit der Analyse von Krovoza decken. Entscheidend ist vielmehr, welche *Schlußfolgerungen* daraus für eine aktuelle Theoriebildung literarischer Produktion gezogen werden. Hier zeigt sich, daß Krovozas rationale Kritik unvermittelt in einen irrationalen Ausweg umkippt. Die repressiven Auswirkungen der gesellschaftlichen Entfremdung und die statusverwiesene Trennung von Rezeption und Produktion sollen "im Fest" aufgelöst werden:
"Im Fest beginnt die keine Dimension unserer Lebenstätigkeit aussparende Rückaneignung der Vergegenständlichungen von Lebendigkeit. Im Bilde des Festes wird die einheitliche Organisation von Lebenstätigkeit denkbar wie auch die Verflüssigung verdinglichter Erfahrungswelten. Es könnte die 'vollständige Emanzipation der menschlichen Sinnlichkeit' sein."[60]
Vorliegende Schlußpassage aus Krovozas Aufsatz legt die Vermutung nahe, Sinnlichkeit solle durch ein Happening zu sich selbst kommen. Im dionysischen Rausch des linken Ghettos feiert man erneut das Leben als Ganzes.
Hopster verweist zwar nicht direkt auf letztgenanntes Zitat, er setzt aber gleichermaßen an den Schluß seines Beitrags ein Bekenntnis zur irrationalen Lebensbewältigung. Es mündet anhand eines Ausschnitts aus Bernward Vespers Kult-Roman "Die Reise" in die Vorstellung spontaneistischer Erlebnispräsentationen. Hier zeige sich das "materiale Moment utopische(r) Antizipation". Die oben vorgestellten verschiedenen Bereiche des ästhetischen Handelns werden zum methodischen Prinzip eines Literaturunterrichts, der "nicht um der Literatur, sondern um der zu regenerierenden ästhetischen Produktivkraft der Schüler willen"[61] stattfinden soll. So spricht vieles für die Annahme, daß auch hier Krovozas Idee eines rauschenden Festes die Leitvorstellung sinnlicher Aktivitäten abgibt. Auch Hopsters Entwurf einer produktiven Sinnlichkeit möchte das ad hoc haben, ohne den als lästig empfundenen Umweg über eine Reflexion gehen zu müssen. Sein Aufhebungsmodell aktualisiert zwar den durch die Avantgardeentwicklung erreichten Stand der Kunst, schreibt ihn jedoch wieder ahistorisch fest. Es kommt zu einer falschen Aufhebung der Trennung der Kunst von der Lebenspraxis, zu einer reflexionslosen Unterwerfung der ästhetischen Produktivität. Christa Bürger bezeichnet dann auch Hopsters Konzeption als einen "voluntaristischen Akt", der "die Kunst ohne jede Vermittlung in die Lebenspraxis zurückzwingen will". Als ein solcher müsse er "in die Nähe des Anarchismus führen".[62]

---

60 Ebd., S. 34.
61 Ebd., S. 127.
62 Ch. Bürger, Tradition und Subjektivität. A. a. O., S. 62. - Vgl. hier auch: H. Kügler, Ist die gegenwärtige Literaturdidaktik noch eine Didaktik der Literatur? oder: Der neue Subjektivismus und seine Folgen. In: PD Sonderheft 1982, S. 51 - 54.

Wenn in Teilen der aktuellen Schreibdidaktik erneut auf die Prinzipien der Ganzheit und des Lebens zurückgegriffen wird, so läßt sich auch hier ein (vermittelter) Bezug zu romantischen Vorstellungen vor-bürgerlicher Vergesellschaftung herstellen. Krovoza, auf den Hopster zentral zurückgreift, gewinnt seine Kategorie des Festes "am Beispiel der Einheit bäuerlicher Lebensweise". Erinnert man sich noch einmal an Gansbergs Ideal der Autarkie des "Heidegehöfts", und macht man zudem klar, daß die "neue Geborgenheit" Bollnows diesen Topos in den 50er Jahren erneut bemüht, dann tauchen offensichtlich analoge Vorstellungen auf. Krovoza zitiert ausführlich den französischen Soziologen R. Maspétiol:

"'Der ländliche Zusammenhang, der für die Familie praktisch ein ererbter Zusammenhang darstellt, ist der Ursprung für eine besondere Psycho-Physiologie. Man konnte von einer bäuerlichen 'Rasse' sprechen, die den gleichen Weisungen gehorcht und die ein gemeinsames Verständnis für die Gesetze des Lebens, ihre Regelungen und die Hierarchie der Werte besitzt...Man hat richtig gesagt: Bauer zu sein, ist in der traditionellen Vorstellung mehr ein Stand als ein Beruf. Die Bindung an den Boden und die Autarkie in der Erwerbstätigkeit mit ihrer doppelten, der ökonomischen und versorgungsmäßigen, Unabhängigkeit kennzeichnen die bäuerliche Familie...Die Arbeit auf dem Felde ist keine Angelegenheit für ein isoliertes Individuum...weil die Vielfalt und die Zersplitterung der Aufgaben ein Minimum an gemeinsamem Handeln erfordern...Daraus resultieren wichtige Konsequenzen für die Konzeption der Familie sowie für die Arbeit. Im vollständigen Gegensatz zum kleinen Angestellten in der Stadt zum Beispiel trennt der Bauer weder zeitlich noch gedanklich das berufliche und das familiäre Leben.'"[63]

Daß die in Teilen der aktuellen Schreibbewegung forcierte Mobilmachung der Subjektseite fürs Unmittelbare einem romantischen Anti-Kapitalismus folgt, der auch die Reformpädagogen motiviert, belegen auch die kritischen Anmerkungen der Redaktion der Zeitschrift "alternative". Als sie im Jahre 1979 das Heft "Der Wunsch nach Nähe" herausgibt, ist unmißverständlich in der Einleitung zu lesen:

"Die Gefahr, so meinen wir, liegt aber gerade in dem antikapitalistischen Selbstverständnis, das sich beschwichtigend über die Aporien des eigenen Tuns und Wohlbefindens legt: Das persönlichkeits-fixierte Selbstbestimmungsideal und sozialdemokratischer Fortschrittsoptimismus fallen hier zusammen. Es war die Stallwärme antikapitalistischen Selbstverständnisses ('Entfremdung abbauen'), die dem Faschismus ideologisch den Boden bereitete."[64]

---

63 R. Maspétiol, Zur Soziologie der traditionellen Landfamilie in Frankreich. In: H. Rosenbaum (Hg.), Familie und Gesellschaftsstruktur. Frankfurt 1974, S. 189; zt. n. A. Krovoza, Die Verinnerlichung der Normen abstrakter Arbeit ..., a. a. O., S. 16.
64 Redaktion Alternative, Zu diesem Heft. In: alternative 127/28. A. a. O., S. 137. Vgl. hier auch die kritischen Diskussionsbeiträge von H. Nagel, R. Nitsche, Ch. Händle u. W. Kraushaar; ebd., S. 179 - 207.

Natürlich wäre es höchst ungerecht und falsch, irgendwelchen Befürwortern der aktuellen Schreibbewegung eine derartige politische Richtung unterstellen zu wollen. Ebensowenig konnten die Reformpädagogen - die Ausnahmen sind bekannt - absehen, in welchen Funktionszusammenhang ihre pädagogischen Bemühungen später geraten. Dennoch ist auf die immanenten Ungereimtheiten subjektivistischer Projektionen aufmerksam zu machen. Einer der entschiedensten Vertreter des freien Produzierens bringt das auf den Begriff:
"Das ist die Gefährdung dieses neuen (nicht nur literarischen) Selbstbewußtseins, daß das Einzelne zum Ganzen gebläht wird, eine sentimentale Erneuerung des Mythos, wenn sich der Enthusiasmus der Laienschreiber ohne die nötige Nüchternheit äußert."[65]
Das Problem, das hier anläßlich der vorgetragenen Sehnsucht nach eigenen sinnlichen Eindrücken, Stimmungen und Erlebnissen anklingt, besteht offensichtlich in einer nur vorläufigen Relativierung der Erfahrungswerte. Dem Schreiben kommt zwar die Funktion psychischer Entlastung zu, und subjektive Erfahrungen bilden den nicht hintergehbaren Hintergrund von Selbstbehauptung, aber es verbirgt auch etwas. Unmittelbarkeit von Alltagserfahrung heftet sich an die Oberfläche der Dinge und nimmt sie als gegebene, als eben nicht abgeleitete wahr. Die Bedingungen der individuell erlebten Freuden oder Konflikte verweisen den einzelnen auf sich selbst zurück. Individualität erscheint als immer schon vorhandene (trotz aller ihrer Entsagungen, die man mit anderen teilt); sie relativiert zwar ihre Privatheit durch Veröffentlichung und Erfahrungsaustausch des Geschriebenen, bringt aber die Unmittelbarkeit und Nähe in keinen Zusammenhang mit theoretischem Verstehen und dem Anwenden von Begriffen. Th. Ziehe drückt diese Kritik wie folgt aus:
"Bereits das gemeinsame Sprechen (und Schreiben, H. R.) über die eigenen Alltagserfahrungen, insbesondere dort, wo diese in irgendeiner Weise als Problem erlebt werden, macht deutlich, daß die Reflexion an begriffliche und interpretative Strukturierung des Erzählten gebunden ist. Sobald die Unmittelbarkeit der Alltagserfahrungen in einer Weise kommuniziert wird, die ebenfalls unmittelbar *bleibt*, gerät das Gespräch über kurz oder lang in eine stationäre Kreisbewegung, die keine *Erkenntnis*entwicklung hervorbringt."[66]
Projeziert man diese Vorbehalte auf die Ebene der produktionsdidaktischen Diskussion, so zeigt sich, daß Modellentwürfe vorliegen, die von Ziehe problematisierte "stationäre Kreisbewegung" der Alltagserfahrungen zu transzendieren. Waldmann propagiert als Ziel aller Handlungsvorgänge, "eine in sich krei-

---

65 Gert Mattenklott, Der Leser als Autor. Der Anschlag auf den Berufsschriftsteller durch die aktuelle Schreibbewegung. In: Th. Cramer (Hg.), Literatur und Sprache im historischen Prozeß. Vorträge des Deutschen Germanistentages Aachen 1982. Bd. 1: Literatur. Tübingen 1983, S. 370 - 382; Zitat: S. 374. - Vgl. hier auch die produktive Kritik von Koch und Pielow, das Schreiben müsse über "ein ghettohaftes, ich-zentriertes Sichausleben" hinaus einen Bezug zur "Humanisierung der Umwelt" aufnehmen. (Dies., Schreiben und Alltagskultur. A. a. O., S. 10.).
66 Th. Ziehe, Pubertät und Narzißmus. 4. Aufl. Frankfurt/M. / Köln 1981, S. 31 f. (Hervorhebungen im Original).

sende Phantasie"[67] durch "soziale Phantasie" und ästhetische Urteilskraft zu ersetzen. Der Schüler soll seine eigenen Erfahrungen an die Literatur heranbringen, eigene unmittelbare Erfahrungen mit dem Produzieren machen, aber in diesem Zusammenhang "auch das mittelbare literaturwissenschaftliche und literatursoziologische Wissen über Literatur und ihre geschichtlichen und gesellschaftlichen Bezüge"[68] erwerben und anwenden. Subjekterfahrung und wissenschaftliche Erkenntnis bilden hier keine entgegengesetzten Pole mehr. Waldmanns Zielvorstellung enthält zwei elementare Bestimmungen:
1. Schreiben als Medium der Ich-Entwicklung
2. Schreiben als Erkennen und Ausnutzen von literaturwissenschaftlich abgesicherten Kunstmitteln, von Ausdrucksformen und Regeln.
Legt man die genannten beiden Bestimmungen frei, dann spiegeln sich darin Fixpunkte, mit deren Hilfe Entwicklungslinien der Schreibdidaktik strukturierbar sind. Beiden geht es darum, subjektivistische Innerlichkeit durch Einsicht in geschichtlich-gesellschaftliche Bezüge abzulösen. Schreiben hält an dem "zunächst utopisch scheinenden Ziel" einer geglückten Synthese von Ich und Umwelt fest, sie ist aber auch
"realistisch (...), indem sie die jeweiligen Zwänge als Erscheinungsformen einer tiefgreifenden individuellen und gesellschaftlichen Entfremdung mitreflektiert und ihre Überwindung als Voraussetzung zwangsfreier (schreibender) Selbstentdeckung und Selbstentwicklung ansteuert".[69]
Die Schreibtheorie nimmt das Bewußtsein der eigenen Beschränkung in sich auf. Als eine relativ junge Disziplin verweist sie durchgängig auf den heuristischen Charakter ihrer Überlegungen.[70] So bestimmt sie Schreiben zunächst einmal als eine Möglichkeit, Verschüttetes freizusetzen. In diesem Sinne definiert Gundel Mattenklott die schreibend aufbrechende Phantasie als "Fähigkeit des Menschen, das Bestehende als veränderungbedürftig im Sinne seiner Glücksansprüche anzusehen".[71] Schreiben von Texten und das Sprechen über sie ermöglichen einen Weg zur Relativierung unmittelbarer Erfahrung. Besonders J. Fritzsche betont den Weg einer Wechselwirkung von Schreib- und Sprechprozeß. Er greift dabei auf Habermas' Theorie der Ich-Entwicklung zurück. Das Verfassen von Texten wird in einem Zusammenhang geordnet, der die kognitiven, sprachlichen und interaktiven Kompetenzen erinnernd und er-

---

67 G. Waldmann, Grundzüge von Theorie und Praxis eines produktionsorientierten Literaturunterrichts. In: N. Hopster (Hg.), Handbuch "Deutsch" für Schule und Hochschule. Sekundarstufe I. Paderborn / München / Wien / Zürich 1984, S. 98 - 141; Zitat: S. 115.
68 Ebd., S. 116.
69 H. Koch / W. Pielow, Schreiben und Alltagskultur. A. a. O., S. 15.
70 Das kommt besonders bei Koch und Pielow zum Ausdruck, die ihre als "Voraussetzungen" definierten Ansätze zum Schreiben durchgängig im Konjunktiv formulieren. Sie tragen damit dem realen Zustand Rechnung, daß einerseits Schreiben nur *ein* Teilbereich der gesellschaftlichen Praxis ist, daß zum anderen aber noch keine umfassende Theorie schulischer Schreibprozesse vorliegt.
71 G. Mattenklott, Literarische Geselligkeit. A. a. O., S. 50.

zählend begründet.[72] Schreibend - das gilt für Fritzsches als auch für eine Anzahl ähnlicher Untersuchungen[73] - lassen sich Handlungen auf Normen zurückführen und auf einem höheren Allgemeinheitsgrad reflektieren. Besonders umstritten ist jedoch die Möglichkeit, bewußtes Verhalten durch Erkenntnis und praktische Anwendung literarischer Formen und Mittel zu unterstützen. Das betrifft, um der vorangegangenen Einteilung zu folgen, Waldmanns zweite Bestimmung.

Will man den Stellenwert "literaturwissenschaftliche(n) und literatursoziologische(n) Wissen(s)" (Waldmann) beim produktionsorientierten Umgang mit Texten skizzieren, so bietet es sich an, die realen historischen Entwicklungen nachzuvollziehen. Sie beginnen mit einem Aufsatz aus den 60er Jahren, der, so wird ihm 1980 bescheinigt, "am entschiedensten"[74] die schöpferische Gestaltung an Kunstmitteln festmacht. Angesprochen ist eine Veröffentlichung von Robert Ulshöfer.

7.2 Literarische Produktion und mechanisches Nachgestalten

Die Förderung literarischer Produktion nimmt in der "Methodik des Deutschunterrichts" von Robert Ulshöfer einen zentralen Stellenwert ein. Seine Position hat der Autor in mehreren Publikationen der Zeitschrift "Der Deutschunterricht" wiederholt dargelegt. Hier spielt der 1967 veröffentlichte Aufsatz "Produktives Denken und schöpferisches Gestalten im Deutschunterricht"[75] eine besondere Rolle. Er versammelt gleichsam zusammenfassend die Grundlegungen, Wege, Lernzielbestimmungen und Möglichkeiten seiner Gesamtkonzeption. Deshalb bietet es sich an, den genannten Aufsatz exemplarisch zu diskutieren.

Ausgangspunkt der Argumentation bildet eine kritische Sichtung des tradierten Bildungsideals. Die Theorie der Allgemeinbildung basiere auf dem "Irrtum"[76], Kenntnisse und Erkenntnisse primär rezeptiv bzw. reproduktiv zu vermitteln.

---

72 J. Fritzsche, Aufsatzdidaktik. Kritische und systematische Untersuchungen zu den Funktionen schriftlicher Texte von Schülern. Stuttgart / Berlin / Köln / Mainz 1980. - Anhand einer Rezension zu Fritzsches Buch kann besonders deutlich werden, wie sehr sich literaturdidaktische Theoriebildung gegen eine fundierte Aufarbeitung ihrer eigenen Bedingungen wehrt. Teilweise möchte man eine Schreibdidaktik haben, die nach der Maßgabe einer Rezeptologie Schreibbedingungen bereitstellt. Theoretische Reflexion über die Voraussetzungen des Schreibens erscheint da eher als störender Ballast begriffen zu werden, wenn es heißt: "Die Arbeit von Fritzsche (...) ist aber in einen krausen Theorieverschnitt Habermas'scher Prägung verpackt und verschnürt, der völlig überflüssig ist und die Lektüre zur Qual macht." (O. Ludwig, Bibliographie - Aufsatzunterricht. In: PD 53/1982, S. 4 u. 5; Zitat: S. 5).
73 Vgl. hier den Abschnitt "Ich-Entwicklung und Biographie" bei J. Kreft, Grundprobleme der Literaturdidaktik. A. a. O., S. 100 ff.; K. H. Spinner, Identität und Deutschunterricht. Göttingen 1980, S. 67 - 80; ders., Poetisches Schreiben und Entwicklungsprozeß. In: DU 4/1982, S. 5 - 19; Th. Gallert, Alltägliches als Anlaß zum Schreiben. In: DU 4/1982, S. 41 - 52.
74 M. Herrmann, Schule der Poetik. Literarische Kreativität im Deutschunterricht der Sekundarstufe II. Paderborn / München / Wien / Zürich 1980; S. 12.
75 R. Ulshöfer, Produktives Denken und schöpferisches Gestalten im Deutschunterricht. In: DU, H. 6/1967, S. 5 - 14.
76 Ebd., S. 8.

Demgegenüber heißt es programmatisch: "Alles rezeptiv aufgenommene Wissen hat nur soviel Wert, als es zu produktivem Denken, Schaffen und Handeln anregt."[77] Oberstes Ziel des Deutschunterrichts -und der Schule überhaupt - müsse die Entwicklung produktiver Kräfte sein. Nicht ohne einen (berechtigten) Stolz weist Ulshöfer auf die Tatsache hin, die von ihm begründete Schriftenreihe "Der Deutschunterricht" habe bereits im Heft 1/1947 Anregungen zum Verfassen von Literatur gegeben. In den darauf folgenden zwanzig Jahren sind wiederholt methodische Anleitungen zum literarischen Hervorbringen erschienen. "Aber", so stellt der Verfasser fest, "insgesamt hat sich das Verfahren noch nicht so weit eingebürgert, daß es die Struktur des Deutschunterrichts verwandelt hätte".[78] Um den intendierten Paradigmenwechsel vom "Verstehen" zum "Machen" *und* "Verstehen" der Literatur einzuleiten, kommt es zu einer Reihe grundsätzlicher Bestimmungen. Sie betreffen eine Begriffsklärung von Produktivität, Lernzielbestimmungen literarischen Schaffens und methodische Fragestellungen. Alle Teilaspekte sind eng aufeinander bezogen. Und sie gehorchen - wie zu zeigen sein wird - einem gemeinsamen Selbstverständnis.

Ulshöfers Begriffsklärung von Produktivität liest sich allerdings auf den ersten Blick wie ein Einrücken in emanzipatorische Möglichkeiten der Verallgemeinerbarkeit literarischen Schaffens. Zwischen produktivem Denken, schöpferischem Gestalten und planendem Handeln, so die einleitende These, bestehe kein prinzipieller Unterschied. Da ist von der "Existenz schöpferischer Kräfte in jedem Menschen"[79] die Rede. Sie müssen als solche geweckt und entwickelt werden. Ein Unterricht, der die schöpferischen Kräfte brachliegen lasse, begehe ein "Unrecht"[80] gegenüber den Entwicklungsmöglichkeiten des Subjekts. Denn jeder Mensch besitze die Grundkräfte der Produktivität: "Phantasie und Einbildungskraft, Lebenserfahrung, Lebensbeobachtung, Kombinationsgabe, Folgerichtigkeit des Denkens, Ordnens und Planens, Wille zur Tat, zum Werk, zur Leistung, Durchhaltekraft, Ausdauer, Zähigkeit."[81]
In jedem der drei Zitate steckt ein emanzipatorischer *Anspruch*. So ist es auf dem Hintergrund der von uns vorgenommenen historischen Bestimmungen transparent, welch schwierige und oft widerspruchsvolle Entwicklung zu der Einsicht führt, das Hervorbringen von Literatur nicht als das Sonderrecht eines Genies aufzufassen. Besonders die Auseinandersetzung mit der Autonomieästhetik führte oben zu der These, der Rezipient gebe seine produktiven Fähigkeiten gegen das Linsengericht der Kontemplation preis. Wenn seit Hegel - bzw. seit den historischen Avantgardebewegungen - die Kunstmittel universell verfügbar sind, und wenn seit Nietzsche und Freud die künstlerische Phantasie, Einbildungskraft und Lebenserfahrung ihren elitären Geltungsanspruch einge-

---

77 Ebd.
78 R. Ulshöfer, Zur Einführung. In: DU, H. 6/1967, S. 4.
79 R. Ulshöfer, Produktives Denken ..., a. a. O., S. 7.
80 Ebd.
81 Ebd.

büßt haben, dann ist es folgerichtig, das Vorenthalten literarischen Schaffens als "Unrecht" zu bezeichnen. Ulshöfer, so *scheint* es, plädiert also für eine Universalisierung der menschlichen Gattungskraft Kunst. Diese Annahme bestätigt sich offenbar durch die folgende Lernzielbestimmung:
"Das literarische Schaffen - und sei es nur der bescheidene Versuch - hat einen hohen pädagogischen Selbstwert; es ist nicht nur Hilfsmittel zur Interpretation, sondern weckt ursprüngliches Fromverständnis, bewirkt und fördert ein differenzierendes Sehen und Hören und schärft das Bewußtsein für sprachliche Erscheinungen aller Art, es leitet zur Beobachtung und zur künstlerischen Verarbeitung der Wirklichkeit an; es weckt Selbstvertrauen, Mut zu eigenem Denken und eigenem Ausdruck und Verantwortung vor der Sprache."[82]
Eine immanente Sichtweise des Lernzielkatalogs erlaubt es, die Reihe der angesprochenen emanzipatorischen Möglichkeiten weiter zu bestimmen. Durch das selbständige literarische Gestalten sammelt der Schüler produktionsästhetische Erfahrungen. Es vermittelt ihm Einsichten in den Arbeitscharakter künstlerischen Tuns. Als "Hilfsmittel zur Interpretation" versetzt es ihn in die Lage, ein anerkanntes literarisches Werk als gewordenes Produkt zu interpretieren. Nicht zuletzt die positive Unterstützung der eigenen Gestaltungsversuche und die aktiven Handlungsmöglichkeiten könnten dazu führen, die bekannte Einschüchterung vor Rezeption und Produktion der Literatur zu überwinden.
Betrachtet man jedoch den schul- und gesellschaftspolitischen Hintergrund, in den Ulshöfer die Schreibversuche einordnet, so werden alle emanzipatorischen Ansätze in Frage gestellt. Literarische Produktion und schöpferisches Gestalten dienen vornehmlich als Mittel zu einem anderen Zweck. Sie sollen erklärtermaßen in den Dienst gestellt werden, eine allgemeine geistige Flexibilität gegenüber neuen Aufgaben zu befördern. Es geht um Übertragungsmöglichkeiten kreativen Verhaltens auf nicht-ästhetische Bereiche. Aufgeschreckt durch wirtschaftspolitische Prognosen, nur die Nation könne im Konkurrenzkampf der Systeme bestehen, die sich von überkommenem Wissen lossage und ihre Erziehung auf innovatives Problemlösungsverhalten ausrichte[83], fragt Ulshöfer nach den Möglichkeiten des Deutschunterrichts, eine kreative Führungselite auszubilden. Für eine solche Annahme spricht Ulshöfers einseitige Auslegung

---

82 Ebd., S. 12.
83 Ulshöfer zitiert eine Aussage des britischen Wissenschaftlers Fred Hoyle, der bereits 1958 auf den Zusammenhang von schöpferischem Denken und Wirtschaftswachstum aufmerksam macht (ebd., S. 6). - Über dieses Zitat hinaus signalisiert das Erscheinungsjahr von Ulshöfers Aufsatz (1967), daß der Autor einen Anschluß an die öffentliche Diskussion über Bildungsfragen knüpft. Die herrschenden Schlagworte von der "Bildungskatastrophe" (Picht) und vom "Bildungsnotstand" suchen nach Möglichkeiten der Anpassung der Qualifikationsstruktur an die wandelnden Bedingungen der Produktion. Eine Besinnung auf einen hohen Begriff von Bildung und auf zeitlose Tugenden und Werte scheint nicht mehr tauglich zu sein, ein flexibles Anpassungsverhalten auf die dynamische Veränderung der Arbeitsplatzstruktur zu gewährleisten.

der Thesen des amerikanischen Kreativitätsforschers J. P. Guilford.[84] Guilfords Bestimmungen des Schöpferischen werden in einen Zusammenhang mit höherer Begabung und Begabtenauslese gestellt. Die Vielzahl der (scheinbar) neutralen Eigenschaften des vorgestellten Produktivitätsbegriffs (vgl. oben: "Kombinationsgabe, Folgerichtigkeit des Denkens, Ordnens und Planens, Wille zur Tat, zum Werk, zur Leistung, Durchhaltekraft, Ausdauer, Zähigkeit") und ihre Entsprechungen im angegebenen Lernziel schöpferischen Gestaltens (vgl. oben: "Mut zum eigenen Denken und eigenem Ausdruck" etc.) sollen für die Zwecke einer Eliteschulung nutzbar gemacht werden. Der allgemein-gesellschaftlich feststellbare Übergang vom Bildungsbürgertum zur Funktionselite zeigt sich im Bereich des Deutschunterrichts besonders deutlich in Ulshöfers Ideen zu produktivem Denken. So ist es auch nur allzu verständlich, daß auf die kreative Ausbildung im Bereich der Volksbildung kein Gedanke verschwendet wird. Auch diese Einseitigkeit legt die Vermutung nahe, die postulierte "Existenz schöpferischer Kräfte in jedem Menschen" verkomme zur bloßen Fassade, um andere Lern- und Gesellschaftsziele durchzusetzen.

Ist es jedoch richtig, Ulshöfers Vorschläge ausschließlich an dem propagierten Ziel einer Begabtenauslese zu messen? Enthält seine Lernzielbestimmung nicht auch Momente, die sich gerade dieser Indienstnahme verweigern könnten? Schließlich sind die Merkmale nicht zu übersehen, die gegen eine Elite - gegen elitäres Produzieren - gerichtet sind. Zu einer Antwort auf diese Fragen kommt man, wenn man die *Methode* der Anleitung zum schöpferischen Gestalten näher untersucht. Hier ist ein eigentümliches Schwanken zwischen emanzipatorischen Ansprüchen und realer Durchsetzung nicht zu übersehen. Ulshöfer spricht davon, daß es "keine Kunst gibt, deren Technik nicht handwerksmäßig erlernt worden wäre (Klavierspiel, Malen, selbst Skifahren)".[85] Es sind unschwer emanzipatorische Bestimmungen zu identifizieren, die an Brechts vorgeschlagene Erweiterung des Kunstbegriffs erinnern. Kunst ist Technik und als solche auch erlernbar. Nicht zuletzt hier muß daran erinnert werden, daß der Verweis auf handwerkliche Bezüge künstlerischen Tuns in der Diskussion der Autonomieästhetik (Kant, Schiller) den Gegenpol zum Selbstverständnis genialen Produzierens abgibt. Zudem handelt es sich bei Ulshöfers Bestimmung um keine einmalige oder gelegentliche Aussage. In allen Bänden seiner "Methodik des Deutschunterrichts" nimmt die erwerbbare "Handwerkslehre"

---

84 Die Diskussion um Guilfords Thesen zeigt deutlich, daß kreative Fähigkeiten keinesfalls signifikant mit den Kriterien einer angenommenen höheren Intelligenz korrelieren. (Vgl. G. Ulmann, Kreativität. Weinheim / Berlin / Basel 1968). Ulshöfers gegenteilige Auslegung führt plastisch vor, wie man die im Unterricht zu initiierenden kreativen Prozesse für Selektionszwecke instrumentalisieren kann.
85 R. Ulshöfer, Produktives Denken ..., a. a. O., S. 14.

des Produzierens einen entscheidenden Raum ein.[86] Hier geht es um das Herstellen von lyrischen, epischen und dramatischen Texten. Ein gemeinsam erarbeitetes Grundmuster von Darstellungs- und Stilformen dient zur Anleitung und Orientierung des Schreibprozesses. Die schöpferisch-produktive Leistung der Schüler bezieht sich auf die Anwendung der durch die Strukturanalyse gewonnenen Mittel. So kommt es zur Herstellung verschiedener literarästhetischer Genres. Ohne Zweifel werden also wichtige Einsichten in den Mechanismus der Sprache und ihre Strukturierbarkeit ermöglicht. Zudem legt die Methodik zudem Wert auf einen autoritätsfreien Raum des Schreibens. Kein Schüler soll das Schreiben als Zwang empfinden oder gar wegen einer mangelnden Qualität des Geschaffenen getadelt werden. Als Grundsatz für den unterrichtenden Lehrer dient eine positive Unterstützung der erreichten Ergebnisse.

Auf dem skizzierten Hintergrund scheint sich Ulshöfers Einsicht in den handwerklichen Charakter der schöpferischen Gestaltung gerade gegen die Vorherrschaft elitären Produzierens zu verwahren. Denn der Werksetzungsprozeß enthält rationale Kriterien, die es allen Beteiligten erlauben, sie zu prüfen und anzuwenden. Aber auch hier trügt der Schein. Denn die Konzeption basiert durchgängig auf einer strikten Trennung zwischen Schülertexten und der "Sache (...) der schaffenden Künstler".[87] Nur ihnen sei es vorbehalten, "etwas Neuartiges, bislang Unbekanntes hervorzubringen".[88] Mit der kategorischen Grenzziehung erhält das Handwerk seine pejorative Bedeutung zurück. Allein als Zulieferungs- und Hilfsorgan tauglich, kann es die Sphäre der Kunst nicht erreichen. Der schaffende Künstler hingegen bringt - man weiß nicht wie - die innovativen Impulse hervor. So kommt es unter der Hand zu einer Neuauflage des Geniebegriffs. Orientiert an den Normen der Autonomieästhetik wird der schreibende Schüler in Ulshöfers Konzeption in die Rolle des bestellten Handwerkers verwiesen. Epigonal kann er die Muster und Modelle nachahmen, sie erkennen und spielerisch erproben, aber immer in der Gewißheit, sie selbst nicht modifizieren zu können.

Auch wenn man davon ausgeht, die hervorgebrachten Schülerprodukte nicht unbedingt als Kunst bezeichnen zu wollen, so beschneidet die hier vorgestellte Schreibmethodik doch gerade entscheidend die Möglichkeit, den *Weg* zur künstlerischen Betätigung zu eröffnen. Denn die vorgenommene Rollenzuweisung (hier: schaffender Künstler / dort: Schüler als Handwerker) bleibt statio-

---

86 Vgl. R. Ulshöfer, Methodik des Deutschunterrichts 1. Unterstufe. 6. Aufl. Stuttgart 1964, S. 62 ff.; ders., Methodik des Deutschunterrichts 2. Mittelstufe I. 9. Aufl. Stuttgart 1972, S. 57 ff.; ders., Methodik des Deutschunterrichts 3. Mittelstufe II, Neufassung 1974. Stuttgart 1974, S. 153 ff. - Die letztgenannte Publikation bezieht sich durchgängig auf die Ergebnisse des Aufsatzes von 1967, indem sie ihn fast wörtlich reproduziert. Für eine Kontinuität der hier vertretenen Thesen spricht auch eine weitere Veröffentlichung aus dem Jahre 1974. Hier werden den für den Bereich der künstlerischen Gestaltung identische Lernziele genannt. Vgl. ders., Die Theorie der Schreibakte und die Typologie der Kommunikationsmuster oder Stilformen. In: DU, H. 1/1974, S. 6 - 15.
87 R. Ulshöfer, Produktives Denken ..., a. a. O., S. 7.
88 Ebd., S. 6 f.

när. Sie sieht es ja gerade nicht vor, die erlernten Regeln und Stilformen - ggf. zu einem späteren Zeitpunkt - zu kombinieren, um so zu einer neuen Ausdrucksmöglichkeit zu kommen. Das soll auserlesenen Persönlichkeiten vorbehalten bleiben. Besonderen Ausdruck findet diese Annahme in der generellen Mißachtung des Schülers als schreibendes *Subjekt*. Bei den handwerklich erworbenen Fähigkeiten hat Literatur als Erkenntnismittel der Umwelt und der eigenen Person nur eine untergeordnete Bedeutung. Das Schreiben für sich selbst, das Schreiben als Hilfe zum Nachdenken und zur Selbstferfahrung tritt hinter die Reproduktion der Grundmuster zurück.

Dabei könnte die Benutzung bestehender Muster und literarischer Genres durchaus hilfreich sein, die Subjekterfahrungen zu organisieren. Denn in ihnen sind ja gerade komplexe Deutungsmuster von Wirklichkeit abgelagert. Hier kann sich das Individuum auf spezifische Weise erfahren und anderen mitteilen. Einer solchen möglichen Synthese von subjektiven Erfahrungen und vorhandenen Gestaltungsmitteln muß sich Ulshöfers Konzeption mit zwingender Notwendigkeit entziehen. Sie scheidet in dem Maße aus, wie die Aktivität des Schreibenden auf das Erlernen eines Handwerks reduziert ist. Als eine "Handwerkslehre", so wie sie hier definiert wird, kommt sie nicht in Betracht, die erworbenen Fähigkeiten des Gestaltens unabhängig von einer bestimmten Aufgabe anzuwenden. Ein Transfer auf Schreibversuche, die Weltaneignung und Selbstfindung thematisieren, ist zwar prinzipiell möglich. Im organisierten Unterrichtsgeschehen nimmt das jedoch keinerlei Stellenwert ein. Wie bereits gesagt, es *kann* diesen Stellenwert erst gar nicht einnehmen, da diese Versuche einem ausgewiesenen "schaffenden Künstler" reserviert sein sollen.

In der literaturdidaktischen Diskussion sind Ulshöfers Vorstellungen zum schöpferischen Gestalten wiederholt kritisiert worden. Unter Hinweis auf Zitate, die nicht unserm exemplarisch ausgewählten Aufsatz von 1967 entlehnt sind, arbeitet Ingeborg Meckling Ulshöfers Gegensatz von Schülerprosa und hoher Dichtung heraus. Sie kommt dabei zu dem Ergebnis, die Gestaltung der Schüler bilde "nur einen realistischen Abklatsch"[89] der anerkannten Literatur. Der Weg zu kreativer Entfaltung werde so gerade verhindert. Analog argumentiert Fritz Winterling. Er bestimmt darüber hinaus den gesellschaftlichen Stellenwert epigonaler Nachgestaltung. Das Ergebnis sei eine Erziehung zur Kritiklosigkeit.[90] Gegenüber einer eindeutigen Festlegung Ulshöfers Konzeption versucht W. Pielow einen Bezug zu Progression und Regression herzustellen. Pielow nutzt den erreichten Stand der verschiedenen Arten des literarischen Hervorbringens und gibt zu bedenken, daß "seither (...) zumindest der

---

89   I. Meckling, Kreativitätsübungen im Literaturunterricht der Oberstufe. 2. Aufl. München 1974, S. 11.
90   F. Winterling, Kreative Übung oder Gestaltungsversuch. A. a. O., S. 243. Vgl. hier auch J. Fritzsche, Darstellung und Kritik gegenwärtiger Konzeptionen des Aufsatzunterrichts. In: Kochan / Wallrabenstein (Hg.), Ansichten eines kommunikationsbezogenen Deutschunterrichts. Kronberg 1974, S. 196 - 221.

Kanon von Schreibmöglichkeiten aufgebrochen (ist). Es kommt zumindest rein quantitativ mehr an verschiedenartigen Textsorten in den Unterricht."[91] Auch wenn der Zuwachs an Textsorten, so läßt sich zusammenfassend sagen, bei Ulshöfer eindeutig dem Selbstverständnis einer epigonalen Handwerkslehre gehorcht, so sind doch Bezüge nicht zu übersehen, das Schreiben von Literatur erlernbar zu machen. Auch wenn alle Indizien, die für eine Verallgemeinerbarkeit literarischer Produktivität sprechen, wieder zurückgenommen werden, so ermöglichen jedoch die traditionellen Gestaltungsmittel einen Zugang zu literarischem Produzieren. Ohne Grundmuster bliebe den Schreibenden die Alternative verschlossen, subjektive Erfahrungen zu strukturieren. Aus diesem Grund ist es nicht ausgeschlossen, das angestrebte Verständnis für literarische Mittel als eine *Vorstufe* zu literarischem Schreiben zu werten.

Es konnte dargestellt werden, wie Ulshöfer kreative Übungen und elitäre Begabtenförderung zu verbinden sucht. Unabhängig davon setzen die formalen Regelsysteme jedoch Kräfte frei, die sich dem Epigonalen entziehen. Diese Dialektik von Konformität und Entfaltung schöpferischer Kräfte wird in kritischen Beiträgen zum Thema Kreativität wiederholt herausgearbeitet. Man betont besonders die Verflechtung der Kreativitätsforschung Guilfords mit ökonomischen und technologischen Strategien. Gleichzeitig kommt man zu der positiven Einschätzung, Kreativität könne eine bedürfnisorientierte Erziehung ermöglichen, die auf den Abbau von Fremdbestimmung zielt. Kreativität im Literaturunterricht solle als eingreifendes Denken die Wirklichkeit in Frage stellen und experimentell erweitern.[92] Hält man an den genannten Erziehungszielen fest, so bleibt darüber hinaus zu klären, in welchem Ausmaß Guilfords Bestimmungen kreativer Akte einen Beitrag zur Verallgemeinerbarkeit literarischen Produzierens leisten.

7.3 Literarische Produktion und Kreativität

Philosophiegeschichtlich löst der Begriff "Kreativität" zunehmend den Begriff des "Genies" ab. Der Begriff des schöpferischen Geistes, des Genies, erscheint als "Vorläufer"[93] des Begriffs "Kreativität". Eine Übersicht über die wissenschaftlichen Begriffsbestimmungen kommt zu dem Ergebnis, daß die Ansichten darüber divergieren, welche Merkmale von Personen, Handlungen oder Werken erfüllt sein müssen, um als kreativ ausgezeichnet zu werden. Relative

---

91 W. Pielow, Zum Verhältnis von Aufsatz und Kreativität. In: Ders. / R. Sanner (Hg.), Kreativität und Deutschunterricht. Stuttgart 1973, S. 55 - 87; Zitat: S. 57.
92 Vgl. F. Winterling, Kreative Übung oder Gestaltungsversuch. A. a. O.; A. Heiner, Kritische Anmerkungen zum Thema Kreativität. In: DD 17/1974, S. 276 - 278; H.-J. Kliewer, Eingreifendes Denken oder dumme Ideen - Kreativität im Literaturunterricht. In: DD 32/1976, S. 518 - 532; B. Cordruwisch / B. Weckmann, Kreativität und die Produktion lyrischer Texte in der Sekundarstufe II. In: DD 84/1985, S. 373 - 387.
93 Artikel: Kreativität. In: J. Ritter (Hg.), Historisches Wörterbuch der Philosophie, Bd. 4. A. a. O., S. 1194 - 1204; Zitat: S. 1195.

Übereinstimmung besteht hingegen in der Einschätzung, den Titel "kreativ" dann zu vergeben, wenn Produkte ein herrschendes Erwartungssystem transzendieren.
"Den Urhebern kreativer Produkte wird u.a. subtile Rezeptivität, Freude an unkonventionellen Einfällen und Selbständigkeit des Denkens zugesprochen."[94] Der Definitionsaufriß macht klar, daß es der Kreativitätsforschung um eine inhaltliche Korrektur der ingenium-Tradition geht. Man spricht nicht länger von einer angeborenen Gemütslage exklusiver Naturen. Im Gegensatz zum eher verklärenden Terminus "Genie" ist sachlich von den "Urhebern kreativer Produkte" die Rede. Dem entspricht auch die objektivierende Beschreibung der angenommenen kreativen Fähigkeiten. Eine "subtile Rezeptivität", die "Freude an unkonventionellen Einfällen" und die "Selbständigkeit des Denkens" - all das sind Eigenschaften, die eher auf universelle Gattungskräfte als auf eine auserlesene Gemütsverfassung hindeuten. Für eine solche Auslegung lassen sich auch direkte Belege bei Guilford finden. Guilford zufolge bleiben "durchschnittliche Leute" keinesfalls hinter den kreativen Begabungen des "schöpferische(n) Menschen" zurück:
"Vermutlich ist es nur eine laienhafte Idee, daß der schöpferische Mensch mit einer bestimmten Eigenschaft, die durchschnittliche Leute nicht besitzen, besonders begabt ist. Von Psychologen kann diese Vorstellung sehr wahrscheinlich einmütig aufgegeben werden. Nach allgemeiner psychologischer Überzeugung scheinen Menschen, mit Ausnahmen von pathologischen Fällen, bis zu einem gewissen Grade sämtliche Fähigkeiten zu besitzen. Man kann deshalb von fast allen Menschen kreative Akte, wie schwach oder wie selten auch immer, erwarten."[95]
Überträgt man den vorliegenden Gedankengang auf die literaturpädagogische Entwicklung und auf Positionen der künstlerischen Avantgarde, so ist festzustellen, daß er die Auffassung, potentiell allen Menschen komme Spontaneität und schöpferische Kraft zu, modifiziert fortschreibt. Besonders Tretjakovs Utopie, jedermann solle sich produzierend entfalten können, erhält eine psychologisch fundierte Unterstützung. Hatten wir -bei allen notwendigen Ausgrenzungen - die historische Wahrheit der reformpädagogischen Bemühungen in der Emanzipation des Subjektes zum literarisch Schreibenden bestimmt, so liegt mit Guilfords These ein weiterer Ansatz vor, die kreativen Übungen des Subjekts ernst zu nehmen. Dabei zielt die These in einem objektiven Sinne weniger auf die kunsterzieherische Emphase vom "Genius im Kinde". Vielmehr trifft sie die von Jensen, Lamszus u.a. vertretene Methode, Schreibversuche durch bestimmte Aufgaben zu fördern. Führt man sich diese - oben ausführlich referierte - Traditionslinie vor Augen, dann kann eine wesentliche Forschungslücke in der Theorie des Schreibens geschlossen werden. Sie besteht, Bettina Hur-

---

94 Ebd.
95 J. P. Guilford, Kreativität. In G. Mühle / Ch. Schell (Hg.), Kreativität und Schule. München 1970, S. 13 - 36; Zitat: S. 18 f.

relmann zufolge, in der Tatsache, daß sich die Didaktik kreativen Schreibens voraussetzungslos in die Tradition einklinke. Die "Palette der Aufgabenvorschläge" für kreative Prozesse werde aufgetischt,
"ohne daß, und dies ist das Entscheidende, der Stellenwert der jeweiligen Tätigkeit innerhalb einer Theorie kreativen Schreibens angebbar wäre, geschweige denn innerhalb einer Theorie des Schreibens überhaupt."[96]
Der Vorwurf theorielosen Selbstverständnisses ist sicher nicht unberechtigt. In grundlegenden Beiträgen zum Begriff "Kreativität" kommt es in der didaktischen Diskussion zu eklatanten Mißverständnissen.[97] Dennoch ist der Vorwurf nicht uneingeschränkt haltbar. Um das aufzuzeigen, werfen wir zunächst einen Blick auf Guilfords Charakteristika sprachkreativer Prozesse, um im Anschluß daran Positionen vorzustellen, die sich sehr wohl Rechenschaft über das theoretische Bezugssystem des Schreibens in der Schule ablegen.
Guilford bestimmt kreatives Verhalten im wesentlichen als Fähigkeit, Neues durch den Rückgriff auf Vorhandenes hervorzubringen. Schlüsselbegriffe sind dabei Transfer und Intuition. Das Bekannte wird in neue, unerwartete Beziehungen gestellt. Transfererinnern wendet die Verfahren der Klassifizierung und der Generalisierung an. Intuition verknüpft fernliegende Informationsteile zu neuen Einheiten. Sie kann nur dann sinnvoll funktionieren, wenn Informationen zur Verfügung stehen. Kreativität spielt sich nicht in einem Vakuum ab, sie ist durchgängig auf das Auswerten bereits vorliegender Mittel verwiesen.[98] In diesem Sinne betonen kreative Übungen im Deutschunterricht einen spielerischen Umgang mit sprachlichen Normen und Konventionen.[99] Kreativität meint nicht völlige Freiheit und Regellosigkeit, sondern ein Verhalten, das sich produktiv an vorhandenen oder aufzustellenden Regeln abarbeitet.
Die Relevanz der Fähigkeit, Regelbindung mit kreativer Freiheit zu verbinden, hebt besonders Rolf Sanner hervor. Da seine Ausführungen zu diesem Problem den grundsätzlichen Kern des Zusammenhangs berühren, spricht einiges dafür, seinen Ansatz exemplarisch zu diskutieren. Sanner grenzt seine Überlegungen direkt von der Kunsterziehungsbewegung ab. Der "freie Aufsatz" setze das sprachliche Spiel in einen unüberbrückbaren Gegensatz zum schöpferischen Umgang mit Regelsystemen. Die hier vorgenommene Gleichsetzung von Frei-

---

96 B. Hurrelmann, Kreatives Schreiben - ästhetische Kommunikation in der Grundschule. In: Linguistik und Didaktik 1977, S. 257 - 266; Zitat: S. 261.
97 Das betrifft besonders einen Aufsatz, der innerhalb der Zeitschrift "Diskussion Deutsch" die Diskussion über kreative Übungen eröffnet. Der Referent leitet sachkundig Guilfords Bestimmungen kreativen Verhaltens ab, um sie für die Deutschdidaktik fruchtbar zu machen. Zudem bestimmt er den Stellenwert der kreativen Übungen in der emanzipatorischen Absicht, den Schüler von Normenzwängen zu befreien. Dabei beruft er sich jedoch zentral auf Nohls Bestimmungen produktiver Selbständigkeit. Hier sei der "Grundton der meisten Programme (...) bereits ausgesprochen". (Vgl. F. Winterling, Kreative Übung oder Gestaltungsversuch. A. a. O., S. 246). Wie wenig jedoch die irrationale Theoriebildung Nohls und seine "deutsche Bewegung" geeignet ist, Kreativität als Mittel zur Normenreflexion und experimenteller Befreiung im Spiel zu nutzen, glauben wir im vorherigen Kapitel hinreichend belegt zu haben.
98 Vgl. dazu ausführlich: J. P. Guilford, Grundlegende Fragen bei kreativitätsorientiertem Lernen. In: G. Mühle / Ch. Schell (Hg.), Kreativität und Schule. A. a. O., S. 139 - 164.
99 Vgl. W. Menzel, Kreativität und Sprache. In: Sonderheft PD 1977, S. 3 - 9.

heit mit Freiheit von Regeln leite das Schreiben in die "Sphäre des Nicht-Ernsten, Unverbindlichen"; der Deutschunterricht verkomme zu "einer Art 'Häkelstunde'".[100] Demgegenüber entwickle das kreative Spiel seine konstitutive Bedeutung in einer Dialektik von Freiheit und Notwendigkeit:
"Erst die Regel macht das Spiel zum Spiel; sie ist das Gesetz, das bei aller Freiheit waltet und dem sich der Spielende bewußt und freiwillig unterwirft."[101]
Kreativität meint also nicht eine völlige Freiheit, die letztendlich Freiheit mit Unverbindlichkeit gleichsetzt. Freiheit des sprachkreativen Tuns besteht im Anwenden und Erweitern vorliegender Muster und Normen. Dabei sind die festgelegten Determinanten des Spielverlaufs nicht mit normativen Beschlüssen zu verwechseln. Regeln werden als Impulse und Reize bestimmt. So ist es nicht ausgeschlossen, daß die Spielenden vorhandene Regeln auswählen und für ihre Zwecke modifizieren. Auch hier erweist sich die kreative Freiheit in einem abgesteckten Raum neu gefundener Spielanleitungen. Für eine schulische Erziehung zu sprachlich kreativem Verhalten ergeben sich zwei didaktische Zielvorstellungen:
Erstens geht es darum, herrschende Sprachregeln und Normen der Sprachverwendung "in ihrer Verbindlichkeit in Frage zu stellen, zu relativieren, zu verändern, teilweise außer Kraft zu setzen und durch andere Regeln zu ersetzen".
Zweitens erwachse aus der teilweisen Abkehr von herkömmlichen Normen und Regeln eine "kritische Distanz zu den vorher fraglos hingenommenen Regelzwängen; es entsteht Einsicht in die Relativierbarkeit sprachlicher Regeln und Konventionen überhaupt und damit die Freiheit, etwas neu zu sehen und neu darzustellen."[102]
Sanners Beispiele für den spielerischen Umgang mit Formelementen lassen sich unter dem Stichwort Perspektivenwechsel zusammenfassen. Ein Wechsel der Erzähl-, Zeit- oder Raumperspektive verfremdet einen vorliegenden Text und ermöglicht eine bewußte Einsicht in Bauformen der Gestaltung. Kreative Erkenntisakte ergeben sich darüber hinaus aus der Transformation von Dichtarten. So kann ein Text ins Komische oder Groteske umgeschrieben werden. Eine Vielzahl unterrichtspraktischer Vorschläge erweitert diesen Ausgangspunkt.[103] Sie betreffen auch eine kritische Analyse und Eigenproduktion von Trivialliteratur.[104] Will man die sprachkreativen Gestaltungsversuche mit

---

100 R. Sanner, "Spiel" und "Spielregel" im kreativen Prozeß. In: W. Pielow / R. Sanner (Hg.), Kreativität und Deutschunterricht. Stuttgart 1973, S. 26 - 40; Zitat: S. 27.
101 Ebd., S. 31.
102 Ebd., S. 32.
103 Sie werden im Anschluß an Sanner dezidiert von K.-H. Fingerhut herausgearbeitet. Ders., Über den Stellenwert von "Kreativität" im Deutschunterricht. In: DD 55/1980, S. 494 - 505. Fingerhut diskutiert das Verhältnis von "Spiel" und "Spielregel" mit Hilfe der Begriffe "Analyse" und "Kreativität". Vgl. auch: K.-H. Fingerhut / H. Melenk / G. Waldmann, Kritischer und produktiver Umgang mit Literatur. In: DD 58/1981, S. 130 - 150; G. Waldmann, Überlegungen zu einer kommunikations- und produktionsorientierten Didaktik literarischer Texte. Ä. a. O.
104 Vgl. G. Waldmann, Literatur zur Unterhaltung, Bd. 1: Unterrichtsmodelle zur Analyse und Eigenproduktion von Trivialliteratur. Comics - Western - Kriminalroman - Frauenroman - Science Fiction. Bd. 2: Texte, Gegentexte und Materialien zum produktiven Lesen. Comics - Western -Kriminalroman - Frauenroman - Science Fiction. Reinbek bei Hamburg 1980.

literarischen Vorbildern und Gesetzmäßigkeiten einigermaßen übersichtlich zusammenstellen, so beziehen sie sich hauptsächlich auf
- das Herstellen von Analogietexten[105],
- die satirische oder parodistische Umgestaltung einer Text vorlage[106],
- die Ausweitung oder Verkürzung von Textpassagen[107],
- die Umgestaltung einer literarischen Gattung in eine an dere[108],
- das Umerzählen von literarischen Vorgaben[109],
- Gestaltungsübungen mit ausgewählten Textsorten.[110]

Die genannten didaktischen und methodischen Empfehlungen gründen ihr gemeinsames Selbstverständnis auf dem spielerischen Reiz der festzusetzenden Regeln. Dabei unterscheiden sie sich allerdings zum großen Teil in der Einschätzung, ob Regeln explizit formuliert oder implizit erkannt werden sollen. Über die methodischen Differenzen hinweg ist für unseren Zusammenhang die grundsätzliche Einsicht von Interesse, daß ohne eine Analyse literarischer Strukturen kein kreatives Problemlösungsverhalten denkbar sei.

Wenn die These stichhaltig sein sollte, nicht frei schweifende Phantasie, sondern die Aufnahme strukturbildender Merkmale fördere kreative Gestaltungskräfte, dann ist auch hier die Frage nach dem Arbeitsbegriff zu stellen. Sanner beruft sich auf Schillers Spieltheorie, die Materie müsse nach ihren ideellen Möglichkeiten geformt werden, um Humanität vorzustellen. Selbst wenn man bedenkt, daß dieser Gedankengang nicht weiter entfaltet wird, so können doch die hier herangezogenen Kategorien aufschlußreich sein. Denn sie thematisieren das theoretische Problem des Verdeckens von Arbeit im literarischen Pro-

---

105 Vgl. PD 65/1984; PD Sonderheft 1977; PD 5/1974; PD 54/1982 DD 84/1985.
106 H. Messelken, Satire und Parodie. In: PD 5/1974, S. 53 - 57; P. Jentzsch, Schüler schreiben satirische Texte. In: PD 22/1977, S. 45 - 49.
107 G. Haas, Handlungs- und produktionsorientierter Literaturunterricht in der Sekundarstufe I. Hannover 1984; ders. Textkombination als Form der Interpretation. In: WPB 9/1971, S. 473 - 481; ders. / J. Burann, Mit Texten umgehen - auf Texte reagieren. In: WPB 11/1977, S. 443 - 448.
108 K.-H. Brokerhoff, Kreativität im Deutschunterricht. Etwas erfinden dürfen ..., Kastellaun 1976; G. Waldmann, Grundzüge von Theorie und Praxis ..., a. a. O., S. 117 ff.; U. Horstmann, Bastelei und respektloses Interesse: Für einen unprätentiösen Literaturunterricht. In: DD 45/1979, S. 68 - 73.
109 K.-H. Fingerhut, Umerzählen. Ein Lesebuch mit Anregungen für eigene Schreibversuche in der Sekundarstufe II. Frankfurt/M. 1982; W. Klose, Wir erzählen Geschichten. Texte und Anleitungen. Stuttgart 1979; ders., Fabulieren lernen an literarischen Vorgaben. Ein Erzählkurs mit Zwölfjährigen. In: DU 2/1980, S. 7 - 16; K. H. Spinner, Produktionsaufgaben zu Kurz- und Kürzestgeschichten. In: PD 75/1986, S. 55 - 59; ders., Moderne Kurzprosa in der Sekundarstufe I. Hannover 1984, S. 91 ff.
110 Es folgt eine Auswahl zu verschiedenen Textsorten. Zur Lyrik: W. Pielow, Das Gedicht im Unterricht. Wirkungen, Chancen, Zugänge. München 1965, bes. S. 144 ff.; H. Helmers, Lyrischer Humor. Strukturanalyse und Didaktik des komischen Versliteratur. Stuttgart 1971; D. Schmieder / G. Rückert, Kreativer Umgang mit Konkreter Poesie. Freiburg 1977; H. Gatti, Schüler machen Gedichte. Ein Praxisbericht mit vielen Anregungen und Beispielen. Freiburg 1979; I. Meckling, Kreativitätsübungen im Literaturunterricht der Oberstufe. München 1972. Zur Epik: Vgl. vorstehende Fußnote. Zur Dramatik: W. Pielow, Ein Stück schreiben. In: PD 20/1976, S. 55 - 57; W. Stankewitz, Schultheater mit Lehrstücken, ebd., S. 40 - 43; H. Martin, Macht doch mal selber Literatur ...! Bericht über Versuche, mit jungen Menschen Texte zu entwickeln. Braunschweig 1981. Zu verschiedenen Textsorten: H. Birner, Kreative Gestaltungsübungen im Deutschunterricht der Mittelstufe (Lyrik - Hörspiel); M. Hermann, Schule der Poetik. A. a. O.; K.-H. Jahn / K.-H. Kirn, Schüler schreiben selbst. Märchen, Parabel, Lyrik, Eulenspiegeleien, Parodie und Utopie als Unterrichtsgegenstand. Weinheim u. Basel 1983.

duktionsprozeß. Sprache wird als ein "Spielgegenstand" begriffen, auf den sich der "Gestaltungswille"[111] richtet. Er ist determiniert durch die gewonnenen sprachlichen Normen, Muster und Regeln. Im kreativen Prozeß des Schreibens leiten die Regeln die "Ziel- und Gestaltungsvorstellungen".[112] Sie eröffnen perspektivisch die Möglichkeiten der Gestaltung. M.a.W., sie bieten Bedingungen an, unter denen sich der Schreibende experimentell verhält. Man könnte auch sagen, das dialektische Spannungsfeld zwischen "Gestaltvorstellung" und fertiger Gestalt steckt das Feld der Operationen ab. In diesem Sinne erhalten die festgesetzten oder festzusetzenden Spielregeln den Charakter einer Hypothese: "Daß eine derartige Spiel-*Hypothese* gegenüber den zahlreichen Möglichkeiten der Endgestalt in formaler wie inhaltlicher Sicht weitgehend offen ist, macht gerade ihren besonderen Reiz aus."[113]

Den vorliegenden Bestimmungen literarischer Arbeit gelingt es, individuelle Spontaneität auf einer vorbewußten Ebene zu begreifen, ohne der Ideologie der Intuition zu verfallen. Was in der Tradition der Genieästhetik als spontaner Einfall erscheint, nämlich die zahlreichen formalen und inhaltlichen Abweichungen des fertigen Produkts von der "Gestaltvorstellung", wird jetzt als Hypothese des literarischen Spiels vorgeführt. So erscheint die kreative Kompetenz der Anwendung und Variation der Regeln als eine notwendige Bedingung, die *jeder* Spielende erfüllen kann. Dem herkömmlichen Glauben an geniale Kräfte steht damit die Annahme einer allgemeinen Spielkompetenz gegenüber. Diese Annahme kann besonders dann abgestützt werden, wenn man die Bezüge des Spielbegriffs zum allgemeinen Arbeitsbegriff herleitet. Erinnern wir uns an die bereits oben ausführlich diskutierte erkenntnistheoretische Metapher der Gegenüberstellung der Tätigkeiten von Biene und Baumeister. Bei allen theoretischen Differenzen geht man von Herder über Kant und Hegel bis zu Marx übereinstimmend davon aus, den Arbeitsprozeß als ideelle Antizipation einer subjektiven Zwecksetzung zu verstehen. Die regelgeleitete Tätigkeit des Arbeitenden, der sich an einem Arbeitsgegenstand zweckgerichtet orientiert, ist mit schöpferischer Einbildungskraft verbunden.[114] Kristallisieren wir ferner die entscheidenden Kriterien des teleologischen Prinzips menschlicher Arbeit heraus, um sie mit dem zuvor skizzierten Begriff kreativen Schreibens zu vergleichen. Sie lauten: Arbeitsgegenstand, Arbeitsmittel und antizipierende Vorstellung. Die Kategorien, mit denen Sanner den Prozeß der sprachgestaltenden Kreativität beschreibt, legen eine Entsprechung nahe. Als Arbeitsgegenstand taucht die Sprache als "Spielgegenstand" auf, die mit Hilfe von Arbeitsmitteln (Normen, Mustern, Regeln) einem Zweck unterworfen wird, der in der antizipierenden Vorstellung ("Ziel- und Gestaltungsvorstellung") den Arbeitsprozeß regulativ bestimmt. Daß es innerhalb dieses Prozesses zu zahl-

---

111 R. Sanner, "Spiel" und "Spielregel" ..., a. a. O., S. 28.
112 Ebd., S. 30.
113 Ebd., S. 31, (Hervorhebung im Original).
114 Vgl. dazu ausführlich oben Kap. 3.2.

reichen Variationen der Vorstellung kommt, ändert prinzipiell nichts daran, daß der Arbeitende = Spielende bestimmte Regeln befolgt. Nicht zuletzt die Kategorie der "Spiel-Hypothese" schließt die Dialektik von Endgestalt und Gestaltungsprozeß konstitutiv ein. Die Widersprüche des Gestaltungsprozesses, die u.a. in der Abweichung von teleologischer Vorstellung und fertiger Gestalt auftreten, werden also nicht rationalistisch eliminiert, sondern als *notwendige* Bedingungen ausgetragen. Gerade hier liegen ja die entscheidenden Momente, die der Wahrnehmung künstlerischer Tätigkeit als einer Tätigkeit des Genies Vorschub leisten. Läßt man hingegen diesen Widerspruch als eine notwendige Bedingung zu, dann eröffnet die eingeschränkte Regelzuweisung eine uneingeschränkte Verfügbarkeit über die Möglichkeiten der Problemlösung. Kreativität in diesem Sinne ist kein vermittlungsloses Herbeizitieren oder Erfinden, keine creatio ex nihilo, sondern eine Auseinandersetzung mit Gestaltungsbedingungen.

Legt man den entwickelten Gedankengang frei, so zeigt sich, daß innerhalb der aktuellen produktionsdidaktischen Diskussion ein wesentlicher Beitrag zur Überwindung privilegierten Produzierens geleistet wird. Der Schein einer natürlichen Gemütsanlage des Produzenten wird in dem Maße aufgesprengt, wie die Tatsache benannt wird, Literatur greife Spielregeln kreativ auf. Aufgedeckt wird nicht nur die Regel, sondern der *Arbeits*charakter künstlerischen Tuns. Daran ändert auch die Versicherung nichts, ein Schriftsteller habe sich seiner subjektiven Empfindung anvertraut, die ohne vorgefertigte Anweisungen auskomme. Einem derartigen Einwand begegnet man in Schreibseminaren an Schule und Hochschule immer wieder. Im Anschluß an Kap. 5 sei dazu noch einmal Umberto Eco zitiert:

"Wenn ein Schriftsteller (oder Künstler im allgemeinen) sagt, er habe gearbeitet, ohne an die Verfahrensregeln zu denken, meint er damit nur, daß er gearbeitet hat, ohne zu wissen, daß er die Regeln kannte. Ein Kind weiß seine Muttersprache gut zu gebrauchen, aber es könnte nicht ihre Grammatik schreiben. Dennoch ist der Grammatiker nicht der einzige, der die Regeln der Sprache kennt, denn unbewußt kennt sie auch das Kind. Der Grammatiker ist nur der einzige, der weiß, wie und warum das Kind mit der Sprache umgehen kann."[115]

Ecos Ausführungen stellen in nuce die Erscheinungsform eines notwendigen falschen Bewußtseins vor. Sie spiegeln nämlich die Bedingungen des entfremdeten literarischen Produktionsprozesses anschaulich wider. Der Arbeitende hat sich von den Voraussetzungen und Bedingungen des eigenen Tuns so weit entfernt, daß er sie nur noch als fremde Macht begreift. Innerhalb dieses Bezugssystems bietet sich allerdings eine Lösung an, der Entfremdung zu begegnen. Sie besteht offensichtlich darin, die unbewußte Regelbenutzung durch Einsicht in ihre Struktur (Grammatik) wieder bewußt zu machen. Eine solche

---

115 U. Eco, Nachschrift zum 'Namen der Rose'. A. a. O., S. 18.

Einsicht ist jedoch nicht durch Dezision herbeizuführen. Sie kann nur dann tragfähig sein, wenn sie mit den historisch möglichen Bedingungen der Kunstproduktion übereinstimmt.

Wenn heute in der produktionsdidaktischen Theoriebildung das Problem des Verdeckens von Arbeit thematisiert wird, so folgt man einer Entwicklung, die auf dem Gebiet der Werke selbst seit den historischen Avantgardebewegungen ablesbar ist. In der Montage wird das Hergestelltsein der Werke nach außen gekehrt. Sollte die in Kap. 6.4 vertretenen These richtig sein, das durch die Reformpädagogen hervorgetriebene aufsatzmethodische Regulativ des "Beobachtens" entspreche Ausdrucksformen der Avantgarde, dann ist es auch nicht von der Hand zu weisen, daß aufgeschriebene Erfahrungen und Beobachtungen im Schulbetrieb als "Schulreportage" ausgewiesen werden. Konrad Wünsche verweist beispielsweise auf die notierten Schulerfahrungen seiner Schüler und sieht in ihnen eine Parallele zur Arbeit des Werkkreises Literatur der Abeitswelt.[116] Indem die Schüler alles schreiben und mitteilen können, was sie erleben, folgen sie mit dem Prinzip der Assoziation der Produktions- und Darstellungsmethode der Montage. Wünsches Vorschläge legen die Einsicht nahe, die Wirklichkeitsdarstellung von Autoren unterscheide sich nicht grundsätzlich vom Erzählen in der Alltagskommunikation. Wenn es darüber hinaus jedoch im Zeitalter der Post-Avantgarde möglich ist, die künstlerischen Mittel als Mittel nicht nur zu benutzen, sondern auch analytisch zu erfassen, um so eine erweiterte Form der Erfahrungsverarbeitung anzubieten, dann müssen sie auch bewußt gemacht werden. Über punktuelle Anknüpfungspunkte hinaus geht es demzufolge um Kenntnisse über literarische Produktionsmethoden. Auf das Beispiel der avantgardistischen Technik bezogen, kann das soviel heißen, daß die Schüler, "während sie mit experimentellen Techniken arbeiten, deren theoretische und historische Hintergründe kennenlernen".[117] Dieses Zitat trifft einen wesentlichen Kern unserer Überlegungen. Denn es zielt tendenziell darauf ab, die in der Geschichte der menschlichen Kultur erarbeiteten Ausdrucksformen zur Verfügung zu stellen. Was hier exemplarisch für den Umgang mit experimentellen Techniken ausgesagt wird, gilt für die Gesamtheit künstlerischer Mittel.

Da unsere historische Herleitung zu dem Ergebnis gekommen ist, daß die künstlerischen Mittel allseitig zur Disposition stehen und daß die auf Arbeit beruhende Fähigkeit des Schreibens potentiell allen Menschen zuerkannt werden kann, steht die Produktionsdidaktik vor einer *lösbaren* Aufgabe. Sie besteht darin, die Spielkompetenz durch künstlerische Mittel zu fördern. Auf dem Hintergrund einer solchen *Möglichkeit* muß besonders die Berufung der Schreibdidaktik auf Tretjakovs Einsichten in ein neues Licht gerückt werden.

---

116 Vgl. K. Wünsche, Die Wirklichkeit des Hauptschülers. Berichte von Kindern der schweigenden Mehrheit. Erw. Ausg. Frankfurt/M. 1979, S. 60; ders., Das Aufsatzschreiben als Sozialform. In: B. Lecke (Hg.), Projekt Deutschunterricht 11. Stuttgart 1976, S. 1 - 14.
117 G. Mattenklott, Literarische Gesellfigkeit. A. a. O., S. 191. Vgl. hier auch die abgedruckten Unterrichtsmaterialien.

Das betrifft den Weg von der konkreten (Schreib-) erfahrung zur theoretischen Reflexion. Tretjakov hebt bekanntlich mit der Fundierung des Schreibens auf gesellschaftliche Praxis den Kunstcharakter der literarischen Arbeit auf. Seine Verallgemeinerbarkeit literarischer Produktion schüttet, so konnte oben formuliert werden, das Kind mit dem Bade aus. Dennoch stellt sie einen nicht hintergehbaren Beitrag zu einer Produktionsästhetik und -didaktik bereit, da sie die universelle Gleichberechtigung und -gleichbefähigung zum Schreiben betont. Die Schwierigkeit dieses Ansatzes liegt weniger in der ausgemachten Gleich*berechtigung*. Schwierigkeiten ergeben sich vielmehr, wenn es um eine nähere Bestimmung der Gleich*befähigung* geht. Von einer Gleichbefähigung zum Schreiben kann erst dann gesprochen werden, wenn ästhetische Sozialisation unterschiedslos jedermann Aufklärung über den möglichen Einsatz von Kunstmitteln anbietet. Über Tretjakovs Bestimmungen hinaus geht es also um eine theoretische Aufarbeitung der Gestaltungsmittel.

Die vorgenommene Relativierung einer Berufung produktionsorientierter Didaktik auf Tretjakov entspricht der oben skizzierten Entwicklung künstlerischen Verfahrens zum Einsatz von literarischer Technik und Produktionswissen (Brecht). Der Begriff der *Kunstkennerschaft* impliziert die Möglichkeit, Kenntnisse über den Herstellungsprozeß von Literatur zu erlernen. Er beansprucht für sich, demokratisch zu sein, da er vom kleinen zum großen Kreis der Kenner fortschreiten will. Dabei wird der Anwendungsspielraum der freigesetzten Kunstmittel keinesfalls auf eine begriffliche Erkenntnis eingeengt. Die Synthese von Kunstgenuß und Verstandesarbeit bindet das Produktionswissen folgenreich in lebenspraktische Zusammenhänge ein. Wenn also mit Brechts Begriff der Kunstkennerschaft Voraussetzungen bestimmbar sind, die tabula rasa (Hegel) des ästhetischen Materials *fürs schreibende Subjekt* zu erschließen, dann ist nach den Bedingungen zu fragen, das Material in schulische Lernprozesse zu überführen. Als eine denkbare Möglichkeit bietet es sich an, einen Lehrplan nach Genres und historischen Epochen zu ordnen, so wie das für die Rezeption von Literatur geschehen ist.[118] Zu einer derartigen Lehrplangestaltung liegen einzelne Vorüberlegungen vor. Sie orientieren sich an der Zielvorstellung, daß "Erfahrungen der literarischen Tradition (...) für das Alltagsschreiben erst verfügbar gemacht werden müßten".[119] Als *Vor*überlegungen sind sie deshalb zu werten, da das Problem einer curricularen Fixierung der literarischen Tradition nicht direkt gestellt wird. Vielmehr diskutiert man die prinzipiellen Vorzüge, die literarische Formen als Erkenntnismittel im Schreibprozeß bieten. Sind diese prinzipiellen Vorzüge jedoch erst einmal genannt, dann können sie propädeutischen Charakter für die allseitige Verfügung über Kunstmittel annehmen. Voraussetzung für die Anwendung vielfältiger Ausdrucksmöglichkeiten ist

---

118 Vgl. H. Helmers, Didaktik der deutschen Sprache. 11. Aufl. Stuttgart 1981, S. 307 ff., bes. S. 311.
119 H. Koch / W. Pielow, Schreiben und Alltagskultur. A. a. O., S. 37.

eine theoretisch fundierte Erweiterung der Rezeptionskompetenz. Dazu gehört zentral die Einsicht in die historische Vermittlung literarischer Techniken. Sollen literarische Techniken nicht in einen "geschichtslosen Text-Raum" projeziert werden, dann müssen sie zweifach bestimmt werden. Einmal hinsichtlich ihrer überlieferten Funktion und zum anderen hinsichtlich ihrer Bedeutung in der Interaktion des rezipierenden Subjekts. J. Kreft drückt diesen Zusammenhang wie folgt aus:

"Um die ursprüngliche, innovative, ja um die jeweilige Funktion des Technischen in einem Text zu verstehen, muß nicht nur von der Technik her der Text, sondern vom Text her seine Technik verstanden werden, und überdies muß man über den Text hinausgehen und nach seiner Beziehung zur Gesellschaft fragen. Da ergeben sich dann Differenzen, die von dem den Texten äußerlich bleibenden Fragestellungen über gleiche Techniken aus nie in den Blick kämen, ohne die aber Texte überhaupt nicht verstanden würden."[120]

In diesem Sinne kann die Auseinandersetzung mit literarischen Techniken und Strukturen dazu beitragen, der Wirklichkeitsverarbeitung eines Textproduzenten auf die Spur zu kommen. Das kann auch bedeuten, daß vor der Erprobung eigener Gestaltungs- und Wirkungsmöglichkeiten ein Eiblick in die spezifischen Mittel der Gestaltung erfolgt. Rekonstruiert man die ursprüngliche Funktion des Technischen, wie Kreft es intendiert, so engt sich der denkbare Spielraum einer formalistisch betriebenen Gestaltung entschieden ein. Ein Beispiel dafür liefern die Anregungen Sanners, der zu bedenken gibt,

"daß auch die aus antiker und humanistischer Tradition stammenden Rede- und Stilfiguren, die heute eine kreativitätshemmende Wirkung ausüben, ursprünglich sprach-produktive Einfälle waren, entstanden aus öffentlicher Notwendigkeit wie aus spielerischer Freude an der Sprache und verwendet in der Absicht, Rationales und Ästhetisches nicht gegeneinander auszuspielen, sondern beides zu gemeinsamer Wirkung zu bringen."[121]

Hier zeigt sich exemplarisch, wie es möglich sein kann, spielerischen Umgang mit der Sprache zu initiieren, ohne der Erfahrung durch den Begriff Gewalt anzutun. Die geltend gemachte kreativitätshemmende Wirkung tradierter Gestaltungsmittel kann in dem Maße in Frage gestellt werden, wie es gelingt, einen Zusammenhang zwischen ihrer geschichtlich realen Entfaltung und - darüber hinaus - ihrer aktuellen Brauchbarkeit für Schreibversuche zu stiften. Unter Rückgriff auf die oben vorgenommenen Bestimmungen des künstlerischen Schaffensprozesses läßt sich die Einsicht in verschiedene Verfahrensweisen als Gewinn von "Rohmaterial" bestimmen. Mit Hilfe des "Rohmaterials" der künstlerischen Mittel eröffnet sich die Perspektive, etwas neu zu sehen und neu darzustellen. Genau genommen handelt es sich dabei um einen Vergleich von Alltagserfahrung mit einem "künstlichen" Zusammenhang. Die produktive Aus-

---

120 J. Kreft, Grundprobleme der Literaturdidaktik. A. a. O., S. 294.
121 R. Sanner, "Spiel" und "Spielregel" ..., a. a. O., S. 29 f.

einandersetzung mit bewußt gewählten künstlerischen Mitteln verändert einen Inhalt und erzielt andere und effektvollere Gestaltungsmöglichkeiten.
Mit literarischen Genres liegen entsprechende künstlerische Mittel vor. Sie sollen ausdrücklich als Vorkenntnisse oder als *Voraussetzungen* bezeichnet werden. Literarische Genres bilden eine Voraussetzung, alltagspraktische Erfahrungen fiktiv umzustrukturieren. M.a.W., sie stellen ein Produktionswissen zur Verfügung, das den Schreibprozeß gleichsam methodisch reguliert. Bedient man sich dieses Wissens, so greift man auf akkumulierte Produktions- und Darstellungsmethoden zurück. Man orientiert sich also an vorliegenden Lösungsvorstellungen zur Textherstellung. Was für den Gebrauch von Genres durch einen Schriftsteller gilt, trifft auch auf einen schreibenden Schüler zu, sofern er sich auf das fiktionale Spiel einläßt:
"(...) Genres können nämlich verstanden werden als zu spezifischen literarischen Produktionsmethoden geronnenes gesellschaftliches Wissen. Sie bieten dem Schriftsteller die Möglichkeit, seine subjektiven Erfahrungen und Interpretationen von Welt sich an den in den literarischen Genres vorgegebenen Lösungsversuchen und den hier bereitgestellten Typisierungen, Situationsdefinitionen und Handlungsmustern abarbeiten zu lassen."[122]
Der Gebrauch von literarischen Genres ist also kein Selbstzweck, hinter dem dem Schreibenden der Sinn seines Tuns verschlossen bleibt. Ganz im Gegenteil signalisieren sie als Orientierungspunkte des Schreibens die Möglichkeit, einen bisher nicht erfaßten Sinn hervorzutreiben. Die in der Tradition entwickelten Genres stellen Strategien bereit, sinnliche Erkenntnis auf verschiedene Weise zu versuchen.
In einem aktuellen "Versuch einer Produktionsästhetik" wird diese Bedeutung literarischer Genres bei der schriftstellerischen Entwicklung besonders betont. H. Hillmann bestimmt die in literarischen Werken organisierte Erfahrung als eine gleichsam versuchsweise Vororganisation eigener Schreibversuche. Hillmanns Zentralthese lautet, literarische Genres seien
"über Generationen hinweg angereicherte handlungsstrukturierte Deutungsmuster, die der Schriftsteller zur Organisation eigener Probleme und zur Kontrolle eigener Muster gebraucht und in diesem Prozeß der Anwendung zugleich umorganisiert".[123]
Genres werden also nicht herangezogen, um einem abstrakten Normenkatalog die Probe aufs Exempel zu liefern. Sie dienen vielmehr als stützendes Hilfsmittel, Probleme schreibend in den Griff zu bekommen. Denn der Sinn des Schreibens liegt in der Aufhellung von Problemen der Zeitgenossenschaft, die auch - und gerade - die Probleme des Subjekts sind. In eine solche Suche nach Sinn ordnet sich der Schreibende ein, und er verfährt dabei grundsätzlich wie

---

[122] K. Wellner, Überlegungen zu einer handlungstheoretischen Fundierung des Literaturunterrichts. In: DD 33/1977, S. 38 - 49; Zitat: S. 41.
[123] H. Hillmann, Alltagsphantasie und dichterische Phantasie. Versuch einer Produktionsästhetik. Kronberg 1977, S. 161.

jeder Suchende. Er orientiert sich an vorliegenden Lösungswegen, die andere bereits beschritten haben. Eben das hat Schreiben mit anderen Tätigkeiten gemeinsam. Man sieht sich nach geeigneten Mitteln um, erprobt sie, verwirft sie, verändert sie für seine Zwecke. In diesem Sinn nehmen für Hillmann literarische Genres den Stellenwert von "Problemlösungsmethoden" ein. Und er bestimmt sie als "Produktionsmittel". Terminologisch wird damit ein wichtiger Bezug zur allgemeinen Form menschlicher Arbeit ersichtlich. Denn Arbeit wendet grundsätzlich Produktionsmittel auf einen Gegenstand der Produktion an. Nun wissen wir seit Aristoteles, daß der besondere Charakter künstlerischer Arbeit im Nachahmen der Lebenspraxis besteht. Offenbar hat Hillmann besagten Sachverhalt vor Augen, wenn er ausführt:

"Die verschiedenen literarischen Genres sind solche -arbeitsteilig ausdifferenzierte - Problemlösungsmethoden, entwickelte Produktionsmittel zur Erforschung des Lebens und seiner geglückten Führung, und die je lebenden Schriftsteller verhalten sich absolut praktisch ihnen gegenüber: nutzen sie mir, dann nehme ich sie; hemmen sie mich, lasse ich sie liegen, mache sie brauchbar oder - falls sie unzeitgemäß noch immer genutzt werden - bekämpfe ich sie auch, etwa durch die Parodie."[124]

Setzt man auch heute voraus, das Schreiben diene "zur Erforschung des Lebens und seiner geglückten Führung", so tritt der antike Gegensatz von praxis und poiesis erneut hervor. Er verhilft zu Bestimmungen über den Stellenwert literarischer Genres im Schreibprozeß. Eine geglückte Lebensführung läßt sich nämlich nicht durch die Verwendung vorgeordneter Mittel bewerkstelligen. Literarische Genres sind für das schreibende Subjekt immer nur eine *vorläufige* Orientierungsmarke. Gleichwohl kann nicht bestritten werden, daß der Schreibende in seiner Suche nach geglückter Lebensführung auf Orientierung angewiesen ist. Literarische Genres stellen dafür komplexe Deutungsmuster bereit. Ihr veränderter Gebrauch entspricht der jeweiligen Problemlage des Schreibenden. Die Modifikation der Genres korrespondiert mit den erlebten Schreibbedürfnissen. Sie ergibt sich aus dem Unterschied und der Wechselwirkung von vorhandenen Mustern und subjektiven Schreibintentionen. Schreiben scheint so möglich und denkbar als Eingriff in die Erfahrungen und das Wissen der literarischen Tradition. Der Eingriff basiert auf Arbeit. Damit die in den literarischen Genres vergegenständlichte gesellschaftliche *Arbeit* zum Gegenstand neuer Arbeitsprozesse (d.h. zu Produktionsmitteln) werden kann, muß sie zunächst als solche aufgedeckt werden. M.a.W., die Arbeit des Schreibens setzt eine produktive Auseinandersetzung mit vorliegenden Arbeitsergebnissen voraus. Eine derartige rationale Bestimmung von Analyse und neuer Kombinationsmöglichkeit geht in Hillmanns Überlegung ein, literarische Genres als Produktionsmittel zu bestimmen:

---

124 Ebd., S. 158.

"Die Genres sind ein immaterielles Produktionsmittel, und wie die materiellen enthalten sie die objektivierten Produktionserfahrungen und Erfindungen ganzer Generationen, deren man sich selbstverständlich in ihrer dem gegenwärtigen Stand der Bedürfnisse entsprechenden entwickeltesten Form bedient und sie weiter entwickelt - was Rückgriffe auf ältere Stufen nicht ausschließt."[125]
Daraus lassen sich nun schulische Voraussetzungen für den produktiven Umgang mit literarischen Traditionen ableiten. Wenn es richtig ist, daß Schreiben auf der Suche nach Erfahrungsartikulation einen "Rückgriff" auf tradierte Produktionserfahrungen vornimmt, sich ihrer "bedient" und sie "weiter entwickelt", dann haben wir drei Teilstrecken vor uns. Unter produktionsdidaktischem Gesichtspunkt sind aus den drei Teilstrecken drei Stufen des Schreibvorgangs entwickelbar:
1. *Analyse* der literarischen Genres im historischen Kontext,
2. *Selektion* geeigneter Mittel für subjektive Schreib- und Wirkungsbedürfnisse,
3. *Transfer* zum Herstellen neuer Ideenkombinationen.
Dieser curriculare Aufriß macht klar, daß er sowohl Ergebnisse der Kreativitätsforschung (Guilford) als auch Sanners Verständnis sprachkreativer Gestaltungsleistungen aufnimmt. Guilfords Paradigma des Transfers vorhandener Vorstellungen und Erfahrungen auf neue Probleme wird mit Sanners Zielvorstellung verbunden, sprachliche Regeln und Konventionen kritisch zu relativieren. Wer neue Erfahrungen schreibend einfangen will, kann vorhandene literarische Lösungswege auf ihre jeweilige Tauglichkeit abklopfen, sie experimentell befragen. Der Schreibende übernimmt keinesfalls Wirklichkeitsverarbeitung aus zweiter Hand; er überprüft sie, selektiert, differenziert, kurz er eignet sie sich produktiv an.
Die produktive Aneignung der literarischen Tradition darf dabei nicht mit einer einseitig kognitiv-intellektuellen Qualifikation verwechselt werden. Natürlich ist sie im Sinne einer literarischen *Kennerschaft* auf spezielle Kunstkenntnisse verwiesen. Aber der Begriff des Kenners teilt mit Hillmanns Bestimmung, die Literatur diene zur "Erforschung des Lebens und seiner geglückten Führung", die Notwendigkeit einer Synthese von Begriff und Sinnlichkeit. Für eine Schreibdidaktik ergibt sich aus diesem Zusammenhang eine Voraussetzung, die theoretisch evident und simpel klingt, praktisch aber nicht zu unterschätzende Schwierigkeiten mit sich bringt. Es geht nämlich zunächst einmal darum, den Schülern zu verdeutlichen, daß Schreiben eine Aufarbeitung konkreter Erfahrungen überhaupt leisten kann. Rufen wir uns zu diesem Zweck noch einmal wesentliche Kriterien der Kunstkennerschaft ins Gedächtnis, wie sie Hegel ausführt. Neben Zeit und Ort der Entstehung eines Kunstwerks spielen Kenntnisse über künstlerische Techniken und die Persönlichkeit des Dichters eine wichtige Rolle. Man wird mit einigem pädagogischen Geschick die Schüler zu Erkenntnissen darüber führen können, wie es Schriftstellern jeweils gelungen

---
125 Ebd., S. 159 f.

ist, ihre Probleme schreibend zu bewältigen. Daß Goethe, einer Einsicht Hans Mayers zufolge, nur weiterleben konnte, weil er den Werther sterben ließ, ist dafür nur ein Beispiel. Will man sich aber nicht mit der Einsicht (oder hier besser: Vermutung) begnügen, das Genie habe es eben geschafft, so ist die Frage erneut gestellt, wie der Schüler zu motivieren ist, schreibend *seine* Identität zu behaupten.

Die Motivation zur Produktion von Literatur ist sicher nur vorläufig gegeben, wenn Themen oder Anweisungen gestellt werden. Ermuntert man die Schüler in der Tradition der Kunsterziehungsbewegung dazu, erlebnisreiche Situationen z.B. im Schwimmbad oder beim Bau des Kaninchenstalls aufzuschreiben, so wird es ihnen nicht unmittelbar einsichtig sein, warum hierbei auf literarische Gestaltungsmittel zurückgegriffen werden soll. Gibt man auf der anderen Seite die Anweisung aus, literarische Strukturen nachzuahmen, so muß sich das schreibende Subjekt fragen, wo es denn überhaupt selbst zur Geltung kommt. Derartige Einwände gegen den Erlebnisaufsatz (vgl. Kap. 6.2) und gegen formale Gestaltungsübungen (vgl. Kap. 7.2) konnten oben bereits hinreichend diskutiert werden. Einen Ausweg aus den jeweiligen Verabsolutierungen bietet ein Hinweis von Joachim Fritzsche an. Fritzsche begreift die Motivation zur Produktion von Literatur aus den spezifisch literarischen Wirkungsmöglichkeiten: "Es kommt vielmehr darauf an, daß literarische Formen klar als *Mittel* erkannt werden, als Ausdrucks- und als Kommunikationsmittel. Die Schüler müssen erfahren können, daß sie mit literarischen Codes etwas sagen können, was sie sonst gar nicht sagen könnten."[126]

Der besondere Reiz, sinnlich-künstlerische Mittel beim Schreiben zu benutzen, liegt also darin, etwas auszudrücken, das auf der kognitiv-intellektuellen Ebene gar nicht zum Vorschein kommt. Im Gegensatz zur logisch-diskursiven Sprache bietet ästhetische Kommunikation eine Mehrdeutigkeit an. Der Schreibende kann sich also gewissermaßen hinter der Textstruktur verstecken. Er kann Deutungen und Entwürfe wagen, die er sonst weder aussprechen könnte noch würde. Damit wird auch deutlich, daß literarische Formen subjektive Bedürfnisartikulation, Kritik oder Gegenentwurf zum Bestehenden experimentell in Aussicht stellen.

Aber selbst wenn es gelingen sollte, den Schüler zu ästhetischem Produzieren zu motivieren, bleibt das Problem ungeklärt, wie er überhaupt in den Besitz der literarischen Tradition kommt. Wie kann er darüber beratschlagen, ob z.B. die Form eines Gedichts, einer Parabel, eines Märchens oder einer Montage seine Erfahrungen adäquat transportiert? Damit ist das viel umstrittene Problem einer möglichen Lehrplangestaltung literarischen Schreibens aufgeworfen. Es wäre in jedem Fall illusionär anzunehmen, ein gesicherter Lehrplan sei gegenwärtig fixierbar. Da die gegenwärtige produktionsdidaktische Diskussion das

---

126 J. Fritzsche, Aufsatzdidaktik ..., a. a. O., S. 142.

Stadium von "Vorüberlegungen"[127] noch nicht verlassen hat, scheint es vielmehr um so wichtiger, *Grundprinzipien* für die Erstellung eines möglichen Lehrplans erst einmal zu benennen. Die oben begründete Orientierung literarischen Schreibens an Kunstmitteln versteht sich in diesem Sinne als ein entsprechender Diskussionsbeitrag. Er hält an der historisch nicht hintergehbaren Einsicht fest, daß erst der Erwerb von Produktionswissen den Anspruch erheben kann, sinnvoll zwischen Alternativen der Textgestaltung auszuwählen. Erst wer über einen ausreichenden Vorrat an Bauformen verfügt, wird sie um einer gezielten Wirkung willen auch einsetzen können. Wie vielfältig die schulisch tradierbaren Ausdrucksmöglichkeiten sind, zeigt auch Fritzsches Aufgabenbestimmung:

"Der Literaturunterricht hat in dieser Hinsicht die Aufgabe, die Sprache (oder die Sprachen?) der Literatur zu lehren, wozu neben den Textformen vor allem die poetisch-sinnlichen Mittel Bild, Klang, Rhythmus gehören; darüber hinaus die Bedeutung traditioneller Motive, Topoi, Themen."[128]

So hilfreich die hier vorgenommenen Projektionen sein können, so sehr verweisen sie auch auf das herrschende literaturdidaktische Defizit ihrer lehrplanmäßigen Systematisierung. Dennoch ist das Defizit nicht kurzschlüssig mit einem Mangel gleichzusetzen. Ganz im Gegenteil eröffnet die Erkenntnis eines Defizits gerade erst einmal den Blick auf eine Utopie, die in ersten Umrissen konkretisierbar scheint. Zur Utopie gehört die kritische Bewertung ihrer Einwände.

Die Einwände gegen einen an Kunstmitteln orientierten Lehrplan reichen vom Vorwurf der Überforderung der Schüler bis zur Unterstellung eines Formalismus. Wie berechtigt sie sein *können*, zeigt sich oben am Beispiel der von Ulshöfer propagierten Gestaltungsübungen, bei denen der Rahmen des epigonalen Nach-gestaltens nicht gesprengt wird und bei denen dem Schreibenden der Bezug zur subjektiven Lebenspraxis fehlt. Bis in die Gegenwart bedeutsam sind auch die Vorbehalte der Reformpädagogen Jensen und Lamszus gegen einen systematischen Lehrplan. Demzufolge scheint das objektive Material die subjektive Spontaneität zu überlappen. Ein Schriftsteller, so ist oben ausführlich zu lesen, gewinnt seine Fähigkeiten aus dem genauen Beobachten der Wirklichkeit und nicht aus der Absicht, bestimmten literarischen Stilmustern Genüge zu tun. Aktuell spricht das auch Martin Walser aus, wenn er sich keine Schriftsteller vorstellen kann, die schreiben, um "einen Beitrag zu einer literarischen Gattung liefern (zu) wollen".[129]

Betrachtet man die Vorbehalte näher, so zeigt sich, daß sie offene Türen einrennen. Gerade das erkennt Walser ganz genau. Schreiben bedeutet für ihn

---

127 H. Koch und W. Pielow schließen ihre "Vorüberlegungen zu Möglichkeiten einer Schreibkultur" mit einer kritischen Einschätzung der gegenwärtigen Situation ab: "Theoretische Entwürfe können angesichts der scheinbar festbetonierten Realitäten wohl über Vorüberlegungen noch nicht hinausgehen, notwendig scheinen sie gleichwohl." (In: H. Müller-Michaels (Hg.), Jahrbuch der Deutschdidaktik 1980. Königstein/Ts. 1981, S. 57 - 72; Zitat: S. 71).
128 J. Fritzsche, Aufsatzdidaktik ..., a. a. O., S. 142.
129 M. Walser, Wer ist ein Schriftsteller? Aufsätze und Reden. Frankfurt/M. 1979, S. 36.

Reaktion auf eine "unzumutbare Erfahrung". In "überlieferten Literaturformen" sieht er "geeignete Instrumente", um "Mangel-Erfahrungen zu beantworten". Schriftsteller, so heißt es, schreiben "nicht um die Formen zu pflegen, (...), sondern weil sie mit diesen 'Formen', diesen höchst ungewissen, arbeiten zu können glauben".[130] Eben diesen Sachverhalt drückt unsere Vorstellung einer Orientierung des Schreibens an litearrischen Genres aus. Genres dienen als stützende Hilfsmittel, subjektive Erfahrungen zu verarbeiten. Und arbeiten kann mit ihnen eben nur derjenige, der sie kennt. Die entwickelten drei Stufen des Schreibvorgangs lassen sich also auch als eine didaktische Konsequenz der Erfahrungen des Schriftstellers Martin Walser begreifen.

Eine durch Analyse gewonnene *Kennerschaft* literarischer Mittel stellt die Bedingung der Möglichkeit bereit, neue Ideenkombinationen zu finden. Den Vorwurf des Formalismus wird man nur dann aufrechterhalten können, wenn man den Begriff der Kennerschaft einseitig interpretiert, wenn man theoretische Aufarbeitung von sinnlicher Erkenntnis und konkreter Erfahrung abkoppelt. Beides bildet aber eine konstitutive Einheit. Bei Walser kommt das durch die Erklärung zum Ausdruck, der Rückgriff auf Erfahrungen der literarischen Tradition ermögliche eine Antwort auf "Mangel-Erscheinungen". Dem entsprechen die schreibdidaktischen Überlegungen, subjektive Betroffenheit durch literarische Kommunikationsmittel aufzuarbeiten.

In der Unterrichtspraxis besteht die Gefahr des Formalismus allerdings immer dann, wenn die Strukturen des Lehrplans mit der aktuellen Unterrichtsstunde verwechselt werden. In diesem Fall ginge es dann immer nur darum, die lehrplanmäßig erfaßten Kunstmittel unterrichtspraktisch zu verdoppeln. Wie eingeschränkt eine derartig formale Transformation in der Praxis jedoch ist, macht prinzipiell Peter Szondis Hinweis deutlich, mit der Befolgung allgemeiner Regeln sei stets eine "Rückkehr"[131] zum Besonderen in Aussicht gestellt. Auch ein auf das Erkennen formaler Strukturen ausgerichteter Literaturunterricht kann sich nur schwer der *Möglichkeit* subjektiver Erfahrungsverarbeitung durch die erkannten Strukturen entziehen. Daß hierfür die Gesamtheit der künstlerischen Mittel als *Mittel* verfügbar ist, macht den *historischen* Stellenwert eines solchen Lehrplans deutlich. Seine Grenzen sind mit der literaturwissenschaftlichen Gegenstandsbeschreibung selbst vorgegeben:

"Wo die Möglichkeiten der Gestaltung unendlich geworden sind, wird nicht nur authentische Gestaltung unendlich erschwert, sondern zugleich deren wissenschaftliche Analyse."[132]

Über diese Grenzen hinaus steckt auch ein Lehrplan des Schreibens die "Konjunktive in Richtung auf eine utopisch anmutende Praxis"[133] weiter ab. Ein

---

130 Ebd., S. 37.
131 Vgl. dazu oben Kap. 5.1.
132 P. Bürger, Theorie der Avantgarde. A. a. O., S. 131.
133 H. Koch / W. Pielow, Schreiben und Alltagskultur. A. a. O., S. 176.

systematischer Lehrplan kann sich nur als ein Versuch verstehen, das Leben und seine Entwürfe *nicht* systematisch zu planen.

Zusammenfassung und Ausblick

Ein Rückblick auf die kunsttheoretischen Voraussetzungen literarischer Produktion erlaubt es, noch einmal einige Akzente zu setzen und damit zugleich künftiges Interesse an der Problematik anzudeuten.
Es konnte aufgezeigt werden, daß in horizontbildenden ästhetischen Theorien immer wieder ein zentraler Konflikt auftaucht. Dabei handelt es sich um das Verhältnis von künstlerischer Tätigkeit zu Arbeit. Regelbefolgung und Genialität, Studium und Unmittelbarkeit, handwerkliche und künstlerische Tätigkeit, Allgemeines und Besonderes, Nachahmung und Originalität sind dabei die wichtigsten polaren Bestimmungen. Im historischen Prozeß haben sie sich jeweils unterschiedlich durchgesetzt. Über die jeweilige Unterschiedlichkeit hinaus war es jedoch möglich, Ansatzpunkte zu erkennen, um die Frage einer Lernbarkeit literarischer Produktion zu stellen. Der antike produktionsästhetische Konflikt zwischen Platon und Aristoteles (Enthusiasmus / poiesis) diente als eine Gedankenfigur, die es erlaubte, den ausgewiesenen Arbeitscharakter künstlerischen Tuns von einer scheinbar voraussetzungslosen Intuition zu trennen. Im Erfahrungshorizont des 18. Jahrhunderts leitete der erkennbare Gegensatz zwischen Regelpoetik (Gottsched) und der Genieästhetik des Sturm und Drang in Deutschland eine Entwicklung ein, die die Theoriebildung bis zur Gegenwart beschäftigt.
Man wird mit Sicherheit davon ausgehen können, daß die hier auftretenden Fragestellungen bis heute *nicht* gelöst worden sind. Es wäre auch eine verfehlte Auffassung, die Ergebnisse theoretischer Überlegungen einseitig an praktizierbaren Vorschlägen zu messen. Eine solche Zielvorstellung liefe darauf hinaus, ein gültiges Rezept zu erwarten, wie denn nun eigentlich Literatur zu schreiben ist. Dagegen wehrt sich die Literatur selbst, wenn man sie als Möglichkeit begreift, das Leben schreibend (gestaltend) in den Griff zu bekommen. Alle untersuchten Ansätze zur literarischen Produktion waren sich zumindest in einer derartigen Bestimmung einig. Auch regelpoetische Überlegungen heben ja schließlich den unverzichtbaren Anteil des sinnlich-phantastischen Vorstellungsvermögens hervor. Sie widersprechen allerdings einer Verabsolutierung dieses Vermögens.
Auf der anderen Seite wird man die Einsicht, literarisches Schreiben diene der Erprobung von Lebensentwürfen, nicht so stehen lassen können. Denn seit der Genieästhetik, das zeigten unsere Ausführungen wiederholt, bleibt literarische Produktion an ein Privileg gebunden. Am Beispiel der theoretischen Schriften Schillers konnte grundsätzlich problematisiert werden, daß sich die Masse der Nicht-Produzenten nach der Decke *bereits vorliegender* Lebensentwürfe zu strecken hat. Wir konnten hier das Verhältnis von Produzent / Rezipient als besondere Erscheinungsform von Selbständigkeit und Unselbständigkeit des Bewußtseins bestimmen. Der Zusammenhang erlaubte es dann auch, die Frage nach den Bedingungen genialen Produzierens präzise zu stellen. Hinter der

Versicherung, schöne Kunst sei nur als Kunst des Genies möglich, das über eine angeborene Gemütsverfassung verfüge, kam die rationale Bestimmung hervor, auch das Genie könne auf Studium und Regelanweisung nicht verzichten. Es erwies sich als besonders hilfreich, eine philologisch detaillierte Begründungsarbeit vorzunehmen. Erst so wurde es möglich, aus den immanenten Widersprüchen genialen Produzierens die utopisch denkbare Alternative einer Verallgemeinerbarkeit literarischen Produzierens voranzutreiben.

Man sollte sich in jedem Fall davor hüten, die Bestimmungen der Genie-Ästhetik als eine Ansammlung rätselhafter Verbindungen zu betrachten, die einzig dazu taugen, eine Sonderpersönlichkeit historisch zu legitimieren. Gegen den Strich gelesen können sie einen gewissen Wahrheitscharakter für sich verbuchen. Eine Theorie stilbildender Möglichkeiten wird stets auf Kants Einsicht verwiesen sein, zwischen schablonenartigem "Nachmachen" und subjektiver "Nachahmung" zu unterscheiden. Auf verstandesgeleitetes Produzieren allein wird man nämlich nur dann vertrauen dürfen, wenn man das immer wieder vorgetragene Anliegen der Literatur preisgibt. Fiktionale Gestaltung befragt die Wirklichkeit nach den Möglichkeiten individueller Verwirklichung. So problematisch das Modell naturverliehener Begabung ist, so nicht-hintergehbar sind gleichzeitig die Argumente, die einen produktiven Umgang mit literarischen Mustern und Normen ans Subjekt binden. Auch - und gerade - wenn man bereit ist, literarische Produktion als unabdingbar subjektives Handeln zu begreifen, wird man die Kategorie des Genies nicht länger aufrechterhalten können. Als ein wesentliches Ergebnis unserer Untersuchungen zeigte sich, daß bereits die Autonomieästhetik in ihrem Versuch gescheitert ist, geniales Produzieren in eine eindeutige Opposition zu handwerklichem Tun zu stellen. Die anthropologisch ausgewiesenen Bestimmungen allgemeiner Arbeit unterscheiden sich letztendlich nicht vom Teilbereich Kunst. Unsere Analyse sollte verdeutlichen, daß die besondere Form literarischer Produktion auf einem mimetischen Vermögen aufbaut. Kants Kriterien genialen Produzierens gaben zu erkennen, daß mimetische Erfahrungen ein Mittel zur Analyse von Texten sind. Sie stellen darüber hinaus die Bedingungen bereit, einen neuen Text zu strukturieren.

Der wiederholte Rückgriff auf Aristoteles erlaubte es, mimetische Vermögen als eine Qualität vorzustellen, die *allen* Menschen zukommt. Nicht zuletzt auf dieser Basis konnte problematisiert werden, daß es sich beim Postulat mimetischer Sondervermögen um eine spezifisch *historische* Erscheinungsform handelt. Historisch setzt sie sich besonders durch das Prinzip der Verdeckung von Arbeit durch. Die detaillierten Differenzbestimmungen zwischen Sein und Schein des Kunstwerks zeigten, daß der ästhetische Schein die Spuren des Gewordenseins des Werkes verwischt. Studium und Arbeit gelten als ein peinlich zu verdeckender Makel. Besonders die theoretischen Schriften Schillers verrieten, welchen intensiven Aufwand der literarische Produzent betreibt, um das abgeschlossene Werk als eine in sich geschlossene Größe vorzuführen. Was um der Wirkung willen nicht erscheinen darf, beruht real auf einem vielseitig vermittelten Umgang mit bestehenden literarischen Mustern. Wenn wir einen solchen Umgang als besondere Form von Arbeit begreifen, so darf das nicht zu dem Mißverständnis führen, es handle sich hier um eine gleichsam mechanische Reproduktion. Dafür spricht schon allein die Modifikation vorhandenen Produktionswissens im schöpferischen Prozeß.

Aus heutiger Sicht wird klar, wie eingeschränkt der Umgang mit literarischen Mustern zur Zeit Schillers Ästhetik war. Das betrifft keinesfalls nur die zeitbedingte Entwicklung der Gestaltungsmittel. In seiner Spieltheorie gibt Schiller zu bedenken, der Dichter übernehme literarische Formen, die er analytisch nicht herleiten könne. In der Gegenwart betont das Gadamer noch einmal, indem er vom Primat des Spiels gegenüber dem Bewußtsein des Spielenden spricht. Für die literarische Praxis ergeben sich daraus Probleme, die wir zusammenfassend mit Hilfe der Kategorie des Fetischs diskutieren konnten. Besonders aufschlußreich waren dabei die Ausführungen von H. H. Holz, der den Fetischcharakter literarischer Formen als Ausdruck verdinglichter Bewußtseinsstrukturen faßte. Von Verdinglichung kann demzufolge immer dann gesprochen werden, wenn literarische Gestaltung die Bedingungen des eigenen Tuns nicht reflexiv herleitet. Positiv formuliert: Verdinglichung scheint in dem Maße auflösbar, wie der Produzent eine bewußte Auswahl zwischen vorhandenen Mitteln treffen kann.

Auf der Folie eines solchen Erkenntnisinteresses wurden die ästhetischen Theorien Hegels, Nietzsches, der Avantgarde und Brechts gesichtet. Hegels "tabula rasa" der Gestaltungsmittel und sein Begriff des Kenners stellen wesentliche *Vor*bedingungen bereit, literarische Produktion vom Genie zu trennen. Es konnte hier erkannt werden, daß die Intentionen der künstlerischen Avantgarde - und besonders Brechts - spezifische Ansätze vortragen, literarische Praxis theoretisch zu fundieren. Brechts Schriften dienten zur Einsicht in technische Arbeitsprobleme. Dabei stellte sich heraus, daß die Auseinandersetzung Brechts mit der Avantgarde Probleme hervorruft, die produktionsästhetisch von einer kaum zu unterschätzenden Bedeutung sind. Setzte die Avantgarde auf eine *unmittelbare* Emanzipation des Subjekts zum literarischen Produzenten, so wirft Brecht das Problem reflexiver Auseinandersetzung mit dem ästhetischen Material auf.

Die literaturpädagogischen Bemühungen von der Jahrhundertwende bis zur Gegenwart sind dem hier beschriebenen Konflikt verpflichtet. Auch wenn sich die jeweiligen Vertreter nicht ausdrücklich auf diesen Konflikt bezogen (bzw. beziehen), so ließ er sich immer wieder herstellen. In der Reformpädagogik akzentuierte man einerseits das Erlebnis als eigentlichen Motor literarischer Produktion, andererseits griff man auf reflexive Prinzipien der Werksetzung zurück. An dieser Stelle der Arbeit erwies es sich als aufschlußreich, auf die oben vorgenommenen Bestimmungen genialen Produzierens zurückzugreifen. Erst so war es möglich, die reformpädagogischen Bemühungen einer dialektischen

Kritik zu unterziehen. Auf dem Hintergrund der Geschichte exklusiven Produzierens gelangten wir zu der These, die Reformpädagogik sage sich von der Tradition der Genie-Ästhetik los und emanzipiere das Subjekt zum literarischen Produzenten. Es war allerdings nicht zu übersehen, welch ein Preis für die Emanzipation zu entrichten war. Die progressive Absicht allgemeiner literarischer Produktivität trug zu einer Verklärung der Wirklichkeit bei. In der Ablehnung jeder Wissenschaftlichkeit zugunsten eines reinen Subjektivismus war das Signum des Irrationalen nicht zu übersehen. Die positive Adaption von Diltheys Ganzheitsbegriff verkam zu Vorstellungen vor-bürgerlicher Sozialisationsbedingungen. Die Züge eines romantischen Anti-Kapitalismus traten besonders deutlich in den Schriften von Fritz Gansberg hervor.

Der literaturdidaktischen Diskussion der Gegenwart war vorzuhalten, sie habe sich nur unzureichend über ihre eigene Tradition Rechenschaft abgelegt. Auf der einen Seite knüpft man geradezu voraussetzungslos an reformpädagogische Bestrebungen an, als sei in der Zwischenzeit nichts geschehen. Die Indienstnahme der Reformpädagogik für regressive politische Zielsetzungen hätte hier aufschlußreich sein können. Es darf jedoch nicht übersehen werden, daß eine Theorie literarischer Produktion in der Schule der Gegenwart ganz am Anfang steht. Daß man heute Schreiben als Möglichkeit begreift, Identität festzustellen und zu verteidigen, läßt durchaus die Schlußfolgerung zu, die Frage nach einer geglückten Lebensführung neu zu stellen. Von der literarischen Praxis, der Frage nach der Integration literarischer Tradition in literarische Produktion ergeben sich Widersprüche, die als Probleme weiter bestehen. Daß sie nicht immer ganz ausgetragen sind bzw. werden konnten, ist eher als Vorteil zu werten. Einzig wenn Widersprüche bestehen, kann künstlerische Produktion einen Beitrag zur größten Kunst leisten, der *Lebenskunst*.

LITERATURVERZEICHNIS

Adorno, Th.W.: Ästhetische Theorie. Gesammelte Schriften, Bd.7. Frankfurt/M. 1970.
Ders.: Die musikalischen Monographien. Gesammelte Schriften, Bd.13. Frankfurt/M. 1971.
Ders.: Minima Moralia. 18.-23. Tausend Frankfurt/M.1971.
Alschner, R.: Lebensvolle Sprachübungen in Sachgruppen des Alltags. Der Deutschunterricht als Wirklichkeitsunterricht im Sinne der Arbeitsschulidee. 6.u.7. Aufl. Leipzig 1928.
Alt, R.: Über unsere Stellung zur Reformpädagogik. In: Pädagogik H.5/6 1956, S. 345-367.
Anthes, O,: Der Schulaufsatz ein Kunstwerk. In: Der Säemann. Monatsschrift für pädagogische Reform, Jg. 1906, S. 234-241.
Ders.: Der papierne Drachen. 5.-7. Tausend Leipzig 1907.
Ders.: Deutsche Sprachlehre für deutsche Kinder. Leipzig 1909.
Aries, Ph.: Geschichte der Kindheit. München 1977.
Aristoteles: Poetik. Übersetzung, Einleitung und Anmerkungen v. O Gigon. Stuttgart 1981.
Ders.: Poetik. Griechisch und deutsch. Aus dem Griechischen. Übersetzung v. W. Schönherr. Leipzig 1979.
Ders.: Die Nikomachische Ethik. Übersetzt u. herausgegeben v. O. Gigon. 3. Aufl. München 1978.
Arnold, H.L. (Hg.): Literaturbetrieb in der Bundesrepublik Deutschland. 2. Aufl. München 1981.
Baemler, A.; Das Irrationalitätsproblem in der Ästhetik und Logik des 18. Jahrhunderts bis zur Kritik der Urteilskraft. Reprograf. Nachdr. d. 2., durchges. u. um. e. Nachw. erw. Auflage 1967. Darmstadt 1981.
Baumgärtner, A.C.: Basisartikel. Literarisches Leben - Literaturbetrieb - Literaturunterricht. In: Praxis Deutsch H.7/1974, S. 17-21.
Baurmann, J.: Textrezeption und Schule. Grundlagen - Befunde - Unterrichtsmodelle. Stuttgart/Berlin/Köln/Mainz 1980.
Baurmann/Nündel/Schlotthaus: Textrezeption und Textgebrauch. In: Praxis Deutsch H.41/1980, S. 4-14.
Beckers, E./E. Richter: Kommentierte Bibliographie zur Reformpädagogik. Sankt Augustin 1979.
Behr, K. u.a.: Folgekurs für Deutschlehrer. Didaktik und Methodik sprachlicher Kommunikation. Weinheim 1975.
Beinlich, A.: Das schriftsprachliche Gestalten und die Stilpflege. In: Ders. (Hg.), Handbuch des Deutschunterrichts, 1.Bd. Emsdetten 1963, S. 327-413.
Benjamin, W.: Versuche über Brecht. 2. Aufl. Frankfurt/M. 1967.

Ders.: Das Kunstwerk im Zeitalter seiner technischen Reproduzierbarkeit. Drei Studien zur Kunstsoziologie. 3. Aufl. Frankfurt/M. 1969.
Birner, H.: Kreative Gestaltungsübungen im Deutschuntericht der Mittelstufe (Lyrik - Hörspiel). München 1978.
Blättner, F.: Der Schulaufsatz. In: Die Erziehung. Monatsschrift für den Zusammenhang von Kultur und Erziehung in Wissenschaft und Leben. Leipzig 1938, Teil I : S. 75-86, Teil II : S. 112-125, Teil III : S. 211-225.
Bloch, E.: Ästhetik des Vor-Scheins, 2 Bde. Hg. v. G. Ueding. Frankfurt/M. 1974.
Ders. (Hg.): Das Prinzip Hoffnung, 3 Bde. Frankfurt/M. 1977.
Blumenberg, H.: "Nachahmung der Natur". Zur Vorgeschichte der Idee des schöpferischen Menschen. In: Studium Generale, H.5/1957, S. 266-283.
Boettcher/Firges/Sitta/Tymister: Schulaufsätze - Texte für Leser. Düsseldorf 1973.
Boehnke, H./J. Humburg: Schreiben kann jeder. Handbuch zur Schreibpraxis für Vorschule, Schule, Universität, Beruf und Freizeit. Reinbek bei Hamburg 1980.
Bollnow, O.F.: Neue Geborgenheit. Stuttgart 1955.
Ders.: Dilthey. Eine Einführung in seine Philosophie. 3. Aufl. Stuttgart/Berlin/Köln/Mainz 1967.
Boueke, D./N. Hopster (Hg.): Schreiben - Schreiben lernen. Rolf Saner zum 65. Geburtstag. Tübingen 1985.
Born,N./J. Manthey/D. Schmidt (Red.): Literaturmagazin 11.Schreiben oder Literatur. Reinbek bei Hamburg 1979.
Brecht, Bertolt: Gesammelte Werke in 20 Bänden. Frankfurt/M. 1967.
Brög, H.: Zum Geniebegriff. Quellen, Marginalien, Probleme. Ratingen, Kastellaun, Düsseldorf 1973.
Brokerhoff, K.-H.: Kreativität im Deutschunterricht. Etwas erzählen dürfen ... Kastellaun 1976.
Brüggemann, H.: Literarische Technik und soziale Revolution. Versuche über das Verhältnis von Kunstproduktion, Marxismus und literarischer Tradition in den theoretischen Schriften Bertolt Brechts. Reinbek bei Hamburg 1973.
Bubner, R.: Über einige Bedingungen gegenwärtiger Ästhetik. In: neue hefte für philosophie, H.5/1973, S. 38-73.
Bühl, H./D. Heinze/H. Koch u.a. (Hg.): Kulturpolitisches Wörterbuch. Berlin 1970.
Bürger, Ch.: Der Ursprung der bürgerlichen Institution Kunst im höfischen Weimar. Literatursoziologische Untersuchungen zum klassischen Goethe. Frankfurt/M. 1977.
Dies.: Tradition und Subjektivität. Frankfurt/M. 1980.
Bürger, P.: Theorie der Avantgarde. Frankfurt/M. 1974.
Ders.: Vermittlung - Rezeption - Funktion. Frankfurt/M. 1979.

Ders.: Zur Kritik der idealistischen Ästhetik. Frankfurt/M. 1983
Bütow, W. (Hg.): Zur schöpferischen Arbeit im Literaturunterricht. Berlin 1974.
Christ, H. u.a.: Reform des Literaturunterichts. Eine Zwischenbilanz. Frankfurt/M. 1974.
Copei, F.: Der fruchtbare Moment im Bildungsprozeß. 9. Aufl. Heidelberg 1969.
Cordruwisch, B./B. Weckmann: Kreativität und die Produktion lyrischer Texte in der Sekundarstufe II. In: Disskussion Deutsch H. 84/1985, S. 373-387.
Curtius, M. (Hg.): Theorien der künstlerischen Produktivität. Entwürfe mit Beiträgen aus Literaturwissenschaft, Psychoanalyse und Marxismus. Frankfurt/M. 1976.
Dehn, M:/W. Dehn: Produktive Textarbeit. Reduktion und Entfaltung am Stoffkomplex des "Rattenfängers". In: Der Deutschunterricht H.4/1979, S. 31-46.
Diderot, D.: Enzyklopädie. Philosophische und politische Texte aus der "Encyklopédie" sowie Prospekt und Ankündigung der letzten Bände. München 1969.
Diem, A. u.a.: Schreibweisen. Ein Arbeitsbuch für den Deutschunterricht der Sekundarstufe II. Stuttgart 1983.
Dilthey, W.: Das Erlebnis und die Dichtung. Lessing, Goethe, Novalis, Hölderlin. 16. Aufl. Göttingen 1985.
Ders.: Gesammelte Schriften. Stuttgart/Göttingen 1959 ff.
Dirx, R.: Das Kind das unbekannte Wesen. Geschichte, Soziologie, Pädagogik. Hamburg 1964.
Doderer, K.: Kritische Bemerkungen zu Rudolf Hildebrands Schrift "Vom deutschen Sprachunterricht in der Schule und von deutscher Erziehung und Bildung überhaupt". In: W.L. Höffe (Hg.), Sprachpädagogik. Literaturpädagogik. Festschrift für Hans Schorer. Frankfurt/M./Berlin/Bonn/München 1969, S. 16-25.
Eckhardt, J.: Der Lehrplan des Deutschunterrichts. Lernbereichskonstrution und Lernzielbestimmung unter gesellschaftlich-historischen Aspekt. Weinheim/Basel 1979.
Dies. (Hg.): Zeitgenössische Literatur im Deutschunterricht. Braunschweig 1981.
Dies.: Das Epische Theater. Darmstadt 1983.
Eckhardt, J./H. Helmers: Reform des Aufsatzunterrichts. Rezeption und Produktion pragmatischer Texte als Lernziel. Stuttgart 1980.
Eco, U.: Nachschrift zum "Namen der Rose". München 1986.
Eggert/Berg/Rutschky: Schüler im Literaturunterricht. Ein Erfahrungsbericht. Köln 1975.

Engelmann, S.: Methodik des deutschen Unterrichts. 5. erw. Aufl. Berlin/Hannover/Darmstadt 1957.
Erikson, E.H.: Identität und Lebenszyklus. Frankfurt/M. 1977.
Escarpit, R.: Das Buch und der Leser. Köln/Opladen 1961.
Fahn, K.: Der Wandel des Aufsatbegriffes von 1900 bis zur Gegenwart im Rahmen der deutschen Volksschule. Diss. München 1958.
Fingerhut, K.-H.: Umerzählen. Ein Lesebuch für eigene Schreibversuche in der Sekundarstufe II. Frankfurt/M. 1982.
Fingerhut, K.-H./H. Melenk: Über den Stellenwert von "Kreativität" im Deutschunterricht. In: Diskussion Deutsch H.55/1980, S. 494-505.
Fingerhut, K.-H./H. Melenk/G. Waldmann: Kritischer und produktiver Umgang mit Literatur. In: Diskussion Deutsch H.58/1981, S. 130-150.
Flashar, H.: Der Dialog Ion als Zeugnis Platonischer Philosophie. Berlin 1958.
Flitner, W./G. Kudritzki (Hg.): Die deutsche Reformpädagogik. Bd.1. Pioniere der pädagogischen Bewegung. Düsseldorf/München 1961.
Dies. (Hg.): Die deutsche Reformpädagogik. Bd.2. Ausbau und Selbstkritik. Düsseldorf/München 1962.
Förster, J.: Rezeptionsästhetik und Literaturdidaktik. Zur Problematik der Aneignung rezeptionsästhetischer Theoreme in der Literaturdidaktik. In: Wirkendes Wort H.5/1983, S. 295-309.
Ders.: Literaturunterricht zwischen Aufklärung und Gegenaufklärung. Zur Kritik restaurativer Tendenzen in der gegenwärtigen Literaturdidaktik und Möglichkeiten ihrer Überwindung. Düsseldorf 1980.
Ders.: Ästhetische Erziehung im Literatur- und Kunstunterricht. In: Informationen zur Deutschdidaktik, H.2/1984, S. 42-47.
Fontius, M.: Produktivkraftentwicklung und Autonomie der Kunst. Zur Ablösung ständischer Voraussetzungen in der Literaturtheorie. In: G. Klotz/W. Schröder/P. Weber (Hg.), Literatur im Epochenumbruch. Funktionen europäischer Literaturen im 18. und beginnenden 19. Jahrhundert. Berlin und Weimar 1977, S 409-529.
Frank, H.J.: Dichtung, Sprache, Menschenbildung. Geschichte des Deutschunterrichts von den Anfängen bis 1945, 2 Bde. München 1976.
Freier, H.: Ästhetik und Autonomie. Ein Beitrag zur idealistischen Entfremdungskritik. In: B. Lutz (Hg.), Deutsches Bürgertum und literarische Intelligenz 1750-1800. Stuttgart 1974, S. 329-383.
Frels, O.: Literatur und Öffentlichkeit bei Herder. In: Ch. Bürger/P. Bürger/J. Schulte-Sasse (Hg.), Zur Dichotomisierung von hoher und niederer Literatur. Frankfurt/M. 1982, S. 208-231.
Freud, S.: Bildende Kunst und Literatur. Studienausgabe Bd. X. 5. Aufl. Frankfurt/M. 1969.
Freudenthal, H.: Volkstümliche Bildung. München 1957.
Friedrich, W.-H./W. Killy (Hg.): Das Fischer Lexikon Literatur, Bd. 2/1, 103.-107. Tausend. Frankfurt/M. 1979.

Dies.: Das Fischer Lexikon Literatur, Bd. 2/2, 101.-105. Tausend. Frankfurt/M.1979.
Fritsche, J.: Aufsatzdidaktik. Kritische und systematische Untersuchungen zu den Funktionen schriftlicher Texte von Schülern. Stuttgart/Berlin/Köln/Mainz 1980.
Ders. (Hg.): "Kreatives Schreiben" in Schule, Universität, Volkshochschule und in anderen Gruppen. Anregungen und Materialien zum Deutschunterricht. Berlin 1983.
Fuhrmann, M.: Einführung in die antike Dichtungstheorie. Darmstadt 1973.
Gadamer, H.-G.: Plato und die Dichter. Frankfurt/M. 1934.
Ders.: Wahrheit und Methode. Grundzüge einer philosophischen Hermeneutik. 4.Aufl. Tübingen 1975.
Gallert, Th.: Alltägliches als Anlaß zum Schreiben. In: Der Deutschunterricht H.4/1982, S. 41-52.
Gansberg, F.: Der freie Aufsatz. Seine Grundlegungen und seine Möglichkeiten. 4. Aufl. Berlin/Bonn/München 1954.
Ders.: Produktive Arbeit. Beiträge zur neuen Pädagogik. Leipzig 1909.
Ders.: Demokratische Pädagogik. Leipzig 1911
Ders.: Schaffensfreude. Anregungen zur Belebung des Unterrichts. 2. Aufl. Leipzig/Berlin 1907.
Gatti, H.: Schüler machen Gedichte. Ein Praxisbericht mit vielen Anregungen und Beispielen. Freiburg 1979.
Gebhardt, J.: Alfred Lichtwark und die Kunsterziehungsbewegung in Hamburg. Hamburg 1947.
Geißler, R.: Prolegonma zu einer Theorie der Literaturdidaktik. Bestandsaufnahme - Kritk - Neuansatz. Hannover/Berlin/Darmstadt/Dortmund 1970.
Gethmann-Siefert, A.: Zur Begründung einer Ästhetik nach Hegel. In: F. Nicolin/O. Pöggeler (Hg.), Hegel-Studien, Bd. 13. Bonn 1978, S. 237-289.
Geyer, P.: Der Deutsche Aufsatz. In: A. Mathias (Hg.), Handbuch des deutschen Unterrichts an höheren Schulen. 1.Band. 2. Teil. 2. Aufl. München 1911.
Ders.: Sturm und Drang in der Aufsatzlehre. Zur Abwehr gegen die neue Aufsatzschule. Berlin 1913.
Gössmann, W.: Schülermanuskripte. Schriftliches Arbeiten auf der Sekundarstufe I. Düsseldorf 1979.
Goethe, Johann Wolfgang von: Werke. Hamburger Ausgabe in 14 Bänden. Hamburg 1963.
Haug, W.F.: Kritik der Warenästhetik. Frankfurt/M. 1971.
Hauser, A.: Sozialgeschichte der Kunst und Literatur. 14.-19. Tausend München 1969.
Hegel, G.W.F.: Jenaer Realphilosophie. Frühe politische Systeme. Berlin 1974.
Ders.: Phänomenologie des Geistes. Frankfurt/M./Berlin/Wien 1970.

Ders.: Grundlinien der Philosophie des Rechts. Frankfurt/M./Berlin/Wien 1972.
Ders.: Vorlesungen über die Ästhetik I,II,III; Werke 13,14,15. Frankfurt/M. 1970.
Hein, J./H.H. Koch/E. Liebs (Hg.): Das ICH als Schrift. Über privates und öffentliches Schreiben heute. Winfried Pielow zum 60. Geburtstag. Baltmannsweiler 1984.
Heiner, A.: Kritische Anmerkungen zum Thema Kreativität. In: Diskussion Deutsch H.17/1974, S. 276-278.
Helmers, H.: Lyrischer Humor. Strukturanalyse und Didaktik der komischen Versliteratur. Stuttgart 1971.
Ders.: Reform oder Scheinreform des Deutschunterrichts. In: DU 3/1974, S. 5-26.
Ders.: Zur gesellschaftlichen Funktion der bürgerlichen Reformpädagogik. In J.v. Maydell (Hg.), Bildungsforschung und Gesellschaftpolitik. Wolfgang Schulenberg zum 60. Geburtstag. Oldenburg 1982, S. 119-130.
Ders.: Didaktik der deutschen Sprache. Einführung in die Theorie der muttersprachlichen und literarischen Bildung. 11. Aufl. 1984.
Herder, J.G.: Sprachphilosophische Schriften. Hg. v. E. Heintel. Hamburg 1960.
Herrmann, M.: Schule der Poetik. Literarische Kreativität im Deutschunterricht der Sekundarstufe II. Paderborn/München/Wien/Zürich 1980.
Hildebrand, R.: Vom deutschen Sprachunterricht in der Schule und von deutsche Erziehung und Bildung überhaupt. 6.-10. Tausend der Volksausgabe. Leipzig 1928.
Ders.: Gesammelte Aufsätze und Vorträge zur deutschen Philologie und zum deutschen Unterricht. Leipzig 1890.
Hillmann, H.: Alltagsphantasie und dichterische Phantasie. Versuch einer Produktionsästhetik. Kronberg 1977.
Hoffmann-Axthelm, D.: Theorie der künstlerischen Arbeit. Frankfurt/M. 1974.
Holz, H.H.: Vom Kunstwerk zur Ware. Neuwied/Köln 1972.
Hoppe, O. (Hg.): Kritik und Didaktik des literarischen Verstehens. Kronberg/Ts. 1976.
Horstmann, U.: Bastelei und respektloses Interesse: für einen unprätentiösen Literaturunterricht. In: Diskussion Deutsch H.45/1979, S. 68-73.
Huelsenbeck, R. (Hg.): Dada. Eine literarische Dokumentation. 7.-11. Tausend Reinbek bei Hamburg 1984.
Hurrelmann, B.: Kreatives Schreiben - ästhetische Kommunikation in der Grundschule. In Linguistik und Didaktik 1977, S. 257-266.
Ide, H. (Hg.): Bestandsaufnahme Deutschunterricht. Ein Fach in der Krise. Stuttgart 1970.
Jäger, H.-W.: Politische Kategorien in Poetik und Rhetorik der zweiten Hälfte des 18. Jahrhunderts. Stuttgart 1970.

Jahn, K.-H./K.-H. Kirn: Schüler schreiben selbst. Märchen, Parabel, Lyrik, Eulenspiegeleien, Parodie und Utopie als Unterrichtsgegenstand. Weinheim/Basel 1983.

Jauß, H.R.: Literaturgeschichte als Provokation. Frankfurt/M. 1970.

Ders.: Ästhetische Erfahrung und literarische Hermeneutik, Bd.1, Versuche im Feld der ästhetischen Erfahrung. München 1977.

Jensen, A./W. Lamszus: Unser Schulaufsatz ein verkappter Schundliterat. Ein Versuch zur Neugründung des deutschen Schulaufsatzes für Volksschule und Gymnasium. 4.-6. Tausend Hamburg 1910.

Dies.: Der Weg zum eigenen Stil. Ein Aufsatzpraktikum für Lehrer und Laien. Hamburg/Berlin 1912.

Dies.: Die Poesie in Not. Hamburg 1913.

Jentzsch, P.: Schüler schreiben satirische Texte. In: Praxis Deutsch H.22/1977, S. 45-49.

Kagerer, H.: In der Schule tobt das Leben. Berlin 1978.

Kamper, D.: Zur Geschichte der Einbildungskraft. München 1981.

Kant, Immanuel: Werke in zehn Bänden. Hg. v. W. Weischedel. Darmstadt 1968.

Karstädt, O.: Kinderaug' und Kinderaufsatz im Weltkriege. Der freie Aufsatz grundsätzlich und an vielen Hunderten von praktischen Proben und Aufgaben entwickelt. Osterwick u. Leipzig 1916.

Ders.: Artikel: Aufsatzunterricht. In: Handbuch für den Deutschunterricht. Hg. v. R. Murtfeld. 2. aufl. Langensalza/Berlin/Leipzig 1941.

Kehr, C.: Die Praxis der Volksschule. Ein Wegweiser zur Führung einer geregelten Unterrichtsdisziplin und zur Ertheilung eines methodischen Schulunterrichts für Volksschullehrer und solche, die es werden wollen. 7. Aufl. Gotha 1875.

Kerbs, D.: Die ästhetische Erziehung und das "niedere Volk". In: Zeitschrift für Pädagogik H.5/1978, S. 729-751.

Kleinschmidt, G.: Theorie und Praxis des Lesens in der Grund- und Hauptschule. 2. Aufl. Frankfurt 1971.

Ders.: Zwischen Überforderung und Verfrühung. Zur Situation des gegenwärtigen Deutschunterrichts. In: Praxis Deutsch H.19/1976, S. 2-8.

Kleist, Heinrich von: dtv-Gesamtausgabe. Hg. v. H. Sembdner. München 1964.

Kliewer, H.J.: Eingreifendes Denken oder dumme Ideen - Kreativität im Literaturunterricht. In: Diskussion Deutsch H.32/1976, S. 518-532.

Klose, W.: Wir erzählen Geschichten. Texte und Anleitungen. Stuttgart 1979.

Ders.: Fabulieren lernen an literarischen Vorgaben. Ein Erzählkurs mit Zwölfjährigen. In: Der Deutschunterricht H.2/1980, S. 7-16.

Knopf, J.: Brecht-Handbuch. Theater. Eine Ästhetik der Widersprüche. Stuttgart 1980.

Koch H.H.: Verdrängte Entfremdung - Überlegungen zum Umgang mit Kunst im Anschluß an Hegels Ästhetik. In: J. Billen (Hg.), Identität und Entfremdung. Beiträge zum Literaturunterricht. Bochum 1979, S. 44-79.

Koch.H.H./W. Pielow: Vorüberlegungen zu Möglichkeiten einer Schreibkultur. In: H. Müller-Michaels (Hg.), Jahrbuch der Deutschdidaktik 1980. Königstein/Ts. 1981, S. 57-72.

Dies.: Schreiben und Alltagskultur. Voraussetzungen und Haltungen des Schreibens in Schule, Hochschule und in außerschulischen Bereichen. Baltmannsweiler 1984.

Kochan, D.C.: Basisartikel. Schreiben für sich und über sich. In: Praxis Deutsch H.26/1977, S. 11-17.

Koepsel, W.: Die Rezeption der Hegelschen Ästhetik im 20. Jahrhundert. Bonn 1975.

Kohlberg, L.: Zur kognitiven Entwicklung des Kindes. Frankfurt/M. 1974.

Kojève, A.: Hegel. Eine Vergegenwärtigung seines Denkens. Kommentar zur "Phänomenologie des Geistes". Hg. v. I. Fetscher. Frankfurt/M 1975.

Koller, H.: Die Mimesis in der Antike. Nachahmung, Darstellung, Ausdruck. Bern 1954.

Kommerell, M.: Lessing und Aristoteles. Untersuchung über die Theorie der Tragödie. 2. Aufl., Frankfurt/M. 1957.

Koppe, F.: Grundbegriffe der Ästhetik. Frankfurt/M. 1983.

Korff, H.A.: Geist der Goethezeit, I. Teil Sturm und Drang. Leipzig 1923; II. Teil Klassik. Leipzig 1930.

Kreft, J.: Grundprobleme der Literaturdidaktik. Eine Fachdidaktik im Konzept sozialer und individueller Entwicklung und Geschichte. Heidelberg 1977.

Kris, E.: Ästhetische Mehrdeutigkeit. In: M. Curtius (Hg.), Seminar: Theorien der künstlerischen Produktivität. Frankfurt/M. 1976, S. 92-116.

Krovoza, A.: Die Verinnerlichung der Normen abstrakter Arbeit und das Schicksal der Sinnlichkeit. In: Bezzel, Ch. u.a., Das Unvermögen der Realität. Berlin 1975, S. 13-36.

Kügler, H.: Ist die gegenwärtige Literaturdidaktik noch eine Didaktik der Literatur? Oder: Der neue Subjektivismus und seine Folgen. In Praxis Deutsch Sonderheft 1982, S. 51-54.

Kuhlenkampff, J. (Hg.): Materialien zu Kants "Kritik der Urteilskraft". Frankfurt/M. 1974.

Kuhn, H.: Artikel: Ästhetik. In: Friedrich/Killy (Hg.), Das Fischer Lexikon. Literatur II, 1. Teil. 103.-107. Tausend. Frankfurt/M. 1979, S. 48-58.

Kuhn: Artikel: Dichter und Dichtung. In: Friedrich/Killy (Hg.), Das Fischer Lexikon. Literatur II, 1. Teil. 103.-107. Tausend. Frankfurt/M. 1979, . 115-151.

Kuhn: Die Vollendung der klasischen deutschen Ästhetik durch Hegel. Berlin 1931.

Kunert, H.: Die deutsche Reformpädagogik und Faschismus. Hannover/Darmstadt/Dortmund/Berlin 1973.

Kunsterziehung. Ergebnisse und Anregungen des Kunsterziehungstages in Dresden am 28. u. 29. September 1901. Leipzig 1902.

Kunsterziehung. Ergebnisse und Anregungen des zweiten Kunsterziehungstages in Weimar am 9., 10., 11. Oktober 1903. Deutsche Sprache und Dichtung. Leipzig 1904.

Kunsterziehung. Ergebnisse und Anregungen des dritten Kunsterziehungstages in Hamburg am 13., 14., 15. Oktober 1905. Musik und Gymnastik. Leipzig 1906.

Laas, E.: Der deutsche Aufsatz in den oberen Gymnasialklassen. 2. Aufl. Berlin 1877.

Lagarde, P. de: Deutsche Schriften. 4. Aufl. Göttingen 1903.

Langbehn, J.: Der Geist des Ganzen. Freiburg im Breisgau 1930.

Ders.: Rembrandt als Erzieher. Vom einem Deutschen. Berlin o.J.

Lange-Eichbaum, W.: Das Genie-Problem. Eine Einführung. München 1931.

Langeveld, M.J.: Studien zur Anthropologie des Kindes. 2. Aufl. Tübingen 1964.

Lehmann, G.: Phantasie und künstlerische Arbeit. Betrachtungen zur poetischen Phantasie. 2. Aufl. Berlin u. Weimar 1976.

Lehmann, R.: Deutscher Unterricht in höheren Knabenschulen. In: W. Rein (Hg.), Encyklopädisches Handbuch der Pädagogik. 2. Bd. 2. Aufl. Langensalza 1904, S. 147-168.

Lehmensick, F.: Unterricht in der Muttersprache. In: W. Rein (Hg.), Encyklopädisches Handbuch zur Pädagogik. 6.Bd. 2. Aufl. Langensalza 1907, S. 31-68.

Lenzen, K.D.: Literarische Produktion, Phantasie, ästhetische Erziehung. In: Das Argument 68/1974, S. 422-434.

Linde, E.: Persönlichkeits-Pädagogik. Ein Mahnwort wider die Methodengläubigkeit unserer Tage. 5. Aufl. Leipzig 1922.

Lindner, B.: Aufhebung der Kunst in Lebenspraxis? Über die Aktualität der Auseinandersetzung mit den historischen Avantgardebewegungen. In: W.M. Lüdke (Hg.), "Theorie der Avantgarde". Antworten auf Peter Bürgers Bestimmungen von Kunst und bürgerlicher Gesellschaft. Frankfurt/M. 1976, S. 72-104.

Ders.: Brecht/Benjamin/Adorno - Über Veränderungen der Kunstproduktion im wissenschaftlich-technischen Zeitalter. In: H.L. Arnold (Hg.), Bertolt Brecht I. Sonderband aus der Reihe text + kritik. 2. Aufl. München 1978, S. 14-36.

Linke, K.: Gesamtunterricht und Deutschunterricht vom ersten bis zum achten Schuljahr. Braunschweig/Berlin/Hamburg 1927.

Lorenzen, H. (Hg.): Die Kunsterziehungsbewegung. Bad Heilbrunn/Obb. 1966.
Ludwig, O.: Bibliographie - Aufsatzunterricht. In: Praxis Deutsch H.53/1982, S. 4-5.
Ludwig, O./W. Menzel: Basisartikel. Schreiben.In: Praxis Deutsch H.9/1975, S. 10-18.
Lüthi, M.: Märchen. 6. Aufl. Stuttgart 1976.
Lukács, G.: Die Eigenart des Ästhetischen, 1. Halbband u. 2. Halbband. Neuwied und Berlin 1963.
Ders.: Faust und Faustus. Vom Drama der Menschengattung zur Tragödie der modernen Kunst. Ausgewählte Schriften II. 2. Aufl. Hamburg 1968.
Ders.: Die Zerstörung der Vernunft. 3 Bde. Darmstadt/Neuwied 1974.
Lutz, B. (Hg.): Deutsches Bürgertum und literarische Intelligenz 1750-1800, Stuttgart 1974.
Lypp, B.: Ästhetischer Absolutismus und politische Vernunft. Frankfurt/M. 1972.
Mahrholz, W.: Die Wesenszüge des schriftstellerischen Schaffensprozesses. In: L. Sinzheimer (Hg.), Die geistigen Arbeiter. 1. Teil. Freies Schriftstellertum und Literaturverlag. Leipzig 1922, S. 58-73.
Mainusch, H. (Hg.): Literatur im Unterricht. München 1979.
Marcuse, H.: Kultur und Gesellschaft 1. 7. Aufl. Frankfurt/M. 1968.
Ders.: Konterrevolution und Revolte. Frankfurt/M. 1973.
Ders.: Die Permanenz der Kunst. München 1975.
Ders.: Triebstruktur und Gesellschaft. Frankfurt/M. 1977.
Marquard, O.: Kant und die Wende zur Ästhetik. In: P. Heintel/L. Nagl (Hg.), Zur Kantforschung in der Gegenwart. Darmstadt 1981, S. 237-270.
Martin, H.: Macht doch mal selber Literatur...! Bericht über Versuche, mit jungen Menschen Texte zu entwickeln. Braunschweig 1981.
Marx, K.: Ökonomisch-philosophische Manuskripte. In: Marx/Engels Werke. Ergänzungsband. Erster Teil. Berlin 1968.
Ders.: Das Kapital. In: Marx/Engels Werke, Bd. 23. 5. Aufl. Berlin 1970.
Ders.: Grundrisse zur Kritik der Politischen Ökonomie. 2. Aufl. Berlin 1974.
Mattenklott, Gert: Der Leser als Autor. Der Anschlag auf den Berufsschriftsteller durch die aktuelle Schreibbewegung. In: Th. Cramer (Hg.), Literatur und Sprache im historischen Prozeß. Vorträge des Deutschen Germanistentages Aachen 1982. Bd.1: Literatur. Tübingen 1983, S. 370-382.
Mattenklott, Gundel: Literarische Geselligkeit - Schreiben in der Schule. Mit Texten von Jugendlichen und Vorschlägen für den Unterricht. Stuttgart 1979.
Meckling, I.: Kreativitätsübungen im Literaturunterricht der Oberstufe. München 1972.
Menzel, W.: Basisartikel. Schreiben über Tcxtc. Ein Kapitel zum Aufsatzunterricht. In: Praxis Deutsch H.65/1984, S. 13-22.

Messelken, H.: Satire und Parodie. In: Praxis Deutsch H.5/1974, S. 53-57.
Metscher Th.W.A.: Hegel und die philosophische Grundlegung der Kunstsoziologie. In: H.A. Glaser/P. Hahn/O. Hansen u.a., Literaturwissenschaft und Sozialwissenschaften. Grundlagen und Modellanalysen. Stuttgart 1971, S. 13-80.
Ders.: Prometheus. Zum Verhältnis von bürgerlicher Literatur und materieller Produktion. In: B. Lutz (Hg.), Deutsches Bürgertum und literarische Intelligenz 1750-1800. Stuttgart 1974, S. 385-454.
Moritz, Karl Philipp: Werke in zwei Bänden. Berlin und Weimar 1976.
Mühle, G./Ch. Schell (Hg.): Kreativität und Schule. München 1970.
Müller, L.: Vom Deutschunterricht in der Arbeitsschule. 2. Aufl. Leipzig 1922.
Müller, M./H. Bredekamp/B. Hinz u.a.: Autonomie der Kunst. Zur Genese einer bürgerlichen Kategorie. Frankfurt/M. 1972.
Müllers, W.: Die Pädagogik Heinrich Scharrelmanns - ein Beitrag zur Historiographie der reformpädagogischen Bewegung. Diss. paed. Duisburg 1974.
Münch, P.G.: Rund ums rote Tintenfaß. Essays über den Schüleraufsatz. 3. Tausend Leipzig 1909.
Ders.: Dieses Deutsch! Ein froher Führer zum guten Stil. 6.-10. Tausend Leipzig 1926.
Muschg, A.: Literatur als Therapie? Ein Exkurs über das Heilsame und Unheilsame. Frankfurter Vorlesungen. Frankfurt/M. 1981.
Musil, Robert: Die Verwirrungen des Zöglings Törleß. 359.-378. Tausend Hamburg 1979.
Naumann, M./D. Schlenstedt/K. Barck u.a.: Gesellschaft-Literatur-Lesen. Literaturrezeption in theoretischer Sicht. 2. Aufl. Berlin u. Weimar 1975.
Negt, O./A. Kluge: Öffentlichkeit und Erfahrung. Zur Organisationsanalyse von bürgerlicher und proletarischer Öffentlichkeit. Frankfurt/M. 1972.
Neschke, A.B.: Die "Poetik" des Aristoteles. Textstruktur und Textbedeutung, Bd.1. Interpretationen, Frankfurt/M. 1980.
Neubert, W.: Das Erlebnis in der Pädagogik. Göttingen 1925.
Neuhaus, E.: Muttersprachliche Bildung im Raum der Reformpädagogik. Sprachgestaltung und Sprachbetrachtung. Ratingen 1963.
Neumann, Th.: Der Künstler in der bürgerlichen Gesellschaft. Entwurf einer Kunstsoziologie am Beispiel der Künstlerästhetik Friedrich Schillers. Stuttgart 1968.
Nietzsche, F.: Werke in 3 Bänden. Hg. v. K. Schlechta. München 1966.
Nivelle, A.: Kunst- und Dichtungstheorien zwischen Aufklärung und Klassik. 2. Aufl. Berlin/New York 1971.
Nohl, H.: Die pädagogische Bewegung in Deutschland und ihre Theorie. 8.Auflage. Frankfurt/M. 1978.
Nohl, H./L. Pallat (Hg.): Handbuch der Pädagogik, 3 Bde. Berlin/Leipzig 1930.

Oelmüller, W.: Die unbefriedigte Aufklärung. Beiträge zu einer Theorie der Moderne von Lessing, Kant und Hegel. Frankfurt/M. 1969.

Oelmüller, W./R. Dölle-Oelmüller/N. Rath (Hg.): Philosophische Arbeitsbücher, Bd. 5, Diskurs: Kunst und Schönes. Paderborn/München/Wien/Zürich 1982.

Oelmüller, W. (Hg.): Kolloquium Kunst und Philosophie 3. Das Kunstwerk. Paderborn/München/Wien/Zürich 1983.

Opitz, M.: Buch von der Deutschen Poeterey (1624). Hg. v. C. Sommer. Stuttgart 1974.

Otto, B.: Die Schulreform im 20. Jahrhundert. Leipzig 1898.

Paul, L.: Gesetze der Geschichte. Geschichtsphilosophische Rekonstruktion zur Ortsbestimmung der Gegenwart. Weinheim/Basel 1978.

Peters, G.: Theorie der literarischen Produktion. In: D. Harth/P. Gebhardt (Hg.), Erkenntnis der Literatur. Theorien, Konzepte, Methoden der Literaturwissenschaft. Stuttgart 1982, S. 56-78.

Pielow, W.: Das Gedicht im Unterricht. Wirkungen, Chancen, Zugänge. München 1965.

Ders.: Ein Stück schreiben. In: Praxis Deutsch H.20/1976, S. 55-57.

Pielow, W./R. Sanner (Hg.): Kreativität und Deutschunterricht. Stuttgart 1973.

Platon: Sämtliche Werke. Nach der Übersetzung von Friedrich Schleiermacher mit der Stephanus-Nummerierung hg. v. W.F. Otto/E. Grassi/G. Plamböck. Hamburg 1958 ff.

Poethko, H./G. Voigt: "spontan, schaffend, unzensiert - also KEIN UNTERRICHT". Erfahrungen mit zwei Arbeitsgemeinschaften, kreativ schreiben. In: Praxis Deutsch H.52/1982, S. 57-62.

Rauh, S.: Der deutsche Schulaufsatz und seine Umgestaltung. Hg. v. Martin Havenstein. München/Leipzig 1923.

Ders.: Prosa und Poesie im deutschen Unterricht. Hg. v. Martin Havenstein. München/Leipzig 1923.

Redaktion Alternative: Zu diesem Heft. In: alternative 127/128. Der Wunsch nach Nähe. Berlin 1979.

Reiff, P.: Praktische Kunsterziehung. Neue Bahnen im Aufsatzunterricht. 3. Aufl. Leipzig/Berlin 1910.

Rein, W. (Hg.): Encyklopädisches Handbuch der Pädagogik. 2.Bd. 2. Aufl. Langensalza 1904; 6.Bd. 2. Aufl. Langensalza 1907.

Richter, D./J. Merkel: Märchen, Phantasie und soziales Lernen. Berlin 1974.

Rilke, Reiner Maria: Die Aufzeichnungen des Malte Laurids Brigge. Roman. München 1962.

Ritter, J.: Metaphysik und Politik. Studien zu Aristoteles und Hegel. Frankfurt 1977.

Ritter, J./K. Gründer (Hg.): Historisches Wörterbuch der Philosophie. Basel/Stuttgart 1971 ff.

Roth, L. (Hg.): Handlexikon der Erziehungswissenschaft. 2 Bde., Reinbek 1980.

Rudloff, H.: Literaturunterricht in der Diskusion. Köln 1979.

Rüttgers, S.: Über die literarische Erziehung als ein Problem der Arbeitsschule. Leipzig/Berlin 1910.

Rutschky, M.: Erfahrungshunger. Ein Essay über die siebziger Jahre. Frankfurt/M. 1982.

Sauder, G.: Geniekult im Sturm und Drang. In: Hansers Sozialgeschichte der deutschen Literatur, Bd. 3. München 1980, S. 327-340.

Sautermeister, G.: Idyllik und Dramatik im Werk Friedrich Schillers. Zum geschichtlichen Ort seiner klassischen Dramen. Stuttgart/Berlin/Köln/Mainz 1971.

Schadewald, W.: Natur - Technik - Kunst. Drei Beiträge zum Selbstverständnis der Technik unserer Zeit. Göttingen/Berlin/Frankfurt/M. 1960.

Schäfer, R. (Hg.): Germanistik und Deutschunterricht. Zur Einheit von Fachwissenschaft und Fachdidaktik. München 1979.

Scharrelmann, H.: Herzhafter Unterricht. Gedanken und Proben aus einer unmodernen Pädagogik. 11.-13. Tausend Hamburg 1910.

Ders.: Erlebte Pädagogik. Gesammelte Aufsätze und Unterrichtsproben. Hamburg/Berlin 1910.

Ders.: Im Rahmen des Alltags. 800 Aufsätze und Aufsatzthemen für das erste bis fünfte Schuljahr. 13.-15. Tausend Hamburg 1907.

Schau, A. (Hg.): Von der Aufsatzkritik zur Textproduktion. Hohengehren 1974.

Scheibe, W. (Hg.): Zur Geschichte der Volksschule. Bd. 2. Bad Heilbrunn/Obb. 1965.

Scheibe, W.: Die Reformpädagogische Bewegung 1900-1932. Eine einführende Darstellung. Weinheim/Berlin/Basel 1969.

Schillemeit, J.: Artikel: Poetik. In: Friedrich/Killy, Das Fischer Lexikon. Literatur II, 2. Teil, 101.-105. Tausend Frankfurt/M. 1979. S. 422-442.

Schiller, Friedrich: Sämtliche Werke. Hg. v. G. Fricke u. H.G. Göpfert. 4. Aufl. München 1967.

Schmidt, J.: Die Geschichte des Genie-Gedankens in der deutschen Literatur, Philosophie und Politik 1750-1945, Bd.1. Von der Aufklärung bis zum Idealismus. Bd. 2. Von der Romantik bis zum Ende des Dritten Reiches. Darmstadt 1985.

Schmieder, D./G. Rückert: Kreativer Umgang mit Konkreter Poesie. Freiburg 1977.

Schneider, W.: Deutscher Aufsatz- und Stilunterricht. Frankfurt/M. 1926.

Schopenhauer, A.: Züricher Ausgabe in 10 Bänden. Zürich 1977.

Schulte-Sasse, J.: Autonomie als Wert. Zur historischen und rezeptionsästhetischen Kritik des ideologischen Begriffes. In: G. Grimm

(Hg.), Literatur und Leser. Theorien und Modelle zur Rezeption literarischer Werke. Stuttgart 1975, S. 101-118.
Ders.: Literarische Wertung. 2. Aufl. Stuttgart 1976.
Ders.: Das Konzept bürgerlich-literarischer Öffentlichkeit und die historischen Gründe seines Zerfalls. In: Ch. Bürger/P. Bürger/J. Schulte-Sasse (Hg.), Aufklärung und literarische Öffentlichkeit. Frankfurt/M. 1980, S. 83-115.
Schonig, B.: Irrationalismus als pädagogische Tradition. Die Darstellung der Reformpädagogik in der pädagogischen Geschichtsschreibung. Weinheim/Basel 1973.
Seidemann, W.: Der Deutschunterricht als innere Sprachbildung. Heidelberg 1927.
Sennlaub, G.: Spaß beim Schreiben oder Aufsatzerziehung? 3. Aufl. Stuttgart/Berlin/Köln/Mainz 1985.
Schober, O.: Studienbuch Literaturdidaktik. Neuere Konzeptionen für den schulischen Umgang mit Texten. Analysen und Materialien. Kronberg/Ts. 1977.
Shaftesbury, Antony Earl of: Standart Edition. Sämtliche Werke, ausgewählte Briefe und nachgelassene Schriften. In englischer Sprache mit paralleler deutscher Übersetzung. Herausgegeben, übersetzt und kommentiert v. G. Hemmerich u. W. Benda. Stuttgart/Bad Cannstatt 1981.
Siegrist, Ch.: Poetik und Ästhetik von Gottsched bis Baumgarten. In: R. Grimminger (Hg.), Hansers Sozialgeschichte der deutschen Literatur, Bd. 3. Deutsche Aufklärung bis zur Französischen Revolution 1680-1789. München/Wien 1980, S. 280-303.
Sorgenfrei, G.: Über den Volksschulaufsatz in der Zeit der Reformpädagogik bis zum Ende des Ersten Weltkrieges. Ein Beitrag zur Geschichte der Methodik des Deutschunterrichts. Halle (Saale) 1966.
Spinner, K.H.: Identität und Deutschunterricht. Göttingen 1980.
Ders.: Poetisches Schreiben und Entwicklungsprozeß. In: Der Deutschunterricht H.4/1982, S. 5-19.
Ders.: Produktionsaufgaben zu Kurz- und Kürzestgeschichten. In: Praxis Deutsch H.75/1986, S. 55-59.
Ders.: Moderne Kurzprosa in der Sekundarstufe I. Hannover 1984.
Staiger, E.: Die Kunst der Interpretation. München 1971.
Stein, P. (Hg.): Wieviel Literatur brauchen Schüler? Kritische Bilanz und neue Perspektiven des Literaturunterrichts. Stuttgart 1980.
Stierle, K.: Ästhetische Erfahrung im Zeitalter des historischen Bewußtseins. In: W. Oelmüller (Hg.), Kolloquium Kunst und Philosophie 3. Das Kunstwerk. Paderborn/München/Wien/Zürich 1983, S. 13-30.
Szondi, P.: Poetik und Geschichtsphilosophie I. Antike und Moderne in der Ästhetik der Goethezeit. Hegels Lehre von der Dichtung. 3. Aufl. Frankfurt/M. 1980.

Thomson, G.: Frühgeschichte Griechenlands und der Ägäis. Berlin 1960.
Tomberg, F.: Nachahmung als Prinzip der Kunst. Phil. Diss. Berlin 1963.
Ders.: Mimesis der Praxis und abstrakte Kunst. Ein Versuch über die Mimesistheorie. Neuwied u. Berlin 1968.
Tretjakov, S.: Woher und Wohin? Perspektiven des Futurismus. In: Ästhetik und Kommunikation H.4/1971, S. 84-89.
Ders.: Die Arbeit des Schriftstellers. Aufsätze, Reportagen, Portraits. Hg. v. H. Boehnke. Deutsch v. Karla Hielscher u.a. Reinbek bei Hamburg 1972.
Troll, M.: Freie Kinderaufsätze nach dem Prinzip selbstständigen Schaffens. 4. Aufl. Langensalza 1910.
Ulmann, G.: Kreativität. Weinheim/Berlin/Basel 1968.
Ulmer,K.: Wahrheit, Kunst und Natur bei Aristoteles. Ein Beitrag zur Aufklärung der metaphysischen Herkunft der modernen Technik. Tübingen 1953.
Ulshöfer, R.: Methodik des Deutschunterrichts 1. Unterstufe, 6. Aufl. Stuttgart 1964.
Ders.: Methodik des Deutschunterrichts 2. Mittelstufe I. 9. Aufl. Stuttgart 1972.
Ders.: Methodik des Deutschunterrichts 3. Mittelstufe II. Neufassung 1974. Stuttgart 1974.
Ders.: Produktives Denken und schöpferisches Gestalten im Deutschunterricht. In: Der Deutschunterricht H.6/1967, S. 5-14.
Ders.: Die Theorie der Schreibakte und die Typologie der Kommunkationsmuster oder Stilformen. In: Der Deutschunterricht H.1/1974, S. 6-15.
Unseld, S. (Hg.): Zur Aktualität Walter Benjamins. Frankfurt/M. 1972.
Valéry, P.: Zur Theorie der Dichtkunst. Frankfurt/M. 1975.
Vohland, U.: Bürgerliche Emanzipation in Heinrich von Kleists Dramen und theoretischen Schriften. Bern/Frankfurt/M. 1976.
Waetzoldt, W.: Rezension zu Wilhelm Dilthey: Das Erlebnis und die Dichtung. Leipzig 1906. In Der Säemann. Monatszeitschrift für pädagogische Reform, Jg. 1906, S. 187-188.
Waldmann, G.: Überlegungen zu einer kommunkations- und produktionsorientierten Didaktik literarischer Texte. In: H. Mainusch (Hg.), Literatur im Unterricht. München 1979, S. 328-347.
Ders.: Grundzüge von Literatur und Praxis eines produktionsorientierten Literaturunterrichts. In: N. Hopster (Hg.), Handbuch "Deutsch" für Schule und Hochschule. Sekundarstufe I. Paderborn/München/Wien/Zürich 1984, S. 98-141.
Ders.: Literatur zur Unterhaltung. Bd. 1, Unterrichtsmodelle zur Analyse und Eigenproduktion von Trivialliteratur. Comics-Western-Kriminalroman-Frauenroman-Science Fiktion. Bd. 2, Texte, Gegentexte und Materialien zum produktiven Lesen. Comics-Western-Kriminalroman-Frauenroman-Science Fiktion. Reinbek 1980.

Walser, Martin: Wer ist ein Schriftsteller? Aufsätze und Reden. Frankfurt/M. 1979.

Walzel, O.: Das Prometheussymbol von Shaftesbury zu Goethe. Leibzig u. Berlin 1910.

Warneken, B.J.: Literarische Produktion. Grundzüge einer materialistischen Theorie der Kunstliteratur. Frankfurt/M. 1979.

Warning, R. (Hg.): Rezeptionsästhetik. Theorie und Praxis. 2. Aufl. München 1979.

Weber, E.: Ästhetik als pädagogische Grundwissenschaft. Leipzig 1907.

Weinmann, S.: Schaffung komplexer Schreibsituationen. In: Der Deutschunterricht H.5/1970, S. 47-62.

Wellner, K.: Überlegungen zu einer handlungstheoretischen Fundierung das Literaturunterrichts. In: Diskussion Deutsch H.33/1977, S. 38-49.

Wiegmann, H.: Geschichte der Poetik. Ein Abriß. Stuttgart 1977.

Wilhelm, Th.: Theorie der Schule. Hauptschule und Gymnasium im Zeitalter der Wissenschaften. Stuttgart 1967.

Wilkending, G.: Volkspädagogik und Bildung "vom Kinde aus". Eine Untersuchung zur Geschichte der Literaturpädagogik in den Anfängen der Kunsterziehungsbewegung. Weinheim/Basel 1980.

Winckler, L.: Kulturwarenproduktion. Aufsätze zur Literatur und Sprachsoziologie. Frankfurt/M. 1973.

Winterling, F.: Kreative Übung oder Gestaltungsversuch. Abriß einer Didaktik produktiver Befreiung im Deutschunterricht. In: Diskussion Deutsch H.5/1971, S. 243-264.

Ders.: Schreiben über Gedichte. In: D. Steinbach (Hg.), Gedichte in ihrer Epoche.Stuttgart 1985, S. 139-168.

Wolf, H.: Versuch einer Geschichte des Geniebegriffs in der deutschen Ästhetik des 18. Jahrhunderts. 1. Bd. von Gottsched bis auf Lessing. Heidelberg 1923.

Wolfrum, E.: Taschenbuch des Deutschunterrichts. Grundfragen und Praxis der Sprach- und Literaturpädagogik. Esslingen 1972.

Wolgast, H.: Das Elend unserer Jugendliteratur. Ein Beitrag zur künstlerischen Erziehung der Jugend. 3. Aufl. Leipzig/Berlin 1905.

Ders.: Die Bedeutung der Kunst für die Erziehung. Vortrag, gehalten auf der Deutschen Lehrerversammlung in Chemnitz, Pfingsten 1902. Leipzig 1903.

Wünsche, K.: Das Aufsatzschreiben als Sozialform. In: B. Lecke (Hg.), Projekt Deutschunterricht 11. Stuttgart 1976, S. 1-14.

Ders.: Die Wirklichkeit des Hauptschülers. Berichte von Kindern der schweigenden Mehrheit. Erw. Ausg. Frankfurt/M. 1979.

Zabel, H.: Rudolf Hildebrands Hinweise zum Aufsatzunterricht. In: Mitteilungen des Germanistenverbandes, H.4/1976, S. 13-21.

Zentralinstitut für Erziehung und Unterricht in Berlin (Hg.): Kunsterziehung. Ergebnisse und Anregungen der Kunsterziehungstage in Dresden, Weimar und Hamburg. In Auswahl. Mir einer Einleitung von Ludwig Pallat. Leipzig 1929.

Ziehe, Th.: Lebensgeschichte und politisches Bewußtsein. In: F. Maurer (Hg.), Lebensgeschichte und Identität. Beiträge zu einer biographischen Anthropologie. Frankfurt/M. 1981, S. 133-150.

Ders.: Pubertät und Narzismus. 4. Aufl. Frankfurt/M./Köln 1981.

Zilsel, E.: Die Entstehung des Geniebegriffs. Ein Beitrag zur Ideengeschichte der Antike und des Frühkapitalismus. Tübingen 1926.

Aus dem Programm Literaturwissenschaft

Klaus Disselbeck
Geschmack und Kunst
Eine systemtheoretische Untersuchung zu Schillers Briefen „Über die ästhetische Erziehung des Menschen".
1987. 196 S. Kart.
ISBN 3-531-11808-0
Inhalt: Das Bezugsproblem der ästhetischen Erziehung / Die Französische Revolution / Der sittliche und ästhetische Staat – Einführung in die Systemtheorie / Der ethisch-politische Gesellschaftsbegriff / Die Autonomie der Kunst als eine Folge funktionaler Differenzierung / Die ästhetische Erziehung als Kompensationskonzept – Anmerkungen – Literaturverzeichnis.
Der Autor untersucht die Spannung zwischen Theorie der ästhetischen Erziehung und der Theorie der autonomen Kunst bei Schiller. Er erklärt diese Diskrepanz zwischen beiden Theorien aus der Gleichzeitigkeit ungleichzeitiger gesellschaftsstruktureller Voraussetzungen.

Irene Jung
Schreiben und Selbstreflexion
Eine literaturpsychologische Untersuchung literarischer Produktivität.
1989. 205 S. Kart.
ISBN 3-531-12068-8
Literarisches Schreiben kann unter bestimmten Bedingungen die Wahrnehmungsfähigkeit des Schreibenden erweitern und seine Fähigkeit zur Selbstreflexion fördern. Auf welche Weise sich beim Schreiben das Reflexionspotential des Schreibenden ausdifferenzieren kann, wie Gefühle verarbeitet, Erfahrungen objektiviert werden, Produktions- und Rezeptionsvorgänge sich miteinander verflechten können, wird exemplarisch am Beispiel der literarischen und theoretischen Texte des Schriftstellers Adolf Muschg und der im persönlichen Gespräch mit der Autorin erforschten Produktionsweise aufgezeigt.

Georg Schöffel
Denken in Metaphern
Zur Logik sprachlicher Bilder.
1987. X, 358 S. Kart.
ISBN 3-531-11858-7
Methaphorik ist ein Phänomen, daß in den Wissenschaften, den Künsten, der alltäglichen Rede und anderen Symbolsystemen eine wichtige Rolle spielt. Der Autor entwickelt nach einer Diskursanalyse der Metaphorologie einen Metapherbegriff, der die Metapher als ein besonderes Apriori bestimmt: Erkenntnis – dies die zentrale These – ist in irreduzibler Weise metaphorisch. Damit schließt der Autor an eine Position an, die im angelsächsischen Raum bei Bachelard von Goodman vertreten wird und in Frankreich bei Bachelard vorgebildet ist. Die Untersuchung der Philosophie Bachelards zeigt, daß in ihrem Zentrum eine Theorie metaphorischer Darstellung steht, deren Verkennung die Rezeption in Deutschland bisher behinderte.

WESTDEUTSCHER VERLAG

Postfach 58 29 · D-6200 Wiesbaden

Aus dem Programm Literaturwissenschaft

Dietrich Schwanitz
Systemtheorie und Literatur
Ein neues Paradigma.
1990. 284 S. (WV studium, Bd. 157) Pb.
ISBN 3-531-22157-4

Der Anschluß der Literaturwissenschaft an die Systemtheorie stellt sich als faszinierender Paradigmawechsel dar: Die Umstellung des Gegenstandsbezugs auf Probleme macht die disparatesten Dinge als ihre Lösungen vergleichbar; die Leitbegriffe dieser neuen Komparatistik sind Selbstbeschreibung und Autopoiesis; der Denkstil ist streng und verspielt; und die Methode steuert sich als Beobachtung von Beobachtung. Entsprechend zeigt das Buch an Beispielen aus der deutschen und europäischen Literatur, was die Systemtheorie in der Anwendung auf klassische Felder der Literaturwissenschaft wie Genretheorie, Erzählforschung, Kulturgeschichte, Kunsttheorie etc. leistet, zugleich stellt es in fiktiven Dialogen zwischen literarischen Figuren zentrale Bestandteile der Systemtheorie dar.

Klaus-Michael Bogdal (Hrsg.)
Neue Literaturtheorien
Eine Einführung.
1990. 272 S. (WV studium, Bd. 156) Pb.
ISBN 3-531-22156-6

In den letzten 15 Jahren hat die Anzahl neuer literaturtheoretischer Ansätze bis zur „Unübersichtlichkeit" zugenommen. Eine Einführung, die auch den aktuellen Diskussionsstand präsentiert, fehlte bisher. In zehn übersichtlichen Einzelbeiträgen werden die historische Denkanalyse, psychoanalytische Theorien, Dekonstruktivismus, feministische Literaturwissenschaft u. a. m. vorgestellt und erläutert und der Einfluß von Foucault, Lacan, Derrida, Luhmann u.a. untersucht. Die Einleitung erklärt die veränderte Form der Theoriebildung in den vergangenen Jahren und informiert zudem über die traditionellen literaturwissenschaftlichen Methoden.

Frank Trommler (Hrsg.)
Germanistik in den USA
Neue Entwicklungen und Methoden.
1989. 292 S. Kart.
ISBN 3-531-12011-5

Erstmalig liefern amerikanische Germanisten für deutsche Leser ein kritisches Porträt ihrer Disziplin, die sich gegenwärtig verstärkt um interdisziplinäre Zusammenarbeit bemüht. Der Band vereinigt Analysen zur institutionellen Situation der Germanistik in den amerikanischen Universitäten mit Beiträgen über die aktuelle Auseinandersetzung mit dem Poststrukturalismus und Postmodernismus, mit Marxismus, Feminismus und Rezeptionsästhetik. Praktische Informationen über den Studienalltag für deutsche Studenten und Dozenten runden das Buch ab.

WESTDEUTSCHER VERLAG

Postfach 58 29 · D-6200 Wiesbaden